377 - 33 - 131
———————————
11

# LA PENSÉE ÉCONOMIQUE
## AU QUÉBEC FRANÇAIS :
### TÉMOIGNAGES ET PERSPECTIVES

acfas

67

Association
canadienne-française
pour l'avancement
des sciences
1989

Les Cahiers scientifiques

# La

# pensée

# économique

## au

# Québec

# français

### TÉMOIGNAGES ET
### PERSPECTIVES

*sous la direction de* Gilles Paquet

# REMERCIEMENTS

Cet ouvrage n'aurait pu être réalisé sans l'obligeance des trente-quatre collègues qui ont accepté de se soumettre à ces entretiens, sans la gentillesse de François-Albert Angers, de Bernard Bonin et de Pierre Fortin qui ont accepté que leurs textes soient repris, sans le support de Jean-Claude Labrecque et Mario Cardinal qui ont accueilli avec enthousiasme ce projet au coeur de leur émission, sans l'intelligence et la finesse d'Andrée Giguère et de Marie Saumure qui ont assuré les suites et transformé ce projet en réalité, et sans l'ACFAS qui a décidé de publier cet ouvrage.

Ces remerciements un peu formels ne sauraient m'acquitter envers tous et toutes d'une immense dette de reconnaissance : sans tous ces amis, ce livre n'aurait pu ni être conçu ni voir le jour. Quant aux faiblesses et aux erreurs qui restent, elles me reviennent de droit.

# TABLE DES MATIÈRES

# TABLE DES MATIÈRES (suite)

# INTRODUCTION

*Gilles Paquet*

> « *Je me suis contenté dans ce livre de faire un bouquet des fleurs d'autrui, ma seule contribution est le cordon qui les lie.* »
>
> MONTAIGNE

L'idée de faire le point sur la pensée économique au Québec français a semblé un peu saugrenue à ceux à qui le projet a été exposé en 1982. En effet, pour beaucoup de collègues, l'idée d'une pensée économique particulière au Québec français ou bien n'avait pas de sens — la pensée économique étant universelle et n'ayant ni patrie ni frontière — ou bien était un être de raison — il n'y en avait pas et il n'y en avait jamais eu.

Et pourtant ceux qui ont pratiqué l'histoire économique du Québec français n'ont pas pu ne pas voir une réflexion économique de plus en plus sophistiquée émerger et s'affirmer au cours des deux derniers siècles. À proportion que le Québec français vivait sa modernisation à partir du début du 19e siècle, puis son industrialisation, des journalistes, des intellectuels, des juristes ont réfléchi sur le procès économique québécois, ont analysé pourquoi il s'est institué de telle ou telle manière selon les moments et ont suggéré comment on pourrait contribuer à le conformer différemment pour le rendre plus efficace, efficient et équitable.

Or, toute société qui réfléchit sur une meilleure manière d'instituer sa socio-économie en arrive obligatoirement à développer une pensée économique plus ou moins bien articulée, plus ou moins différente de celles élaborées ailleurs, et plus ou moins tributaire de celles-ci.

Dans la première moitié du 19e siècle, l'économie politique est encore en train de prendre. Ses maîtres anglais et français sont lus au Québec ainsi qu'en fait foi l'inventaire des bibliothèques et la compilation des livres vendus par les marchands à l'époque. Mais la perspective de l'économie politique reste ouverte, c'est une perspective qui s'enracine dans l'événement à analyser, dans la politique à commenter. C'est pourquoi les premiers écrits économiques au pays vont couler de la plume des journalistes et des administrateurs, sortes de situationologues qui font flèche de tout bois dans leurs analyses mais qui, ce faisant, distillent des perspectives nouvelles ajustées à la réalité canadienne.

Car le Québec, comme tous les pays nouveaux, va souvent vivre des expériences qui ne sont pas tout à fait comparables à celles des pays métropolitains. En conséquence, les observateurs proches du terroir local sont souvent mal servis et mal outillés par les manuels et traités en provenance de France ou d'Angleterre quand il leur faut analyser leurs circonstances propres. Or, comme les débats autour des mécanismes d'aliénation des terres, des formes à donner aux systèmes monétaire et financier, et des tarifs douaniers et du commerce international ont été fort importants au 19ᵉ siècle, on verra sur chacun de ces terrains des affrontements multiples enregistrés dans les forums les plus divers — journaux, pamphlets, revues, discours et conférences publiques etc. On débattra des coûts et avantages du régime seigneurial en comparaison avec d'autres formes de tenure, des avantages et coûts d'un réseau de banques locales à l'américaine plutôt que des grandes banques à l'anglaise, des coûts et avantages des politiques protectionnistes et libre-échangistes.

Dans ces débats, on cite les auteurs européens quand la chose s'y prête. Mais il faut souvent développer, adapter, inventer dans l'économie appliquée qu'on pratique : c'est en Nouvelle France — nécessité oblige — qu'on va inventer la monnaie de cartes, il y aura de multiples manipulations du taux de change au 18ᵉ siècle pour combattre les déficits chroniques de la balance commerciale, on développe une politique astucieuse de stabilisation des taux d'escompte sur les lettres de change au tournant du 19ᵉ siècle. Les premiers économistes du Québec français inventent dans l'action [Paquet et Wallot 1983].

Le débat économique au 19ᵉ siècle se fait surtout dans les journaux. Cependant l'intérêt pour la chose économique est devenu tel que déjà dans les 1820, plusieurs collèges classiques du Québec français enseignent l'économie politique [Goodwin 1961]. Étienne Parent — l'un des premiers journalistes à faire du prosélytisme pour l'économie politique — va citer Quesnay, Say, Adam Smith et McCulloch dans les années 1840 et être un fervent défenseur du libre-échange [Falardeau 1975]. De fait, en 1835, un représentant du British Colonial Office est assez impressionné, après une rencontre avec Parent, pour écrire que chez les Canadiens français, « understanding of political economy is superior to that of the men by whom they have been so arrogantly despised » [cité in Wade 1956].

Dans la seconde partie du 19ᵉ siècle, le développement de la pensée économique est moins rapide qu'on aurait pu l'espérer. C'est l'époque des débats de fond sur les banques, sur l'exode des nationaux vers les États-Unis, sur le traité de réciprocité avec les États-Unis, sur l'intégration économique des provinces en un grand pays, sur les conséquences pour le Canada de la grande dépression mondiale et sur les politiques nationales construites pour donner vie à la nouvelle entité canadienne (immigration, tarifs, chemins de fer). On aurait donc pu croire que la pensée économique s'approfondirait. C'est le cas dans les faits et on en trouve des échos dans les journaux, les rapports officiels et dans une gamme assez vaste de revues, pamphlets et conférences. Cependant, au

Québec français, c'est aussi l'époque d'un ressac ultramontain qui neutralise en partie, dans le discours public, la montée du libéralisme économique. Mais on aurait tort de croire que ce ressac a arrêté l'essor de la pensée économique ou que le Québec est devenu complètement inféodé aux idées ultramontaines [Dumont *et al.* 1971; Hamelin et Gagnon 1984].

Il monte au Québec français durant cette période un vaste réseau de gens d'affaires qui vont se donner des moyens de communication et des instruments de pression. C'est dans cette presse d'affaire que l'économie politique va trouver moyen de s'exprimer — *Le Négociant canadien* dans les années 1870, *Le Moniteur du commerce* et *Le Prix courant*, des hebdomadaires qui voient le jour dans les années 1880. Or il s'agit de journaux qui circulent non seulement dans les villes mais pénètrent le milieu rural et qui tirent à des milliers d'exemplaires déjà dans le dernier quart du 19e siècle [Roy 1988]. La création de la Chambre de Commerce de Montréal en 1887 va aussi décupler les pressions pour que se crée l'École des hautes études commerciales, un projet qui va aboutir dans la première décennie du 20ᵉ siècle.

On a minimisé dans l'historiographie traditionnelle l'importance de voix comme celles de ces situationologues intéressés à la chose économique et monté en épingle la voix stridente d'idéologues comme Tardivel. Il en est résulté une occultation de travaux économiques importants. Combien savent qu'il se publie un premier traité d'économie politique au Québec en 1892, le *Traité classique d'économie politique* de F.A. Baillargé, professeur au Collège de Joliette. Il ne s'agit peut-être pas d'une contribution mémorable à la science économique, mais voilà qui indique l'importance et l'intérêt de l'économie politique pour les collèges classiques du temps.

Avec le début du 20ᵉ siècle, c'est l'explosion d'une pensée économique qui ne peut plus être étouffée : les travaux d'Errol Bouchette vont faire des remous [Bouchette 1901a, 1901b, 1906] et Édouard Montpetit devient le premier économiste universitaire du Québec français. Les travaux à saveur économique se répandent d'abord dans des revues non-spécialisées comme la *Revue canadienne*, où publie Bouchette dans la première décennie du 20ᵉ siècle. Plus tard les travaux d'experts paraîtront dans la *Revue économique canadienne*, dont le premier numéro est publié en 1911 sous le patronage de l'École des hautes études commerciales. Cette publication disparaît avec la guerre mais sera remplacée en 1925 par *L'Actualité économique*, qui va continuer sans interruption jusqu'à ce jour. *L'Actualité économique*, il faut le rappeler, va être créée une bonne décennie avant que ne paraisse formellement une revue d'économie politique dans le Canada anglais.

Dans *L'Actualité économique* vont paraître les travaux de François Vézina, d'Esdras Minville, d'une vaste brochette d'économistes étrangers, et de nombre de licenciés des HEC. Chaque livraison mêle l'analyse de la conjoncture économique, les études sectorielles et les exposés plus généraux de théorie économique, sans oublier les analyses de budgets et, dès les années vingt, c'est-à-dire bien avant la vogue de l'économie keynésienne, les évaluations de performance macro-économique. Dans les années trente, il va y avoir dans *L'Actualité économique* à la fois des articles en provenance du monde académique et d'autres qui viennent de journalistes ou praticiens qui analysent avec prosaïsme les questions chaudes du moment. C'est une tradition qui va se poursuivre jusque dans les années soixante, moment où la revue va prendre un tour plus strictement académique.

En parallèle avec le développement d'un courant académique en économie politique, s'affirme une tradition d'analyse économique dans les journaux et les revues à vocation générale : les travaux de Georges Pelletier au Devoir, d'Olivar Asselin, les enquêtes de la revue *L'Action française* sous la direction de Lionel Groulx. Montpetit, Minville et bon nombre d'intervenants vont d'ailleurs opérer dans les deux registres [Comeau 1969].

Ce rappel rapide des premiers praticiens l'économie politique au Québec français confirme que la pensée économique y a des racines profondes. Il y avait du mérite à mettre en place certains matériaux permettant d'enregistrer l'évolution de cette pensée et sa dérive dans le demi siècle qui sépare les années trente des années quatre-vingt. C'est la vocation de cet ouvrage.

Pour mettre en perspective ces travaux, nous avons demandé à François-Albert Angers la permission de reproduire en Partie I un texte de 1961 qui retraçait la naissance de la pensée économique au Canada français.

En Partie II, nous présentons trente-quatre témoignages — certains par des économistes plus vieux, d'autres plus jeunes, ainsi que des témoignages d'économistes venus de l'étranger et qui ont eu sur la pensée économique au Québec un impact certain; et pour bien montrer les limites de cette pensée économique et de l'éclairage qu'elle jette sur la réalité, nous avons retenu les témoignages de ceux qui ont travaillé à la frontière du terroir économique et qui en ont vu souvent mieux, de l'extérieur, les forces et les faiblesses.

Ces 34 témoignages ont été diffusés à l'antenne de Radio-Canada à l'émission *Le magazine économique* de 1982 à 1985. Les textes ont été simplement transcrits sans modification si ce n'est pour éviter les répétitions et atténuer certains effets du style parlé. Il ne s'agit donc pas d'entrevues retravaillées et léchées mais de témoignages en direct par ceux qui ont vécu cette expérience.

La Partie III présente trois études préliminaires de la pensée économique au Québec français au cours de cette période d'effervescence. Ces trois perspectives complémentaires ont été publiées au début des années quatre-vingt et n'ambitionnent pas de faire le point définitivement sur cette période. Il s'agit d'études sommaires qui veulent tout au plus souligner certaines tendances et enregistrer certaines observations.

Enfin, la conclusion tente de faire le point sur les tendances actuelles.

# BIBLIOGRAPHIE

HC 117 .O4E34.

BOUCHETTE, E. [1901a] *Emparons-nous de l'industrie*, Ottawa : Imprimerie générale.

BOUCHETTE, E. [1901b] *L'évolution du Canada français*, Ottawa : J. Hope & Fils.

BOUCHETTE, E. [1906] *L'indépendance économique du Canada français*, Arthabaska : Compagnie d'Imprimerie [repris de *La Revue canadienne* 1905].

COMEAU, R. (éd.) [1969] *Économie québécoise*, Montréal : Presses de l'Université du Québec, Partie III [Études sur la pensée socio-économique d'Asselin, Minville, Pelletier etc...].

DUMONT, F. et al [1971] *Idéologies au Canada français, 1850-1900*, Québec : Presses de l'Université Laval.

FALARDEAU, J.-C. (éd.) [1975] *Étienne Parent, 1802–1874, biographie, textes et bibliographie*, Montréal : La Presse.

GOODWIN, C. [1961] *Canadian Economic Thought*, Durham, N.C. : Duke University Press.

HAMELIN, J. et GAGNON, N. [1984] *Histoire du catholicisme québécois — Le XX<sup>e</sup> siècle, Vol. 1 : 1898-1940*, Montréal : Boréal.

PAQUET, G. et WALLOT, J.P. [1983] « Le système financier bas-canadien au tournant du 19e siècle » in *L'Actualité économique*, 59, 3, septembre.

ROY, F. [1988] *Progrès, harmonie, liberté — Le libéralisme des milieux d'affaires francophones à Montréal au tournant du siècle*, Montréal : Boréal.

WADE, M. [1956] *The French Canadians, 1760-1945*, London, MacMillan.

# PARTIE I

## NAISSANCE DE LA PENSÉE ÉCONOMIQUE
## AU QUÉBEC FRANÇAIS

La partie I se situe dans un registre à mi-chemin entre l'analyse et le témoignage. Il s'agit d'une interprétation toute personnelle de la naissance de la pensée économique au Canada français par un des rares économistes du Québec français à s'être penché sur la question il y a maintenant près de trente ans.

Angers donne ici un premier débroussaillage du terrain : il est fort prudent, peut-être trop même, quand il arpente les travaux d'économie politique du 19ᵉ siècle; trop modeste peut-être quand il parle du bouillonnement d'activités au 20ᵉ siècle. Mais son essai–témoignage a le grand mérite de constituer un coup d'oeil préliminaire sur le terrain des opérations. Il faudra attendre des travaux plus poussés sur l'histoire intellectuelle du 19ᵉ siècle pour y voir plus clair.

Cet essai déjà ancien mérite d'être lu plus largement même si c'est seulement pour nous rappeler l'importance d'Étienne Parent, d'Errol Bouchette, d'Édouard Montpetit — des pionniers que les économistes du Québec français d'aujourd'hui connaissent trop mal. — *G.P.*

# NAISSANCE DE LA PENSÉE ÉCONOMIQUE AU CANADA FRANÇAIS*

*François-Albert Angers*

Ce n'est pas à proprement en historien que je puis m'autoriser à parler de la naissance de la pensée économique au Canada français, mais plutôt en témoin ou en quasi-témoin. J'étais né quand Errol Bouchette, que l'on considère volontiers comme le premier écrivain canadien-français à s'être intéressé un peu profondément aux questions économiques, publiait son *Indépendance économique du Canada français*. J'ai eu comme professeur, et je suis honoré de pouvoir dire même comme maître, celui qui a pris chez Errol Bouchette le goût d'être notre premier économiste : Édouard Montpetit. Et je suis à vrai dire le seul économiste professionnel de ma génération; c'est-à-dire le seul de mon âge qui ait eu — non pas des idées sur les problèmes économiques — mais qui ait consacré sa vie à l'étude et à l'enseignement de l'économique.

Autrement dit, en soixante ans, ou quatre générations de quinze ans, le Canada français n'a eu, à chaque étape, qu'un seul spécialiste des questions économiques : Errol Bouchette, Édouard Montpetit, François Vézina et moi-même. Je n'ai pas intercalé le nom d'Esdras Minville, de la même génération que François Vézina, parce qu'il s'est toujours lui-même considéré, plus comme un sociologue ou un philosophe social bien au courant des questions économiques, que comme un véritable économiste. À vrai dire cependant, plus que Montpetit encore qui s'est engagé dans une voie plus scientifique, il a été le véritable continuateur d'Errol Bouchette. Car ce dernier non plus n'a pas, à proprement parler, été un économiste; mais bien plutôt un essayiste politique, qui utilisait des connaissances économiques bien établies. Une fois parti dans cette voie, il aurait fallu tenir compte aussi d'Olivar Asselin (génération de Montpetit) et de Victor Barbeau (génération de Vézina) ainsi que, dans ma génération, de Jean-Marie Nadeau. De toute façon, c'est dans la génération qui suit la mienne que commence véritablement la multiplication, maintenant en progrès, du nombre de Canadiens français prêts à envisager la spécialisation dans la carrière de l'économique.

Quant à ma justification de dépasser le rôle du pur témoin pour esquisser un peu d'histoire, je pourrais sans doute la trouver dans le fait que nos historiens professionnels n'ont abordé que d'assez loin notre

---

* Paru dans la *Revue d'histoire de l'Amérique française*, XV, 2, 1961 : 204-229.

histoire économique; et encore moins celle de notre pensée économique, qui reste fort mal connue. Ce n'est d'ailleurs pas chose facile. L'historien trouve sans doute aventureux l'économiste qui se mêle d'histoire; mais l'économiste manque rarement de relever des naïvetés scientifiques chez l'historien qui n'est pas aussi un économiste. Il y a là un double genre plein de périls pour quiconque ne maîtrise pas les deux disciplines.

Ces considérations nous invitent d'ailleurs à méditer sur les divers sens du thème lui-même : la pensée économique. En fait celle-ci est comme la vie économique : elle n'attend pas les économistes pour exister. En ce sens, il y a toujours une pensée économique; et il y en a toujours eu nécessairement une au Canada français, parce qu'il y a toujours eu des individus et des gouvernements qui ont dû orienter leurs réalisations respectives dans un sens ou dans un autre. L'idée que la pensée économique a pu ne pas exister chez les Canadiens français, puis apparaître tout à coup ou progressivement, se réfère donc à quelque chose de particulier : à l'idée d'une pensée scientifique, d'une prise de conscience ordonnée, synthétique, rationnelle.

À la vérité, étudier la pensée économique d'un peuple, ce n'est donc pas, ça ne peut pas être, considérer exclusivement ce qu'ont pensé et écrit, ou ce que n'ont pas pensé et pas écrit des économistes ou même des essayistes. C'est étudier aussi l'histoire des faits économiques et en dégager le sens, en démêler les décisions conscientes des enchaînements fatals. Par suite, quand on a développé au Canada français la thèse de l'absence de pensée économique pour expliquer notre infériorité économique, on a voulu dire que la quasi absence d'économistes et le peu d'intérêt accordé à la science économique par la population et ses élites, expliqueraient les mauvaises orientations de nos réalisation économiques. C'est très honorable pour nous, économistes, mais en toute honnêteté je serai obligé de me demander si telle est bien la vérité, et de n'être pas très catégorique dans mes conclusions. Cette thèse s'est d'ailleurs précisée en une hypothèse, tout de suite acceptée par plusieurs comme une certitude, sur la foi de sa vraisemblance : c'est pour avoir ignoré les impératifs de la science économique que nous serions tombés dans l'agriculturisme et l'antiétatisme, causes formelles de nos difficultés.

Le malheur, c'est que cette thèse contient trop de vrai pour être complètement démolie comme étant totalement fausse; et trop de faussetés pour être considérée comme suffisamment exacte, et par conséquent, valable. Pour qu'elle soit démontrée, il faudrait non seulement prouver qu'il y a eu véritablement une pensée agriculturiste; mais aussi bien que cette pensée a vraiment conditionné toute notre politique, empêché notre société de sécréter les éléments nécessaires à son développement, et privé particulièrement la société d'hommes d'affaires et engendré une politique agriculturiste.

Je ne m'engagerai pas sur la première de ces deux voies qui relève davantage du travail historique pur. Il est d'ailleurs indiscutable, pour tous les témoins du dernier demi-siècle, qu'il y ait eu, dans tout un secteur de notre population, autour des hommes d'Église en particulier, un fort attachement à la vie rurale et une forte propension à dénoncer les dangers de l'industrialisation et de l'urbanisation. Mais cela a-t-il dépassé au Canada français ce qu'on trouve partout ailleurs, et notamment dans les encycliques papales elles-mêmes? Ces mises en garde morales ont-elles vraiment dominé la pensée de ceux qui ont dirigé notre politique, et conditionné leur action au point de leur imposer l'abstention de participer au mouvement d'industrialisation, qui nous aurait ainsi échappé? Tout ce qu'on peut dire pour le moment, c'est que ces thèses ont été appuyées sur des indications ou des citations fort générales ou fort partielles, dont on a déjà commencé à démontrer qu'elles faussaient la pensée même de leurs auteurs[1].

Quant aux faits, nul ne peut nier que la société canadienne-française est devenue, après la Conquête, une société rurale. Est-ce l'agriculturisme qui en a été la cause, ou la décapitation de notre élite et l'occupation forcée des postes économiques par le conquérant? Une fois les effets de la conquête consommés, cette société rurale ne pouvait pas aisément produire des hommes capables d'aborder l'économique avec de longues et fortes traditions d'affaire. Il fallait sûrement compter ensuite sur un long processus d'évolution pour y arriver. Dans de telles conditions, est-ce bien l'agriculturisme qui va consacrer l'hégémonie des Britanniques dans les développements en cours? Ne serait-ce pas plutôt la difficulté sinon l'impossibilité, pour la collectivité canadienne-française, de rivaliser, face d'ailleurs à un gouvernement hostile, avec des hommes d'affaires anglophones alimentés en fonds et en traditions par le personnel et l'argent de la métropole?

À un moment donné, les Canadiens français, coincés par le blocage des terres, devront émigrer en masse vers les États-Unis. Une pensée économique rationnelle aurait vu la solution du problème dans l'industrialisation. Et au besoin, devant la carence d'entrepreneurs canadiens-français, par le truchement d'une politique à forte saveur étatique. Est-ce bien par agriculturisme et par antiétatisme que cela ne s'est pas fait? Ne serait-ce pas surtout parce que le gouvernement, sous le contrôle de la Métropole, accepte une politique coloniale qui rend l'industrialisation impossible et qui favorise, de toute façon, les éléments oligarchiques anglophones?

Peut-on même constater au moment critique de l'industrialisation, cette carence d'hommes d'affaires canadiens-français de grand calibre, carence qui donnerait du corps à la thèse agriculturiste? Cela ne semble pas très évident, car les Canadiens français paraissent au contraire faire assez bonne figure et améliorer considérablement leur situation entre 1875 et 1910.

Ce que l'historien peut manquer ici de voir, quand il n'est pas suffisamment familier avec le fonctionnement d'une économie de libre entreprise, c'est que l'entrepreneur, le grand entrepreneur surtout, est un phénomène d'exception, qui n'a pas nécessairement besoin d'être en plein accord avec les normes éthiques de la société dans laquelle il surgit. En fait, il en est souvent le mouton noir, ce qui ne l'empêche pas de s'enrichir et de créer. C'est autre chose que d'inciter le Canada français, placé dans une situation critique, à être un peuple entier de surhommes héroïques et parfaitement lucides, parce que cela lui serait nécessaire pour dominer rapidement une situation; et autre chose, que de faire l'histoire en attribuant à l'absence de cette anormalité, la cause de ses difficultés.

En lisant l'*Histoire de la province de Québec* de Rumilly, on perçoit au contraire que l'évolution du Canada français sur le plan économique paraît se dérouler assez normalement au début du XXᵉ siècle, sans souffrir d'un complexe comme celui de l'agriculturisme. Dès 1875, notre société produit ce qui a été, apparemment, notre premier grand homme d'affaires :    Louis-Adélard Senécal. Il est donné à ce moment comme l'égal, le pair de Sir Hugh Allan, l'homme du Pacifique Canadien[2]. D'autres, nous dit Rumilly, ont déjà réussi dans le genre ancien : Joseph Cauchon, Joseph Shehyn, Pierre Garneau, Isidore Thibaudeau; mais Senécal est du type moderne, le type du spéculateur audacieux[3].

Il est d'abord le propriétaire du chemin de fer Richelieu-Drummond-Arthabaska; puis du chemin de fer Québec-Montréal, en même temps que directeur général du chemin de fer du gouvernement provincial Montréal-Ottawa[4]. Il organise la navigation à vapeur sur la Saint-François et la Yamaska; établit d'importantes scieries à Pierreville; organise à Londres la compagnie pour la pose du câble transatlantique de Halifax à la côte anglaise; négocie à Paris l'organisation d'une vaste compagnie pour l'exploitation des ressources agricoles, forestières et minières du Québec[5]. De 1879 à 1882, on évalue ses bénéfices nets à quelque 400 000 $[6]. En 1883, il achète un moulin à Montmorency, une forge à Radnor, des limites à bois et des terres, par une transaction qui met en jeu 1 600 000 $, « la plus forte du genre jamais conclue par un particulier dans le Québec »[7]; et la semaine suivante, il pouvait remettre un chèque de 100 000 $. en dot à sa fille, qu'il marie. Il sera le principal bailleur de fonds de « La Presse »[8]. Quand il meurt, en 1888, il est considéré comme l'homme le plus riche de Montréal. Mais on commence à dire qu'il se fait dépasser par les Van Horne et les Donald Smith du Pacifique. Ceux-ci gagnent du terrain parce que leurs entreprises sont d'envergure nationale et rapportent de plus grosses sommes[9].

Premier trait qui a beaucoup plus de sens pratique que l'agriculturisme pour expliquer l'écart qui tendra quasi fatalement, si rien de spécial n'intervient, à assurer le progrès plus rapide des intérêts anglo-canadiens que celui des intérêts canadiens-français, d'ailleurs appuyés sur une organisation beaucoup plus précaire. La réserve québécoise, en enfermant nos hommes d'affaires dans le Québec, en assurant aux Anglo-Canadiens la possibilité de plus fortes accumulations de capitaux à l'échelle nationale, joue contre nous au départ de cette course pour la maîtrise économique de notre propre province dans les cadres de la Confédération.

À tout événement, au cours des années qui suivent, les Canadiens français semblent tenir assez bien leur place dans l'évolution économique de la Province. Plusieurs noms d'industriels créateurs viennent s'ajouter à celui de Senécal : Guillaume Boivin dans la chaussure; Joseph Barsalou dans les savons; F.-L. Béique aux débuts de notre industrie hydro-électrique (Royal Electric et Chambly Manufacturing); Alfred Dubuc, le grand rival des Price, dans la pâte à papier; Joël Leduc, dans les scieries; Édouard-Alfred Lacroix, qui fonde la North Shore Power et établit la première ligne de transmission dans l'Empire britannique; J.-B. Rolland dans le papier, à Saint-Jérôme; et finalement, au début du XX<sup>e</sup> siècle, le plus grand de tous, Louis-Joseph Forget, et son neveu, Rodolphe[10].

Forget est, à ce moment, nous dit Rumilly, le plus grand agent de change et le plus grand brasseur d'affaires de la rue Saint-Jacques. Il est l'âme de tous les grands mergers qui se forment à l'époque : merger de l'électricité et des services publics, merger des textiles, merger de l'acier, merger du ciment, « contrôle » de la compagnie Richelieu, ancêtre de la Canada Steamships, financement de la Wayagamack. Il finit par devenir assez grand pour être admis dans le Saint des saints : le conseil d'administration du Pacifique Canadien! C'est le génie financier du siècle.

Son éviction de tous ses intérêts par ses associés anglo-canadiens, quand il sera vieilli et usé, vers 1910, et le retrait de son neveu vers Québec où il forme un merger secondaire de l'électricité et des services publics, marquent la fin de la poussée canadienne-française[11]. De 1910 jusqu'à la guerre de 1914, des noms de Canadiens français sont associés à l'administration des grandes affaires qui se forment pour l'exploitation de nos ressources naturelles. Mais ce ne sont plus des noms d'hommes d'affaires : ce sont des noms de ministres du cabinet provincial, que des capitalistes anglo-canadiens et surtout américains invitent à leurs conseils d'administration, en témoignage... disons, pudiquement, de gratitude! Est-ce vraiment l'agriculturisme qui explique ce recul? Ne serait-ce pas plutôt la force irrésistible, pour un petit peuple encore à ses premiers pas, de la marée de capitaux britanniques et surtout américains qui inonde la province? Et ne serait-on pas simpliste d'appeler antiétatisme, la condescendance de nos hommes d'État envers ces grands capitalistes?

D'ailleurs, ces hommes d'État sont-ils agriculturistes? N'en ont-ils que pour l'agriculture et la colonisation et méprisent-ils l'industrie? Bien au contraire! Dès le dernier quart du XIX<sup>e</sup> siècle, c'est-à-dire donc dès que l'industrialisation du Canada devient possible, nos gouvernements provinciaux favorisent par tous les moyens qui leur paraissent possibles, l'industrialisation du Québec. Au point même de donner pratiquement nos ressources aux capitalistes étrangers, de crainte que de trop grandes exigences de notre part ne les détournent de la Province. Des hommes comme Parent et Gouin on décidément une pensée économique : ils veulent industrialiser le Québec. Ils ont même tellement la pensée économique de leur temps, en terme scientifique, c'est-à-dire le libéralisme économique, qu'il n'est pas sûr que la présence de plus d'économistes professionnels chez nous aurait, à ce moment, vraiment amélioré la situation en termes d'économie nationale canadienne-française. Bien loin de là!

Le point tournant de notre histoire économique, et qui condamnait d'avance un Forget à la dépossession ultime, je le vois se produire en 1897. C'est un Canadien français qui, à ce moment, aurait songé à mettre en valeur les chutes de Shawinigan et qui en demande la concession[12]. Il s'appelait Uldéric Carignan, et son associé Navigius Malhiot. C'est finalement le groupe Holt-Russell qui l'obtient et forme la Shawinigan Power. Pourquoi? Carignan, dit-on, ne pourra compter que sur l'argent des épargnants; alors que le groupe de la Shawinigan, composé de véritables capitalistes, offre des garanties plus certaines de succès! Cette réaction, qui est dans la plus pure tradition de l'économie libérale du temps, un économiste pur de l'époque l'aurait sans doute appuyée de toute la force de ses convictions scientifiques. Ce qui a fait défaut à ce moment, en somme crucial de notre histoire économique, ce n'est pas la domination d'un sentiment agriculturiste, ni même l'absence de pensée économique scientifique, *c'est l'absence d'une pensée nationale*, qui aurait suggéré au gouvernement une politique d'appui et de soutien à des hommes d'affaires canadiens-français.

Or, c'est justement ce qu'écrira Errol Bouchette quelques années après l'incident. Il pourra l'écrire probablement en partie parce que tout en connaissant l'économie, il n'est pas économiste, donc moins intéressé à la théorie pure de son temps qu'aux exigences d'une pensée politique. De sorte qu'il fait figure de précurseur, non seulement en tant qu'il annonce le développement au Canada français d'un intérêt pour la science économique envisagée sur une base professionnelle, mais aussi en tant qu'il échappe au courant de pensée libérale de l'époque et qu'il nous lance déjà dans la voie d'une économie destinée à favoriser une politique économique consciente. Mais avant Bouchette, Étienne Parent avait parlé d'économie dès 1846. Dans quelle circonstance et de quelle façon? Voyons un peu.

*

\*    \*

L'Angleterre venait d'abandonner les *Corn Laws*, c'est-à-dire d'accepter pratiquement de s'abandonner au libéralisme intégral. En conséquence, les colonies britanniques perdent leurs privilèges coloniaux sur le marché de Londres; et avec la fin de la politique coloniale, on peut prévoir un développement économique autonome des colonies. Parent, qui a lu les meilleurs économistes du temps, voit que cela va signifier éventuellement un développement industriel canadien. Il nous supplie, au nom de l'intérêt national, de nous intéresser à l'industrie et d'étudier l'économie politique.

Les textes de Parent[13] témoignent en fait, incidemment, des progrès de notre nationalité, déjà à ce moment-là. L'année 1840 paraît être, d'après lui, la période où nos commerçants prennent de l'importance. Il parle, au sujet de la « classe des marchands canadiens » (...), « d'un essor tout à fait encourageant pour les autres branches d'industrie ». Il cessent, nous dit-il, d'être « les agents secondaires des marchands bretons », (...), « ils s'émancipent de cette tutelle peu honorable et peu profitable à la fois »[14], pour traiter directement avec les manufacturiers et les marchands des îles Britanniques. Il parle aussi de « nos industriels aisés ».

Mais ce qui l'inquiète, c'est que ceux des nôtres qui ont atteint ce niveau ne sont ni aussi instruits, ni aussi riches que leurs concurrents. Et qu'ayant le privilège de l'aisance, qui leur permet de faire instruire leurs enfants, ils songent plus à les diriger vers les professions libérales que vers la perpétuation de leur commerce ou de leur industrie. Parent déplore qu'ils ne se montrent également ni aussi agressifs, ni aussi progressifs que les hommes d'affaires anglo-canadiens. Bref ils n'ont ni l'expérience, ni la tradition des autres. Et au surplus, ils ne semblent pas donner à l'industrie « la considération qu'elle devrait avoir dans l'intérêt de notre nationalité ».

Est-ce à un excès d'engouement pour l'agriculture, à la domination de notre société par un sentiment agriculturiste qu'il attribue le fait? Non! mais à ce fait que les nouveaux bourgeois prennent modèle sur nos vieilles familles historiques de noblesse, qui conservent les préjugés de leur classe pour le travail des mains et le négoce; et qu'ils voient dans l'accès aux professions libérales une façon d'ennoblir leurs enfants[15].

Or l'industrie s'en vient chez nous. Et si ce n'est pas nous qui la développons, ce seront les autres. « Veut-on pas se laisser déborder, absorber, écraser par les autres nations, qu'on fasse comme elles; qu'on travaille avec ardeur, avec intelligence, avec constance comme elles. Les nations lâches et abruties étaient autrefois la proie des nations guerrières; maintenant les peuples indolents et ignorants seront exploités par les peuples industrieux et intelligents.[16] » Voilà ce que nous dit Parent. Et encore : « En vain nous retrancherions-nous derrière des traités; en vain nous ferions-nous un rempart de tous les principes de la morale publique, du droit naturel et du droit des gens; il est un droit qui dans le monde et surtout entre peuples, l'a presque toujours emporté sur tous les autres droits, et ce droit est celui du plus fort?[17] » Le plus fort en industrie comme en armes! Car « une nationalité, pour se maintenir doit avoir pour point d'appui des hommes réunis en société, et ces hommes doivent posséder une importance sociale égale, pour le moins, à toute force dénationalisatrice qui agit soit du dedans, soit du dehors. Or, qui fait la puissance sociale surtout en Amérique? Il n'y a pas à s'y méprendre, c'est l'industrie.[18] » D'où la conclusion déjà formulée par Parent au départ de son argumentation : « Si nous voulons conserver notre nationalité, il faudra nous assurer une puissance sociale égale, pour le moins, à celle qui lui sera opposée.[19] »

Si nous refusons de nous en rendre compte, un historien écrira un jour ceci des Canadiens français :

> Si l'on en croit les mémoires du temps, la principale cause de décadence d'un peuple aussi intéressant (que le peuple canadien-français) fut l'éloignement des classes aisées, les seules qui pussent se procurer de l'éducation alors, pour toute espèce d'industrie. Cela se conçoit, en effet, dans un pays où l'industrie

était la seule source de richesse, et où la richesse était le plus grand sinon le seul moyen d'acquérir de l'importance sociale. La masse du peuple dut être livrée à l'influence et à l'action dénationalisatrice des chefs d'industrie de la race rivale, et perdre ainsi avec le temps son caractère national[20].

Donc aller vers l'industrie, mais aussi étudier, étudier l'économie politique. Pourquoi? Sans doute parce que c'est la science nouvelle qui éclaire l'avenir. La science qui empêche les faux pas dans le développement économique. Mais aussi, quant à nous, pour un motif plus spécial. Nous allons être aux prises avec « une race d'hommes qui semble avoir entrepris la conquête ou la rénovation du monde par l'intérêt matériel. Son Dieu : c'est Plutus; ses enfants ne naissent, ne vivent que pour le gain; pour eux, il n'y a d'autres rêves que des rêves de fortune rapide et colossale, pour eux point d'aurea mediocritas.[21] »

Faudra-t-il que nous partagions aussi, pour les égaler, « cette avidité d'acquérir, cet excès d'acquisivité », qui « doit souvent porter à n'être pas trop scrupuleux ». Ce ne serait guère conforme à notre idéal. Ainsi « ceux qui ont à traiter d'intérêts communs avec des gens qui ont ce penchant, doivent être en état de faire valoir les arguments et les considérations les plus propres à faire valoir impression sur eux, et à commander leur conviction ». L'économie politique nous fournira ces arguments en montrant que des conditions mutuellement avantageuses pour tous, sont celles qui respectent les droits de chacun. « Car, nous dit Say, chez un peuple où l'on se dépouillerait mutuellement, il ne resterait bientôt plus personne à dépouiller.[22] »

Pour Parent, la grande solution à tous nos problèmes, c'est l'instruction. Déjà, en 1878, il demande pour le Canada français « des Écoles pour les Arts mécaniques et les Beaux-Arts, des Écoles pour le Haut commerce et l'Industrie, des Collèges pour les Belles-Lettres, et des Chaires et Universités pour les Hautes Sciences »[23].

Il y a peu à dire sur les idées d'économiste d'Étienne Parent, en dehors du passage où il salue le génie de Peel, qui a su comprendre, au risque du pouvoir qu'il a effectivement perdu, les grandeurs du libre échange[24]. Il est surtout intéressant de trouver chez lui tous les thèmes roboratifs que nous employons encore dans nos conférences pour inciter le milieu canadien-français à renforcer son effort économique. Nous verrons plus loin que le ton de Bouchette est tout différent et reflète l'état d'une société qui est déjà en marche, alors que Parent parle à une société qu'il faut démarrer. L'impression qui se dégage de Bouchette, c'est que l'invasion du capital américain — et non pas l'agriculturisme — a constitué une nouvelle pierre d'achoppement, une nouvelle conquête; en nous décapitant de nouveau, elle a rejeté la collectivité canadienne-française dans un état qui s'apparente relativement plus, entre 1930 et 1960, à la situation de 1850, qu'à celle de la période 1900–1905.

Les thèmes de Parent se résument, en effet, comme suit : nécessité de la puissance économique industrielle pour qu'une nationalité puisse survivre et assurer son épanouissement culturel; manque de considération du milieu pour les carrières industrielles; manque de continuité dans la transmission familiale des commerces et des industries; valeur intellectuelle aussi grande et même plus grande des carrières industrielles que des carrières libérales; manque de sens du travail pour la beauté de l'oeuvre économique accomplie et, par suite, manque d'un idéal de faire grand et parfait; souci cependant de ne pas copier vulgairement les autres, mais d'adopter des formules d'action accordées à nos traditions.

Dernière question. Parent était-il un isolé, un phénomène, par son intérêt pour les choses économiques? Je n'ai pas de réponse à apporter, car je n'ai pas poursuivi la recherche qui me permettrait de fournir la réponse. Mais j'évoque la question pour au moins signaler que l'entre-les-lignes des discours de Parent nous inciterait à croire le contraire. D'abord, il fait allusion lui-même à un autre personnage qu'il ne nomme pas, mais qui avait nom Amédée Papineau; il le félicite de faire « paraître, dans les colonnes de la *Revue Canadienne*, des articles (...) pour initier les lecteurs canadiens aux secrets, aux vérités de l'économie politique »[25]. Il fait encore allusion à un enseignement de l'économie politique au collège de Saint-Hyacinthe[26]. Il semble donc y avoir un mouvement d'opinion et de curiosité de ce côté, à une époque où la science économique est tout de même relativement très jeune et ne compte guère encore dans le monde entier que quelques grands noms. Avant de trop simplifier sur le thème de l'absence d'une préoccupation de pensée économique au Canada français, il me paraîtrait donc convenable de chercher davantage.

\*

\*    \*

Bouchette aussi lance le mot d'ordre de l'industrialisation. Il inaugure même le slogan « Emparons-nous de l'industrie », en parallèle à l'« Emparons-nous du sol », qui avait dominé le siècle précédent. Mais quelle différence de ton entre Bouchette et Parent. Bouchette ne se plaint pas tellement qu'on donne trop d'attention, ni à l'agriculture, ni aux professions libérales. Dans son premier article de 1901, sur *L'évolution économique du Québec*[27], il constate au contraire « que nous avons accompli beaucoup. En matière commerciale, notamment, malgré notre infériorité apparente, l'histoire dira que nous avons remporté un succès réel en nous assurant même notre faible part, entravés et découragés que nous étions par un groupe d'hommes qui désiraient conserver pour eux seuls un monopole lucratif; et qui y ont réussi pendant quelque temps grâce aux influences puissantes dont ils disposaient en Angleterre, longtemps notre seul, aujourd'hui notre principal marché ».

Il ajoute : « Nous avons longtemps manifesté une tendance trop prononcée vers les professions libérales et la politique. (...) Aujourd'hui cela n'est plus qu'un préjugé qui tend à disparaître, et l'avocat n'est plus le demi-dieu d'autrefois. Nous semblons présentement trop portés vers les positions inférieures, le travail à gages. Il n'y a rien là qui doive surprendre, si nous tenons compte des nombreux obstacles apportés à la colonisation et de l'absence presque absolue d'instruction technique dans notre pays. »

Donc pas véritablement de cri d'alarme. Mais une attitude corroborant pleinement la situation historique qui ressort de l'analyse des faits. Les choses, de leur mouvement naturel, ne vont pas si mal. Ce qui nous menace ce n'est pas l'agriculturisme, l'antiétatisme, mais l'absence d'une politique industrielle nationale face à l'invasion des capitaux américains. C'est la leçon pratique qu'il apporte, dégagée d'une analyse économique des événements et des circonstances dans lesquelles les données économiques sont appliquées au Canada français. À ce titre, Bouchette mérite d'être considéré comme le précurseur de la science économique chez nous. Lui-même ne fait pas d'exposés scientifiques; mais il se sert scientifiquement des connaissances économiques pour en tirer des leçons politiques.

« Il est permis de croire, écrit-il, que nous sommes à la veille de changements économiques. Nous verrons probablement la révolution industrielle prévue et prédite par le prince de Bismarck... » En effet, nos voisins, « les États-Unis d'Amérique, ayant réuni sur leur territoire (...) le surplus de la population de l'univers, ont vu leur puissance industrielle se développer dans des proportions jusqu'ici sans exemple (...) Les capitaux, les forces industrielles (s'y) concentrent entre les mains d'hommes puissants et audacieux qui ont conçu la pensée de se faire du monde entier leur tributaire. (...) Déjà les *trusts*, ne trouvant plus de conquêtes à faire chez eux, se préparent à nous envahir ». Que faire?

La réponse à la question est aussi simple que nette. Il ne s'agit pas de repousser ces forces qui peuvent nous aider à réaliser un développement nécessaire, sinon inévitable. « Mais nous devons, dit-il, les attendre dans une bonne position stratégique afin de rester, quoi qu'il arrive maître chez nous. » Si ce mode d'exposition et ces déclarations avaient été formulés dans l'atmosphère agriculturiste qu'on se plaît parfois à nous dépeindre comme une réalité, Bouchette nous apparaîtrait comme un extraordinaire prophète. Mais en 1901, les Canadiens français, nous l'avons vu, donnent pas mal dans l'industrie. Le gouvernement de Québec, avec S.-N. Parent, est lancé à fond de train dans l'industrialisation. Bouchette ne prophétise pas. Il voit clairement, avec les Américains se pressant à nos portes et l'attitude que prend le gouvernement à leur égard, ce qu'il va advenir de ce premier démarrage canadien-français dans l'industrie. Il ne dit pas, comme Parent, « allons à l'industrie »; mais bien « emparons-nous de l'industrie », c'est-à-dire ayons une politique qui empêchera ceux qui se pressent à nos portes de nous enlever l'industrie.

Il a conscience de lancer son appel à temps, alors que « les troubles économiques qui existent ailleurs ne nous ont pas encore atteints ». Par suite, insiste-t-il, nous pouvons, « nous avons le devoir de profiter de ce répit pour chercher d'avance une solution et faire en sorte que la grande industrie, en s'implantant dans notre pays, n'asservisse pas notre peuple... ».

Où éclate la connaissance de l'économique chez Bouchette, par opposition par exemple à un Bourassa qui au même moment nous recommandait de ne pas viser plus haut que la petite et la moyenne industrie, c'est la façon dont il a compris que c'est au niveau de la grande industrie que se joue la partie. D'où au contraire d'un Bourassa, devant la même constatation de notre faiblesse, il conclura à la nécessité d'une politique gouvernementale qui nous permet d'accéder à la grande industrie et de la garder.

La concentration, nous expose-t-il, dans une série d'articles ultérieurs, dans la *Revue Canadienne* de 1905, est la loi du progrès économique[28]. Il ne s'agit pas de la dénoncer, car elle « est une application nouvelle des principes de l'organisation et de la division du travail ». Cependant, continue-t-il, « il faut s'entendre sur la manière de l'appliquer ». La concentration industrielle sous la forme bienfaisante n'est pas le trust américain. « Celle-ci en général est un monopole abusif et dangereux qui a surgi sous la pression de la nécessité (...) Il faut donc que nous opposions à la nouvelle méthode industrielle qui nous arrive sous la forme du trust, une méthode mieux conçue, moins dangereuse et qui nous fournira en aussi grande abondance ce capital médiat dont nous avons besoin. »

Il faut donc une politique. « De nos jours, écrit-il en 1901, pour implanter dans un pays la grande industrie, il faut de toute nécessité une organisation puissante, appuyée d'une politique industrielle de la part des pouvoirs publics. » Et en 1905, il précise : « Nous croyons pouvoir affirmer que, sans le développement industriel l'augmentation numérique des Canadiens français deviendra de moins en moins sensible (...). Il est donc évident pour nous que si le Canada français veut vivre, il doit se développer par l'industrie comme par l'agriculture. Pour que son coeur batte avec force, il lui faut remplir d'air ses poumons. Et ce coeur, au Canada français du moins, n'est-ce pas le corps législatif et gouvernant, la seule législature française de toute l'Amérique, dont les pulsations doivent alimenter les artères d'un sang abondant, pur et généreux? N'est-il pas évident que ce coeur bat trop faiblement? »

Quelle est la politique de Bouchette? Elle se présente, dans ses grandes lignes, en deux parties et se ramifie ensuite en des politiques de détail. Les deux grandes orientations : développer un enseignement technique complet et parfaitement coordonné; et instituer un prêt industriel de préférence non gouvernemental, mais appuyé par l'État, afin de permettre aux nôtres de développer eux-mêmes les industries basées sur les ressources naturelles, spécialement sous la forme de syndicats communaux dans le cas de l'exploitation forestière. Par le détail, la politique de Bouchette concerne surtout les règles en fonction desquelles devraient être accordées les concessions forestières et les chutes d'eau, ainsi que celles qui devraient conditionner l'exploitation forestière. Il demande l'abandon de la vente des ressources et la substitution du bail emphytéotique, ainsi que l'exploitation rationnelle des forêts.

Même si l'on a en quelque sorte entendu Bouchette, lorsqu'on a fondé des écoles techniques et l'École des hautes études commerciales, que ne l'a-t-on mieux écouté quand il insistait sur le fait que le système d'enseignement technique veut dire quelque chose d'« organisé, indiquant une chose complète où tout s'emboîte et se tient », sans quoi, avertissait-il, on aboutirait à « des efforts stériles ou donnant lieu tout au moins à un grand gaspillage de forces ». Que n'a-t-on plus tôt créé ce prêt industriel, qui n'existe d'ailleurs pas vraiment encore, et en vertu duquel le gouvernement de la Province aurait pu éviter la répétition d'incidents comme celui de Carignan et des chutes de Shawinigan, qui sont depuis répétés à l'infini?

En 1905 cependant, Bouchette n'est plus tout à fait aussi serein qu'en 1901. Il voit sans doute se dessiner le mouvement d'invasion qu'il annonçait en 1901 et qui effectivement bat alors son plein. Il avertit que « le Canada français (...) se congestionne et s'étiole derrière une muraille de Chine que seule la grande industrie, dirigée dans des voies naturelles, pourra renverser »; que « le groupe français du Canada, malgré ses qualités physiques et intellectuelles est (tombé) économiquement, au dernier rang des groupes canadiens ». Il annonce que pour le Canada français c'est le début d'une ère au cours de laquelle « la question économique deviendra plus que jamais une question nationale » et qu'« elle restera, pour ainsi dire, la seule question jusqu'à ce qu'elle soit résolue ». Il se plaint que la masse des Canadiens français se complaît trop dans ses succès démographiques, montre une largeur insuffisante de vues dans les conceptions économiques et ne comprend pas assez l'importance du développement industriel. Son texte démontre même ce que l'on sait déjà : l'existence d'esprits craintifs devant l'orientation qu'il donne.

> Qu'ils nous disent, ceux-là, écrit-il, depuis quand la victoire et la puissance ont détruit chez les peuples les glorieuses traditions? Depuis quand la défaite et la servitude développent chez eux les qualités nobles et viriles? Sont-ce les faibles qui dirigent les forts, les esclaves qui commandent aux maîtres? Qu'adviendrait-il, si par malheur il nous arrivait d'avoir à subir la loi du vainqueur économique, le plus terrible de tous; si en abdiquant virtuellement notre influence et nos droits, nos ouvriers devenant des ilotes, nos agriculteurs des paysans ruinés, nos classes instruites ou prétendues telles, des prolétaires — comme le sont déjà les trois quarts de nos médecins, avocats et fonctionnaires ainsi que la presque totalité de nos instituteurs? Est-ce quand tout cela serait consommé que nous pourrions prétendre prêcher sur ce continent, comme le firent nos pères, la sainte croisade de la vérité, de la justice et de la liberté? Pourrions-nous espérer qu'en de telles conditions notre population s'accroîtrait et que nous fonderions des familles saines et nombreuses? Verrait-on fleurir dans un

pareil milieu l'agriculture, les lettres, les sciences, les arts, sans parler de la morale et de la religion! (...)

Ah! ne nous y trompons pas. Nous n'accomplirons nos destinées qu'à la condition d'être de toutes manières les forts de notre siècle. Nous n'y arriverons que par un effort constant et bien dirigé; par la résolution inébranlable de mettre en honneur et en pratique parmi les nôtres cette science « qui constate (et qui applique) les lois générales déterminant l'activité et l'efficacité des efforts humains pour la production et la jouissance des différents biens que la nature n'accorde pas spontanément et gratuitement à l'homme ».

On peut trouver ici l'indice qu'il y avait peut-être chez nous cette sorte d'hommes qu'on a appelés des agriculturistes, bien que — nous l'avons précédemment souligné — il aurait fallu, avant de lancer la formule, l'appuyer sur autre chose que des bouts de textes, par trop épars. *De là à conclure que ce sont ces points de vue qui ont réellement causé premièrement et principalement notre infériorité économique, il y a tout de même à prendre garde.* Encore une fois, la pensée de Bouchette elle-même, placée en relief des événements, nous montre, une fois de plus, qu'à ce moment, le problème réel n'a été dans les mains ni de la masse de la population ni des élites pro-rurales, mais bien d'une série de gouvernements réellement partisans de l'industrialisation. Malheureusement, ils étaient dépourvus de toute pensée nationale. Sans quoi ils eussent accepté des formules de développement que Bouchette lui-même leur proposait afin de garder le contrôle aux mains des Canadiens français. Les contemporains comme Bourassa, Asselin, Groulx, Montpetit, Minville, etc., qui dénonceront plutôt la politique des grands partis traditionnels à l'échelle nationale, la politique des « vieux partis », et la partisanerie politique des Canadiens français, paraissent plus près de la vérité que la thèse agriculturiste, en dépit de toutes ses vraisemblances.

Il semble assez clair aussi, encore plus que pour Parent, que Bouchette, pour être probablement le plus lucide de tous, n'était pas un isolé. La Chambre de Commerce de Montréal paraît assez active autour de ces questions; elle trouve des appuis chez des hommes comme Honoré Gervais et d'autres. Si la nécessité d'un enseignement de l'économique et de la préparation aux affaires pour les Canadiens français n'avait pas joui d'un degré de reconnaissance suffisamment accentué, comment expliquerait-on le mouvement pour la fondation d'une École des hautes études commerciales?

*
* *

Quoi qu'il en soit, l'appel de Bouchette en faveur de la science économique fit écho dans l'esprit du jeune Édouard Montpetit, avocat et de tempérament plus artiste que rigoureux, mais aidé en cela par la direction de plusieurs de ses protecteurs, qui comprenaient donc eux aussi le problème. Il est assigné, en 1907, au premier cours régulier d'économie politique qui se soit donné au niveau de l'Université, à la faculté de Droit de Montréal.

Dans ses *Souvenirs*, Monsieur Montpetit nous rappelle que sa nomination à la faculté de Droit fut saluée, dans le *Canadien*, par un journaliste du nom de Gaston Dugas, en des termes qui indiquent que celui-là non plus n'était pas un parfait ignorant en la matière, prêt ou à condamner une initiative étrange ou à faire preuve d'un enthousiasme de néophyte encore mal dégourdi. Il félicite l'Université Laval de la « *quasi-création* » d'un cours d'économie politique, expression qui annonce le ton du reste. Puis, le journaliste continue :

> Je ne connais pas le nouveau titulaire, mais eût-il tous les talents du monde qu'il ne réussirait pas, sans des études profondes, à faire un cours d'économie politique qui exige de l'expérience et de nombreuses recherches. En France, cette nomination ferait sourire. Il faut croire qu'ici on est moins exigeant. (...) Le résultat de cette grave erreur, c'est que ce cours manquant dès en son début d'une interprétation imposante par un savoir et une expérience qui doivent être à la base de toute chaire, ne sera ni plus ni moins qu'une lecture que la grande majorité de ceux qui veulent connaître les principes de cette science préféreront faire à tête reposée dans leur cabinet de travail. Et qui pourra les en blâmer?

Rappelons que les seuls titres de Monsieur Montpetit à un tel cours, à ce moment, étaient sa licence en droit sans formation économique, et la rédaction de deux conférences reproduites dans la *Revue Canadienne*. Frappé par cette remarque dure mais juste, Monsieur Montpetit demanda et obtint d'aller faire un séjour d'études en France. C'est l'École des hautes études commerciales, tout juste fondée, qui eut l'honneur de patronner son voyage. Elle aura ainsi donné à la province de Québec son premier économiste vraiment formé par des études régulières et vraiment consacré à l'enseignement des sciences économiques.

L'oeuvre d'Édouard Montpetit chez nous a été une oeuvre immense, quoi qu'en disent parfois ceux qui jugent d'une carrière économique à la pesanteur du papier imprimé et au nombre d'équations ou d'intégrales qui s'y trouvent imprimées. Sans doute, ce ne fut pas une oeuvre réellement importante en termes d'ouvrages savants. Mais une oeuvre d'économiste apôtre et fondateur, dans un pays où les textes trop savants n'auraient été achetés ni lus par personne. Les conditions dans lesquelles il travaille : multiplicité des cours, même non économiques, secrétariat de la nouvelle université de Montréal, missions gouvernementales et commissions d'enquête, mais plus que tout peut-être, la nécessité de convaincre d'abord le public de l'importance d'une pensée et d'un enseignement économiques, détourneront le professeur d'un travail d'étude en profondeur. Mais il fut exactement l'homme dont nous avions besoin à ce moment, et qui a ouvert la voie à tous ceux qui sont venus depuis.

C'est lui qui crée et qui tient pendant 35 ans la première chaire d'enseignement économique un peu complet au Canada français : celle de l'École des hautes études commerciales. C'est lui qui lancera la première faculté des Sciences sociales, économiques et politiques à l'Université de Montréal; alors école du soir, école de vulgarisation plus que de véritable standing universitaire, mais qui, dans l'esprit même de son fondateur, devait répandre la bonne parole à qui voudrait l'entendre et préparer le jour où pourrait se constituer un enseignement plus avancé.

Il a installé, au coeur même du Canada français, une conception de la science économique dont l'École des hautes études garde la marque apparemment indélébile et qui est, en réalité, fort originale et fort prometteuse. Au contact de ses maîtres français, c'est surtout au libéralisme économique que Montpetit s'était abreuvé, mais dans un éclectisme de méthode qui excluait les abstractions trop simplificatrices. Par ailleurs, sa formation philosophique thomiste et sa préparation juridique le tiraient en dehors de ce qu'il y avait d'excessivement naturaliste dans le libéralisme intégral. Son adhésion à ce qu'il appelait le catholicisme social libéral en faisait un néo-libéral avant la lettre. Enfin l'influence première de Bouchette combinée avec celle de l'École française le marquait par une adhésion, d'abord à l'idée d'une science économique orientée vers la compréhension des situations concrètes plutôt que vers les jongleries d'abstraction pure ou les uchronies; science ensuite appliquée à promouvoir le mieux-être de la collectivité dans ses dimensions aussi bien nationales que sociales.

On aura beau dire en certains milieux où « scientifique » paraît devoir être synonyme de style revêche ou hermétique, Montpetit fut véritablement économiste, tout en gardant ses allures poétiques et sa liberté de faire des incursions dans bien d'autres domaines. La différence est sensible, par exemple, entre Bouchette et Montpetit. Le premier fait surtout de la politique qu'il appuie sur des considérations économiques, alors que Montpetit expose avant tout des principes et des théories économiques dont il tire ensuite des conclusions politiques au besoin. La manière est donc toute différente. Par ailleurs, le pli que donnera à son esprit un exercice plus poussé et plus systématique de la pensée théorique, le rendra beaucoup moins catégorique dans ses propositions interventionnistes.

Comment concevait-il la science économique? Très nettement comme une science vraiment expérimentale, en opposition aux tendances abstraites qui ont caractérisé les théories pures des classiques et qui ont été remises à la mode, en ces dernières années, par le keynésianisme et les modèles mathématiques. Fidèle à l'éclectisme de ses maîtres français, mais plus affirmatif que la plupart d'entre eux, Montpetit tient que l'économie politique est une science de la vie, qui doit partir des faits vivants, et non pas de postulats, d'abstractions ou de symboles. À son premier cours, il nous lançait toujours cette formule imagée : « L'économie politique s'apprend dans la rue. »

Dans son premier ouvrage, *Pour une doctrine*, il s'en explique ainsi :

> L'économie politique n'est pas une science abstraite, comme on le croit trop. Des traités d'Économique (...) ont l'apparence de manuels d'algèbre. On y a mis force chiffres et d'interminables équations qui chevauchent entre les marges. Les lignes géométriques s'entrecroisent et forment d'étranges arabesques, car on y étudie les courbes et si elles sont concaves ou convexe. (...)
>
> Ce n'est pas le moment de critiquer cette méthode chère à Jevons, Walras, Pareto et autres. Elle présente de l'intérêt. Les chiffres sont positifs; leur alignement est rigide autant qu'impressionnant. Si le nombre, par une gymnastique sûre, établit la vérité d'une loi économique, il fournit à la science une démonstration indiscutable, un *dernier* argument et pose l'esprit sur une base inébranlable. Les lois de la vie et de la mort ont été mises en tables. Le hasard même obéit à des principes qui n'ont rien de capricieux et que les géomètres se flattent d'avoir fixés. — Il se peut. (Mais)
>
> (...) l'économie politique est avant tout une science d'observation, très proche de la vie qu'elle s'efforce de pénétrer. Elle tient compte d'abord des faits et, si elle énonce des lois, c'est à la condition de les étayer d'observations répétées.
>
> Il n'en fut pas toujours ainsi. Les premiers économistes ont été trop souvent de purs théoriciens. Ils se tenaient éloignés du monde extérieur, cultivant les idées dans le cabinet de travail. Leur a-t-on assez reproché leur tour d'ivoire et cet homo oeconomicus, qu'ils avaient imaginé pour le nourrir de leurs abstractions! (...)
>
> Ce mépris des faits n'existe plus. (...) la science s'attache au réel. Rien d'autre ne la préoccupe d'abord. Elle part des faits et non plus tant des idées. (...) Par des moyens (appropriés), l'économiste parviendra à réunir des faits nombreux sur lesquels il appuiera son jugement, sa doctrine. Il pourra dès lors risquer une idée générale et la croire solide scientifiquement. Ces tâtonnements engendreront une certitude au moins relative.
>
> (...) Mais une telle science observe avant de généraliser. C'est une tout autre méthode; et c'est la meilleure.

Encore une fois ce texte n'est pas d'un poète, mais bien d'un économiste. La façon ou la méthode d'approcher la science économique reste encore sensiblement, avec des variantes appropriées au progrès de la recherche en science économique depuis 1926, celles qui prévalent à l'École des hautes études commerciales. Et son Institut d'économie appliquée ne s'en porte pas plus mal.

J'ai d'ailleurs été relativement injuste en laissant entendre qu'Édouard Montpetit ne nous a pas laissé une oeuvre écrite vraiment importante en science économique. Outre quelques chapitres épars de son cours que l'on retrouve à travers ses volumes où il embrasse d'autres sujets, il a écrit deux ouvrages techniques qui méritent toujours d'être lus et qui sont sans équivalents, par cela au moins qu'ils portent sur des questions canadiennes. Si l'on fait abstraction des articles de revue sur les questions économiques qui se sont considérablement multipliés au Canada français depuis le temps d'Édouard Montpetit, il reste que deux ouvrages techniques achevés et publiés sur des sujets de ce genre constituent encore un record qui a pu être égalé mais, à date, non pas encore dépassé.

*Sous le signe de l'or* étudie le système monétaire canadien tel qu'il fonctionnait en 1931. L'ouvrage est aujourd'hui périmé à cause des changements nombreux qui se sont produits depuis, mais sa valeur historique est toujours là. Quant *Aux cordons de la bourse*, où l'auteur expose le mécanisme du budget de l'État, c'est un livre encore pleinement valable, d'une qualité exceptionnelle et à peu près unique en son genre.

*
* *

Avec Édouard Montpetit, une pensée économique de nature scientifique est donc vraiment née chez nous, en fonction d'une tradition qui nous est en quelque sorte typique et dont l'École des hautes études commerciales garde le dépôt. Ce n'est que beaucoup plus tard, au cours de la Deuxième Grande Guerre, que des courants nouveaux, non intégrés à notre tradition propre, s'introduiront d'abord à la faculté des Sciences sociales de Québec, qui s'inspirera des traditions keynésiennes pures fort en vogue dans les grandes universités américaines au cours des années quarante; puis à la faculté rénovée des Sciences sociales de l'Université de Montréal. Un professeur européen, Roger Dehem, y implantera la tradition austro-saxonne de l'économie pure. Mais il faut bien se garder de conclure de là, à l'exactitude de la thèse qui prétend attribuer notre infériorité économique à ce retard dans le développement intensif de la pensée et de la recherche économique chez nous. Dans la mesure même où c'est l'atmosphère générale, le climat social de la province qui est en jeu; dans la mesure même du manque de largeur de vue dans les conceptions économiques de notre population en général et de nos hommes d'affaires en particulier, ce dont Bouchette se plaignait au début du siècle, il n'y a pas de doute que la thèse contient une part de vrai. Dans la mesure au contraire où l'on songe aux conseils que des économistes avertis auraient pu donner au gouvernement de la province de Québec, la situation est beaucoup plus complexe. Qu'était-ce, en effet, et que pensait un économiste averti en 1900 ou en 1915? N'aurait-il pas en définitive conseillé au gouvernement de confier l'administration de nos ressources naturelles au plus offrant et au plus puissant? Et alors?

Comme il semble bien que ce soient vraiment les gouvernements qui ont tenu notre destinée économique entre leurs mains au moment crucial de notre histoire, celui de notre industrialisation, prenons garde de verser dans l'anachronisme et de faire l'histoire en fonction des ressources et des possibilités qu'offre aujourd'hui une science, la science économique. Cette science n'en était encore, au début du siècle, qu'à sa toute première enfance, qu'à ses premiers balbutiements. À cause de cela, elle n'a pu, à cette époque, et dans tous les pays, acquérir d'influence que dans la mesure où elle a pu être mise au service d'intérêts nationaux.

Tout ce que je viens d'écrire n'a, à mon sens, qu'un seul mérite : celui d'être fondé sur des faits plus que sur des hypothèses. Mais des faits fort incomplets, je suis le premier à le concéder. Puisse la controverse qui peut s'amorcer autour de ces idées, orienter nos historiens vers une étude plus approfondie de notre histoire économique, en particulier de celle de la période 1875-1910; et aussi vers une recherche plus exhaustive des expressions d'opinion ou de pensée économique au Canada français depuis la conquête.

## NOTES ET RÉFÉRENCES

1. Dominique Beaudin, « L'agriculturisme, margarine de l'histoire », *L'Action Nationale*, mars 1960.

2. Robert Rumilly, *Histoire de la Province de Québec*, II: 21.

3. *Ibid.*, III: 21.

4. *Ibid*, II: 21, III: 21, 158-180.

5. *Ibid.*, III: 21; IV: 49.

6. *Ibid.*, III: 66.

7. *Ibid.*, IV: 69.

8. *Ibid.*, V: 92.

9. *Ibid.*, V: 263.

10. *Ibid.*, III: 107 et 126; VI: 310; VII: 241; VIII: 313.

11. *Ibid.*, VI: 310; VII: 78-79; VIII: 68-69, 173; IX: 142-143, 267-269; X: 26 et 150; XI: 103-104, 139, 174; XII: 62-65; XIII: 56; XV: 34-39; XVI: 72.

12. Robert Rumilly, *ibid.*, V: 14.

13. Étienne Parent, *Discours devant l'Institut canadien*, (Lowell, Gibson, Montréal, 1850).

14. *Op. cit.*, 11-12.

15. *Ibid.*, 8.

16. *Ibid.*, 30.

17. *Ibid.*, 8.

18. *Ibid.*, 11.

19. *Ibid.*, 11.

20. *Ibid.*, 19.

21. *Ibid.*, 30-31.

22. *Ibid.*, 32.

23. *Discours* (Louis Brousseau, Québec, 1878), 122.

24. *Discours* à l'Institut canadien, *op. cit.*, 34-35.

25. *Discours* à l'Institut canadien, *op. cit.*, 24.

26. *Ibid.*, 41.

27. Compte rendu de la Société Royale, mai 1901, reproduit dans la *Revue Canadienne*, août 1902.

28. Cette série d'articles a d'abord été publiée en volume dès 1905, sous le titre de *Emparons-nous de l'industrie*, puis rééditée ultérieurement sous le titre de *Indépendance économique du Canada français*.

# PARTIE II

# TRENTE-QUATRE TÉMOIGNAGES
## 1940 à 1980

Les trente-quatre témoignages qui suivent n'ambitionnent pas de présenter un bilan complet de l'évolution de la pensée économique au Québec entre les années 1940 et 1980. Il s'agit plutôt d'un portrait éclaté de cette période d'effervescence dans les mots d'un certain nombre d'acteurs. Chacun a poussé sa petite voiture, chacun a eu un environnement limité et limitant, chacun a rationalisé son équipée : c'est un collage de témoignages tous partiels et partiaux que nous livrons au lecteur.

Ces entrevues ont été menées de manière à donner à chacun l'occasion de donner une idée de son entreprise et de ses préoccupations. Certains se sont livrés davantage; d'autres sont demeurés plus secrets. Nous avons tenté de rester le plus proche possible de la conversation originelle diffusée sur les ondes de Radio-Canada entre 1982 et 1985. Ces entrevues n'ont pas été revues et ré-écrites par les intervenants; ce sont des témoignages en direct.

Il est très difficile d'expliquer pourquoi certains ont été interviewés et non pas d'autres. Il y a là évidemment un biais introduit par l'intervieweur. Il faut espérer que l'échantillon retenu — même s'il est petit et incomplet — ne trahit pas la trame globale du tissu qu'il veut représenter. À d'autres de dire si cet échantillon a laissé de grands vides; pour notre part nous le croyons représentatif tout au moins quand on est intéressé à la dérive globale de la pensée économique au Québec français.

Nous n'avons pas retenu que des propos d'économistes. L'idée de saisir la pensée économique de l'extérieur et non pas seulement de l'intérieur a pour but d'éclairer les frontières disputées et les territoires attenants. Voilà qui permet de garder une perspective d'économie politique au moment où on la sent se rétrécir comme une peau de chagrin en un champ bien plus restreint que balisent les travaux des économistes plus jeunes. — *G.P.*

1

# TROIS ÉCOLES
# DE L'APRÈS-GUERRE

François-Albert Angers      André Raynauld          Albert Faucher
   Roland Parenteau         Maurice Bouchard      Maurice Lamontagne
    Bernard Bonin            Marcel Dagenais         Jean-Luc Migué

Il y a trois traditions économiques séparées dans le Québec français d'après la seconde Guerre mondiale.

D'abord, celle plus ancienne qui vit depuis le début du siècle à l'École des hautes études commerciales à Montréal. C'est la tradition qui naît avec Édouard Montpetit et se perpétue à travers les Vézina, Angers, Parenteau et combien d'autres qui vont enseigner à l'École. C'est une tradition d'économie politique qui prend ses distances par rapport à l'idée d'une socio-économie auto-régulée automatiquement : l'État y a un rôle important. Cette tradition part du milieu, d'une prospection du milieu : elle est empiriste, inductive beaucoup, à saveur nationaliste le plus souvent et elle débouche sur des projets de concertation.

Ensuite, il y a la tradition qui naît à l'Université de Montréal à la fin des années quarante. C'est une tradition qui veut développer un courant économique scientiste : on ira chercher dans l'outillage mental de la science économique transnationale des éléments d'explication des problèmes locaux. La priorité est donnée à la discipline : l'économie politique s'épure en science économique néo-classique. Cette tradition est davantage déductive et scientiste.

Enfin, il y a la tradition qui naît à l'Université Laval dans les années quarante : une tradition institutionnaliste et réformatrice qui va proposer une voie mitoyenne entre les deux autres. On y trouve un dosage original de normatif et d'expérimental : on veut y développer une approche plus institutionnaliste, travailler à échafauder des institutions nouvelles. On cherche un sentier étroit entre le nationalisme des HEC et l'apatrie de Montréal, entre l'approche inductive des uns et l'approche déductive des autres, et on y construit une pensée plus hétérogène, plus éclectique, plus critique peut-être.

Nous avons voulu illustrer la pensée économique qui se développe dans ces trois courants. Il est clair cependant que si, au point de départ, on peut contraster ces approches, il ne s'est pas agi d'approches étanches. À mesure que le temps passe, des connivences de plus en plus claires se font jour. Il y a convergence. — G.P.

# FRANÇOIS-ALBERT ANGERS
## Le 3 juillet 1982

Né à Québec en 1909, F.-A. Angers est licencié ès sciences commerciales de l'École des hautes études commerciales de Montréal et diplômé de l'École libre des sciences politiques de Paris. Il est l'auteur de nombreux ouvrages sur l'économie politique, les finances publiques, et la coopération. Il a enseigné à l'École des HEC entre 1938 et 1974; il est professeur émérite à cette même institution.

Derrière le polémiste, le nationaliste, le coopérateur — derrière celui qu'on a nommé patriote de l'année en 1977 — il y a François-Albert Angers l'économiste qui va enseigner l'économie politique à l'École des hautes études commerciales de 1938 à 1974, celui qui a voulu continuer une tradition d'enseignement commencée par Édouard Montpetit, François Vézina et Esdras Minville.

J'ai voulu savoir pour commencer ce qui avait amené François-Albert Angers à se faire économiste à l'École des hautes études Commerciales. — *G.P.*

**François-Albert Angers**     C'est un peu le hasard qui m'a amené à l'École des hautes études commerciales. Au lieu d'études classiques, j'ai fait un cours commercial. En dernière année c'était ce qu'on appelait la huitième année spéciale le Frère nous a dit que pour continuer dans le domaine des choses économiques et commerciales, il fallait aller à Montréal, à l'École des hautes études commerciales. J'ai passé par bien d'autres projets, mais l'idée avait fait son chemin, et à 18 ans, j'ai abouti à l'École des hautes études. Je ne peux pas vraiment dire que j'avais l'intention de devenir économiste. À l'époque, ça ne se passait pas tout à fait de cette façon. Non, j'avais plutôt l'intention de faire un cours qui me permettrait de faire ma vie dans le domaine des affaires, la comptabilité, peut-être. Or, à la fin de mes études, il se trouve que l'École des hautes études recrutait des professeurs, parmi ses propres anciens étudiants, pour enseigner dans ce domaine tout nouveau alors au Québec des sciences commerciales supérieures et de l'économique. L'École demandait en outre à ces nouveaux enseignants d'aller faire un séjour d'études à l'étranger. C'est ainsi que j'ai passé deux ans à Paris, à l'École libre des sciences politiques, que fréquentaient un grand nombre d'étudiants en droit désireux de compléter leur formation par la science économique. On nous permettait de suivre tous les cours, ce qui permettait de se bâtir un programme en science économique.

***Gilles Paquet***     *C'est en quelle année, Monsieur Angers?*

**F.-A. A.**     En 1937. C'est l'époque de Bertrand Nogaro, de Charles Rist... On vient de publier, l'année précédente, la fameuse théorie générale du revenu et de l'emploi de Monsieur Keynes... Elle paraît pendant que je suis à Paris.

**G.P.**     *Est-ce vrai, comme on l'a dit, que ça engendre une révolution?*

**F.-A. A.**     Pas tout de suite. La révolution ne viendra que trois ou quatre ans plus tard. À l'époque, on entend guère parler de la théorie de Keynes, sauf dans les milieux d'économistes. Là, effectivement, on en discute, et le plus souvent pour la contester. Mais toutes ces discussions restent purement académiques, ce qu'on peut d'ailleurs constater dans certains écrits qui nous en sont restés. Et sur l'enseignement que nous recevons à ce moment-là, la théorie de Keynes n'a aucun effet. On n'entend parler de lui ni dans les cours de science économique, ni dans les cours d'histoire économique qui nous sont donnés.

**G.P.**     *Mais ces maîtres que vous avez : Nogaro, Charles Rist, comprennent-ils vraiment l'importance de Keynes, le nouvel économiste?*

**F.-A. A.**     Sûrement pas. Ce sont même des adversaires de Keynes, parce qu'il apporte précisément une réfutation de la thèse fondamentale que défendaient ces économistes-là, et dont ils étaient à peu près tous partisans, c'est-à-dire la thèse classique du libéralisme économique. Ils ne voulaient pas admettre la thèse fondamentale de Keynes selon laquelle il n'existe pas d'équilibre naturel créé par le fonctionnement de l'économie. Selon la thèse classique, cet équilibre tend vers le plein emploi des ressources, de son mouvement naturel, alors que Keynes s'est avancé pour contester ça en disant, non, jamais ça ne peut arriver, vous n'aurez jamais un équilibre de plein emploi, c'est un cas particulier d'un système qui conduit naturellement au sous-emploi.

**G.P.**     *Mais vous, jeune étudiant, Monsieur Angers, vous vous trouvez un peu assis entre deux chaises, entre la théorie du libéralisme économique et celles qui la contestent : dans vos premiers travaux, prenez-vous position dans ce débat-là?*

**F.-A. A.**     Le fond de ma pensée était marqué par les maîtres libéraux, mais surtout par Minville. Et une des caractéristiques de la pensée de Minville, justement, c'est que tout en étant un esprit libéral — beaucoup de ses textes le montrent fidèle à la pensée libérale, du moins à une certaine pensée libérale — il était aussi un économiste qui ne croyait pas qu'un système économique peut fonctionner normalement sans l'intervention humaine pour faire dominer le point de vue de la rationalité. En somme, il ne croyait pas à l'automatisme et pour lui les institutions libérales devaient fonctionner dans un cadre de planification souple, de planification indicative, comme on dit aujourd'hui. Minville avait dit ces choses-là dès 1927.

Quand je suis revenu à Montréal, j'ai commencé à travailler avec Minville et j'ai été amené tout de suite à examiner le contexte québécois, car l'École des hautes études, loin de s'en tenir à une science économique purement abstraite et générale, se souciait beaucoup des problèmes du Québec. J'ai donc été amené tout de suite à prendre des positions qui, en somme, impliquaient une pensée libérale, mais sans accepter l'automatisme comme quelque chose de satisfaisant. Cependant, je travaillais aussi avec Monpetit, qui n'était pas aussi interventionniste que Minville, et je suis resté moi-même pendant longtemps d'esprit plus libéral que Minville, tout en admettant la part de nécessité d'une rationalisation du mouvement économique. D'autant plus qu'à ce moment-là, on était en pleine crise, avec une situation de chômage abominable. En 1937, la crise n'était pas encore résolue et selon les statistiques, nous avions atteint un point d'équilibre à peu près comparable à celui de 1929. Un important résidu de chômeurs n'avaient pas été réintégré, la crise était encore présente et on cherchait toujours des solutions.

Mes premiers travaux d'économie ont donc été inspirés par les problèmes du milieu. Mon tout premier écrit sur l'économie, ce fut ma thèse à l'École des hautes études, qui portait sur les questions monétaires et plus précisément sur la théorie quantitative des monnaies. Et une fois mes études terminées, j'ai publié mon premier texte dans L'Actualité économique, sur la concentration financière des entreprises. À l'époque, au Québec, ces deux questions-là donnaient lieu à des discussions enflammées. Il y avait d'une part, pour ce qui est de la concentration, la lutte contre les trusts avec le docteur Hamel, et de l'autre, pour ce qui est de la théorie quantitative, le Crédit social, qui incitait à porter intérêt aux questions monétaires. Pendant plusieurs années, j'ai donc travaillé dans ces deux domaines à la fois, mais de façon purement technique.

À ce moment-là, je ne prenais pas parti, quoique, voyez-vous, j'écrivais en même temps dans L'Actualité économique des analyses de problèmes de concentration industrielle et financière et de relations entre la monnaie et le fonctionnement de l'économie, et dans Action nationale, des réfutations du Crédit social ou des condamnations de l'excès de concentration financière. C'est que mes points de vue étaient influencés par ma connaissance technique de l'économie et, tout en étant d'accord avec cette école-là, je me suis souvent trouvé en conflit avec le docteur Hamel, parce que je n'étais pas prêt à accepter nécessairement toutes les solutions qu'il proposait aux problèmes.

**G.P.** *Mais justement, Monsieur Angers, ce qui est surprenant dans votre carrière, c'est que vous ayez eu ce petit côté Monsieur Verdoux, l'analyste froid de* L'Actualité économique, *tout en étant en même temps une personne engagée à fond dans l'action nationale, dans le corporatisme, dans* *le nationalisme... Est-ce qu'il y a eu des conflits importants entre Monsieur Angers I et Monsieur Angers II écrivant en même temps?*

**F.-A. A.**     Il n'y a pas eu de conflit tellement important, à part des conflits de personnalité comme celui que je viens de mentionner. C'est ce qui arrive presque toujours dans ces choses-là. Vous le vivez probablement vous-même aujourd'hui dans la mesure où vous entrez en relation avec des syndicats : les milieux pratiques n'acceptent pas qu'on mette des limites à leurs prétentions en leur faisant valoir que leurs idées ne sont pas bonnes parce qu'elles ne sont pas techniquement valables.

**G.P.**     *Qu'est-ce qui vous a amené dans vos analyses économiques à prendre des positions aussi fermes sur les problèmes de centralisation et de nationalisme économique?*

**F.-A. A.**     Ah! sur le plan du nationalisme économique, je suis en rupture complète de bans avec la plupart des économistes, même avec Minville qui, à ce point de vue là, était un fidèle de la doctrine libérale et du commerce international le plus libre possible. Personnellement, je n'ai jamais été convaincu de la validité de cette théorie-là. Je trouve que c'est un beau mythe mais que dans la pratique ça ne fonctionne pas. C'est là que ça devient technique. Une forme d'organisation du monde à la One World, c'est un peu ça que les économistes demandent tout le temps dans la théorie du commerce international. Ils veulent un One World, pas de barrières douanières, plus de nations, plus de frontières. Ça ne me paraît pas efficace et ça ne me paraît pas pratique, et franchement, je trouve qu'on en voit la preuve à l'heure actuelle. Sous prétexte d'augmenter la prospérité mondiale, je trouve ça un peu effarant qu'on puisse penser à jeter par terre d'importants secteurs économiques de son pays. Les Américains, par exemple, se sont laissés convaincre de jeter par terre leur industrie de l'automobile et se trouvent aujourd'hui dans une crise pour la beauté du commerce international libre, leur marché envahi par les voitures japonaises. Autrement dit, disons qu'à ce point de vue là, je serais peut-être dans une certaine mesure plus keynésien.
     Je suis nettement un économiste qui croit au plus haut volume possible de commerce. Ce que je trouve important, c'est que les gens travaillent. Il faut quand même raison garder et voir à conserver les exigences de l'entité nationale. Parce que le refus de voir la nation comme une personnalité, comme une unité, digne d'être considérée par les économistes comme un champ d'investigation particulier, je n'ai jamais accepté ça. Je trouve que ce n'est pas rationnel et pas réaliste à part ça. Ça conduit à beaucoup de perte et de malaise économiques dans le monde. Je pense que c'est difficile d'arriver autrement parce qu'il y a trop d'intérêts, les grands intérêts qui veulent le commerce international, ceux qui en profitent le plus. Mais il me semble qu'on pourrait gagner à être plus logique, à s'asseoir autour de la table et à reconnaître d'abord qu'il faut

permettre à chaque nation de s'organiser et d'établir des relations internationales sur des bases telles que chacun puisse y trouver son compte, à la fois dans son développement intérieur et dans les avantages que peuvent donner les relations extérieures.

**G.P.**     *Et c'est ce droit à la différence pour la survie de la communauté qui vous amène aussi à vous battre contre la centralisation et la standardisation?*

**F.-A. A.**     Exactement. Dans mes études sur la centralisation, c'est un point que je n'ai pas poussé plus loin parce que j'étais porté à changer de champ assez souvent, mais je penchais vers les domaines que j'avais abordés dans mes études, c'est-à-dire un effort pour essayer de définir les limites à la concentration financière et des limites d'efficacité économique. La loi des rendements décroissants joue autant dans ces domaines-là que dans les autres, et il y a un point maximum de la concentration des ressources par lequel passe toute organisation et au-delà duquel la concentration, loin d'être avantageuse, devient au contraire un coût. Un coût qu'on a de la difficulté à apprécier parce que justement, dans ces conditions, la concentration engendre la concentration et donne l'impression que l'on gagne à concentrer encore davantage. On ne se rend pas toujours compte des avantages qu'il y aurait au contraire à diviser les unités : c'est le « small is beautiful », en somme.

**G.P.**     *Monsieur Angers, il semble qu'au cours des 30 ou 40 dernières années, vous avez été mêlé à de nombreuses controverses; si vous aviez à en extraire une qui est pour vous extrêmement importante, parce qu'elle a aidé en un sens à former votre pensée et votre action politique, laquelle serait-ce?*

**F.-A. A.**     La plus importante de toutes les luttes que j'ai menées, je pense que ça a été la lutte contre la centralisation politique du Canada, faite sous prétexte que la concentration économique était nécessaire pour bien administrer le pays. Autrement dit, c'est la thèse de Lamontagne dans *Le fédéralisme canadien*. Je pense d'ailleurs que ce qui se passe aujourd'hui dans la politique fédérale, c'est-à-dire les problèmes budgétaires du gouvernement actuel, prouvent en quelque sorte qu'on a abusé de la théorie de Keynes après la guerre. On a donné au Canada une centralisation excessive avec pour résultat qu'aujourd'hui, on ne sait plus comment manoeuvrer ce Canada-là, avec les contradictions que ça implique dans les effets des politiques d'une région à l'autre.

**G.P.**     *Le mot « corporatisme » a été attaché beaucoup à votre pensée et à celle de Minville. C'est un mot qu'on comprend mal. Qu'est-ce que ça voulait dire exactement pour vous que d'avoir une philosophie corporatiste dans votre définition de la politique sociale, de la politique économique?*

**F.-A. A.**     C'est un mot qui a été mal compris en raison d'une certaine propagande de la part des adversaires du corporatisme (principalement les socialistes, qu'on a associé au fascisme, et par là, au nazisme). À l'époque, une conjonction a paru se faire entre ces idées-là et le corporatisme et, sans plus réfléchir ni même lire les oeuvres de ceux qui ont contribué au développement de la pensée corporatiste au Québec, sans s'interroger sur la réalité, on a levé les bras en l'air et crié au fascisme. Le corporatisme, en fait, c'est la conception d'une société où il n'y a pas que l'État et les individus, mais où il y a entre l'État et les individus un ensemble d'organisations variées qui représentent les divers éléments de la vie économique, les divers métiers ou les diverses industries, par exemple, et dont le rôle est de maintenir l'ordre, d'administrer « rationnellement » les secteurs et, par le conseil général, de gérer l'ensemble de l'économie. C'est donc ça que Minville et les autres corporatistes, Maximilien Caron et le Père Archambault, avaient essayé d'adapter au monde moderne. Puisque nous étions passés d'un monde de métiers à un monde d'usines, il s'agissait de transposer l'idée des corporations de métiers en corporations professionnelles, et la corporation en somme c'était l'association de deux syndicats, soit un syndicat ouvrier et un syndicat patronal pour chaque secteur, qui auraient chacun pour fonction, à part égale, de voir au bon fonctionnement de chaque secteur, avec un conseil supérieur qui, lui, serait chargé de voir au bon fonctionnement de l'ensemble de l'économie. L'État évidemment serait là pour exercer son pouvoir souverain et gérer les problèmes qui ne pourraient pas être résolus par l'intermédiaire de cette organisation.

**G.P.**     *Pouvez-vous dire, Monsieur Angers, après tant d'années d'études sur Minville, que cette utopie corporatiste, il faut maintenant l'enterrer, qu'elle n'a pas réussi?*

**F.-A. A.**     Non, bien au contraire. En définitive, on évolue vers cela. Le phénomène s'opère tranquillement, en dépit de nos objections à l'endroit de ce système. Écoutez, moi, je crois qu'on en est rendu là. En 1929, la solution libérale était en faillite, on était à la recherche d'un monde nouveau. Ce n'est d'ailleurs pas seulement au Québec qu'on en parlait en ces termes, mais aussi en Angleterre, en France... Partout, des formes de corporatisme se développaient, c'est-à-dire que les intéressés eux-mêmes les industriels et les ouvriers de ces industries tentaient de remettre de l'ordre dans l'économie de l'époque, en complète désorganisation. Et puis Keynes est arrivé. C'est Keynes, avec la guerre comme intermédiaire, il faut bien le dire, qui a redonné un nouvel espoir, l'espoir qu'une forme de libéralisme économique pouvait suffire à régler les problèmes et que le plein emploi était possible sans inflation, grâce au pouvoir fiscal et au pouvoir monétaire. Je pense qu'à l'heure actuelle, la faillite de ces idées est évidente, et que nous sommes une fois de plus à la recherche d'un nouveau système. Très peu d'économistes aujourd'hui seraient prêts à prendre les attitudes qui ont été prises par les mêmes post-keynésiens qui nous parlaient d'inflation sans même nous parler de la monnaie, ce qui m'a toujours paru invraisemblable. Il y a d'ailleurs aujourd'hui très peu d'économistes qui n'admettent pas qu'on peut contrôler l'inflation en contrôlant le volume de la monnaie. Cependant, on admet aussi, et c'est ce que *Business Week* concluait il y a sept ou huit mois, qu'à partir du moment où on sait qu'on peut contrôler l'inflation par la monnaie, il nous reste ensuite à trouver d'autres solutions pour régler le problème du chômage, puisque bien sûr, si on joue seulement avec la monnaie de façon restrictive, ce n'est pas facile d'éviter le chômage. Alors quelles seront ces solutions pour pallier au chômage? À mon sens, on retombe exactement dans la nécessité d'une forme d'organisation, c'est-à-dire qu'on peut avoir le socialisme et tout confier à l'État. Mais si on ne veut pas aller dans cette direction, on doit retourner à une autre formule, celle de recréer entre l'État et l'individu de véritables organes intermédiaires, dont la fonction va être précisément d'être capable de prendre une vue d'ensemble de l'économie et d'apporter des remèdes appropriés sur une base qui reste à définir.

# ROLAND PARENTEAU
## Le 10 juillet 1982

Né à Montréal en 1921, Roland Parenteau est diplômé de l'École des HEC à Montréal et de la Faculté de Droit de Paris. Il enseigne à l'École des HEC entre 1949 et 1964. Il sera ensuite directeur-fondateur de l'Office de Planification du Québec et de l'École nationale d'administration publique, avant de redevenir professeur aux HEC en 1978.

Roland Parenteau est le sénior de cette génération d'économistes venus aux HEC dans l'après-guerre : Pierre Harvey et Jacques Parizeau en sont d'autres fort connus. Il n'a pas embrassé les grandes luttes nationales comme monsieur Angers, mais il a été un important vulgarisateur de la science économique dans les années cinquante et il a cherché à réaliser dans les faits cette planification économique au Québec dont parlait déjà Esdras Minville dans les années trente.

J'ai commencé par demander à Roland Parenteau ce qui l'avait amené à se faire économiste. — *G.P.*

**Roland Parenteau**     L'économique n'était pas connue à l'époque où j'ai fait mes études classiques, terminées en 1942. Il n'était donc évidemment pas question de carrière d'économiste. Il y a cependant des événements qui se sont produits pendant la Grande Dépression qui ont fait que j'ai choisi d'aller du côté des affaires. Au fond, c'est ça qui a été mon premier choix de carrière. En cela, j'ai été influencé, je m'en rappelle très bien, par une série d'articles de l'ancien président de la Banque Canadienne Nationale, Beaudry Leman, publiés dans *Le Devoir*. On était à la fin de la crise, en 1938-1939, et il disait que l'économie allait très mal et qu'elle n'allait pas se remonter. Il disait aussi que c'était en partie à cause d'une pénurie d'individus du côté des affaires. C'est donc ce qui m'a amené à choisir cette carrière et, comme instrument ou centre d'accueil, l'École des hautes études commerciales. En fait, les affaires, je ne savais pas ce que c'était. Je n'appartenais pas à un milieu d'affaires. Mon père était employé de bureau, mais je ne savais pas ce que ça voulait dire. J'ai donc choisi cette carrière-là. J'ai fait mes études pendant la guerre, entre 1942 et 1945, et j'ai terminé au moment où se terminait aussi la guerre, en mai 1945.

*Gilles Paquet     Est-ce que vous avez trouvé aux Hautes études commerciales, Monsieur Parenteau, ce qu'étaient la science économique et le monde des affaires?*

**R.P.**     Oui, justement, c'est là que j'ai découvert la science économique. Cependant, en 1942 ou 1943 aux Hautes études, le cours d'économique était donné par un professeur, décédé aujourd'hui, qui enseignait avec des manuels datant de 1920. Ce qui signifie qu'à toutes fins pratiques, nous étions vingt ans en arrière, apprenant la science économique du début du siècle. Ainsi, le courant nouveau, le courant keynésien, je n'ai pas connu ça ici, au Canada, parce que même si c'était déjà connu un peu partout ailleurs, ce n'était pas enseigné aux HEC. C'est seulement plus tard, en Europe, que j'ai été initié à ces nouvelles idées. Mais il faut bien dire que la science économique m'a passionné, même si elle était à l'époque très rudimentaire. Et si je l'ai choisie comme carrière, c'est simplement que le directeur de l'école, Monsieur Edras Minville, m'a demandé à la fin de mes études si j'étais intéressé à devenir professeur de science économique à l'École des HEC. C'est aussi simple que ça.

**G.P.**    *C'était la belle époque où les directeurs des HEC pouvaient dire en choisissant leurs poulains, on va vous envoyer étudier à l'extérieur...*

**R.P.**    Exactement. Et à l'École des HEC à l'époque, on croyait beaucoup à la formation française. Monsieur Angers m'avait précédé, il était allé étudier à Paris avant la guerre, à l'École libre de science politique. Arrivé à Paris en 1947 j'ai dû constater qu'en matière d'enseignement de la science économique, sans doute à cause de la guerre et de la Dépression, on y était extrêmement en retard. Malgré quoi mon séjour en Europe de 1947 à 1949 s'avéra tout de même fantastique, car j'y fus plongé dans un milieu en pleine ébullition. Quand je suis arrivé à Paris, le Parti communiste était au pouvoir, faisant partie du gouvernement de Gaulle. Il y avait des grèves générales et toutes sortes de mouvements. C'était aussi un enseignement pratique, car les années 1947 à 1949 furent des années de rationnement. La loi de la rareté, j'ai appris ce que c'était dans mon assiette...

**G.P.**    *Qui étaient alors les maîtres de la science économique en France, Monsieur Parenteau?*

**R.P.**    Ceux qui m'ont le plus impressionné, ce furent Jean Marchal, qui donnait un grand cours de science économique, et François Perroux, qui était à 40 ans en début de carrière selon les critères européens, c'est-à-dire qu'il commençait à être connu. C'est François Perroux qui a renouvelé l'enseignement de la science économique française et y a introduit le keynésianisme.

**G.P.**    *Avez-vous oscillé entre ces deux maîtres, vous êtes-vous abreuvé aux deux sources?*

**R.P.**    Oui, je me suis abreuvé aux deux sources, mais c'est Jean Marchal qui m'a le plus influencé, dans la mesure où la tâche qui m'attendait à mon retour au Canada, c'était d'enseigner la science économique dans un milieu qui était dans ce domaine sinon hostile, du moins tout à fait ignorant et indifférent. Or, Jean Marchal n'était pas un chercheur (je ne crois pas qu'il ait fait avancer la science économique), mais c'était un pédagogue extraordinaire, qui attirait les foules. Je me suis beaucoup inspiré de son enseignement et de sa façon de présenter les cours quand j'ai entrepris ma carrière d'enseignant.

Puis, j'ai été amené à faire des travaux de recherches et à analyser la réalité canadienne, principalement du fait de l'existence, aux HEC, d'une revue qui existe d'ailleurs encore, même si elle a beaucoup changé de caractère, *L'Actualité économique*. À l'époque, c'était surtout une revue de vulgarisation, d'où son nom. Et nous, les professeurs du département d'économique, nous étions pour ainsi dire en service commandé : nous étions obligés d'approvisionner régulièrement la revue, ce qui nous amenait à faire des commentaires sur les événements, sur les questions de l'heure, sur le problème du logement, sur l'inflation, sur les budgets. On faisait par exemple chaque année un commentaire sur le budget fédéral. C'est comme ça d'ailleurs que j'ai été initié aux finances publiques. Pas dans un cours formel ou dans des manuels, mais en faisant l'analyse, année après année, du budget fédéral et de celui du gouvernement du Québec. J'ai donc été amené à étudier la réalité concrète. Il faut dire aussi qu'au cours des années cinquante, la population s'est découvert un appétit pour les choses économiques. Les groupes de citoyens, les associations professionnelles, invitaient sans cesse les professeurs des HEC à donner des conférences, à participer à des congrès ou à des émissions à Radio-Canada. Il y avait à l'époque une foule d'émissions d'affaires publiques, dont *Le point de mire*, avec René Lévesque, et *Les idées en marche*, qui a commencé à la radio puis est passée à la télévision. Je me suis occupé de ces émissions-là pendant des années, j'ai été membre du comité qui les a mises sur pied. Et dans la mesure où il faut se consacrer à la recherche fondamentale pour faire avancer la science économique, ce genre d'activités m'en ont éloigné. Je me suis plutôt consacré à la vulgarisation. Esdras Minville, le directeur des HEC, m'avait d'ailleurs donné un conseil. Il m'avait dit : « Vous allez être invité à donner des conférences. Il faut tout accepter, parce qu'on est à une époque où il faut habituer les gens à connaître les concepts économiques. La tâche principale qui s'impose, c'est une tâche de vulgarisation, parce que les gens n'ont aucune connaissance, ne font aucun raisonnement économique ».

À la fin des années cinquante, on parlait beaucoup de planification, et j'ai fait de nombreuses conférences dans ce domaine-là, ce qui m'a amené à m'intéresser davantage à cette question. Un peu avant la révolution tranquille, c'est-à-dire avant l'arrivée au pouvoir du gouvernement Lesage en 1960, il y avait des mouvements d'idées assez importants. Il y avait l'ICAP, l'Institut canadien des affaires publiques, et on discutait beaucoup de planification. J'ai été un des rares économistes de l'époque à m'intéresser à cette question et j'ai essayé de me renseigner sur la planification telle qu'on la pratiquait en France, parce que le modèle français était celui qu'on suivait dans tous les pays démocratiques. On peut re que c'était aussi de l'application, parce que la planification c'est l'application de la science économique au développement de l'économie.

**G.P.**      *Mais c'est dans les faits que les économistes peuvent apprendre à connaître assez bien le système économique pour le gérer, pour le guider. C'est vraiment ça qui vous a amené à participer de plus en plus clairement et fortement à ce mouvement de planification, pour éventuellement devenir le président-directeur-général du Conseil d'orientation économique du Québec, notre premier organisme de planification économique.*

**R.P.**      Justement. Quand le gouvernement Lesage est arrivé au pouvoir en 1960, il a créé ce Conseil d'orientation économique. C'était un organisme de planification assez rudimentaire : on ne savait pas trop ce que ça voulait dire, mais l'intention était tout de même là. J'ai donc été nommé membre du Conseil, tout en continuant mon travail de professeur aux HEC. En 1964, le directeur-général du Conseil a démissionné, et on m'a demandé de le remplacer.

Il y avait déjà eu des tentatives de planification, et même un plan appelé le Plan L–A, qui était une ébauche de programme économique. On s'est rendu compte que j'étais assez critique à l'égard de cette tentative-là, ce qui fait que le plan n'a jamais été publié et a même été définitivement écarté en 1964. Le Conseil avait publié à l'époque un ouvrage intitulé *Les exigences de la planification*, qui affirmait que la planification était un objectif valable, mais qu'il nous manquait toutes sortes de choses pour y arriver : des spécialistes, de l'information, une volonté politique, etc. Au fond, il y a eu un nouveau départ de la planification en 1964.

**G.P.**      *Mais ce Conseil d'orientation économique du Québec que vous allez diriger de 1964 à 1968, c'est malgré tout au coeur de la Révolution tranquille un instrument de réflexion, de prospective, de planification économique. Est-ce qu'on peut faire des comparaisons entre cet exercice-là et celui qu'avait fait par exemple Jean Monet en France après la guerre?*

**R.P.**      Oui, justement. Ce qui est arrivé ici, c'est qu'on s'est rendu compte que c'était impossible d'improviser comme ça un plan en quelque mois, pour bien des raisons, notamment le fait que le gouvernement du Québec n'avait pas tous les pouvoirs d'intervention, puisque le gouvernement fédéral s'y opposait. Nous avons donc été amenés à réfléchir sur l'orientation de nos projets, sur nos méthodes de travail. Il faut dire cependant que le Conseil d'orientation économique a tout de même fait pendant cette période des recommandations qui ont été acceptées par le gouvernement et sont à l'origine des grandes sociétés d'État qui existent aujourd'hui, telles SGF, Sidbec, la Caisse de dépôt et de placement, l'Hydro-Québec. Même si dans certains cas les projets n'étaient pas de l'initiative du Conseil, c'est quand même la recommandation du Conseil qui a été le facteur déterminant pour inciter le gouvernement Lesage à créer ces sociétés. Évidemment, elles ont mis plusieurs années à se développer, mais aujourd'hui, certaines d'entre elles sont assez puissantes.

Il y a donc eu pendant cette période-là des efforts de planification qui ont abouti à la création de l'Office du Plan, prédécesseur de l'OPDQ ou Office de planification et de développement du Québec. L'Office du Plan fut créé par le gouvernement Johnson en 1968, mais pour le grand malheur de l'Office, Monsieur Johnson a été à mon avis le seul premier ministre qui ait compris ce qu'était la planification. L'Office fut créé à la toute fin de la session en 1968, vers le 3 ou le 4 juillet, le lendemain de la première crise cardiaque de Monsieur Johnson. Une deuxième crise a suivi quelques semaines plus tard, et Monsieur Johnson est mort à l'automne. Or, comme c'était lui qui, avec quelques autres personnes, avait préparé le projet de loi, le gouvernement s'est senti obligé de créer l'Office de planification, mais il ne savait pas ce que ça voulait dire. Au fond, l'Office de planification n'a jamais pris son départ, il n'a jamais véritablement joué son rôle.

**G.P.**     *Mais qu'est-ce que ça voulait dire justement, cette chose que comprenait Monsieur Johnson et que n'ont pas compris les autres : la planification?*

**R.P.**     Voici : on avait créé l'Office parce qu'on avait constaté que tout le gouvernement bougeait, que tout était en situation de réforme, et que les réformes accélérées amenaient beaucoup de problèmes d'ajustement, de management, de gestion de la chose publique. Ce qui manquait à l'époque, et ceux qui étaient à l'intérieur du gouvernement le constataient, c'était la pensée prospective, c'est-à-dire penser par exemple en fonction de 3 ou 5 ans dans l'avenir. Ce n'est quand même pas très loin, mais à l'époque, personne ne pensait en ces termes-là. On s'était donc demandé si on ne pouvait pas trouver dans tout ce gouvernement, dans tout ce brouhaha, 10 ou 15 personnes de très haut calibre qui pourraient être réunies dans un Office du Plan pour penser en terme de « Futur » ou d'« Avenir ». C'était ça le projet initial. J'ai donc été le premier directeur de l'Office du Plan. Et j'ai démissionné au bout de huit mois, quand je me suis aperçu qu'il était impossible à ce moment-là, dans les circonstances, de faire de la planification à l'intérieur du gouvernement du Québec, pour toutes les raisons que j'ai mentionnées tout à l'heure : manque de personnel, etc.
Ceci m'a amené à la conviction qu'il faut travailler au niveau de la formation des personnes. C'est au fond ce qui m'a amené à l'ÉNAP, la coïncidence ayant voulu que l'ÉNAP soit créée à l'époque. Quand on m'en a offert la direction, j'ai accepté en me disant qu'il fallait absolument qu'il y ait des fonctionnaires de très haut calibre, qui soient bien préparés. Il fallait donc commencer par le commencement. On avait été euphorique les années précédentes, en pensant qu'on pouvait pondre un plan en quelques semaines, mais il fallait maintenant se rendre à l'évidence qu'il fallait revenir à des choses plus fondamentales, former des gens.

**G.P.**     *Durant cette période où vous avez été directeur-fondateur de l'École nationale d'administration publique, l'ÉNAP, Monsieur Parenteau, il* *vous a fallu commencer à penser non seulement comme économiste, mais comme gestionnaire du public. Est-ce que l'économique avait encore une place?*

**R.P.**     Eh bien, je suis parti de l'économique, que j'ai enseignée pendant des années à l'École des hautes études commerciales, puis je suis allé au Conseil d'orientation économique, où j'ai fait de l'économique appliquée. Quand je suis passé à l'ÉNAP, il s'agissait d'enseigner l'administration publique, et de gérer une école dans ce sens-là. Cela m'a amené à délaisser la science économique et graduellement, je me suis rendu compte que la science économique n'était pas de nature, telle qu'elle existait et même telle qu'elle évoluait, à apporter des solutions aux problèmes de la société. Disons que j'ai éventuellement fini par perdre la foi dans la science économique.

**G.P.**     *Mais cette perte de foi dans la science économique qui vous arrive à la fin des années soixante, ça vous laisse, j'imagine, dépossédé de ce feu sacré. Qu'est-ce qui va le remplacer?*

**R.P.**     C'est l'enseignement du management public. Et remarquez que je fais une distinction entre administration publique et management public. Mon séjour de cinq ans à l'intérieur du gouvernement m'a amené à la conviction que l'enseignement de l'administration publique, tel qu'il était dispensé et tel qu'il était associé à l'enseignement de la science politique, ne préparait pas des gestionnaires. Cet enseignement-là préparait des analystes de la vie publique, des analystes de la vie administrative, mais ne préparait pas des gestionnaires. Et c'est ce qui m'a amené à remplacer la foi dans la science économique par la foi dans une formule qui permettait de former des fonctionnaires, mais des fonctionnaires-gestionnaires, des gestionnaires pour le ministère de l'Agriculture, pour le ministère des Travaux publics, pour le ministère des Affaires culturelles, etc. Autrement dit, de développer un type d'individu ayant des qualités de bases qui lui permettent d'agir avec une certaine efficacité quelle que soit sa formation de base ou son expertise.

**G.P.**     *Mais cette évasion de l'économie, Monsieur Parenteau, qui vous amène à choisir la gestion, ça nous pose la question : est-ce qu'il y a une place fondamentale pour l'économie dans la gestion?*

**R.P.**     Oui, je pense qu'il y a une place fondamentale pour l'économie dans la gestion. De toute façon, tous les cours de gestion, que ce soit aux HEC, à l'ÉNAP ou ailleurs, enseignent l'économique. Mais j'avoue, quand je regarde ce qui se passe dans les institutions que je connais, en particulier aux HEC, je trouve que l'enseignement de l'économique qui s'y fait est complètement désincarné, c'est-à-dire qu'il n'a pas de référence par rapport aux problèmes sociaux. D'ailleurs, la crise de la vie économique qu'on connaît à l'heure actuelle est une illustration de ce fait-là. Il y a des modifications fondamentales dans les comportements économiques. Ce qu'on enseignait comme une loi fondamentale, la loi de l'offre et de la demande, on est obligé de constater que ça ne fonctionne plus comme ça. Il faut apporter pas mal d'atténuations, de modifications. Il peut arriver que les consommateurs soient sensibles aux prix, mais il y a autant de cas où ils sont insensibles. Donc il faut changer même les lois de base, les lois fondamentales. Il y en a peut-être une qui reste : c'est la loi de la rareté. Ça, ça existe toujours. Mais l'enseignement de l'économique est toujours un peu en retard sur la réalité et, tel qu'il est dispensé actuellement, même dans les écoles de gestion qui sont censées former des praticiens, je ne suis pas sûr qu'il soit adapté à la réalité, aux exigences du monde contemporain.

**G.P.** *Vous allez vous évader une seconde fois, Monsieur Parenteau, pour revenir à vos anciennes amours, les HEC. Pourquoi?*

**R.P.** J'ai eu l'occasion de revenir aux HEC justement pour m'intéresser au management public. Je ne suis pas retourné au département de science économique, ni à l'enseignement de l'économique, mais je donne des cours sur l'entreprise et la société, l'entreprise et le gouvernement, le contexte socio-économique de l'entreprise, etc. Il y a une continuité là-dedans : à un moment donné, l'école des HEC s'est rendu compte que même si sa vocation première était de former des chefs d'entreprises, un très grand nombre de ses diplômés, quelque chose comme 20 à 25 %, allaient dans la fonction publique ou le secteur public hôpitaux, écoles, etc. On a conclu qu'on devait adapter l'enseignement à cette situation, parler de gouvernement et faire prendre conscience aux étudiants du fait qu'administrer des entreprises publiques ou des institutions du secteur public, ce n'est pas tout à fait la même choses que d'administrer les entreprises privées.

**G.P.** *Et comment l'avez-vous retrouvée, l'École des hautes études commerciales, après 14 ans?*

**R.P.** D'abord, quand je l'ai quittée, l'École était encore au Carré Viger. Je l'ai retrouvée sur le campus universitaire. C'est devenu une énorme institution, alors que quand je l'ai quittée, c'était une PME, une petite institution, où tout le monde se connaissait. J'ai bien sûr retrouvé des anciens collègues, mais des gens de mon âge, plusieurs sont à leur retraite ou ont d'autres activités. En fait, c'est une génération nouvelle de professeurs avec une formation incomparablement supérieure à celle que nous avions reçue. Ce sont des gens qui ont des doctorats, qui ont étudié aux États-Unis, etc. Ils sont à la fine pointe du management. J'ai été favorablement impressionné par la qualité du corps professoral et par le grand nombre d'étudiants, qui nous donne la possibilité de faire une sélection, ce qui était impossible à l'époque. À l'époque, on était obligé de prendre à peu près tout ce que les collèges nous offraient, et ce n'était pas le dessus du panier, parce que les meilleurs allaient dans des facultés qui étaient privilégiées. Donc cette situation-là a considérablement changé. Par contre, il y a des inconvénients à la grande entreprise, à une institution qui se dépersonnalise sans cesse. On est obligé d'introduire toute sorte de systèmes pour que ça fonctionne, parce qu'on ne peut plus se fier à la mémoire des individus ou à leurs réactions. Mais c'est quand même une institution où il fait bon travailler.

**G.P.**     *Une institution qui s'est aussi rapprochée malgré tout, à ce qu'il semble en tout cas, des gouvernements, puisqu'il y a eu une portion importante de nos politiciens qui ont été pris à même cette génération que vous avez connue à la première heure aux HEC.*

**R.P.**     C'est justement un des paradoxes des HEC : à l'intérieur de l'école, il y a toute une fraction du corps professoral qui veut ignorer le gouvernement, qui est même hostile au gouvernement en général, disons à l'activité gouvernementale. C'est une attitude assez curieuse, parce qu'au lieu de vouloir savoir comment ça fonctionne et comment influencer ces gouvernements, on aime mieux l'ignorer. D'ailleurs, le fait que les HEC soient à Montréal, alors qu'un gouvernement est à Québec et l'autre à Ottawa, cela facilite cet état de choses. Mais il y a malgré tout un certain nombre des professeurs de l'école qui ont joué un rôle important auprès des gouvernements. Il y en a qui sont devenus ministres ou sous-ministres. C'est un curieux paradoxe. Le gouvernement a senti le besoin de venir chercher des individus aux HEC sur la base de leur compétence, alors que l'institution veut se tenir loin du gouvernement.

**G.P.**     *Et est-ce que la formation d'un économiste comme vous, même d'un économiste catholique qui répand ses intérêts un peu partout, joue un rôle important dans le management public que vous enseignez maintenant?*

**R.P.**     Oui, je pense que cette formation de science économique, et surtout cette expérience de l'observation des phénomènes économiques, joue un rôle important. Je ne me suis jamais rendu au doctorat en science économique, donc je n'ai jamais exploré la totalité de la science, même après plusieurs années d'expérience, d'abord parce que j'ai fait beaucoup de vulgarisation à une certaine époque, ensuite parce que j'ai fait de l'administration gouvernementale et universitaire. Cependant, cette formation de base en science économique m'apparaît toujours essentielle, et l'avantage qu'on retire de ça quand on est pas au courant des derniers raffinements de la science, c'est qu'on conserve quand même le fondamental, c'est-à-dire des réflexes, une certaine façon d'aborder les problèmes. Je me suis rendu compte de l'importance de cette formation de base en travaillant à l'intérieur du gouvernement, avec des gens dont la formation économique est un peu sommaire. On a des façons d'aborder les problèmes qui ne sont pas du tout les mêmes. Et cette formation de base, elle est non seulement utile, elle est indélébile. C'est comme le péché originel.

# BERNARD BONIN
## Le 17 juillet 1982

Né à Joliette en 1936, Bernard Bonin est diplômé de l'École des HEC à Montréal et de l'Université de Paris. Il enseigne à l'École des HEC de 1962 à 1974. Il sera ensuite sous-ministre adjoint à l'Immigration puis aux Affaires intergouvernementales au Québec avant de passer à l'École nationale d'administration publique. Il est sous-gouverneur de la Banque du Canada depuis 1988.

Bernard Bonin est un peu le sénior de la troisième génération à l'École des HEC — si l'on commence à compter avec l'époque de François-Albert Angers. Il rejette comme ses prédécesseurs une foi aveugle dans la main invisible, mais ce n'est plus la fougue passionnée à la Angers ou un certain agnosticisme à la Parenteau. Bernard Bonin maintient une certaine foi dans la science économique. Il a dirigé à un moment ou un autre les deux grandes revues canadienne d'économie : *L'Actualité économique* et la *Revue canadienne d'économique*. Il a gardé lui-aussi comme ses prédécesseurs un équilibre entre la recherche théorique et l'action et toujours il est à la recherche d'une sérénité sans compromis.

J'ai voulu savoir d'abord ce qui avait entraîné Bernard Bonin à se faire économiste. — *G.P.*

**Bernard Bonin**     C'est un peu par hasard que je me suis intéressé à l'économique. En effet, je suis un produit du secteur public, c'est-à-dire que ce que j'ai fait à l'époque, c'est ce qu'on appelait le cours scientifique. Or, les facultés universitaires qui nous étaient ouvertes n'étaient pas terriblement nombreuses, et l'École des hautes études commerciales comptait parmi elles. Alors je suis parti avec l'idée de devenir actuaire, mais mon aversion pour les mathématiques m'a fait changer d'idée. J'ai ensuite voulu devenir administrateur et ce n'est qu'en deuxième année aux HEC que j'ai décidé plutôt de devenir économiste. Je suis resté après à l'École des hautes études comme stagiaire.

*Gilles Paquet     Qui représentait alors la science économique aux HEC?*

**B.B.**     À l'époque, c'était à peu près une demi-douzaine de personnes : François-Albert Angers, qui était directeur de l'Institut, Roland Parenteau, Pierre Harvey, Jacques Parizeau, Gilles Desrochers, Jean Mehling... J'ai assisté pendant des années à des discussions épiques entre ces hommes-là, même si le groupe présentait de l'extérieur une espèce de façade d'homogénéité. Monsieur Angers est un polémiste assez extraordinaire et il a testé ses capacités sur chacun d'entre nous. Il nous a forcés à avoir un raisonnement de plus en plus rigoureux. Le climat intellectuel qui régnait à l'époque aux HEC était très stimulant.

**G.P.**     *L'impression qu'on avait à l'époque quand on pensait à l'École des hautes études commerciales, Monsieur Bonin, était qu'il s'agissait vraiment d'une école au sens premier du terme, qu'il y avait là une unité de pensée, une sorte de volonté d'action qui faisait partout défaut ailleurs au Québec.*

**B.B.**     Je pense qu'il y avait peut-être le refus d'une certaine orthodoxie béate. L'idée était au fond de pratiquement tout remettre en question et dans cette optique, on faisait ce qu'on appelait à l'époque de l'économie politique, par opposition à l'économique telle qu'elle est devenue, c'est-à-dire une discipline beaucoup plus structurée, plus mathématisée. On se disait qu'on était tous plus ou moins tournés du côté de l'application et qu'il fallait élargir un peu l'univers d'application de l'économique. Dans ce sens-là, je pense, ce groupe-là avait cette forme d'originalité.

**G.P.**     *Vous partez des HEC, monsieur Bonin, pour aller faire des études avancées de science économique en France, pourquoi?*

**B.B.**     La France, c'est effectivement un choix surprenant, pas dans le contexte des HEC, puisque M. Angers, M. Parenteau, M. Harvey et M. Parizeau, qui m'avaient précédé, étaient tous passés par la France au cours de leurs études, mais dans le contexte du Québec, parce que la France n'avait pas très bonne réputation pour former des économistes. En France, on enseignait encore l'économique dans les facultés de droit. À la licence, sinon au doctorat, le contenu de droit était assez important. Bien des gens me disaient : qu'est-ce que tu vas aller faire là? Quant à moi, j'estimais que les Américains formaient des gens dont la dextérité en matière de manipulation de concepts économiques était sans doute plus grande mais dont la largeur de vue était en général plus restreinte. Mon tempérament me portait à aller plutôt vers les grands horizons : mon ancien patron de thèse m'a déjà dit que j'étais plus dans la tradition des coureurs de bois que des trappeurs mais il y a un prix à payer pour ça. Le prix que j'ai payé, c'est que cette formation a fait de moi davantage un philosophe de l'économie qu'un mathématicien ou un technicien.

**G.P.**     *Qui étaient les maîtres que vous avez rencontrés en France à l'époque, Monsieur Bonin?*

**B.B.**     Celui qui m'a certainement marqué le plus, c'est Maurice Byé, parce que j'ai fait une spécialité en économie internationale et qu'il a dirigé ma thèse de doctorat. Et comme j'étais en même temps à l'ISEA, l'Institut de science économique appliquée, j'ai été aussi influencé par François

Perroux. D'ailleurs, on allait difficilement étudier en France à l'époque sans être marqué d'une façon ou d'une autre par François Perroux.

**G.P.** *Qu'est-ce qui vous a amené à faire des travaux sur la firme pluri-nationale?*

**B.B.** Eh bien, ma thèse de doctorat portait sur l'investissement étranger à long terme au Canada. Et si je songe à la façon dont j'ai choisi le sujet, je crois que c'est précisément à cause de l'intérêt que Maurice Byé portait à cette question de la grande firme interterritoriale. Venant du Canada, il savait qu'il y avait un problème assez particulier de ce côté-là. Je crois que c'est en discutant avec lui que nous sommes arrivés à la conclusion que ça serait un sujet intéressant.

**G.P.** *Parlons un peu de ce problème de l'investissement étranger, problème crucial vers la fin des années cinquante, début soixante, au Canada, et qu'on refuse à l'époque de voir. Est-ce que vos premiers travaux ne portent pas sur cette réalité du contrôle américain au Canada?*

**B.B.** C'est essentiellement ça. J'ai travaillé d'abord sur l'investissement direct, qui est au fond le véhicule d'implantation de l'entreprise multinationale. Dans les fonctions publiques, à Ottawa et à Québec, on n'accordait pas beaucoup d'importance à cette question. Je serais incapable de vous dire pourquoi, sinon peut-être qu'il y avait une influence américaine très marquée. Je pense que l'orthodoxie des économistes canadiens était plutôt néo-libérale, néo-classique. Il ne fallait pas toucher à l'investissement direct, c'était un mouvement de capital normal, donc il n'y avait pas de raison de s'en préoccuper.

**G.P.** *On sait, Monsieur Bonin, que c'est la Commission Gordon sur l'avenir économique du pays qui, en 1957, avait sonné l'alarme. Ce sont les protégés de Walter Gordon qui, en 1967, avec Mel Watkins, vous et certains autres économistes canadiens, vont faire une deuxième étude en profondeur de ce même phénomène. Ces travaux vont-ils vous confirmer dans vos premières conclusions et auront-ils un impact sur la politique au Canada?*

**B.B.** Pour ça, oui, ça va certainement confirmer mes premiers travaux. On parlait cette fois clairement de l'entreprise multi-nationale comme institution, on en prenait conscience. Ce qui allait transformer beaucoup de choses. Le rapport Watkins a essayé de montrer que la relation entre l'entreprise multi-nationale avec le pays où elle investit n'est pas entièrement mauvaise ou bonne, qu'il y a des coûts et des bénéfices, mais qu'il faut adopter une approche plus sélective, choisir qui va venir investir chez nous. On avait d'ailleurs recommandé, ce qui a été oublié, la création d'une agence de tamisage, l'ancêtre de FIRA, mais elle a eu d'autres préoccupations, dont en particulier les accords de technologie. Comme vous voyez, ça se rapproche des préoccupations actuelles, mais comme influence sur la politique, je dirais que ça s'est arrêté là.

**G.P.**     *Alors, Monsieur Bonin, malgré le fait que cette première aventure à distance au sein du gouvernement, avec le comité Watkins, n'ait pas porté des fruits bien gros ou bien vermeils, vous n'êtes pas découragé, puisqu'en 1968-1969, vous revenez à titre d'attaché spécial au ministère des Finances à Ottawa, pour essayer de l'intérieur de créer une politique économique canadienne?*

**B.B.**     Eh bien, pour les raisons que j'ai mentionnées plus tôt, je ne me suis jamais cru être un économiste qui allait repousser les frontières de la théorie et qui serait candidat au Prix Nobel dès que le Prix Nobel serait institué. Je me suis donc dit : si je dois me préoccuper beaucoup plus des questions d'application de politique économique, il est utile de temps en temps d'aller du côté des gouvernements pour voir comment ça se passe, quelles sont les préoccupations, comment on s'y prend pour formuler des politiques, quel type de pressions se manifestent pour les gens des gouvernements. Alors, après le rapport Watkins, quand André Raynauld et Al Johnson sont venus me demander de devenir le deuxième conseiller économique au ministère des Finances (André Raynauld avait été le premier) j'ai accepté. Il s'agissait d'un programme d'un an où on attirait des universitaires francophones et d'ailleurs, il ne faut pas se le cacher, il n'y avait pas un seul francophone dans tout l'organigramme du ministère des Finances... Nous devenions donc la caution, pour ne pas dire le « token French Canadian ». Mais enfin, quand on sait exactement à quoi s'attendre, on y va en se disant : je vais tirer le maximum possible de cette expérience-là, et tant pis. L'expérience a d'ailleurs été intéressante. Et après, en 1970, je suis retourné à l'université. C'est peut-être grâce à ce recul d'une année, parce qu'avant j'avais le nez trop proche de l'action, que je me suis rendu compte qu'il y avait eu des changements dans l'institution. Ce climat intellectuel très stimulant qui m'avait attiré aux HEC au début des années soixante, je ne l'ai pas retrouvé quand je suis revenu du gouvernement. C'est peut-être moi qui avait changé...

**G.P.**     *Mais vous n'aviez pas perdu la foi dans la science économique? Après vos séjours au groupe Watkins et au ministère des Finances, c'est comme économiste que vous reveniez aux HEC en 1969-1970?*

**B.B.**     Oui. L'institution connaissait dans ces années-là une crise de croissance, parce qu'elle avait été envahie littéralement par des hordes ou des cohortes, comme diraient les démographes d'étudiants. Il avait fallu embaucher beaucoup de professeurs rapidement et cet espèce de climat un peu familial qui existait auparavant a dû être remis en cause. Alors de 1970 à 1974, les économistes aux HEC ont surtout été sur la défensive; nous étions le gros service et face à cette crise de croissance, il y avait un besoin de ressources ailleurs dans l'école. Il fallait donc réduire de ce côté-là si on voulait augmenter ailleurs. Et quand on est pris pour se défendre continuellement, qu'on ne peut plus rien construire, plus rien faire de positif, ça commence à manquer d'intérêt. En 1974, j'ai de nouveau été pris d'un désir d'aller voir ailleurs.

**G.P.**　　　*On vous a vite attiré au gouvernement du Québec cette fois-là, dans un ministère qui s'occupait de l'immigration : c'est à la fois loin et proche des choses internationales.*

**B.B.**　　　On me demandait de travailler à la préparation d'un document ou d'un Livre blanc sur les ressources humaines, d'élaborer une politique sur les ressources humaines au Québec. J'étais amené à toucher à un nouveau secteur, ce qui me permettait une fois dans ma vie de faire le tour du jardin, de voir où et comment l'immigration se situait dans la problématique d'ensemble. Je n'avais pas décidé d'aller là pour une période très longue, deux ou trois ans seulement. Je suis resté finalement deux ans et neuf mois, puis je suis passé aux Affaires intergouvernementales pour me charger cette fois du mandat de la direction des études sur l'association économique.

**G.P.**　　　*Des études qui vous ramènent en plein coeur de vos préoccupations fondamentales des années cinquante, les relations internationales.*

**B.B.**　　　Oui, mais dans un contexte à la fois inter-régional et international. C'est-à-dire qu'il s'agissait de voir si les formules retenues pourraient s'apparenter davantage à des marchés communs, à des unions économiques, etc. Il s'agissait en fait davantage d'expériences dans le domaine international. Cette expérience nous a procuré, à Mario Polèse et moi, l'occasion d'en savoir bien plus que nous en savions avant sur l'économie du Québec, puisqu'on a passé deux ans de notre vie à l'examiner d'assez près, et qu'on a en tiré un ouvrage après. Et notre travail s'arrête-là. Je veux dire que le gouvernement n'en a pas tiré de capital par la suite pour son projet, ce n'était pas dans notre optique de départ. Nous on avait pas à retenir ça.

**G.P.**　　　*C'est surprenant, justement, Monsieur Bonin, que vous ayez pu toucher d'aussi près des dossiers aussi chauds que celui des formes que pourrait prendre l'association économique après la séparation politique, sans que jamais vos collègues ne vous aient senti entaché par cet exercice.*

**B.B.**　　　Je suis d'ailleurs fier d'avoir fait cet équilibrisme sur fil de fer, cette haute voltige, pendant deux ans et finalement de ne pas en être sorti plus écorché que ça. Je pense que c'est dû en grande partie au fait que nous avions mis les cartes sur table avec le gouvernement dès le début et deuxièmement, que le ministre dont nous relevions a joué le jeu en respectant les règles avec une correction exemplaire. J'avais mis les cartes sur table en disant à Claude Morin, écoute, si vous cherchez un « yes man », vous êtes mieux de regarder ailleurs, parce que je ne suis pas sûr, moi, de ce que ça va donner, je ne suis pas à priori très vendu à votre affaire, je vais examiner ça et on verra ce qui sortira de ce qu'on va entreprendre. À quoi il m'a répondu : « Il n'est pas question de ça, on veut au contraire avoir quelqu'un qui va examiner la question froidement et avoir des réponses crédibles ».

**G.P.**    *Pour quelqu'un qui vous connaît un peu depuis longtemps, Monsieur Bonin, et qui sait comment vous avez justement pratiqué l'économie politique, une économie politique qui ne dit pas seulement vouloir être positive, mais sait être normative et même par moment, très normative, il est difficile de comprendre comment vous avez pu être dans ce dossier-là pendant deux ans, en sortir avec des idées évidemment très claires sur ce que vous croyez être la voix la plus utile, mais que vous vous soyez entêté, ce que diraient certains, à ne pas nous dire exactement ce que vous en pensez.*

**B.B.**    C'est que, encore une fois, on avait demandé de préciser beaucoup le mandat parce que c'était effectivement dangereux. Alors, je m'étais bien entendu pour que nous, on ne fasse ni le procès du fédéralisme, ni l'apologie de la souveraineté-association. Évidemment, les premières années où ce projet-là a été proposé, j'avais certaines appréhensions, mais ce que ça m'a donné personnellement, c'est qu'après avoir examiné ça plus en détails, je me suis dit : bon, ça ne se fera peut-être pas, mais si ça se fait, ce ne sera pas la catastrophe et dans ce sens-là, ça a calmé mes propres appréhensions. On a beau faire de l'économie politique, et normative même à l'occasion, parce qu'en économie politique, on peut difficilement être autrement que normatif, le fait est que c'est un grand pas à franchir, à mon avis, que de partir de sa discipline, discipline économique qui a une vue partielle et partiale des choses et qui ne peut donc pas régler un problème de cette ampleur, et à partir de cette discipline, de déclarer par exemple que le régime politique qui doit nous gérer doit être de tel type et pas de tel autre. Moi, j'ai refusé de franchir ce pas-là parce que je ne pense pas que la science économique nous permette de le faire.

**G.P.**    *C'est rare, un économiste modeste, Monsieur Bonin. Avez-vous cessé de croire que l'économique pouvait être une discipline qui suffisait? Votre passage par exemple, à une école d'administration publique, cela représente-t-il une brisure, une sorte de perte de foi dans l'économique?*

**B.B.**    Mon passage au gouvernement a certainement développé chez moi un sens du relativisme un peu plus poussé qu'avant. D'abord, ma philosophie personnelle était certainement plus interventionniste avant, et beaucoup moins après. J'ai vu que les interventions gouvernementales étaient souvent fabriquées à la hâte et donnaient des résultats pour le moins inattendus. À ce propos, j'ai changé de point de vue, sans aucun doute. Ensuite, je me suis rendu compte, bien que je m'en sois douté avant, que dans l'analyse de politique, l'économique n'est qu'une toute petite partie, à l'égard de laquelle est offre au fond un avantage comparatif assez faible. Les variables qui interviennent dans l'analyse politique sont beaucoup plus complexes que dans l'analyse économique proprement dite, et la difficulté c'est justement de faire le passage de l'un à l'autre, car l'analyse économique fait abstraction d'un certain nombre de variables afin de mieux appréhender la réalité, de mieux la prédire. Mais quand il s'agit de partir de ce modèle théorique et abstrait pour voir comment la politique devrait être faite, on est obligé de ré-introduire toute une série de variables qu'on avait laissé de côté en premier lieu. Ce passage est extrêmement difficile, presque infranchissable, à moins d'avoir l'épiderme particulièrement blindé. Je trouve donc que ça ne peut que conduire à une attitude de modestie.

**G.P.**      *Votre dernier poste, celui que vous occupez encore, c'est à l'École nationale d'administration publique. Est-ce que l'administration internationale prend de plus en plus d'importance dans une socio-économie comme le Québec, qui est petite, ouverte, dépendante?*

**B.B.**      Pour être normatif encore une fois, je dirais que ça devrait le devenir, parce que je conçois mal qu'on puisse formuler des politiques économiques au Québec sans avoir au moins un peu le sens de la perspective internationale, même s'il ne s'agit pas de politiques internationales à proprement parler. Je pense qu'une politique industrielle, par exemple, comme on en trouve dans *Bâtir le Québec* ou *Le virage technologique*, aurait dû être assise sur une perspective internationale pour faire une jonction entre la politique étrangère du Québec et sa politique industrielle.

Malheureusement, j'ai pu constater, et ça m'a été confirmé par des vieux routiers de la fonction publique du Québec, que la perspective internationale des fonctionnaires du Québec est en règle générale assez limitée. Les méchantes langues disent même qu'elle ne dépasse pas Lévis. Dans ce sens-là, il y a certainement un gros travail à faire. L'administration internationale devient importante, du moins je le pense, parce que quand on discute de l'organisation des industries aujourd'hui, il est toujours utile de savoir à qui on a affaire et de savoir aussi comment l'industrie est véritablement organisée, pas seulement chez nous, mais également à l'échelle mondiale. Je suis frappé de voir que dans un pays comme le Canada, 60 % des exportations et plus de 70 % des importations ne sont rien d'autre que des transactions internationales à l'intérieur d'une même firme, c'est-à-dire entre les filiales ou entre celles-ci et la société-mère. Cette situation a toute une série d'implications sur l'utilisation des services publics. Par exemple, qu'est-ce que les conseillers commerciaux vont faire dans une telle optique : les services bancaires ne sont pas utilisés pour financer ces commerces-là. Il existe donc toute une série d'implications dont on ne se préoccupe pas beaucoup, et on continue de raisonner l'économie canadienne comme si elle était ouverte seulement par l'intermédiaire de l'échange de produits et rien d'autre. Le Québec raisonne de la même façon, et encore pire. Il me semble qu'il y a là une faiblesse. J'ai quant à moi conservé la perspective de l'économie internationale, quoique, remarquez, ce domaine de l'économie n'ait pas connu beaucoup de révolution depuis le courant classique. On continue de se guider sur des schémas qui datent largement du 19ᵉ siècle. Il n'y a pas eu là de rupture comme celle que Keynes a pu faire en macro-économie, par exemple. Dans ce sens-là, on peut s'y remettre même après en être sorti depuis quelques années, sans se sentir complètement déphasé, puisqu'il n'y a pas eu de trouvaille extraordinaire entre temps, me semble-t-il.

**G.P.**     *Du moins en attendant votre livre, Monsieur Bonin...*

**B.B.**     Je ne me fais plus la moindre illusion. Un autre principe que j'ai rapidement mis en valeur dans ma propre orientation, c'est de faire toujours les choses pour ma satisfaction personnelle, en me disant que si jamais il y a un ou deux lecteurs de plus, c'est un profit accidentel, comme on dit dans le métier, et qu'il faut le prendre en passant. S'il y a une chose qui peut arriver à frustrer rapidement les économistes, c'est de s'imaginer, primo, qu'ils vont avoir un impact considérable sur les politiques, donc sur l'orientation des sociétés, et secundo, qu'ils vont avoir un impact considérable sur leurs collègues. Or, s'ils écrivent en français, automatiquement, ils ne seront ni lus ni cités par la grande majorité des économistes canadiens, sans parler des américains. Et puis quand on attend des réactions à ce que l'on a fait, de collègues même québécois, règle générale on attend longtemps. C'est pourquoi il vaut vraiment mieux faire les choses en se disant : est-ce plaisant de faire ce que je fais là et est-ce que je suis satisfait du produit. Et si oui, je dis que c'est la principale recette pour conserver sa sérénité.

# ANDRÉ RAYNAULD
## Le 24 juillet 1982

Né à La Pocatière en 1927, André Raynauld est diplômé de l'Université de Montréal et de l'Université de Paris. Il enseigne à l'Université de Montréal de 1954 à 1971, moment où il devient président du Conseil économique du Canada. Il va ensuite être membre de l'Assemblée nationale du Québec entre 1976 et 1980 avant de revenir enseigner à l'Université de Montréal.

André Raynauld a été l'architecte d'un livre important sur la croissance et la structure économique de la province de Québec en 1961, mais aussi d'études importantes sur les différentiels de revenus entre francophones et anglophones au Québec et sur la propriété des entreprises au Canada. André Raynauld a été président de l'Association canadienne d'économique.

J'ai voulu savoir pour commencer ce qui avait amené André Raynauld à s'orienter vers la science économique dans les années quarante. — *G.P.*

**André Raynauld**     Comme tout bon Canadien français catholique du temps, on commençait par s'intéresser aux questions sociales par opposition, disons, à la biologie ou aux sciences naturelles. Une fois rendu dans les sciences sociales à l'Université de Montréal, il y avait à ce moment-là un seul cours à temps plein, en relations industrielles. Je me suis donc inscrit en relations industrielles, non parce que je m'intéressais particulièrement à ce champ-là (je n'y étais pas opposé non plus), mais parce que c'était le seul cours de sciences sociales. À mesure que j'ai avancé dans les études en relations industrielles, j'ai pensé qu'il fallait nécessairement aboutir dans les sciences économiques si on voulait faire une carrière de recherches, comme j'en ai eu l'intention très tôt dans ma vie.

*Gilles Paquet     Les sciences économiques à l'Université de Montréal à ce moment-là, c'était qui et c'était quoi?*

**A.R.**     À ce moment-là, les sciences économiques étaient une nouvelle discipline qui avait été introduite à Montréal par Roger Dehem. Il y avait à côté de Roger Dehem et des sciences économiques dites modernes toute une tradition que j'appellerais tradition d'enseignement de l'Église, d'enseignement social s'inspirant beaucoup des encycliques, s'inspirant beaucoup de la philosophie. Et à vrai dire ces deux tendances étaient très fortement représentées en relations industrielles. Entre les deux, il y avait le père Bouvier, directeur de l'École des relations industrielles, qui était un tenant de la doctrine sociale de l'Église mais en même temps, avait été formé à Harvard et avait donc, si je peux dire, un esprit positif au sens scientifique du terme. Alors lui, il faisait le lien entre les deux et nous, les pauvres étudiants, on était soumis aux deux influences et l'influence de Roger Dehem était comme celle d'un homme qui viendrait de la Sibérie, ou en tout cas de très loin, et qui nous apportait des vues complètement étrangères au milieu dans lequel nous étions. Je dois dire que ça m'a pris au moins deux ans avant de me réconcilier avec la science économique, parce que Dehem était son seul représentant dans le temps, et qu'il fallait par conséquent identifier la discipline à l'homme qui était devant nous. Or, Roger Dehem était un peu rébarbatif car il était un théoricien des plus poussés, parce qu'il était jeune, et que son approche représentait une telle révolution dans toute la pensée du milieu que moi, par exemple, qui suis plutôt traditionaliste par tempérament, j'ai eu une certaine difficulté à m'identifier à cette sorte de science économique. J'ai réalisé plus tard que c'était quand même là l'approche scientifique qui nous permettait d'avancer, et d'avoir une certaine rigueur dans l'analyse des phénomènes qui nous entouraient.

**G.P.**    *Mais les phénomènes qui vous intéressent le plus à ce moment-là sont les phénomènes de relations industrielles, de coopération. Est-ce que la théorie économique pure que propose Monsieur Dehem, c'est déjà un instrument qui vous apparaît assez puissant?*

**A.R.**    Pas au début. Au début, ça apparaissait comme un hors-d'oeuvre, comme un produit étranger dans la formation que nous recevions par ailleurs, et que je recevais en relations industrielles. C'est pourquoi, pendant mes études, je n'ai pas ressenti le besoin, pour alimenter ma réflexion, de vraiment approfondir la science économique que Monsieur Dehem donnait. Et j'ai finalement abouti à faire une thèse sur un conflit de travail très important à ce moment là, en 1949 : la fameuse grève des enseignants. Et je répète aujourd'hui de temps à autre que ce qu'il y a de plus significatif dans cette thèse, c'est que le dernier chapitre porte sur la légitimité de la grève dans les services publics. C'était une thèse empirique d'abord, mais je trouve hautement significatif qu'au lieu d'aboutir à quelque chose de positif, dans le sens scientifique du terme, j'aboutissais à une question morale. Est-ce que c'était légitime ou non de faire une grève dans un service public comme l'enseignement?    Par conséquent, je pense que je dois à la vérité de dire que je suis devenu économiste après ça. Mais au moment de ces études-là, je n'étais pas un économiste.
    Je suis parti pour Paris en 1951. Dès le départ, je me suis inscrit au doctorat. J'ai eu l'avantage d'avoir des professeurs comme François Perroux, qui m'ont beaucoup marqué. J'ai aussi connu René Courtin, qui était si l'on peut dire à l'autre extrémité. René Courtin était un théoricien pur, mais dans un sens très différent de celui de Dehem. René Courtin m'a permis de commencer à me réconcilier avec la théorie économique, car c'était un homme très humain, très proche des problèmes, mais qui envisageait la théorie économique à partir de problèmes très, très étroits.

J'ai suivi un cours pendant toute une année sur les inventaires, sur les stocks des entreprises, et j'ai beaucoup appris. Et je pense que c'est à ce moment que j'ai découvert la science économique.

**G.P.**      *Vous demeurez à Paris trois ans et vous revenez avec un doctorat.*

**A.R.**      Oui, c'est très rare. Il n'y a pas tellement longtemps, il y a même quelqu'un qui m'a dit qu'il se demandait si je n'étais pas un des premiers à avoir obtenu un doctorat en science économique. Mais je ne pense pas. Maintenant, il faut bien dire que ma thèse de doctorat n'était pas à proprement parler en science économique. Là encore, j'étais ambivalent. Ce processus par lequel on en arrive à une approche pure, ça semble facile aujourd'hui, parce qu'on entre dans des institutions qui nous amènent directement là où on veut arriver. J'ai fait une thèse sur le mouvement coopératif, mais dans une partie qui me permettait d'incorporer un petit peu de science économique, parce que je m'intéressais aux relations économiques internationales. Donc, je m'intéressais au mouvement coopératif, mais à un niveau qui était un peu différent de celui auquel on était habitué.

**G.P.**      *Et c'est donc dans ce domaine de la coopération que vous allez travailler en revenant et que votre programme de recherche va se développer?*

**A.R.**      C'est ça. Cette orientation faisait le lien, si je peux dire, avec le passé que j'avais connu. Il faut dire ici que pendant mes études à l'Université et même pendant mes études au Collège de l'Assomption, je m'étais toujours occupé des coopératives, du mouvement coopératif. J'ai fondé une quinzaine de caisses populaires dans les collèges classiques du Québec; j'ai fondé la fédération des coopératives étudiantes; j'ai introduit les coopératives étudiantes à l'Université de Montréal. J'avais donc été très actif dans le mouvement coopératif. c'est pour ça que j'ai dit que ça assurait le lien avec mon passé. Et j'essayais de concilier ce passé-là avec mes préoccupations scientifiques. Par conséquent, quand je suis revenu, je suis naturellement retourné à ces contacts et à ces préoccupations portant sur le mouvement coopératif, et ça a duré à peu près trois ou quatre ans.
La préoccupation majeure que j'avais à ce moment-là, entre 1954 et 1958, c'était d'essayer d'éliminer du programme des études toutes les considérations de morale sociale pour en faire un programme de science économique dans le sens étroit du terme. Ce qui a été réussi en 1958. C'est pourquoi je prétends, qu'en ce qui me concerne, c'est-à-dire la discipline économique à l'Université de Montréal, la révolution tranquille a eu lieu dans les années cinquante, et en 1958 elle était terminée. En effet, en 1958, on avait mis en place essentiellement le même programme d'enseignement économique que nous avons encore aujourd'hui, un programme économique

carrément positif, carrément scientifique, avec un très fort accent sur les mathématiques et très peu du côté de l'enseignement des questions morales ou philosophiques. La bataille a été gagnée en 1958. Et au même moment, en 1958, on m'a demandé de diriger au ministère de l'Industrie et du Commerce à Québec une équipe de recherches ayant pour mandat de faire une étude générale de l'économie du Québec, étude qui a donné lieu deux ans plus tard au livre *La croissance et la structure économiques de la province de Québec*.

**G.P.**      *Livre qui en 1960 marque votre entrée dans un domaine de recherches nouveau...*

**A.R.**      Tout à fait. Et qui, je pense, était nouveau au point de vue méthodologique, comme l'a d'ailleurs souligné Charles Lemelin dans une critique de cet ouvrage quelques mois après sa parution. L'aspect nouveau de ce livre, c'était que pour la première fois, on examinait des problèmes locaux, des problèmes très concrets de l'économie québécoise, mais avec une méthodologie et des préoccupations, sinon des théorèmes économiques, qui provenaient de la littérature universelle. Par conséquent, j'ai essayé de concilier peut-être pour la première fois des préoccupations théoriques de la science économique avec les problèmes tels qu'ils se présentaient dans une économie concrète comme celle du Québec.

**G.P.**      *Malgré tout, Monsieur Raynauld, quand on lit « croissance et structure économiques de la province de Québec », on sent que cette préoccupation scientifique est aussi complétée par une sorte de travail empirique qui ressemble beaucoup à ce qu'on avait vu dans les études sur le milieu à l'École des hautes études commerciales dans les années quarante. Est-ce que ce serait aller trop loin que de dire que vous faites un peu le pont entre ces études plus anciennes et plus strictement empiriques et ces études modernes à venir qui seront plus proprement théoriques?*

**A.R.**      Je pense que c'est assez exact de dire que j'ai représenté à ce moment-là un lien entre une méthodologie qui était essentiellement basée sur l'observation de la réalité et ensuite la conciliation de cette réalité-là à la lumière des propositions scientifiques proprement dites. Ça a d'ailleurs été une préoccupation majeure dans ma carrière, tout comme d'ailleurs d'essayer de ne jamais accepter le divorce entre l'interprétation d'une réalité concrète et les principes économiques qui s'appliquent partout dans le monde. Cette préoccupation-là m'est restée, mais elle était née au moment de cette étude.

**G.P.**      *Le début des années soixante, Monsieur Raynauld, vous trouve à l'Université de Montréal enseignant, consultant, chercheur qui s'occupe d'un certain nombre de programmes. Mais si on avait à définir votre travail* *le plus important au cours de cette période, il serait difficile de mettre le doigt sur une chose qui vous occupe à plein temps.*

**A.R.** Oui, c'est exact. Mais je pense qu'en termes concrets, il y a eu une concentration très marquée de mes travaux et qu'il faut regarder cela chronologiquement. En 1964, je pars pour la France en congé sabbatique, et je me consacre exclusivement à l'étude des mathématiques. Je reviens et je rédige un manuel sur les institutions économiques canadiennes, mais là encore, j'ai une très forte concentration de mes énergies et une grande partie de mes journées consacrées aux travaux de la Commission sur le bilinguisme et le biculturalisme. À l'occasion des travaux de cette Commission, j'ai aussi rédigé une étude sur la propriété des entreprises qui sera publiée beaucoup plus tard, puis une étude sur la répartition des revenus, qui n'a jamais été publiée parce qu'elle n'était pas suffisamment polie pour que je la laisse publier comme ça, mais qui comptait bien entre 800 et 1000 pages. Ces deux études ont du me prendre au moins trois, sinon quatre ans de mon temps, et à la fin j'ai été l'éditeur du volume 3 de la Commission sur le bilinguisme, ce qui m'a pris encore à peu près un an. Ce qui signifie que de 1965 à 1970, j'ai passé cinq ans essentiellement à examiner ces deux problèmes-là dans le contexte de la Commission sur le bilinguisme et le biculturalisme.

**G.P.** *Les années soixante, Monsieur Raynauld, c'est une époque où on parle beaucoup de planification. Est-ce que vous avez réagi à ce courant de planification?*

**A.R.** Oui, je dois dire j'étais assez favorable à cette tendance, bien que je la perçoive aujourd'hui comme étant peut-être un peu naïve et pleine d'idéal. Mais là encore, je n'y étais pas suffisamment favorable pour m'impliquer directement, donc je restais un petit peu à la frontière, mais j'étais sympathique au mouvement de planification. Et d'ailleurs, il y a certains éléments de cette stratégie de planification auxquels je crois encore. Notamment qu'il vaut mieux avoir des politiques intelligentes plutôt que stupides, et que le gouvernement doit fournir les informations que le marché ne peut pas fournir directement. Mais il faut bien dire que j'ai perdu un peu de mon enthousiasme, cet enthousiasme collectif des années soixante pour la planification, auquel je participais alors.

**G.P.** *Un enthousiasme débordant, puisqu'il débordait vers d'autres continents. C'est, si je me rappelle bien, en 1969–1970 que vous créez, Monsieur Raynauld, le Centre de recherches en développement économique et que vos activités, personnellement et avec votre équipe, vos activités internationales commencent à devenir plus importantes.*

**A.R.** Oui, tout à fait. Vers 1969, je pense, on a commencé à discuter de la création d'un centre de recherches économiques à l'Université de Montréal, et le projet a abouti en 1970. Les premiers travaux exécutés par ce centre ont été des travaux internationaux, c'est-à-dire qu'ils se situaient principalement en Afrique, et surtout dans les pays d'Afrique de l'Ouest. Ce qui me plaisait d'ailleurs dans l'idée de ce centre de recherches, et qui en fait en a été à l'origine, c'est justement cette ouverture sur l'extérieur.

**G.P.**    *Après avoir oeuvré dans des laboratoires africains, vous commencez à vouloir planifier le Canada. En 1972, on vous invite à devenir président du Conseil économique du Canada. Qu'est-ce qui vous amène à ce poste?*

**A.R.**    De la même façon que sur le plan intellectuel, j'étais intéressé à concilier la théorie et la réalité, sur le plan personnel, j'ai toujours été tiraillé entre l'action et l'étude. Je voulais m'impliquer beaucoup et activement dans la transformation du monde, mais en même temps, je conservais toujours ces préoccupations intellectuelles. La présidence du Conseil économique du Canada était pour moi, si vous voulez, une offre inespérée de pouvoir concilier tout ce que je voulais concilier.

Et je dois dire que cela ne m'est jamais arrivé de me sentir maladivement frustré de voir que les gouvernements ne réagissaient pas sur-le-champ aux déclarations du Conseil économique. Cependant il faut bien ajouter qu'en 1976, le problème s'est posé : j'avais le sentiment d'avoir dit à titre de président du Conseil économique à peu près tout ce que j'avais à dire de nouveau. J'avais donc le choix entre me répéter, et les répétitions, les pensums, je n'ai jamais aimé cela, ou bien faire autre chose, soit retourner à l'université ou aller ailleurs. Je dois vous révéler quelque chose que je n'ai jamais dit auparavant : avant d'accepter d'aller en politique, à peu près six mois avant, j'avais déjà rencontré les autorités de l'Université de Montréal, pour examiner les conditions d'un retour à l'université. Par conséquent, j'avais décidé de laisser le Conseil économique, et j'hésitais entre retourner à la vie intellectuelle ou me lancer dans l'arène politique. Si j'ai décidé d'opter pour la politique, c'est que c'est l'homme d'action qui a pris le dessus sur l'intellectuel. C'est comme ça que ça c'est passé, ou comme ça, en tout cas, que je l'interprète.

**G.P.**    *L'homme d'action qui a eu l'occasion de critiquer de façon continue les politiques québécoises pendant quatre ans avant de revenir à l'université. Est-ce que cette expérience, Monsieur Raynauld, à mi-chemin entre l'université et l'action, et puis de l'action jusqu'au cou, vous a confirmé en une sorte de foi dans la science économique pour gérer les choses humaines?*

**A.R.**    Oui, je pense que vous posez très bien le problème. Contrairement à d'autres, non seulement j'ai conservé ma foi dans l'approche économique pour l'explication de ces phénomènes-là, mais elle s'est trouvée renforcée, parce que je me suis aperçu que dans le monde de l'action, il y a tellement d'autres contraintes pour empêcher les décideurs de prendre des décisions qui paraissent fondées, qu'on sent le besoin de prendre un certain recul vis-à-vis des événements quotidiens. On sent le besoin de se retrouver sur des bases un peu plus stables, avec des perspectives un peu plus longues sur l'évolution du monde. C'est peut-être aussi une façon de se réfugier loin de l'effervescence. Je dois vous dire que ce que j'ai détesté le plus en politique, c'est de m'être senti bousculé par les événements. Je me dis aujourd'hui que c'est peut-être parce que j'étais trop habitué à vivre une vie calme et sans trop de tempêtes, derrière mon bureau à l'Université de Montréal et même au Conseil économique du Canada.

**G.P.** *Certains pourraient dire que ce retours à une foi renouvelée, cette re-conversion, ça peut amener souvent à des comportements de convertis, qui font des actes de foi dans un discipline qui, à bien des égards, est inexacte et constitue elle-même une sorte d'idéologie.*

**A.R.** Oui, c'est tout à fait exact. Je pense être à l'heure actuelle un peu plus puriste que je l'étais dans les années soixante, sauf que là encore, je ne me vois pas en flèche idéologique. Je ne me suis jamais vu comme ça et je ne pense pas que ça m'arrive à l'avenir. La connaissance des mécanismes économiques nous permet de comprendre mieux le monde qu'à peu près n'importe quelle autre approche que je connaisse, et à cet égard-là, je deviens peut-être en un certain sens un peu idéologique.

**G.P.** *De mieux connaître le monde, mais pas nécessairement de mieux le gérer...*

**A.R.** Tout à fait exact. Je ne pense pas que la science économique puisse aider autant qu'on le croit dans la gestion des affaires publiques ou humaines. Et c'est bien ça d'ailleurs la conclusion générale à laquelle j'en arrive aujourd'hui. Je ne crois pas qu'il soit possible à un État ou à des individus en particulier de modifier en profondeur le comportement des hommes. Et si on n'est pas capable par des coups de baguette magique d'obtenir des résultats, si on n'est pas capable de décider par une loi que la productivité doit augmenter, à ce moment-là il faut savoir qu'est-ce qui peut faire augmenter la productivité à défaut de baguette magique. Et pour ça, il faut étudier davantage, il faut connaître mieux les déterminants de cette productivité, qu'est-ce qui la fait ou non augmenter à un moment donné. Et pour ça, ça nous ramène à des études économiques plus approfondies.

# MAURICE BOUCHARD
## Le 31 juillet 1982

Né à Port-Alfred en 1924, Maurice Bouchard est diplômé de l'Université d'Ottawa et de Louvain et enseigne à l'Université de Montréal depuis 1955.

Maurice Bouchard va être de la première génération des économistes théoriciens purs de crû local — un théoricien qui va contester le schème conceptuel dominant qu'est la théorie économique néo-classique et entreprendre ni plus ni moins qu'une reconstruction de la théorie des marchés. Bouchard est un économiste pur qui a été amené à la science économique par des considérations bien pratiques et qui continue de croire que les réflexions théoriques sont le seul chemin vers le progrès social.

Maurice Bouchard nous dit d'abord ce qui l'a amené à se faire économiste. — *G.P.*

**Maurice Bouchard**    C'est d'abord à travers mes expériences dans le mouvement ouvrier, à la Jeunesse ouvrière catholique, un mouvement qui a connu son apogée autour des années quarante. J'ai été nommé président de ce mouvement de jeunesse un peu avant les années cinquante, et j'y ai milité pendant quelques années, durant lesquelles j'ai eu l'occasion de faire des voyages en Amérique du Sud pour participer à des congrès. Au cours de ces voyages, j'ai pris contact avec des organisations ouvrières sud-américaines, et j'ai pu constater que dans ces pays-là, si il y avait des lois sociales très progressistes, très avancées, la situation économique y était par ailleurs assez retardataire et lamentable. J'ai alors compris qu'on ne peut pas penser le progrès social indépendamment de la structure économique et du fonctionnement de l'économie, qu'il faut donc être sérieux en matière économique pour être efficace dans l'action sociale. C'est de là que part ma préoccupation envers une réflexion économique sérieuse.

*Gilles Paquet    Le département d'économique à l'Université de Montréal n'existe pas encore. Vous vous tournez donc naturellement vers le département de relations industrielles. Est-ce qu'il y a vraiment de l'économique qui s'y enseigne à ce moment-là?*

**M.B.**    Oui, à cette époque, à l'Université de Montréal, le département de relations industrielles, le professeur Roger Dehem donnait un certain nombre de cours de théorie économique. Ce sont ces cours qui m'ont motivé à continuer ma formation dans cette direction-là.

*G.P.    Qu'est-ce qui caractérisait l'enseignement économique de Roger Dehem par rapport à ce qui se donnait alors à Laval et à l'École des hautes études commerciales?*

**M.B.**    Roger Dehem avait un enseignement théorique très analytique, relativement poussé dans la tradition néo-classique et je pense que son enseignement était nettement différent de celui qui se donnait à l'Université Laval à l'époque. À Laval, l'enseignement était surtout influencé par la mode de la pensée keynésienne, et donc surtout orienté vers l'enseignement macro-économique. La tradition de pensée y était considérablement différente. Roger Dehem, lui, avait été formé à Louvain. Le maître influençant le disciple, c'est la raison pour laquelle j'y suis allé, et aussi parce que l'Université de Louvain était ouverte à plusieurs courants d'influence, notamment à la pensée classique et néo-classique venant d'Oxford et de Cambridge, à l'ensemble de la pensée continentale française et à la pensée italienne. Je pensais qu'il était intéressant de ne pas rester prisonnier d'une seule école de pensée.

**G.P.**    *Vous partez pour Louvain en 1950. Quels sont les maîtres, à Louvain, qui vont le plus vous influencer?*

**M.B.**    À l'époque, il y avait le professeur Dupriez, le professeur Rousseaux et, dans le domaine auquel je me suis davantage intéressé, l'économie du travail, le professeur Urbain.

**G.P.**    *Qu'est-ce que ces gens-là vous apportent, Monsieur Bouchard, vous qui partant d'un activisme dans le mouvement des jeunesses ouvrières êtes allé chercher dans la science économique des réponses précises à des problèmes précis? Qu'est-ce que vous apportent ces maîtres qui parlent presque de théorie pure?*

**M.B.**    Je suis revenu de Louvain après une thèse de doctorat sur la théorie des salaires en régime de convention collective. J'étais notamment très préoccupé par le fonctionnement des marchés. Déjà, dans ma thèse de doctorat, j'avais engagé une réflexion et des recherches du côté des problèmes des oligopoles. Au fond, c'est vraiment ce qui me préoccupait, puisque même si je m'étais dit que je reviendrais ici à l'action syndicale, ma première motivation, j'étais suffisamment excité par la difficulté de comprendre le fonctionnement des marchés oligopolistiques pour accepter une invitation de l'Université de Montréal de revenir enseigner plutôt que de m'en aller dans le secteur syndical. Je voyais cela comme temporaire, le temps de terminer ma réflexion sur les problèmes d'oligopole. Mais au fond, elle ne s'est jamais terminée.

Je me suis rendu compte que toute le domaine de la théorie des marchés était construit d'une manière arbitraire, même la théorie de la concurrence parfaite. J'ai commencé à évoluer vers une position critique de plus en plus radicale vis-à-vis la tradition de pensée néo-classique, et dans cette optique-là, ma réflexion s'est poursuivie et a abouti vers 1968-1969 à la publication d'un ouvrage. Cet ouvrage fut publié prématurément parce que la partie positive, c'est-à-dire celle de reconstruction de ma réflexion, n'était pas terminée. Elle était à vrai dire à peine engagée. J'avais développé une pensée critique assez considérable, de sorte que l'ouvrage en question est très difficile. Au fond, c'est un ouvrage très critique, mais insuffisant du point de vue analytique pour permettre une reconstruction de l'analyse économique. Mais pour l'essentiel, cette réflexion s'est poursuivie même jusqu'à aujourd'hui. Je suis en train de terminer un ouvrage qui essaie de définir tout le domaine de l'univers économique, que ce soit les prix, les quantités ou les revenus, comme des faits résultant des libres décisions des agents économiques, producteurs et consommateurs, dans un système d'accord. Je vois l'univers économique, les faits économiques, comme reposant essentiellement sur des accords.

*G.P.        C'est un peu, Monsieur Bouchard, renverser les visions traditionnelles qui voient surtout le conflit plutôt que les accords et les équilibres entre forces conflictuelles comme étant les grands moteurs de l'économie.*

**M.B.**        Une évolution que j'ai dû faire, c'est justement de liquider le concept d'équilibre, emprunté aux sciences de la nature, qui du point de vue épistémologique pose des problèmes absolument irréconciliables dans une tradition de pensée déductive qui remonte à Ricardo et implique à priori une décision à la base des phénomènes économiques, c'est-à-dire la notion de rationalité. Il y a donc une incompatibilité entre le concept d'équilibre et cette vision d'un univers économique rationnel. Il est rationnel en ce qui concerne les décisions sur les quantités. Mais vous savez comme moi que les prix dans l'univers néo-classique ne relèvent pas des décisions rationnelles mais plutôt de l'équilibre entre l'offre et la demande, c'est-à-dire d'un phénomène mécanique. C'est cette construction au fond assez bâtarde de la théorie néo-classique que j'ai dû récuser et abandonner pour être en mesure d'affirmer que non seulement les quantités, mais aussi les prix, résultent d'accords. Bien sûr, dans la réalité, il y a des conflits, il n'y a pas que des accords. Mais il y a aussi un fait important, c'est que les conflits se résolvent. Et la théorie économique dit qu'une fois que tous les conflits on eu leur effet, il reste toujours une marge pour des compromis et des accords. Au fond, la théorie économique, c'est une théorie des compromis rationnels. Je le vois comme ça.

*G.P.        En un sens, c'est un peu emprunter à vos origines intellectuelles, puisque ces travaux sur les conventions collectives, qui sont des accords, ont été peut-être à la source d'une nouvelle image que vous vous êtes donné de la société économique.*

**M.B.**        Vous avez raison, parce que quand j'étais étudiant, j'ai eu pas mal d'expérience dans les mouvements ouvriers, donc de ce genre de situation où il faut faire des compromis pour que la vie économique fonctionne. On a de temps en temps des conflits et, bien sûr, il y a des rapports de force, mais on arrive toujours à les dépasser, et le système économique fonctionne, il vit les compromis. Quand il n'y a plus de compromis, le système cesse de fonctionner, n'est-ce pas? C'est une situation de conflit. De sorte que dès cette époque-là, dans ma position travailliste, j'étais très convaincu par mon expérience que c'est nous qui faisons l'économie, avec nos décisions et nos compromis. Il n'y a pas de mécanique. Étudiant, j'avais toujours été réfractaire à l'idée qu'il y avait des forces de l'offre et de la demande qui déterminaient les prix au-dessus de nos têtes. Pour moi, c'était complètement obscur; ça ne correspondait pas à mon expérience et à mes perceptions, parce que j'ai aussi fait des expériences commerciales. J'étais libraire à l'époque et j'ai construit des prix comme vendeur de livres. À mon sens, je prenais des décisions calculées, rationnelles, en fonction de l'intérêt que je poursuivais alors. L'idée que les prix nous soient parachutés sur la tête par un système d'équilibre m'apparaissait absolument fumeux. Ce raisonnement de type mécanistique, je ne l'ai jamais digéré, même comme étudiant. J'étais déjà en position de réalisme à cette époque-là, en opposition avec cette tendance néo-classique de pensée. Mais c'est long de reconstruire, parce que c'est un ouvrage assez subtil et complexe que l'édifice de pensée néo-classique. Donc ça m'a pris une vingtaine d'années avant d'en sortir.

**G.P.**    *On vit des temps de changement au Québec dans les années cinquante et soixante, et vous, un homme d'action, vous n'allez pas vous impliquer?*

**M.B.**    Comment j'arrive à ne pas m'impliquer dans tout ce mouvement extrêmement intéressant sur le plan social et sur le plan économique du Québec de l'époque? Bien, je vous dirai que vis-à-vis cette conjoncture-là, cet état de changement, comme d'ailleurs vis-à-vis des problèmes syndicaux, j'ai dû prendre une position de recul. Je me suis convaincu personnellement que par rapport aux problèmes ouvriers, on peut faire toutes sortes de choses. Je pouvais très bien être engagé dans l'action syndicale et j'étais conscient que je pouvais faire une carrière scientifique. J'ai dû choisir à cette époque-là ce qui était le plus important, étant donné que je pouvais faire l'un et l'autre. Je me suis dit : qu'est-ce qui est plus rare socialement? On peut trouver plus facilement des militants syndicaux que des gens qui essaient de réfléchir pour construire une tradition scientifique sérieuse au Québec. J'ai décidé dans le sens de ce qui était socialement plus rare. C'est plus important à mon point de vue, pour l'intérêt des ouvriers au Québec, que se construise une tradition scientifique de pensée en économique que d'aller m'impliquer dans une action au jour le jour en milieu ouvrier. Dans ce sens, j'ai dû sacrifier. Pas parce que je me désengage, mais parce que je pense qu'à long terme, pour le Québec et pour le sort des ouvriers, que la politique économique ne soit pas arbitraire et qu'elle soit conçue dans leur intérêt. Et s'il n'y a pas de tradition scientifique de pensée, je pense qu'on ne peut pas y arriver.

De même, vis-à-vis des problèmes courants du Québec, des problèmes de développement et de tout le déblocage qui s'est fait, j'ai eu la même position de désengagement. J'étais très excité moi aussi : on est tous polyvalents. J'aurais pu m'engager politiquement. Je me suis demandé un beau matin ce qu'il fallait faire. Il y a une certaine urgence dans la transformation du réel, bien sûr, mais est-ce qu'il faut pour autant abandonner cet effort de construction d'une pensée économique sérieuse et de création d'une tradition de pensée? J'ai décidé que ce n'était pas moi qui allait transformer la réalité. Ce serait plutôt les étudiants formés en nombre de plus en plus grand dans les écoles qui allaient se mettre en place, les écoles de pensée et de recherche qui auraient pour tâche de travailler à cette transformation favorable du milieu québécois. Mais pour nous les premiers, les pionniers en quelque sorte, de la pensée économique au Québec, notre devoir était de poursuivre cet effort de construction de la pensée économique. Non pas de démissionner prématurément, autrement, il y a un risque, celui que l'on recommence toujours la même démarche.

J'ai fait des recherches à la fin des années cinquante sur le phénomène de grève en rapport avec l'évolution économique. Mais je n'ai pas publié cette étude. En fait, c'est peut-être les seuls travaux de type statistiques systématiques que j'ai jamais fait, et ce premier contact assez considérable avec la statistique m'a quand même fortement déçu. J'ai pris conscience qu'on était obligé de faire un tripotage énorme de la statistique pour pouvoir l'enfermer dans le raisonnement économique, et ça m'a un peu dégoûté. À l'époque d'ailleurs, mon intérêt principal en tant qu'économiste était du côté de la théorie. J'investissais beaucoup dans la théorie de l'oligopole, de sorte que j'ai cessé alors de faire de la recherche statistique. Quant à l'enquête sur le commerce du livre, si j'ai accepté de me lancer dans cette presqu'aventure qui a eu toutes sortes d'aspects, c'est principalement parce qu'après un certain nombre d'années de réflexion sur les problèmes d'oligopole, j'ai eu l'occasion de voir de près le fonctionnement d'un marché où jouaient certaines structures de type oligopolistique. Je l'ai fait à titre d'expérience, mais évidemment dans un temps relativement court. J'ai construit ce rapport sur la base de moins d'un an, neuf mois je crois. La partie de l'analyse économique du rapport est quand même assez superficielle.

*G.P.* *Malgré tout, cette analyse d'un oligopole en acte, si l'on peut dire, dans le marché du livre, est-ce que ça vous a convaincu, Monsieur Bouchard, que vos éclairages théoriques étaient utiles au niveau de la pratique?*

**M.B.** Non, pas beaucoup parce qu'au moment où j'ai commencé cette enquête sur le commerce du livre, j'en étais moi-même arrivé à la conclusion que le problème de l'oligopole était un problème contradictoire. J'avais tenté des théories de ce côté-là, mais je n'y croyais absolument plus, pas plus d'ailleurs que je ne croyais à toutes les autres théories. Je ne croyais plus aux théories des marchés classiques, donc je n'ai pas vraiment fait l'expérience dans l'enquête sur le commerce du livre pour tester la validité des théories auxquelles je n'adhérais plus de toute manière.

**G.P.**    *Cette sorte de perte de foi dans la science économique traditionnelle, conventionnelle a inspiré certains de vos collègues à simplement abandonner l'économique complètement et à se diriger vers le management public et d'autres disciplines. Pour vous, l'espoir existe-t-il encore que l'on puisse reconstruire une science économique qui nous donne un éclairage valable pour analyser, comprendre et gérer les affaires publiques?*

**M.B.**    Évidemment. C'est pour ça que je suis resté à l'université et pour ça que je continue à travailler et que je concentre mes efforts dans cette direction.

**G.P.**    *Et si vous aviez à trouver une étiquette pour ce genre de réflexion théorique, pour le personnage que vous êtes devenu?*

**M.B.**    Je suis un universitaire. Je pense que c'est ma conception d'un universitaire. Si l'université n'existe pas et ne permet pas à ce genre de personnage d'exister, c'est-à-dire une personne qui essaie de fendre les cheveux en quatre, qui prend tout le temps nécessaire pour aller au fond des choses même si apparemment ce n'est pas utile, je trouve que ce n'est pas une université. Essentiellement, une université c'est un endroit où on doit rechercher la vérité, et ce qui a caractérisé ma carrière, c'est cette recherche de la vérité scientifique. Mon plaisir, c'est de comprendre, comme ma souffrance, c'est de ne pas comprendre. Ça m'explique complètement, n'est-ce pas? Je suis resté dans cet effort depuis vingt ans et je pense maintenant aboutir; j'en suis très heureux. Ça m'a fait souffrir terriblement parce que j'ai été longtemps dans des difficultés, même dans l'impossibilité de comprendre dans des systèmes contradictoires. Toute cette pensée néo-classique pose des problèmes non seulement de type formel ou mathématique, mais aussi surtout, au point de départ, des problèmes de type épistémologiques. Comment on fonde la vérité d'une proposition qu'on fait à propos du réel. La question est épistémologique. Comment on arrive à dire que c'est vrai? Et là-dessus, il y a un débat qui déborde le domaine de la science économique et qui concerne tout le domaine de la pensée scientifique, un débat qui est loin d'être terminé et qui est difficile. Donc, il m'a fallu réfléchir, parce que les économistes ont quand même ajouté quelque chose de neuf au problème épistémologique : toute cette forme de pensée déductive. Dans une tradition analytique, ça ne se voit pas ailleurs qu'en économique. J'ai dû réfléchir sur le plan épistémologique pour trouver des bases et pour être ensuite capable de travailler sur le plan analytique, formel, d'une manière sérieuse. Alors il y a plusieurs niveaux de réflexion que j'ai dû construire simultanément pour arriver à surmonter tous ces problèmes. Et la difficulté dans tout ça, c'est qu'on ne voit pas clairement son chemin : on est en souffrance, c'est très difficile. Mais on a toujours espérance d'y arriver parce qu'autrement on n'explique pas qu'on puisse rester vingt ans comme ça à avoir l'air de perdre son temps, à penser dans toutes sortes de directions, parce que ce n'est pas payant de faire ça, parce qu'on vit tout de même dans des systèmes universitaires où le type qui publie le plus grand nombre d'articles possibles est celui qui est le plus apprécié. Évidemment, si vous vous situez dans les courants à la mode, et si vous ne contestez pas radicalement les traditions de pensée, il est assez facile à ce moment-là de publier des articles courts pour essayer d'améliorer la pensée théorique sur un point ou sur l'autre.

**G.P.**    *Les points sur les « i » et les barres sur les « t »...*

**M.B.**    Oui, et c'est ça qui est payant. On peut s'amuser à travailler comme ça sur un plan assez superficiel et se faire une réputation assez facilement. Pour ma part, depuis que j'ai commencé sérieusement cette réflexion-là, donc depuis le début des années soixante, je me suis absolument empêché de travailler de cette façon, parce que j'étais mobilisé par cet effort général de critique et de reconstruction positive de la pensée économique, et que mes travaux ne pouvaient pas aller à la publication sérieusement avant d'avoir abouti. C'est inquiétant. On n'est pas sans s'apercevoir que quand nos collègues publient comme ça à jet continu, n'est-ce pas, on a l'air étrange. Pourtant, j'ai travaillé dur. On a l'air de ne rien faire, mais c'était pour moi un travail incessant, très intense. Je ne le regrette pas. Je pense que j'ai maintenant des résultats qui sont rassurants.

# MARCEL DAGENAIS
## Le 7 août 1982

Né à Montréal en 1935, Marcel Dagenais est diplômé de l'Université de Montréal et de l'Université Yale. Il enseigne à l'Université de Montréal depuis 1961.

La volonté de créer une tradition scientifique en économie passe par la mathématisation et la quantification : la science économique veut créer des propositions exactes et vérifiables comme on le fait en sciences naturelles et expérimentales. Va donc apparaître une génération de techniciens qui vont mettre leurs efforts à perfectionner l'outillage mental plutôt que de s'occuper des grands débats de l'époque. Marcel Dagenais est de ceux-là : dans la division du travail, il se perçoit comme un technicien. Marcel Dagenais recevait en 1982 le grand prix de la Société canadienne de science économique.

Quand j'ai demandé à Marcel Dagenais ce qui l'avait amené à se faire économiste, sa réponse a été claire et nette. — *G.P.*

**Marcel Dagenais**    C'est l'ambition qui m'a amené à l'économique. Je suis d'abord allé trois ans chez les Pères Blancs d'Afrique, parce que dans le monde où nous vivions régnait la conviction qu'une des meilleures choses à faire pour que sa vie soit utile, c'était de devenir missionnaire. Après le cours classique je me suis donc dit, le mieux, c'est d'être missionnaire. Après trois ans, je me suis aperçu que la vie missionnaire, c'était peut-être ce qu'il y avait de mieux en soi, mais que ce n'était peut-être pas ce qu'il y avait de mieux pour moi. Et là, je me suis dit, la deuxième meilleure chose, c'est de s'occuper de la société. Je me suis donc lancé en sciences sociales parce que je pensais que l'évolution de la société m'intéressait et qu'il y avait moyen d'être utile en étudiant les sciences sociales. Quand j'ai commencé, je me suis inscrit à Montréal où, à ce moment-là, on étudiait en première année quatre volets des sciences sociales, à savoir la sociologie, l'économique, les relations industrielles et le service social. En deuxième année, je n'étais pas encore tout à fait décidé entre la sociologie ou l'économique, alors j'ai continué à étudier les deux concurremment. Et en dernière année à l'Université de Montréal, j'étais à peu près décidé à poursuivre en économique. Cependant, à cette époque-là, c'était risqué de s'en aller en sciences sociales parce qu'on ne savait pas très bien si on trouverait un emploi. J'ai donc décidé de faire ma thèse de maîtrise en sociologie et de poursuivre ensuite mes études à l'étranger en économique. Comme ça, j'aurais deux cordes à mon arc, la sociologie et l'économique.

***Gilles Paquet***    *Quand vous étudiez à Montréal au premier cycle, Monsieur Dagenais, l'économique, c'est qui, c'est quoi?*

**M.D.**    Le doyen des professeurs d'économique, c'était Monsieur Dehem. La première année, j'ai eu un cours d'introduction à l'économique donné par Monsieur Raynauld. Et Monsieur Bouchard m'a enseigné l'année suivante.

**G.P.**    *Lequel de ces maîtres-là vous a le plus marqué?*

**M.D.**    Celui qui était le plus avancé, qui avait en ce sens le plus de maturité, c'est assurément Monsieur Dehem. Son enseignement m'a été utile même à Yale et à l'occasion, j'ai passé à travers certains cours grâce aux enseignements que j'avais reçu de lui en rendement social. Des gens comme Monsieur Raynauld et Monsieur Bouchard étaient au début de leur carrière. Par ailleurs, il n'empêche que le premier cours est important pour avoir le sens de l'économique, et je pense que Monsieur Raynauld a très bien fait passer les notions de base. Et c'est Monsieur Bouchard qui m'a donné mon premier cours sur Keynes, donc sur la macro-économie. J'ai fait pas mal de travaux dans ce domaine et son enseignement m'a été fort utile, bien que je me sois ensuite intéressé davantage à l'économétrie.

**G.P.**    *Vous avez donc choisi de travailler en économétrie. C'est quoi à cette époque, l'économétrie?*

**M.D.**    On pourrait définir l'économétrie comme la mesure des phénomènes économiques. En un sens, c'est un champ assez théorique puisqu'on utilise des outils mathématiques sophistiqués, bien qu'à mon avis, ce soit essentiellement une science pratique, parce que ce qui nous intéresse c'est vraiment de mesurer les phénomènes économiques. Si on dit par exemple qu'une taxe va passer de 5 à 7 %, le ministre des finances veut savoir combien d'argent de plus cette augmentation va faire entrer dans le trésor public. Or, il faut que des gens mesurent et fassent des projections pour estimer les sommes additionnelles qui vont être générées par cette taxe-là. Donc mon boulot essentiel c'est d'arriver à développer des techniques pour mesurer l'effet des politiques économiques ou de faire des prévisions sur l'évolution économique. En ce sens c'est dont essentiellement une discipline pratique, qui produit des nombres, des prévisions, des évaluations quantitatives de l'évolution économique.

Le seul cours d'économétrie de l'époque était donné à l'Université McGill le soir, par le professeur Murray Kemp, qui est aujourd'hui en Australie. J'ai pris mon courage à deux mains, parce que je connaissais très mal l'anglais et que je n'étais pas très fort en mathématiques, et je suis allé le soir suivre les cours de Monsieur Kemp à McGill.

**G.P.**    *Ce qui vous amène à passer non seulement vers l'économétrie, mais vers l'anglais, et de là, vers les États-Unis...*

**M.D.** Je vous parlais de mon ambition personnelle. Quand je suis arrivé en économique, on m'a dit que le diplôme le plus élevé était le doctorat et j'ai décidé qu'il me fallait un doctorat. On m'a dit ensuite que le meilleur endroit en économétrie, c'était Yale et je me suis dit, il faut que j'aille à Yale. À ce moment-là, la tradition économétrique la plus reconnue était celle de la Cowles Foundation de l'Université Yale, où l'on retrouvait des gens comme Koopmans, Tobin et Marschak. Moi, je n'y connaissais rien, mais mes professeurs me disaient que Yale était l'endroit au monde où se faisait l'économétrie, alors sans hésitation, je suis parti pour Yale.

**G.P.** *Vous faites quoi exactement durant ce séjour à Yale, Monsieur Dagenais?*

**M.D.** J'ai passé trois années à Yale. À la fin de la première année, j'ai passé les examens de qualification pour le doctorat. Je n'étais pas vraiment prêt, mais eux ne le savaient pas. Eh bien, j'ai réussi. La deuxième année, j'ai commencé à chercher mon sujet de thèse, mais tout en continuant à suivre pas mal de cours comme étudiant libre, parce que je savais que j'avais encore beaucoup de lacunes. J'ai finalement décidé de faire ma thèse de doctorat sur l'industrie canadienne du papier journal. La raison était simple. En économétrie, il ne faut pas oublier l'aspect pratique : on évalue, on quantifie des phénomènes économiques. Comme l'industrie du papier journal était une des industries très importantes au Canada et au Québec, je me suis dit qu'il serait utile d'étudier cette industrie, que ça me ferait mieux connaître l'économie canadienne. En même temps, il y avait plusieurs modèles économétriques sur lesquels on commençait à travailler à ce moment-là pour analyser la production et la fixation des prix dans les industries. Donc il y avait des courants économétriques intéressants dans le domaine qui m'intéressait et j'ai pensé mettre tout ça ensemble en étudiant l'industrie du papier journal. Je suis alors venu au Québec pour consulter les économistes d'ici. J'ai consulté Monsieur Parizeau qui était à l'École des hautes études commerciales et qui m'avait encouragé à travailler sur l'industrie du papier journal, qu'il connaissait assez bien. Il croyait aussi que c'était une industrie importante et sur laquelle peu d'analyse économétrique avait été faite au Canada et même aux États-Unis.

**G.P.** *Vous revenez de Yale en 1961, et vous continuez à travailler à votre thèse. Quels sont les premiers travaux que vous aller compléter à part votre thèse?*

**M.D.** Quand je suis revenu en 1961, j'ai eu la chance d'arriver au département de science économique de l'Université de Montréal en même temps qu'un autre économètre, le professeur Matuszewski. Monsieur Matuszewski avait déjà plusieurs années d'expérience, ayant enseigné entre autres à l'Université de la Colombie-Britannique. Il s'intéressait beaucoup aux modèles inter-sectoriels, ce qu'on appelle le tableau d'input-output. Quand on travaille sur le tableau d'input-output, en fait, on découpe l'économie en un certain nombre de secteurs industriels et on étudie les liens entre ces secteurs. On essaie par là d'évaluer quantitativement dans quelle mesure l'augmentation de la demande pour les produits d'un secteur va se répercuter sur l'ensemble des secteurs industriels. Donc, ça permet d'examiner les interrelations entre les différents secteurs, les différentes industries d'une économie et les différentes activités économiques dans une région. Je pense que l'économétrie c'est un métier qui s'apprend sur le tas; ce n'est pas que de la mathématique pure, c'est vraiment de la mathématique appliquée à un type de problème très particulier. C'est extrêmement avantageux de travailler dans une équipe, avec d'autres gens qui ont l'habitude et qui savent comment aborder les problèmes. Et je pense qu'à ce point de vue-là, j'ai eu de la chance de pouvoir travailler avec le professeur Matuszewski pendant quelques années. Ça m'a sûrement aidé à démarrer sur un bon pied. On a commencé aussi à travailler ensemble avec le Bureau de la statistique du Québec, à monter un tableau d'échanges inter-industriels pour le Québec. Ce tableau pour l'année 1961 n'a été prêt que dans la deuxième moitié des années soixante. J'ai donc travaillé là-dessus en même temps que sur ma thèse de doctorat, qui m'a pris encore beaucoup de temps et que j'ai terminée en 1964.

On peut dire qu'il y a deux volets à mon activité : un volet théorique, et sur les volets théoriques on travaille souvent un peu plus seul, et un volet appliqué, sur lequel on travaille la plupart du temps en équipe. Pourquoi? Parce que le travail peut être trop vaste pour qu'un spécialiste seul puisse finir l'ouvrage dans une période suffisamment courte ou encore que le travail exige des spécialités différentes. Très souvent, si on fait un travail en macro-économique, on aura besoin d'un spécialiste en macro-économique, peut-être aussi de quelqu'un comme moi qui est spécialiste de la mesure, puis si possible d'un spécialiste de la programmation sur ordinateurs, puisque la plupart de nos calculs se font par ordinateur, quelqu'un qui puisse faire le lien entre nos équations de mesure et les calculs empiriques de l'ordinateur. En général dans les travaux empiriques, on travaille à trois ou quatre. D'autres par exemple vont s'intéresser surtout à la cueillette de données, spécialité importante et aspect qu'il ne faut surtout pas négliger, parce que des gens qui connaissent bien un domaine et les données disponibles, leur valeur et leur fiabilité sont d'une aide précieuse.

*G.P.    Côté plus théorique, Monsieur Dagenais, vous développez toute une série de travaux qui ont l'air, quand on les examine de loin, terriblement ésotériques : méthode nouvelle utilisant les techniques de régression, statistiques de type spécial, statistiques bayesiennes, travail sur le développement de mesures même quand il y a des observations manquantes. Tout ça nous semble très loin de la réalité. Pourtant, puisque vous êtes un*

*homme très pratique, tout ça doit avoir des conséquences importantes pour*
*des problèmes pratiques?*

**M.D.**       Oui, si on prend par exemple mes travaux sur l'utilisation des
observations incomplètes dans l'analyse de la régression en économique,
mon analyse de la régression, c'est un type de modèle qu'on utilise
justement pour essayer de quantifier des phénomènes économiques, et donc
pour prévoir, par exemple, les variations sur certains agrégats économiques
lorsqu'il y a un changement de politique, etc. Pour faire des analyses et
arriver à quantifier les paramètres de ces modèles-là, on dispose souvent de
données incomplètes. Donc, cette idée de travailler sur la théorie de la
régression lorsqu'on dispose d'observations incomplètes, ça m'est venu
effectivement d'un problème extrêmement pratique. À un moment donné, je
travaillais en collaboration avec un bureau d'ingénieurs-conseils, pour une
commission royale d'enquête sur l'agriculture, je crois, et on devait mesurer
les coûts qu'encouraient les laitiers qui livraient le lait de porte à porte,
comme ça se faisait dans ce temps-là. On avait fait des enquêtes assez
poussées auprès des laitiers pour connaître les différents éléments de leurs
coûts : le nombre de clients qu'ils avaient, le temps qu'ils passaient à faire
leur distribution, etc. Ensuite, on a voulu analyser les données pour voir de
quoi dépendaient les coûts de distribution du lait. On s'est aperçu que
certains des questionnaires étaient assez mal remplis. Certains donnaient la
longueur du parcours, mais avaient oublié le nombre de clients, d'autres
avaient donné le nombre de clients et la longueur du parcours, mais avaient
oublié de dire le temps que ça prenait. Évidemment, tout cela est fortement
co-relié. On sait bien que si le parcours a une certaine longueur et que le
laitier va surtout chez des clients privés, alors le nombre de clients qu'il
doit avoir en moyenne est à peu près le même. Mais il y avait des
observations manquantes, et on avait l'impression que si on laissait tomber
tous ces questionnaires incomplets, on laissait tomber à peu près la moitié
de l'échantillon, qui contenait pourtant beaucoup d'information. Au début,
évidemment, c'est ce qu'on a fait, on a laissé tomber les questionnaires
incomplets, donc la moitié de l'information qu'on avait recueillie et qui
nous avait coûté cher. Puis je me suis dit que ça n'avait pas de sens, qu'il
devait y avoir des méthodes pour récupérer cette information manquante.
Donc, pendant plusieurs années, je me suis intéressé au problème de savoir
comment, lorsqu'on a des échantillons incomplets, on peut récupérer
l'information. Ça a donné lieu à des travaux qui peuvent paraître théoriques,
mais c'est un problème pratique qui se pose à beaucoup de gens. J'ai
d'ailleurs reçu par la suite des lettres de gens en biologie, en psychologie
ou dans d'autres domaines qui m'ont dit pouvoir utiliser ce genre de
technique parce que le même genre de problème se pose.

**G.P.**       *Après un séjour à l'Université de Montréal, au début des*
*années soixante, vous passez en 1966 dans une école terriblement pratique,*
*l'École des hautes études commerciales. Pourquoi?*

**M.D.**        Étant donné justement mon orientation à la fois théorique et pratique, je me sentais aussi à l'aise à l'Université de Montréal qu'à l'École des hautes études commerciales. D'ailleurs il ne faudrait pas dire que les gens de Montréal étaient totalement décrochés de la réalité. Il y avait quand même des gens à Montréal qui faisaient aussi des travaux pratiques, qui travaillaient soit auprès de commissions royales d'enquête ou pour des organismes, à étudier des problèmes pratiques. La dichotomie n'est pas si forte qu'on veut le penser. Par ailleurs, à l'École des hautes études, j'ai suivi des cours de Monsieur Parizeau, qui enseignait la théorie du commerce international, et de Monsieur Harvey, qui enseignait la théorie des finances publiques. Donc à l'École des hautes études aussi, les gens s'intéressaient à l'aspect théorique. Je pense qu'il y avait une image très dichotomique, mais la réalité l'était beaucoup moins. Donc à ce point de vue-là, pour moi, il n'y avait pas tellement de différence à passer à l'École des hautes études. Et s'il y avait peut-être sur le plan administratif certaines barrières entre l'École des hautes études et l'Université de Montréal, sur le plan pratique je ne sentais pas cette barrière-là. J'avais des collègues aux deux endroits, on parlait le même langage. En fait, j'étais peut-être plus proche de quelqu'un comme Vély Leroy qui avait lui aussi étudié aux États-Unis, que d'autres de mes collègues qui s'intéressaient à des aspects de la science économique qui étaient plus éloignés de mes préoccupations.

**G.P.**        *On a l'impression, à mesure que se développe l'économique comme science et que l'on met l'accent sur la dimension internationale des idées, que les distances sont un peu abolies et que se crée maintenant une participation au monde international des idées par les économistes locaux, mais qu'en même temps il y a un prix à payer pour tout ça, celui d'être moins près des problèmes locaux, des problèmes du Québec et du Canada.*

**M.D.**        C'est essentiel de continuer à être en contact et à travailler de concert avec les gens de partout au monde, de dialoguer avec eux, parce qu'il y a encore aujourd'hui assez peu de spécialistes en économétrie au Québec. Il y a des gens très forts en France, en Belgique, en Hollande, aux États-Unis, dans plusieurs autres pays, et si on n'est pas en contact avec ces gens-là, on est vite dépassé sur le plan des l'approche et des méthodes économétriques. Mais cela ne veut pas dire qu'on soit nécessairement décroché du milieu, parce qu'il il y a beaucoup d'économistes qui travaillent à analyser les problèmes du milieu. Ces gens-là utilisent de plus en plus les méthodes économétriques et parfois, ils on besoin de consulter quelqu'un comme moi pour justement s'assurer de choisir les méthodes économétriques les plus adéquates. Ceci a pour résultat que je travaille très souvent avec des équipes d'économistes pour étudier les problèmes québécois, car même s'il y a peu de gens ici qui se spécialisent dans la théorie de l'économétrie, il reste que beaucoup d'économistes utilisent les méthodes économétriques. Cette collaboration exige donc que je sois au courant des problèmes qui se posent, parce qu'on ne peut pas suggérer des méthodes de mesure dans le vide. Il faut vraiment connaître le problème. Donc, je ne pense pas du tout être décroché des problèmes québécois.

**G.P.**    *Est-ce qu'on peut être un économètre, Monsieur Dagenais, et ne pas être tenté de devenir aussi un planificateur, puisque sachant mesurer les phénomènes économiques, sachant les prévoir, on doit être tenté de vouloir les gérer?*

**M.D.**    Oui, je pense que quand on a l'occasion de pouvoir quantifier et étudier les phénomènes économiques en profondeur, on a l'impression que l'on pourrait peut-être prendre des décisions efficaces si on avait à gérer les ressources en question. Je pense que c'est en effet une tentation. Tentation à laquelle j'ai toujours résisté, si d'autres de mes collègues ne l'ont pas fait.

**G.P.**    *Vous avez justement pu résister à cette tentation même au coeur de la Révolution tranquille des années soixante. C'est surprenant ça, Monsieur Dagenais.*

**M.D.**    Oui, mais il faut dire qu'à ce moment-là, j'apprenais mon métier et j'étais — je suis d'ailleurs encore — très enthousiaste pour les développements de l'économétrie. C'est une époque où cette science a évolué très rapidement; j'étais tellement passionné et intéressé par ce que j'avais à faire que je n'ai pas trouvé difficile de résister à la tentation. Il y en avait bien d'autres qui s'occupaient de mener la Révolution tranquille et je pense qu'il en fallait aussi quelques-uns pour continuer à s'occuper des aspects plus techniques. Il se passait d'ailleurs aussi tellement de choses intéressantes de ce côté qu'au fond, la tentation n'a pas été si forte que ça.

ALBERT FAUCHER
Le 14 août 1982


Né en Beauce en 1915, Albert Faucher est diplômé de l'Université
Laval et de l'Université de Toronto. Il enseigne à l'Université Laval de
1945 jusqu'à sa retraite.
Albert Faucher est un économiste historien. Il va être un élève-
pionnier de l'École des sciences sociales, politiques et économiques de
l'Université Laval avant de devenir le disciple de Harold Innis. Il va
continuer le travail d'Innis dans ses études du contexte géo-technique du
Québec en Amérique. Son livre *Québec en Amérique* gagnait le prix du
Gouverneur Général en 1973.
J'ai demandé à Albert Faucher ce qui l'avait amené à se tourner
vers la science économique. — *G.P.*

**Albert Faucher**　　C'est un concours de circonstances, une question de
milieu; le milieu paroissial d'abord, puis le milieu familial qui baigne dans
l'atmosphère de la crise des années trente. Mon père dirigeait une petite
entreprise qui lui a donné beaucoup de difficultés durant la crise. Il y avait
investi beaucoup d'argent, disons en 1929. Il est resté collé avec une dette
dont il a eu peine à sortir durant toute la Dépression. Alors, j'ai commencé
à prendre conscience des problèmes du milieu. Les habitants disaient que ça
ne valait plus la peine de tirer les vaches durant la crise. Et puis il y a eu
toute l'agitation politique autour de la crise. La première fois que j'ai voté,
c'était en 1936, je pense, avec l'émergence de l'Union nationale, vous savez
dans quelles circonstances. Pour nous l'élection avait une valeur d'éducation.
J'ai pris connaissance, par exemple, de la fameuse enquête Stevens, étudiée
sommairement dans les journaux, et qui est devenue par la suite une
commission royale sur les écarts de prix. J'ai pu saisir comment la crise
avait frappé inégalement; il a en été question aux élections. Il y a eu
ensuite la question de l'électricité, et toute l'affaire des trusts. Tout ceci
nous amenait dans le contexte nord-américain, avec le *new deal*. Puis la
législation sociale est arrivée. Alors, on s'est posé des questions. La crise a
été pour moi une poseuse de questions. Alors ça nous mettait en quelque
sorte en demeure de chercher des solutions.

***Gilles Paquet***　　*La science économique, c'est quoi exactement? Ça
s'incarne comment à Laval, quand vous allez chercher des réponses à ces
questions que vous ont posé la crise?*

**A.F.**　　Ah, attendez, on est pas rendu tout de suite à l'économique!
On ne vient pas à l'économique comme ça. Quand on est québécois dans
les années trente, on ne se lance pas dans l'économique comme ça, c'est
une inconnue. Étant donné qu'il se donnait quelques cours à caractère socio-

économique à la faculté de philosophie et aussi que le Père Lévesque était professeur invité à la faculté de philosophie pour donner un cours de philosophie économique, je me suis dit, ça y est. J'ai demandé au Père directeur du Collège Ste-Croix de me donner deux ou trois jours de congé pour aller à Québec m'orienter vers l'Université Laval. Je vais donc voir le nouveau doyen de philosophie, Charles de Koninck. Alors je lui téléphone, il me fait venir à la maison chez lui, et je lui fais part de mon projet. Je lui dis que j'aimerais étudier la philosophie, mais en vue d'en arriver aux sciences sociales. Il me dit : « Mon cher ami, vous tombez bien, il est question que l'on fonde à Laval une école de sciences sociales avec des cours de jour, un programme complet qui sera dirigé par le Père Lévesque. Justement, il est ici, il donne un cours à 4 heures. Tâchez donc de le rencontrer. » Je m'amène chez les Dominicains, je rencontre le Père Lévesque dans le portique, qui me dit, montez donc dans le tramway (c'est le tramway à trolley), on va en parler en descendant. Et c'est là que j'ai fait ma pré-inscription dans une école qui n'était pas encore fondée.

**G.P.**     *Vous étiez formé pour aller dans l'action, pour être des missionnaires laïcs, qui allaient aider à trouver des techniques pour régler les problèmes économiques et sociaux.*

**A.F.**     Oui, ça ne veut pas dire que nous étions tous des apôtres, mais plutôt que nous étions animés d'un certain goût de réforme. Et dans nos séminaires c'est de réforme qu'on parlait. C'est assez amusant. Ceux des étudiants qui nous regardaient de l'extérieur, les étudiants en droit par exemple, qui nous voyaient de haut, nous trouvaient pas mal rêveurs.

**G.P.**     *Qu'est-ce qui fait, Monsieur Faucher, que sortant d'un milieu comme celui-là qui vous bombarde de toutes sortes d'introductions à toutes sortes de disciplines, vous décidez d'aller faire des études supérieures à Toronto?*

**A.F.**     J'ai choisi Toronto parce que je voulais aller dans une université canadienne et que, m'étant informé, on m'avait dit que c'était la meilleure université au Canada. Des Torontois m'avaient même dit, c'est bien organisé ici, c'est la grosse université, *the biggest in the British Empire*. J'ai été bien accueilli, par des professeurs comme Bladen, Brady, Logan, Ashley, dont deux ou trois avaient l'accent typiquement british. J'ai eu l'heureuse impression de me retrouver comme dans une succursale de Londres. Fort heureusement, parce que si on n'avait pas eu de guerre, peut-être que je me serais dirigé vers Londres. En arrivant au début d'octobre, on m'a lancé comme en pâture libre, on s'est enquis des cours que j'avais suivis et puis on s'est manifestement dit que j'étais généraliste. On m'a envoyé après ça chez Dawson et chez Brady, des gens de science politique. On m'a envoyé parmi des sociologues. Ce faisant, j'ai rencontré des hommes qui avaient tous la dimension historique dans leur discipline. Ça m'a frappé et je me suis mis à comprendre les choses à la lumière de l'histoire. Remarquez que ce premier mois, je n'avais pas encore connu Innis. Je faisais mes explorations et je me suis rendu compte, par exemple, qu'un type ou deux qui avaient fait un an au London School of Economics et qui, à cause de la guerre, avaient dû immigrer au Canada, étaient malheureux parce qu'ils trouvaient ici une économique qui n'était pas tout à fait à point, qui était beaucoup trop historique. Bien moi, ça faisait mon affaire, cette approche-là. J'ai rencontré des hommes qui m'ont fait rencontrer des êtres que j'ai trouvés prestigieux. Celui qui m'a le plus frappé, c'est Adam Smith. Il y avait dans Adam Smith l'aspect institutionnel de l'économique. Parce qu'il y a plusieurs facettes à Adam Smith, je ne sais pas si vous le savez. Adam Smith est historien; il est philosophe; il est aussi un peu *economist* comme on dirait aujourd'hui — je ne pense pas cependant qu'il soit économètre. J'ai trouvé une introduction à autre chose dans Adam Smith et une certaine aversion non pas pour l'*economics* de l'heure présente, mais certainement pour les néo-classiques qui voulaient m'arrêter sur des années d'efficacité, d'allocation de ressources dans un moment qui n'existe pas dans le temps concret.

Puis, graduellement, j'ai découvert Harold Innis. Je me suis mis à aller l'écouter et je me suis dit, voilà l'homme qu'il me faut. Ce qui m'a d'abord énormément frappé, c'est son cours sur le Canada. Avec Innis, j'ai découvert la trame historique du Canada, un Canada en train de se faire. C'était pour moi une approche révélatrice. J'ai compris davantage le rôle du temps dans l'économique. Ça a été formidable. Innis était justement celui qui pouvait m'enseigner l'importance des institutions dans le développement économique. Mais en aiguillant sur les institutionnalistes comme Polanyi plutôt que sur les néo-classiques. Alors, au lieu de continuer mon cours d'économique, j'ai aiguillé sur l'histoire avec Innis.

**G.P.**        *Est-ce qu'on peut dire, Monsieur Faucher, que le déterminisme technologique qui marque tellement la pensée d'Innis vous a rejoint?*

**A.F.**        Non, mais je n'ai jamais pensé qu'il y a un déterminisme technologique chez Innis. Je pense que ce qui donne à croire cela, c'est l'obscurité ou le manque de développement chez Innis. Parce qu'il faut donner chez Innis une interprétation très large de la technologie. Lorsqu'on parle de technologie, comme je l'ai remarqué maintes fois à travers les réflexes de mes étudiants, ça évoque l'image d'une machine, d'une hache ou d'une scie, la technique, quoi. Alors que la technologie est une forme de savoir, une accession du savoir à l'outil, mais un outil qui aujourd'hui, est très diversifié.

**G.P.**        *Qui peut donc être un outillage mental tout autant qu'un outillage physique.*

**A.F.**     Absolument. Et je pense qu'Innis va jusque là. Dans son sillage, moi-même, je crois avoir été accusé de mettre l'accent un peu trop fort sur la technologie, la géographie... et ça, c'est un autre aspect d'Innis, son accent sur la géographie. Une géographie qui n'est pas banale, mais affectée d'un coefficient technologique, d'une connaissance humaine; une géographie que l'on voit comme transformable ou transformée ou retransformable, et ainsi de suite, et dont l'importance varie selon le degré de développement des connaissances humaines.

**G.P.**     *Ce qui ressort de vos travaux durant cette période des années cinquante, ce qui a été le plus percutant dans cette période, c'est le fameux mémoire Faucher–Lamontagne, en 1952. Qu'est-ce qui vous amène à proposer une hypothèse aussi ambitieuse qui essaie d'expliquer d'un coup les différentes étapes de l'évolution du développement industriel au Québec?*

**A.F.**     On était deux là-dedans. Il y avait Faucher et il y avait Lamontagne. Ce que Lamontagne a apporté de particulier, c'est un début d'article percutant, qui disait que depuis la guerre jusqu'en 1952, le Québec avait connu un rythme de développement plus impressionnant que celui des cent années précédentes. Quant à moi, j'avais des vues sur la géographie, les avantages naturels, les avantages comparatifs ainsi que sur le continentalisme, parce que j'avais lu une certaine quantité de littérature sur la trame nord-américaine de ce développement. Et sachant donc que lorsque le rouleau passe, ou que le vapeur arrive, il vient des États-Unis, et que cela n'a pas toujours de rapport avec la culture québécoise comme telle en tant qu'inhibante du développement économique, si c'est un développement qui se fait vers l'extérieur. Par ailleurs, ceux d'entre nous qui ont développé des talents d'entrepreneurs ne semblent pas avoir été tellement inhibés non plus par la culture gréco-latine de chez nous.

**G.P.**     *Ce qui est donc au centre de cette perception du monde qui se dégage du mémoire Faucher–Lamontagne, c'est une sorte de condition nord-américaine de la croissance au Québec.*

**A.F.**     Oui, dans l'article, je pense, le tournant est assez bien indiqué. Je n'étais pas tellement sûr à l'époque, mais je pense que ce que j'ai étudié par la suite me confirme que le tournant a eu lieu en 1910. La projection des axes commerciaux, financiers et techniques des États-Unis vers le bouclier canadien, c'est là que le point de départ s'est fait. Le développement minier, par exemple, des années trente, est assez spectaculaire dans la province de Québec par rapport aux autres régions. Ça, c'est aussi une projection qui vient Toronto. Et le développement de Toronto comme capitale de la Bourse, de la Bourse minière, disons, est aussi dans une large mesure une projection des États-Unis.

**G.P.** *Donc, sans nier qu'il y a eu une industrialisation locale auparavant, la grande industrialisation qui va donner tout son momentum au développement du Québec vous apparaît venir avec la grande pénétration des axes américains au début du 20ᵉ siècle.*

**A.F.** Bien sûr. Je ne nie pas qu'il y ait eu un taux d'accélération assez impressionnant, comme Raynauld nous le révèle dans son ouvrage, mais ce n'est pas l'industrialisation qui a saccagé notre société. C'est une industrialisation qui a recueilli une part du surplus, le reste étant exporté aux États-Unis. Les développements qui se sont faits le long de l'axe transcontinental ne dérangeaient pas tellement la société. On a eu la ville de Sherbrooke, le long des lignes ferroviaires, mais ce qui a réellement créé des perturbations et des transformations dans la société, des mutations, je pense que c'est une industrialisation massive qui non seulement mobilise beaucoup d'hommes, beaucoup de techniques, beaucoup de capitaux, mais aussi qui déplace des personnes et les implante dans des milieux nouveaux.

**G.P.** *Et qu'est-ce qui vous amène à choisir d'aller en Angleterre en 1953–1954?*

**A.F.** C'est Londres et à Londres, le London School of Economics, parce que j'allais y trouver Ashton et Meade et que je savais que j'allais suivre deux séminaires, avec chacun d'entre eux. Ashton, c'était toujours l'histoire économique du 19ᵉ siècle, et Meade, c'était un séminaire sur le développement et plus particulièrement, le sous-développement, où il faisait venir des conférenciers très intéressants. Londres est un carrefour, et Meade savait bien sans doute les piger au passage, venant un peu de tous les pays, pour nous parler de leur conception du sous-développement dans leur propre pays. Bien sûr, en suivant un séminaire de Meade, des auteurs comme Bauer, qui préparait un ouvrage à cette époque, m'intéressaient énormément.

**G.P.** *C'est la période autour du London School où se crée une idée de ce que va être l'économique du développement et du sous-développement.*

**A.F.** Oui, en 1953–1954, c'était avant la période de recherches et ça commençait. On ne peut pas dire que l'éclosion s'était faite encore, mais ça mijotait.

**G.P.** *Quand vous revenez de Londres, Monsieur Faucher, c'est au moment où tout le monde se donne sa théorie du développement et du sous-développement. C'est un peu comme si vous aviez commis ce péché-là avant de partir, dans le mémoire Faucher–Lamontagne, et vous revenez pour vous attacher à des études beaucoup plus particulières que celles que vous aviez faites auparavant, des études sur le phénomène financier dans la province du Canada et dans la période pré-confédérative. C'est un sujet qui a l'air* *ésotérique, extrêmement limité, très loin dans le temps. Qu'est-ce qui vous amène à vous pencher sur ces questions-là?*

**A.F.**     C'est venu comme corollaire de mon intérêt pour l'interprétation économique de la Confédération. Ça m'avait tellement surpris, jeune étudiant à Toronto, de découvrir qu'on pouvait donner une certaine explication économique de la Confédération canadienne. Que je me réfère à des sujets plus particuliers, il ne faut pas dire ça. Ma carrière d'écrits, je l'ai presque toute faite sur des grands sujets. À chaque fois que je lançais quelque chose, c'était le plus souvent des projets de livre. La finance de la Confédération, c'était un projet de livre. Mais étant donné la rareté des historiens économistes ici, je me sentais un peu seul et que je disais que j'aimais autant ouvrir des *trails*. Et c'est presque des hypothèses, comme le premier article avec Lamontagne dans lequel, dans une large mesure, je lançais une hypothèse. Dans un compte-rendu de *Québec en Amérique*, quelqu'un a dit que mon livre n'était qu'un agrégat d'hypothèses. Bon, une hypothèse à vérifier. Je me suis dit, eh bien, tant mieux. Si j'arrive à ça, si les hypothèses sont valables, si elles sont cohérentes, j'en suis heureux.

**G.P.**     *Est-ce que vous avez eu au moins le plaisir que ces trouées aient des suites? Est-ce qu'il y a eu des gens pour relever ces hypothèses et tâcher de les tester?*

**A.F.**     Ça, j'en suis incertain. Je ne sais pas si j'en serai jamais certain. Je ne pense pas être jamais complètement content, ni complètement déçu non plus. Peut-être bien que quelques-uns s'appliquent à vérifier des hypothèses, sans me le dire.

Étant donné la nature des départements d'économique qui mathématisent tout et qui polissent leur objet, le frottent, le font reluire et puis le pincent, le lèchent mathématiquement, on ne sait plus comment loger l'histoire. L'espace devient très rare dans une économique qui s'oriente ainsi pour former un département et qui, automatiquement, attire les étudiants dans un type de baccalauréat, de plus en plus mathématisé, parce qu'on leur fait croire qu'il n'y a pas de chance sur le marché autrement. Ça devient une espèce de terrorisme qui exclut la dimension temps, dont on a plus besoin. Avec des keynésiens non plus, on n'avait plus besoin d'histoire. Ça s'est estompé durant la phase du keynésianisme. Ça reprend maintenant mais pas du côté mathématisant, plutôt du côté du développement. C'est le développement qui nous ramène un peu à la tradition des classiques qui s'occupaient de développement à partir d'Adam Smith, ce qui remet un peu à l'honneur l'histoire, parce qu'il y a certainement une résurgence de l'histoire depuis quelques années, peut-être pas dans toutes les universités, bien sûr.

**G.P.** *Est-ce qu'on peut penser, Monsieur Faucher, qu'une des constantes de ce groupe d'économistes qui a oeuvré autour de Québec à partir des années quarante, c'est qu'il privilégiait l'approche institutionnelle? Maurice Lamontagne, par exemple, voulait faire débloquer le keynésianisme dans un fédéralisme centralisé, institution économique. Est-ce qu'on peut dire qu'il y a eu pour ce groupe de Québec un intérêt plus marqué pour les institutions que dans les autres groupes d'économistes au Québec?*

**A.F.** Il y a eu un intérêt pour l'institutionnel à Québec. On précisait des positions institutionnalistes. Dans les milieux anglophones que j'ai fréquentés, j'ai trouvé des amis, puis des échos. Ce sont des milieux que je fréquente moins depuis la vague de l'économique. Même en histoire, c'est un peu malheureux. On m'admettait dans le groupe *quantitative history* et on me considérait comme un des leurs; mais à un moment donné, je me suis disloqué du groupe à mesure qu'ils se sont mis à se mathématiser. Quand ils vont chercher un cas dans d'histoire pour le pincer et en faire sortir du jus économétrique, alors là, je ne fonctionne plus. Ça m'a découragé un peu et ça m'a renforcé dans mon vice institutionnaliste.

# MAURICE LAMONTAGNE
## Le 21 août 1982

Né à Mont Joli en 1917, Maurice Lamontagne étudie à l'Université Laval et à l'Université Harvard. Il enseigne à Laval de 1943 à 1954 avant de devenir haut fonctionnaire à Ottawa. Il sera député fédéral de 1963 à 1967, puis sénateur. Maurice Lamontagne est décédé en 1983.

Maurice Lamontagne va apporter le message de la révolution keynésienne au Québec français. Car pour lui, la science économique doit en priorité répondre aux questions posées par la grande Crise des années trente et cela implique pour lui un état fort capable de stabiliser l'économie, de compenser les fluctuations ou les déficiences du secteur privé. Après une génération qui a été dogmatiquement anti-étatiste, Lamontagne va vouloir redonner des lettres de créances à l'interventionnisme.

J'ai voulu savoir ce qui avait amené Maurice Lamontagne à se diriger vers la science économique. — *G.P.*

**Maurice Lamontagne**      Je voulais poursuivre mes études après le baccalauréat, mais je ne voulais devenir ni avocat, ni médecin, ni curé... alors, procédant un peu négativement, j'ai décidé de venir suivre des cours à l'école de philosophie des Dominicains à Ottawa, de 1937 à 1939. Ensuite, le Père Lévesque a fondé ce qui s'appelait à l'époque, en 1938, l'École des sciences sociales. En 1939, je m'inscrivais à cette école comme étudiant. Je finissais en 1941, au printemps, et alors, le Père Lévesque, qui voulait évidemment préparer des professeurs de carrière pour ce qu'il entrevoyait comme étant la future faculté des sciences sociales, m'a choisi parmi d'autres. Quatre d'entre nous sommes partis pour les États-Unis, et le Père Lévesque m'a dit simplement que j'allais étudier l'économique.

*Gilles Paquet      À l'École des sciences sociales à l'époque, Monsieur Lamontagne, y avait-il déjà un enseignement de science économique?*

**M.L.**      Il y avait une espèce d'enseignement économique, mais c'était un enseignement à base de manuels vraiment très élémentaires, inspirés de la science économique française, qui était évidemment à ce moment-là terriblement en retard.

*G.P.      De cet îlot de verdure un peu perdu où on enseigne de l'ancienne économique, vous allez être parachuté au coeur même de ce qui est la science économique la plus progressive, vous partez pour Harvard. Qu'est-ce que vous y découvrez?*

**M.L.**      D'abord, j'étais complètement perdu. En partie à cause de la langue, évidemment, mais aussi par l'enseignement : on discutait d'auteurs que je connaissais de nom mais que je n'avais jamais lus, Marx par exemple, et d'autres dont je n'avais jamais entendu parler. Alors, ce fut la confusion totale. Keynes ne dominait pas encore Harvard. Il y avait le concurrent de Keynes, Schumpeter, et aussi son grand disciple, Hansen. Puis il y avait Léontieff qui commençait à travailler sur ses modèles d'input–output. Et parce qu'on le tolérait aussi, il y avait Sweezy, qui enseignait l'économique plus ou moins selon les codes marxistes. Et bien sûr il y avait les marginalistes, avec Chamberlain et d'autres, qui explicitaient encore le bon vieux Marshall.

**G.P.**    *Parmi tout ce beau monde, Monsieur Lamontagne, lesquels de ces professeurs ont eu le plus d'impact sur vous, jeune étudiant canadien arrivant à Harvard?*

**M.L.**    Je crois que c'est Hansen qui m'a le plus influencé, quoique j'ai bien aimé les cours de Schumpeter. Schumpeter donnait toujours des cours d'une très grande envergure avec beaucoup d'arrières-plans historiques, etc. Alors, il m'a aussi certainement influencé, mais quand j'ai recommencé ma propre synthèse, je pense que le message keynésien est celui qui à ce moment-là a prédominé.

J'avais certaines réserves par rapport au système keynésien, parce que je croyais qu'il ne s'appliquait pas de façon systématique au Canada, étant donné que la théorie générale de Keynes avait été conçue pour une économie fermée. Alors, quand on voulait l'appliquer à une économie aussi ouverte que celle du Canada, il y avait des choses qui ne tournaient pas rond. Et d'ailleurs, j'ai été aussi tenté par la solution socialiste : je me rappelle avoir publié une petite brochure dès le début de ma carrière, qui disait même que le keynésianisme n'arriverait pas à sauver le système, que le socialisme deviendrait éventuellement, avec un système de planification, la vraie solution. Tout ça se passait au moment où l'Université Laval était encore teintée d'un conservatisme très évident.

**G.P.**    *Vous n'avez pas dû être très populaire avec des essais de ce genre-là.*

**M.L.**    Non, et c'était alors évidemment la grande misère, en ce sens qu'il n'y avait pas encore de bibliothèque à la faculté des sciences sociales. Les volumes d'économique dans la ville de Québec, on les trouvait soit à la bibliothèque du Parlement, de la législature provinciale ou du Séminaire de Québec. Mais c'était très restreint et dans la mesure où on pouvait y trouver des ouvrages, ils étaient pratiquement tous à l'index. Évidemment, Marx était à l'index. Le premier cours que j'ai donné à la faculté, c'était un cours d'histoire des théories économiques. Alors je ne pouvais pas donner de volumes à lire aux étudiants, parce qu'il n'y avait pas de volumes. Pour que je puisse moi-même aller consulter les auteurs pour donner un cours de théories économiques, il fallait que j'aie un billet spécial de l'aumônier de l'université m'y autorisant. Alors c'est un peu dans ce contexte de misère et de contrôle que tout a commencé.

**G.P.** *Est-ce que les premiers travaux que vous allez faire au retour ne vont pas être des discussions sur les problèmes de chômage et les façons keynésiennes d'en sortir?*

**M.L.** Oui, la brochure s'intitulait *Le chômage dans l'après-guerre.* Étant donné que j'étais un fils de la dépression, ce sont des choses qui m'ont vraiment intéressé à ce moment-là, non seulement sur le plan de la théorie, mais aussi sur le plan d'application des théories. Ceci a causé des difficultés parce que quand je donnais un cours sur la politique fiscale, par exemple, il fallait parler du rôle de l'État pour atténuer le problème du chômage, et il fallait aussi parler d'une plus grande centralisation nécessaire au Canada, ainsi que de la nécessité d'avoir ou non des politiques économiques cohérentes et coordonnées pour essayer d'atténuer les cycles économiques.

**G.P.** *Parler de centralisation économique, de politiques économiques pour assurer la stabilité de l'économie canadienne et donc de l'économie québécoise, c'est un peu tabou dans les années quarante...*

**M.L.** C'est tabou, évidemment, et Monsieur Duplessis guettait la scène très étroitement, au point même où j'avais des espions à mes cours qui étaient payés par le gouvernement pour rapporter ce que je disais. D'une certaine façon, nous étions donc un peu coincés. Coincés sur le plan politique parce que je prônais un nouveau fédéralisme et coincés aussi sur le plan des autorités religieuses parce que quand je donnais un cours d'histoire des théories, il fallait que je parle de Marx, ce qui à un moment donné m'a valu la réputation auprès des autorités religieuses d'être marxiste.

**G.P.** *On vous accuse d'être un centralisateur dangereux...*

**M.L.** Évidemment, c'est le mythe qui s'est construit grâce à Monsieur Angers, et grâce aussi à Monsieur Filion du *Devoir* qui avait écrit trois éditoriaux dans ce journal quand j'ai écrit mon livre sur le fédéralisme canadien, alors qu'il ne l'avait à peu près pas lu. C'est ce qu'il m'a avoué peu après. C'était beaucoup plus facile de réfuter dans de telles conditions. Bien sûr, il y avait aussi tout le climat politique, n'est-ce pas. Je me rappelle que plus tard, quand je me suis présenté dans Québec-est, on se servait de mon volume en coupant des phrases. Je disais « autant de décentralisation que possible, mais autant de centralisation que nécessaire », mais on coupait « autant de décentralisation que possible », pour me faire dire seulement « autant de centralisation que nécessaire ». C'était le jeu politique de l'époque. Je voulais que les grands leviers de stabilisation de l'économie soient confiés au gouvernement fédéral, mais dans ce contexte-là, aussitôt que des fonctions gouvernementales ou étatiques pouvaient être décentralisées, elles devaient l'être. C'était plus ou moins ce qu'on a appelé à l'époque une approche fonctionnelle, beaucoup plus qu'une approche doctrinaire, à une situation donnée.

**G.P.**     *Est-ce qu'on peut dire que cette vision de l'appareil institutionnel qu'est le fédéralisme canadien que vous allez proposer, c'est une architecture qui découle en un sens de vos études d'économiste, que c'est justement un fédéralisme fonctionnel que vous prônez, basé sur une compréhension keynésienne de la réalité?*

**M.L.**     Dans une certaine mesure, oui, sauf que tous les éléments de décentralisation que j'ai soulignés et que j'ai proposés, à ce moment-là, il n'y avait absolument rien de keynésien là-dedans. C'était surtout pour reconnaître les diversités de culture, les diversités sociales, etc., que je prônais cette décentralisation, mais dans la mesure où je proposais de nouvelles tâches au gouvernement central, ces tâches étaient d'inspiration keynésienne. Quand mon livre est sorti, j'ai cru bon de prendre l'initiative et de sortir moi aussi de l'université, pour aller travailler au Conseil privé à Ottawa, pour différentes raisons, mais en particulier parce que j'étais très conscient que si je ne sortais pas de moi-même, on me sortirait d'une façon ou d'une autre. D'ailleurs, dès la parution de mon livre, publié aux Presses de l'Université Laval après avoir été lu et approuvé par Monseigneur Parent, alors vice-recteur, Monseigneur Landry, en tant que recteur, a dénoncé publiquement l'ouvrage, à la demande expresse, comme il me l'a dit par après, de Monsieur Duplessis.
     Lors de mon séjour au Conseil privé, les problèmes des relations fédérales–provinciales se posaient, entre autres le problème des ententes fiscales, inaugurées pendant la guerre et conservées après, se posait avec de plus en plus d'acuité. Ma première tâche au Conseil privé fut donc d'élaborer une nouvelle formule beaucoup plus flexible qui permettrait en même temps aux provinces de recevoir de larges subventions fédérales pour pouvoir s'occuper de leurs responsabilités constitutionnelles en matière sociale et autres, mais qui permettraient aussi au gouvernement central d'exercer son nouveau rôle de stabilisation de l'économie. C'est là que j'ai mis au point la formule de péréquation qui a été acceptée par le gouvernement à l'époque, malgré l'opposition absolument systématique du ministère des Finances. Mais Monsieur St-Laurent a imposé la formule au ministère des Finances, appuyé évidemment par la plupart de ses collègues, et c'est ainsi qu'aujourd'hui le Québec reçoit quelques milliards par année en vertu de ce programme inauguré en 1957.

**G.P.**     *L'année 1957, Monsieur Lamontagne, marque malheureusement la fin de votre rôle de conseiller du prince, puisque le prince va changer, et vous vous trouvez maintenant conseiller économique du chef de l'opposition. Mais vous aurez une deuxième chance de revenir près du pouvoir, après*

*1963, quand vous serez élu à la Chambre des communes, où vous serez quatre ans parlementaire et ministre. L'économiste a-t-il eu la chance durant cette période de changer le monde, de faire des politiques qui vont après son départ laisser des trace indélébiles sur les institutions canadiennes?*

**M.L.**   Dès mon accession au Conseil des ministres, j'ai eu le plaisir de mettre sur pied le Conseil économique, de préparer la législation et de piloter le projet de loi à la Chambre. C'est le premier projet de loi que j'ai présenté en tant que ministre. Et pour moi, le Conseil économique devait devenir une espèce de noyau préparant le gouvernement canadien à une meilleure planification, non seulement de son secteur à lui, mais aussi, par des méthodes incitatives et par une concertation, du secteur privé.

**G.P.**   *Il ne vous semblait donc pas suffisant, en tant que keynésien, de stabiliser l'économie; il fallait aussi la concertation, la planification?*

**M.L.**   Oui, mais ça n'a pas tourné comme ça, parce que le Conseil économique a évolué et avec sa grande liberté, j'intervenais le moins possible dans ses affaires courantes. Et ceux qui ont été à l'origine de la détermination des activités et du modèle d'installation du Conseil économique n'envisageaient pas les choses aussi clairement que moi dans la direction que j'avais prévue, de sorte que malheureusement, au cours des années, le Conseil économique n'a pas tellement essayé de mettre en place cette planification à laquelle j'avais pensé au départ. Pour moi, le Conseil économique, qui ne s'est d'ailleurs pas réformé, est devenu aujourd'hui une espèce de Commission royale permanente sur les problèmes économiques. Ce n'était pas la conception que j'en avais au départ. C'est ainsi que bien souvent les fondateurs voient leurs institutions déformées.

**G.P.**   *Vous lancez vers la fin des années soixante, début des années soixante-dix, un comité spécial du Sénat sur la politique scientifique. Qu'est-ce qui vous amène, Monsieur Lamontagne, à vous pencher sur ce problème alors que personne n'en parle à l'époque?*

**M.L.**   Ayant quitté le Cabinet pour devenir tout simplement député, j'ai commencé un nouveau volume. J'avais lu beaucoup de choses sur la révolution scientifique à ce moment-là, des choses qui s'écrivaient en France et aussi, évidemment, aux États-Unis; j'avais écrit deux chapitres de ce livre qui n'a jamais été terminé, précisément parce que j'ai entrepris cette vaste enquête qui a duré huit ou neuf ans. J'avais donc écrit deux chapitres sur ce que j'appelais la révolution scientifique, et le besoin de nourrir, d'alimenter, d'encourager cette révolution. Quand je suis arrivé au Sénat, j'ai parlé de ce projet à Monsieur Pearson, qui était alors Premier ministre, et à quelques uns de mes collègues au Sénat. J'ai reçu un accueil très enthousiaste, au départ tout au moins, et je me suis lancé au mois de novembre 1968 dans cette enquête qui s'est terminée en 1976.

**G.P.**    *Cette tentative pour alerter l'élite économique, politique et scientifique du Canada à l'importance qu'allait avoir le défi technologique pour la croissance économique dans les années quatre-vingt, a-t-elle réussi?*

**M.L.**    Non, mais en fait nous avons quand même donné une poussée, et il y a quand même eu la création d'un ministère qui, à mon avis, a été mal conçu et a été la victime de beaucoup de changements de ministres et de sous-ministres... Mais maintenant, nous avons ce qu'on appelle une enveloppe budgétaire spécialisée dans le domaine de la recherche et du développement et de l'innovation. On a accepté graduellement que le gouvernement se donne des cibles pour le budget qu'il consacre à la science; on a inauguré de nouveaux programme. Évidemment, il faut bien être conscient du fait que le gouvernement lui-même, surtout dans un système qui repose principalement sur l'initiative privée, ne peut pas imposer l'esprit innovateur aux entrepreneurs ou aux industries. Il ne peut qu'inciter ou offrir une impulsion, et je pense que dans une certaine mesure ceci a été fait. La réponse du secteur privé, à mon avis, n'a pas été aussi bonne, aussi positive, aussi fructueuse que je l'aurais pensé.

Je trouve que les économistes contemporains sont beaucoup trop économistes et pas assez psychologues, et pas assez intéressés aux choses de la technologie, au phénomène de l'innovation, etc., qui sont des facteurs très importants du point de vue de la croissance ou de la non-croissance des économies. Alors je pense que ma vision est forcément devenue moins théorique, parce que je ne suis plus au courant des dernières complications de l'économétrie, par exemple. Mais par ailleurs, ma vision est plus riche que celle de ceux qui se mettent au service d'un modèle qui peut ou non être représentatif d'une réalité de toute façon très complexe.

**G.P.**    *Vous demeurez malgré tout fondamentalement un économiste, Monsieur Lamontagne?*

**M.L.**    Oui et d'ailleurs, j'y reviens. Je suis en train de préparer un nouveau volume en économique qui ne sera pas, j'en suis sûr, à la satisfaction des économistes mathématiciens. Cependant, je crois que je veux remettre à la mode d'anciennes théories qui ont été oubliées et qui nous renseignent sur beaucoup de choses, non seulement sur les fautes d'omission et de commission que nous avons faites au cours de l'après-guerre sur le plan des politiques économiques fédérales, mais aussi sur des choses très contemporaines, et nous amènent à réfléchir et à expliquer des choses qui demeurent assez mystérieuses aujourd'hui. Je pense par exemple au phénomène de l'inflation qui coïncide avec le problème du chômage, etc. Je veux revenir, sans aucun doute une dernière fois, à l'économique et je crois qu'il y aura suffisamment d'éléments positifs dans ce volume pour redonner une certaine confiance aux plus jeunes, qui sont devenus assez cyniques au sujet de la profession d'économiste.

**G.P.**        *Au point où vous en êtes dans ce livre sur les cycles économiques que vous êtes en train d'écrire, pouvez-vous dire que ce regard sur l'expérience de l'après-guerre au Canada vous a convaincu que le keynésianisme de votre jeunesse est une doctrine, un point de vue, une approche, qui vous semble encore valable?*

**M.L.**        Valable comme concept général, d'accord, parce que je crois que Keynes a été très important dans ma vie, et dans la vie de beaucoup d'autres aussi, en mettant l'accent sur le rôle complémentaire de l'État par rapport au secteur privé. Par ailleurs, il est évident aujourd'hui que la théorie de Keynes n'est pas une théorie générale, même s'il lui a donné ce titre, mais une théorie qui tente fondamentalement d'expliquer un des trois cycles économiques majeurs, celui des investissements, qui dure huit ou neuf ans. Et si on veut prendre le message keynésien dans ses prescriptions les plus strictes, je crois qu'il est très limité maintenant, parce qu'il ne parle pas de problèmes à long terme, ni de problèmes à très court terme. Keynes disait, n'est-ce pas, *in the long run, we are all dead*. Il ne s'est pas occupé non plus de ce cycle d'inventaire qui affecte les économies à peu près tous les quatre ans.

**G.P.**        *Votre livre tenterait donc de traiter de ces trois types de fluctuations économiques et de montrer comment les gouvernements mieux éclairés, comprenant mieux le très court, le court et le très long terme, pourraient contrôler et stabiliser les économies?*

**M.L.**        Je ne crois pas que les gouvernements puissent vraiment les contrôler. Mais je crois qu'ils peuvent avoir une influence heureuse ou malheureuse selon que leur intervention sera appropriée ou non et alors, j'espère que mon message sera d'indiquer aux gouvernements quand et comment agir de façon appropriée pour exercer leur rôle complémentaire et ainsi tenter d'influencer dans le bon sens le secteur privé.

JEAN-LUC MIGUÉ
Le 28 août 1982


Né à Montréal en 1933, Jean Luc Migué est diplômé de l'Université de Montréal et de l'American University. Il a enseigné à l'Université Laval de 1962 à 1970 avant de passer à l'École nationale d'administration publique.

Jean-Luc Migué est avant tout un économiste critique. Ses travaux sur l'économie de la chose publique mettent l'accent sur la dimension institutionnelle. Venant après une génération qui a trop compté sur l'État, peut-être, Migué questionne l'action étatique. Ce qui marque ses travaux, c'est une jonction entre purisme méthodologique — intolérance diraient certains — et désir tenace d'analyser rigoureusement les problèmes locaux.

J'ai voulu savoir ce qui avait amené Jean-Luc Migué à se tourner vers la science économique. — *G.P.*

**Jean-Luc Migué**    La tradition voulait qu'on aille ou bien au grand séminaire ou dans des professions traditionnelles, la médecine par exemple; or, ni l'une ni l'autre alternative ne m'intéressait (bien que très souvent, ça nous culpabilisait de ne pas opter pour la vocation...). J'ai choisi finalement les sciences sociales, sans savoir ce que cela signifiait et sans savoir qu'il y avait de l'économique derrière ça. Donc, je n'ai pas vraiment choisi l'économique.

*Gilles Paquet    Mais quand vous arrivez à l'Université de Montréal en sciences sociales, qu'est-ce que c'est la science économique à Montréal à l'époque?*

**J.-L.M.**    Ce n'est pas structuré et ce n'est pas institutionnalisé. Il n'existait même pas de département d'économique. L'enseignement reposait essentiellement sur un ou deux individus. Roger Dehem, en particulier, a été mon premier maître. On enseignait l'économie dans le contexte plus vaste des sciences sociales, qui englobait toutes sortes de choses. À cette époque, la faculté, c'était davantage les écoles professionnelles : service social, relations industrielles, etc. L'économique n'était en somme qu'un appendice mal constitué.

*G.P.    Au moment de votre maîtrise en science économique, Monsieur Migué, est-ce que déjà certains intérêts particuliers, certains champs d'étude, vont vous accaparer?*

**J.-L.M.**    Très honnêtement, je dois dire que non. J'avais le souci des questions morales et politiques de l'époque, qui se débattaient alors dans *Le Devoir*, ainsi que des questions sociales, débattues, elles, par les clercs.

**G.P.**    *C'est l'époque où on crée* Cité Libre, *où on commence à entendre des bruits dans le sousbassement social au Québec. Comme étudiant de science économique à l'Université de Montréal en 1955–1956, est-ce que déjà on participe à ces mouvements souterrains?*

**J.-L.M.**    On y participe peut-être à certains égards, mais c'est totalement dissocié de la tradition analytique de l'économique, il me semble. Il est très intéressant de voir qu'on étudiait l'économique de façon formelle dans des manuels avec des courbes et des techniques, mais qu'on en faisait rarement la transposition dans les débats du genre que menait *Cité Libre* dans l'ère pré-scientifique. Si bien qu'on faisait de l'économique dans les livres, mais ça ne servait à rien; c'est très amusant comme démarche. Finalement, ce n'est que plus tard que j'ai découvert que l'économique pouvait servir à aborder ces questions-là et à leur apporter un éclairage particulier.

**G.P.**    *Vous quittez Montréal, Monsieur Migué, pour aller étudier aux États-Unis. Pourquoi choisissez-vous les États-Unis?*

**J.-L.M.**    Il existait dans un certain milieu que je fréquentais à l'Université de Montréal une espèce de préjugé contre la formation française en économique. Il était entendu que l'on ne pouvait pas parfaire des études rigoureuses et systématiques en économique en France. Par conséquent, l'ambition des jeunes, c'était d'aller étudier en pays anglo-saxons, principalement en Angleterre et aux États-Unis.

**G.P.**    *On ne va pas par définition choisir l'Université américaine à Washington (AUW) pour aller faire un doctorat. Qu'est-ce qui vous attire particulièrement là?*

**J.-L.M.**    Ce choix m'a été imposé par les contraintes matérielles, parce que la bourse de la Fondation Massey que j'avais obtenue me restreignait à ce choix particulier; l'AUW n'était pas en effet une école de grand rayonnement. C'était surtout une université destinée aux fonctionnaires du gouvernement de Washington.

**G.P.**    *Après un petit séjour à la Banque du Canada, qui vous convainc probablement que vous n'avez pas l'étoffe d'un fonctionnaire à perpétuité, vous allez cette fois dans une grande école, le London School of Economics. Qu'est-ce qui vous attire en Angleterre?*

**J.-L.M.**    Londres était à l'époque la grande école. C'était le *nec plus ultra* de la formation universitaire. Moi-même à l'époque j'épousais les préjugés du milieu qui voulaient qu'on soit interventionniste, qu'on croie au gouvernement, qu'on penche un peu du côté socialisant, et donc à cet égard, le London School of Economics était l'école à fréquenter par excellence : la tradition socialiste anglaise s'y était formée. À l'époque, il n'existe qu'un intérêt, c'est le keynésianisme. C'est tout ce qu'on étudiait. La micro-économique était disparue; on en faisait quelques mois dans un manuel ennuyeux à la Samuelson, puis ça disparaissait. On faisait de la macro-économique et strictement de la macro. C'était le seul souci, à part pour quelques énergumènes dans des universités particulières de Chicago ou d'ailleurs. J'ai donc suivi la mode du temps, la domination totale de la macro, si bien que c'était moche. L'économique, c'était ennuyeux à l'époque et les économistes étaient à l'écart du débat général, ils ne parlaient que d'une chose : la stabilisation économique et l'aptitude du gouvernement à la réaliser.

**G.P.** *Au cours des années soixante, vous allez devenir professeur de science économique à l'Université Laval et continuer à enseigner le keynésianisme et la sagesse conventionnelle. On vous sent cependant presque en crise de conscience, puisqu'on voit très peu de travaux de recherche sortir de cette période-là, de 1962 à 1967–1968. C'est plutôt l'enseignement qui vous accapare et peut-être la réflexion critique.*

**J.-L.M.** C'est gentil de le présenter dans ces termes. Il faut dire que le contexte de l'époque ne favorisait pas la production scientifique. On s'attendait beaucoup moins à la publication de la part des professeurs d'université. Il n'y avait pas de régime de sanction et récompense privilégiant la publication. J'épousais pour ma part les lieux communs à la mode, c'est-à-dire l'interventionnisme d'État, le nationalisme poussé, la foi aveugle en le gouvernement.

**G.P.** *On sent que la rupture se prépare après 1968, quand vous allez écrire beaucoup et, suite à vos travaux sur les problèmes de santé, sur les coopératives, sur toute une série d'autres aspects de l'action gouvernementale, en sortir semble-t-il, converti, pour prendre justement le contre-pied de toute une série de ces positions que vous aviez défendues dans les années soixante. Qu'est-ce qui amène cette brisure, Monsieur Migué?*

**J.-L.M.** Deux choses : d'abord, que d'élargir les champs d'application de la méthode économique, c'était tout à fait conforme à la tradition de l'économique qui remonte aux grands classiques du 18ᵉ et du 19ᵉ siècle, à Adam Smith qui se étudiait les préjugés et la dynamique des professeurs d'université; Adam Smith qui se méfiait déjà des bureaucrates, des politiciens et de tous les leaders sociaux qui font métier et profession de défendre le bien commun. Toute la tradition des *political economists*, donc, qui ne se gênaient pas pour se servir des instruments d'économique, pour étudier toutes sortes de questions, depuis l'université jusqu'au gouvernement. Par conséquent, c'est ça la vraie tradition. Celle, plus récente, avec Marshall, puis dans l'après-guerre, avait limité l'économique à un objet matériel, à un objet monétaire; l'économique étudiait la finance, le prix du beurre, le coût du financement de la dette publique. Mais en réalité, l'économique n'a pas d'objet spécifique; aucune science n'a d'objet spécifique. La science se définit par sa méthode et par conséquent, comme les premiers économistes l'ont démontré d'ailleurs, il n'y a rien qui interdisait à l'économique d'élargir ses champs d'application, puis de parler de la famille, des gouvernements, des syndicats, des institutions para-publiques, des institutions non-marchandes, etc. Je réalise aujourd'hui que j'étais davantage dans la tradition que ceux qui me précédaient immédiatement. Et en second lieu, je dois dire que dans ma perception de l'universitaire authentique, le sens critique est la qualité première. Un universitaire a pour métier de résister aux lieux communs, de lutter contre la sagesse conventionnelle. À la fin des années soixante, la sagesse conventionnelle, c'était l'interventionnisme à outrance et le nationalisme, la foi aveugle dans le gouvernement. Et par conséquent, même si il y a peut-être ici encore des considérations personnelles, un universitaire se devait de prendre position contre cette orientation-là.

On revient ainsi à l'économique authentique, puisque c'est une façon de regarder le monde, ça s'applique à tout, avec cependant des résultats variables. On a eu plus de succès peut-être à interpréter le prix du textile que le comportement des gens dans le mariage, mais on peut cependant appliquer la méthodologie à tous les phénomènes. On découvre par exemple que les gens entretiennent moins bien leurs dents lorsqu'ils sont âgés que dans leur jeune âge.

**G.P.**      *Mais pourquoi ça, Monsieur Migué?*

**J.-L.M.**      Par la rationalité économique, j'en conclus que l'entretien des dents peut être perçu comme un investissement dans la santé, dans la qualité de la vie, dont on jouira dans les années à venir; mais comme les années à venir sont peu nombreuses dans le cas des vieillards, il est rationnel, logique, cohérent d'y attacher une moins grande importance à 75 ans qu'à 29 ans. Or, les faits confirment cette observation-là.

**G.P.**      *Si les vieillards s'occupent moins de leurs dents, s'occupent-ils davantage de leur salut éternel?*

**J.-L.M.**      Précisément. On peut très bien en effet opposer la pratique religieuse à l'entretien des dents, et on découvre qu'en effet, comme la pratique religieuse produit son résultat, son *output*, son rendement dans l'éternel, c'est-à-dire après la mort, on conçoit, ce qui confirmé par les faits, que les gens plus âgés, toutes choses étant par ailleurs égales, affectent une part plus importante de leur temps à la pratique religieuse que les plus jeunes.

**G.P.**      *Est-ce vraiment la seule approche économique, ou s'il n'y a pas d'autres économistes qui adoptent des approches différentes de cet individualisme méthodologique dont vous parlez?*

**J.-L.M.** Je crois très sincèrement que c'est la seule approche économique. Il n'en existe pas d'autre; tous les non-économistes ne sont pas des vauriens ou des imbéciles, bien au contraire, mais lorsqu'un homme de science, un *social scientist*, n'emploie pas cette méthodologie qu'est l'individualisme, il ne fait pas d'économique.

**G.P.** *Et l'approche économique, vous l'avez appliquée aux phénomènes politiques?*

**J.-L.M.** Pour un économiste, le politicien, c'est essentiellement un individu qui par son parti ou autrement, recherche la maximisation des votes, ou au moins, son élection ou sa réélection. Pour ce faire, on découvre qu'il doit concentrer les bénéfices de ses décisions dans de petits groupes, soit géographiquement ou professionnellement circonscrits, et en répartir le fardeau sur la masse des contribuables ou des consommateurs. Par exemple, lorsque le gouvernement règlemente l'industrie du taxi, il limite délibérément le nombre de producteurs de taxis, le nombre de propriétaires de taxis qui sont désireux d'offrir le service et fait ainsi monter le prix du taxi; il impose de ce fait un fardeau supplémentaire à tous les consommateurs de taxis, au bénéfice d'une minorité que sont les producteurs de services de taxis.

**G.P.** *Mais est-ce qu'il ne se peut pas que ces entrepreneurs en changement social que sont les politiciens en arrivent à faire des bonnes choses, même si c'est pour les mauvaises raisons?*

**J.-L.M.** Ça ne peut être que le hasard qui, sous le régime actuel, amène les politiciens et le secteur public à faire les bonnes choses, c'est-à-dire à engendrer l'efficacité.

**G.P.** *Mais, Monsieur Migué, comme il existe une multitude de groupes d'intérêts qui tous vont s'acharner à obtenir des faveurs du gouvernement, un gouvernement qui ne dispose pas de ressources illimitées, est-ce qu'il ne serait pas normal, pour suivre votre méthodologie, que ce politicien rationnel s'arrange pour allouer ses deniers assez rares dans les secteurs qui seront les plus électoralement rentables?*

**J.-L.M.** Précisément. Et ce faisant, il fait du marché politique un mécanisme très imparfait, parce qu'en recherchant la maximisation des votes, il doit connaître les préférences des citoyens pour pouvoir y répondre, et les citoyens doivent pouvoir transmettre au politicien leurs préférences, leurs intentions. Or, c'est un processus qui coûte très cher, contrairement à ce qu'on pense. Le gouvernement reflète mal les préférences des citoyens. C'est souvent par la déformation des préférences que le secteur public prend ses décisions. Quels sont les coûts inhérents au processus politique? Songez à la seule décision de voter. En soi c'est une opération banale qui consiste à prendre cinq minutes de son temps pour aller déposer un bulletin de vote. Mais déposer un vote éclairé, ça coût très cher aux citoyens. En quoi ça coûte cher? En ce qu'ils doivent s'informer du programme des partis, de la signification de chacune des politiques et de la multitude de politiques que le gouvernement adopte. Or, il est manifeste que rationnellement les gens devront comme citoyens votants s'arrêter aux seules politiques qui les concernent de très près. Si je suis producteur de textiles, c'est la politique du textile qui attirera mon attention; si je suis universitaire, c'est la politique d'éducation, de recherche universitaire qui l'attirera. Si bien que le reste de l'activité politique, j'y serai plus ou moins indifférent. Pourquoi? Parce que le coût aura été très grand. C'est dans ce sens-là que le souci de rentabilité électorale amène le politicien à s'aligner une multitude de minorités pour atteindre sa majorité. C'est-à-dire qu'il va s'employer à concentrer les bénéfices dans des petits groupes de consommateurs géographiquement circonscrits ou de producteurs très localisés, pour aligner disons 25 minorités de 2 % et obtenir finalement une majorité.

**G.P.**       *Donc vous croyez que le marché politique fonctionne beaucoup moins bien pour harmoniser et coordonner les efforts des individus rationnels que le marché économique tout court?*

**J.-L.M.**    Le message que je retiens surtout, c'est que le marché est beaucoup moins imparfait que l'idéologie conventionnelle le laisse croire et qu'au contraire, le marché politique, de qui on attend tous les bienfaits, est, lui, beaucoup plus imparfait qu'on le croit.

**G.P.**       *On se demande aujourd'hui que font nos économistes qui ne disent pas grand chose sur les problèmes de l'heure, sur les problèmes du milieu. Qu'est-ce qu'ils produisent tous nos économistes dans les universités?*

**J.-L.M.**    Il semble que le régime de sanction et de récompense qui encadre les économistes ne privilégie pas l'application de leurs efforts de façon optimale. Il n'est pas rentable pour un économiste québécois ou canadien-français de se contenter humblement de transposer les analyses et les méthodes universelles à son milieu, plutôt que de s'inscrire dans la course au Prix Nobel ou dans la course à la sommité dans des cercles extrêmement restreints de la profession. Ce n'est pas un défaut en soi de faire de l'empirique et du technique. C'est l'ambition qui inspire souvent ces travaux-là que je déplore, l'ambition des économistes d'ici de vouloir participer à la même course que l'économiste américain moyen, disons. Alors que dans notre milieu, notre vocation est principalement de transposer plutôt que d'appartenir à un club très sélect de spécialistes dans une méthode technique particulière.

**G.P.**       *Certains pourraient dire qu'après avoir eu votre période de nationalisme, vous avez une période de presque défaitisme, puisque vous*

*condamnez les gens d'ici à ne pas pouvoir participer à ces grands circuits*
*mondiaux du marché des idées économiques.*

**J.-L.M.**      Notre vocation d'économiste ici n'est pas de jouer dans les
grandes ligues; si on arrivait à y jouer, on viderait presque le milieu, parce
que les grandes ligues sont ailleurs. Donc on fait le choix. Ceci dit, il n'y a
rien de déprimant qui nous rapetisse à faire ici ce qu'un économiste de bon
aloi fait ailleurs, c'est-à-dire appliquer les méthodes à son milieu. Il y a un
tas de secteurs, un tas de questions qui sont débattues par des économistes,
par exemple aux États-Unis et même au Canada anglais, et que nos
économistes d'ici ne touchent pas. Alors c'est très anoblissant et très
passionnant que de s'y adonner. Maintenant, je me demande pourquoi les
économistes ne participent pas davantage aux débats. C'est sûrement à cause
du régime de sanction et de récompense. Encore une fois, un économiste
d'ici peut vouloir jouer le jeu de la grande ligue de façon à se faire
reconnaître dans les grands circuits internationaux très spécialisés. C'est très
rémunérateur, la rétribution est grande pour cet individu-là; la probabilité
qu'il y réussisse est cependant mince. L'économiste d'ici peut également
s'adonner à des travaux commandités qui sont aussi rémunérateurs de façon
très immédiate, très matérielle. Il semble aussi que ça se fasse à grande
échelle. Il y a encore là une récompense très précise qui amène
l'économiste à s'orienter vers ça. Ça veut donc dire qu'il n'est pas rentable
pour un économiste d'ici de faire du très bon enseignement ou de la
recherche ou de participer aux débats de façon critique avec sa méthode
particulière.

**G.P.**        *Est-ce qu'il n'y a pas un certain impérialisme, une certaine*
*intolérance dans l'usage que vous suggérez de l'outil économique?*

**J.-L.M.**      Un bon économiste doit se montrer impérialiste, c'est-à-dire
qu'il doit croire à la puissance de son outil, de son instrument d'explication
des phénomènes. C'est l'indice de la vitalité de la discipline, plus que des
individus d'ailleurs, que d'être impérialiste...

**G.P.**        *et d'être intolérants...*

**J.-L.M.**      Intolérants au plan analytique? Oui, en effet, être un peu
critique, pour ne pas dire méprisant, vis-à-vis d'autres disciplines, disons, la
science politique, la sociologie; être en effet intolérant à cet égard-là, pas au
plan moral ou intellectuel, mais au plan de l'analyse et de la méthodologie,
oui.

**G.P.**        *Donc, alors que bien des économistes, après des expériences*
*très longues avec leur instrument analytique, se soient retirés vers le*
*management public, vers d'autres enseignements, d'autres types de travaux,*

*ayant en un sens perdu la foi, on peut dire que vous, vous avez conservé la foi forte et vive.*

**J.-L.M.**    Il ne faut pas nécessairement interpréter les options des différents individus par la perte de la foi. La foi, ça vient comme conséquence d'un autre conditionnement. Ce qui explique les options des économistes c'est la même chose qui explique les options de tout le monde. Ces individus qui abandonnent l'économique pour autre chose y trouvent leur intérêt personnel, mais ce n'est pas nécessairement une démarche intellectuelle. C'est plus une démarche humaine, professionnelle, qui fait que quand un individu ne trouve pas de débouché ou de satisfaction suffisamment grande dans son métier, et qu'il décide de faire de l'argent ailleurs, ou de réaliser ses ambitions dans un autre contexte. Or, dans notre milieu, le monde du secteur public ou des grandes bureaucraties privées, c'est à peu près le seul débouché qui s'offre à un économiste qui abandonne l'université.

# 2

# UN ÉCHANTILLON DE LA GÉNÉRATION
# DES ANNÉES
# SOIXANTE ET SOIXANTE-DIX

Léon Courville
Gérard Bélanger
Rodrigue Tremblay

Robert Lévesque
Robert Lacroix
Pierre Fréchette
Pierre-Paul Proulx

Pierre Fortin
Henri-Paul Rousseau
Marc Gaudry

Ce second volet de nos témoignages contient dix entrevues avec des économistes québécois qui, en gros, ont débuté leur carrière dans les années 1960-1970.

Cette génération compte des milliers d'économistes dans les universités ou dans les bureaucraties publiques et privées et une bonne centaine d'universitaires qui auraient mérité par l'importance de leurs travaux qu'on les interroge. Nous n'en avons retenu qu'une dizaine. C'est un échantillon qui sans doute laisse beaucoup à désirer et qui laisse bien des coins dans l'ombre. En particulier, on pourra nous reprocher une couverture géographique incomplète et le peu d'attention portée à certaines traditions ou à certains courants.

Mais même si l'échantillon ne pouvait ambitionner de bien couvrir tous les champs, il voulait tout au moins enregistrer la dérive de la pensée économique dans le Québec français au cours de ces vingt années. Ceux que nous avons retenus ont beaucoup bougé : entre universités, entre l'université et les instituts de recherche, entre l'université et le secteur privé. Ils représentent le groupe des plus mobiles qui ont peut-être le plus de chances de nous donner des indications de la dérive de la pensée économique au Québec français, parce que ce sont ceux pour lesquels le nombre de degrés de liberté est le plus grand.

Dans bien des cas, on pourra nous chicaner sur notre choix. Il doit être clair cependant que la triple contrainte de couvrir aussi extensivement que possible la période, de prendre le pouls des trois traditions antérieures en convergence, et de balayer d'une façon aussi compréhensive que possible le plus de champs possibles nous posait un défi de taille.

Ce n'est qu'après ce travail de déblayage que l'échantillon idéal est apparu plus clairement. On pourra se reporter à notre travail de synthèse [Partie III, chapitre 3] pour supputer l'éventail d'autres échantillons que nous aurions pu choisir. — *G.P.*

# LÉON COURVILLE
Le 4 septembre 1982

Né à Montréal en 1946, Léon Courville étudie à l'École des hautes études commerciales avant d'aller chercher un doctorat à l'Université Carnegie-Mellon aux États-Unis. Il a enseigné à l'Université de Rochester et à l'École des hautes études commerciales. Il est maintenant cadre supérieur à la Banque Nationale du Canada.

Il a travaillé avec Marcel Dagenais de l'Université de Montréal et ses travaux rappellent par certains côtés ceux de Jean-Luc Migué. C'est donc un peu un économiste-synthèse. Il a cherché et il cherche toujours l'équilibre entre une bonne prise en compte du terroir et une grande rigueur dans l'analyse. Pour lui, la science économique est un discours cohérent, puissant, qui doit être utile, mais un discours qui doit continuellement se décanter, s'affirmer dans et par la controverse. Dans les conversations de Léon Courville, une expression revient souvent, « l'effervescence intellectuelle ». C'est ce qu'il recherche.

J'ai demandé à Léon Courville ce qui l'a amené à la science économique. — *G.P.*

**Léon Courville**    Si on se place dans le contexte du début des années soixante, du « maîtres chez nous » et de tout ce qui s'en suivait sur le plan politique et sur le plan des discussions *at large*, l'économique et les affaires prenaient un regain de vie comme modèle de carrière ou d'implication. De telle sorte qu'à la fois sur le plan de la communauté et sur le plan personnel, on était nourri par la discussion publique. C'est un peu dans cet esprit-là que je me suis dirigé à l'École des HEC. Pour moi, l'économique a été une ouverture qui a comblé ces deux tendances d'être à la fois pragmatique et d'avoir une certaine structure de pensée, avec une certaine vision sur le comportement de la société.

*Gilles Paquet    Mais pourquoi avoir choisi les HEC plutôt que l'Université de Montréal, qui offrait aussi dans un département d'économique un programme de science économique?*

**L.C.**    Je me souviens effectivement d'avoir hésité entre les deux. Ce qui m'avait finalement poussé aux HEC, c'est d'abord la diversité d'intérêts. Les HEC semblaient beaucoup plus dans la foulée des choses, et les préoccupations qui étaient véhiculées par les gens qui étaient aux HEC étaient à la fois cantonnées sur la réalité mais aussi on sentait là une effervescence envers le développement de la discipline, peut-être pas la discipline elle-même au sens théorique du terme, mais sur les modalités d'application.

**G.P.**     *Et qui étaient ces gens-là qui vous ont un peu inspiré à l'École des hautes études commerciales?*

**L.C.**     Ce qui m'avait vraiment frappé à ce moment-là à l'École des HEC, c'était que lorsqu'on circulait dans les corridors, on pouvait entendre les discussions entre les professeurs d'économique. C'étaient des animateurs intellectuels de première classe et on sentait là en même temps qu'il y avait un certain activisme, un souci constant de discussion. Donc, des gens qui avaient des tendances différentes arrivaient quand même à être capables de discuter et d'échanger des points de vue et on sentait que ça progressait. Ceux qui m'ont le plus influencé ont été Harvey et Parizeau, qui est très influent pour motiver quelqu'un en économie.

**G.P.**     *La science économique vous accroche suffisamment pour avoir envie de continuer et de faire vos études avancées non pas en Europe, non pas en France ou en Belgique comme beaucoup de vos prédécesseurs, mais aux États-Unis. Pourquoi?*

**L.C.**     D'abord, je pense qu'il est assez clair que le développement de l'économique à ce moment-là se faisait aux États-Unis. On dit souvent que l'économique est une science anglo-saxonne et que les Américains ont été ceux qui lui ont donné un coup de pouce. Ce n'était pas un coup de pouce, mais une envolée incroyable dans les années cinquante et soixante.

**G.P.**     *Vous partez en quelle année, Monsieur Courville?*

**L.C.**     Je pars en 1969, deux ans à peu près avoir terminé mon cours aux HEC.

**G.P.**     *Et vous choisissez non pas Harvard ou MIT ou l'Université de Californie, qui sont des départements de science économique standard, mais vous allez plutôt vers une école qui n'est pas tout à fait une école de science économique au sens traditionnel, Carnegie Mellon. Pourquoi?*

**L.C.**     Toutes les demandes que j'ai faites, sauf deux, étaient dirigées vers des départements d'économique qui étaient dans des écoles d'administration, parce que la théorie de la firme m'intéressait, et le comportement micro-économique d'abord et avant tout. On revient à ce que je disais tout à l'heure, l'étude des aspects concrets de la réalité mais aussi en même temps une espèce de schéma intellectuel intéressant. Avant de choisir l'Université Carnegie Mellon, j'avais été accepté dans plusieurs universités. J'ai pris mon auto et je suis allé visiter les départements qui m'avaient accepté. J'ai trouvé à Carnegie Mellon une effervescence incroyable, que je n'ai pas notée ailleurs. Les économistes sont mêlés à l'école d'administration; ils l'ont presque fondée. Ils sont en interaction avec des gens de recherche opérationnelle, donc tout l'aspect normatif de développement de la firme, et en interaction également avec des gens sur le plan de la monnaie et de la macro-économie. Donc des préoccupations qui sont constamment orientées vers la firme, le marché, le comportement des marchés, et tout ceci avec un niveau non pas d'objectivité, mais de recul idéologique assez impressionnant malgré tout. Ce ne sont pas des scientifiques au sens négatif du terme, mais plutôt des gens qui avaient vraiment un souci de faire bon usage du schéma théorique et d'avoir suffisamment de respect pour la réalité, comme disait Keynes. Pour que les modèles qu'on développe et pour que la perception qu'on introduit dans ces modèles-là soient suffisamment ancrés dans la réalité pour être testables et pour être quelque chose qui rend service à des unités de production, des unités de consommation. Donc, à la fois de l'analyse empirique importante, un certain pragmatisme, mais aussi une rigueur intellectuelle avec des outils mathématiques, analytiques, relativement développés.

**G.P.**      *Donc vous retrouvez à Carnegie Mellon la même poursuite de l'équilibre et la même effervescence qui existaient aux HEC?*

**L.C.**      Dans le fond, vous m'amenez à réfléchir à cette question. C'est peut-être en effet ce souci de l'équilibre qui était constamment présent chez moi.

Je pense que j'ai été chanceux. Je ne sais pas s'il y avait là-dedans des choses qui étaient inconscientes, mais j'ai choisi pour ma thèse un domaine qui est devenu particulièrement vivant sur le plan de l'économique dans les années soixante-dix, et qui l'est encore un peu, en fait, un double domaine : je me suis intéressé à la réglementation. Il y avait donc la construction théorique et également des aspects inductifs en ce qui concerne le comportement de la réglementation et de la firme réglementée. J'ai choisi de l'appliquer dans le domaine de l'électricité et de l'énergie. De sorte que j'ai choisi un sujet qui, vers la fin des années soixante-dix, touchait à la fois la réglementation et l'énergie. C'est un passeport pour une vie intéressante pour un bon bout de temps, puisqu'il s'est avéré que les problèmes énergétiques ont été très imposants par la suite et qu'on a fait des travaux énormes sur la réglementation et examiné la question sous tous les angles. J'ai été poussé dans cette direction-là, encore une fois parce qu'il existait des problèmes théoriques intéressants, et des problèmes d'application pratique. Il y avait beaucoup de théories sur la réglementation, mais peu d'analyse pratique, peu d'induction aussi. C'était donc un domaine où on pouvait à la fois marier des préoccupations sur le comportement de la firme et sur le comportement des marchés et où on pouvait également dégager des perceptions nouvelles ou des construits semi-théoriques.

**G.P.**      *Vous sortez de Carnegie Mellon avec votre doctorat, et au lieu de revenir au Québec tout de suite, comme des générations d'économistes l'ont fait, vous acceptez un poste dans une université américaine, ce qui est assez rare.*

**L.C.**    Paraît-il, oui, que c'est rare. D'abord, ça a été une décision personnelle difficile, et les mêmes raisons qui m'ont fait hésiter sont celles qui m'ont fait éventuellement revenir. Donc, sur le plan personnel, ce fut une décision difficile pour deux raisons. D'abord, parce qu'on quitte son pays, ensuite, parce qu'on s'insère dans un milieu extrêmement concurrentiel où on doit être constamment, non pas en avant des autres, mais où, tout le monde voulant être avant les autres, on doit être introduit dans un circuit important où les gens bougent beaucoup, où il y a une très grande mobilité géographique et une très grande mobilité entre les départements et les universités. Un québécois est très peu habitué à ce type de comportement sociologique; il tend plutôt, lui, à s'enraciner, à mettre les deux pieds dans le ciment et à rester longtemps. Je suis donc allé là pour ces deux raisons : d'abord, parce qu'il y avait beaucoup plus d'effervescence qu'ici, deuxièmement, parce que j'y voyais un complément utile et nécessaire à ma formation. En rétrospective, je ne le regrette pas, parce que je crois que j'ai acquis le gros de ma formation pendant ces deux ans et demi que j'ai passés à l'Université de Rochester.

**G.P.**    *Quelle sorte de travaux avez-vous poursuivi à Rochester?*

**L.C.**    Mes travaux à Rochester ont pris une direction tout à fait différente de celle que j'avais poursuivie dans ma thèse, qui avait un souci empirique et analytique important. J'ai commencé à m'intéresser à la réglementation, parce que ça débordait vraiment le cadre restreint dans lequel j'avais été introduit et que je commençais à vouloir défoncer ces frontières. Et c'est à ce moment que j'ai été attiré par le comportement du marché politique, parce qu'il était nécessaire pour expliquer la réglementation.

J'aurais aimé rester plus longtemps à Rochester mais, comme beaucoup d'autres étudiants des HEC, j'avais en partie été subventionné par les HEC et en 1974, on a insisté pour que je revienne. C'est avec un regret immense que j'ai dû quitter l'Université de Rochester. La raison pour laquelle on tirait sur moi, je pense, c'est qu'on avait besoin de ressources aux HEC à ce moment-là. La belle époque de l'économie se terminait et depuis quatre ou cinq ans, on connaissait des problèmes internes et externes importants. Le rayonnement des économistes des HEC à l'extérieur et leur influence à l'intérieur diminuaient beaucoup. Certains bons professeurs de l'École des HEC commençaient à la quitter pour d'autre cieux. Je me souviens même d'une caricature publiée au moment où j'avais pris ma décision de revenir, où on voyait un petit train qui s'appelait le train de l'économie, avec des personnages dedans qui quittaient l'École des HEC. Ce n'était donc pas un milieu particulièrement stimulant dans lequel revenir.

**G.P.**    *Vous revenez aux HEC, vous devenez même directeur du département d'économique en 1976 et vous le demeurez jusqu'en 1981. Durant cette période, certains ont pu dire qu'il n'y avait plus d'École des* *hautes études commerciales au sens d'une école de pensée assez particulière en science économique, assez peu orthodoxe, qui ne croyait pas au mécanisme auto-régulateur du marché et remettait en question la sagesse conventionnelle, une école qui, depuis Minville jusqu'à Angers, Parenteau et Bonin, avait été un peu en contrepied de ce qui se passait dans les autres départements d'économique au Québec. Durant la période où vous êtes au gouvernail, de 1976 à 1981, cette école de pensée existe-t-elle encore?*

**L.C.** Sur le plan d'une école de pensée, il y a une certaine nostalgie chez les professeurs et à l'extérieur aussi. On dit que l'École des HEC n'a plus l'auréole d'influence sur le plan économique qu'elle avait autrefois. On doit quand même noter qu'il est normal qu'il en soit ainsi; ce fut d'après moi la première école en économie et lorsqu'elle n'a plus été la seule, c'était quand même la seule qui se préoccupait de la réalité, et pas simplement au Québec, contrairement à ce qu'on peut penser. C'est ce qui faisait la force de cette école, ainsi que l'animation qu'y mettait Monsieur Angers, qui avait des contacts avec des hommes importants de la discipline économique à l'étranger, et avait en même temps le souci de susciter constamment le débat et d'avoir des points de vue convergents. On retrouve actuellement aux HEC un bon nombre d'économistes, mais je ne crois pas qu'ils fassent « école » au sens traditionnel du terme, bien que la plupart de ceux qui font des travaux ont gardé ce souci d'avoir les deux pieds dans la réalité, tout en maintenant une certaine rigueur sur le plan intellectuel. Et je pense que c'est une tradition qui va demeurer à l'École des HEC, même si elle n'a pas autant d'effervescence qu'elle en avait autrefois et même si elle n'a pas d'avantages comparatifs énormes.

**G.P.** *Vous allez pourtant garder une constante à l'École des hautes études commerciales, une constante qui vous différencie beaucoup des autres lieux où on fait de la science économique au Québec. Vous vous êtes fait vulgarisateur, vous avez passé du temps à essayer d'expliquer aux gens ce qu'est la science économique, dans la tradition des Angers, des Parenteau... Pourquoi vous êtes-vous intéressé à faire de la vulgarisation économique?*

**L.C.** C'est une bonne question et j'avoue que je n'y ai jamais réfléchi. Mais en vous écoutant, je me rends compte que je me souviens fort bien des travaux de vulgarisation de Monsieur Parenteau, de Monsieur Parizeau, aussi. Je pense que quand on maîtrise bien sa discipline, on est capable à la fois de lire l'article le plus sérieux et abstrait et on devrait être capable aussi de l'expliquer à son fils de treize ans. Ce qui m'a toujours un peu choqué, au Québec en particulier, c'est l'aversion presque congénitale à l'égard de l'économique que les autres sciences sociales ont nourrit chez nous à la pelletée. Et même si ces gens-là étaient prisonniers de l'idéologie économique sans trop le savoir, je les ai toujours comparés un peu à des fourmis. Sans trop savoir quel était le moteur d'action, ils étaient prisonniers du système. J'ai donc essayé de vulgariser l'économique d'abord auprès de ces gens-là, mais ça ne donnait rien. J'ai aussi remarqué qu'il y avait un immense besoin de prendre les situations concrètes et d'essayer d'en expliquer les principales composantes. Je trouvais que l'économie pouvait expliquer un paquet de choses, qui étaient souvent complètement noyées par la discussion politique ou journalistique. C'est donc pour ça que j'ai pris certaines initiatives, avec d'autres professeurs d'économique et des professeurs de finance, dans le but non pas de mettre plus de sérieux dans la discussion publique, mais d'apporter une certaine contribution pour que certains rudiments simples des mécanismes économiques soient illustrés à travers la pratique quotidienne.

*G.P.      Mais même quand vous écrivez pour les journaux de fin de semaine, que vous nous donnez des quasi pages éditoriales à la radio, vous semblez avoir le besoin de faire la distinction entre une idéologie économique et une sorte de perception plus globale de la réalité. Dans votre plus récent livre, on avait même souligné certains passages d'une couleur particulière pour mettre le lecteur en garde contre leur économisme outré, peut-être?*

**L.C.**      Écoutez, il y a une anti-idéologie économique dans le milieu. Il y a de nouveaux bonzes qui sont importants dans notre société et il y a des tabous. Il est impossible par exemple de soulever l'hypothèse que le salaire minimum a peut-être des effets néfastes sur l'emploi, chez les jeunes en particulier, et que le salaire minimum peut donc contribuer au chômage. C'est anathème de soulever cette hypothèse, alors que la théorie néo-classique conventionnelle et certains aspects moins conventionnels du marché politique nous amenaient pourtant à cela. Et il y a d'autres exemples semblables. Alors il faut faire attention, effectivement. Je crois personnellement que l'économiste peut contribuer beaucoup, pas l'économiste seul, mais l'économiste avec ses collègues qui ont d'autres points de vue. Mais j'ai très peu confiance en la capacité d'une idéologie économique de pouvoir à la fois expliquer et donner des prescriptions suffisamment sérieuses et sécurisantes pour nous assurer un succès imposant. Il faut toujours avoir un recul énorme par rapport à ses propres opinions. Et lorsque l'économiste quitte ce niveau de recul par rapports à ses opinions ou ses vues de la société, il n'est plus un économiste.

*G.P.      Mais cette sorte d'honnêteté intellectuelle qui vous fait prévenir vos lecteurs qu'il faut se méfier, que vous vous faites peut-être trop économiste dans certaines de vos pages, c'est une honnêteté qu'on a pas notée très souvent chez les économistes au Québec, dont c'est justement l'attribut à peu près standard de proclamer qu'avec leurs instruments, ils peuvent aviser le Prince, qu'ils sont en mesure d'aider à mieux gérer et planifier les choses publiques.*

**L.C.**    Comme je le disais dans la préface au bouquin, l'économique en général a reçu une dose d'humilité incroyable dans la dernière décennie, tant sur le plan théorique que pratique. Et vous appelez ça « honnêteté ». Ce n'est pas par souci d'honnêteté, mais plutôt par souci de faire un constat de la discipline. Il y a des économistes de couleurs différentes et je pense que c'est le choc des idées qui fait progresser la société. Vous faites allusion à ceux qui pensent posséder la vérité. Effectivement, il y en a beaucoup trop, et ces gens-là nous ont amenés très loin et dans des sentiers qui sont irréversibles et qui nous coûtent énormément cher maintenant. Je pense que ces gens-là ne sont plus des économistes au sens où j'aimerais les définir : un économiste est quelqu'un qui a un souci d'être à la fois pratique et d'avoir sa propre vue de la réalité, mais qui doit constamment ajuster cette vision lorsque ses propres prescriptions se heurtent à la réalité. Ce qui ne veut pas dire qu'on ne doit pas avoir d'opinion ou s'apparenter à un courant idéologique donné, mais qu'on doit faire place à la controverse et à la discussion d'idées. Actuellement, au Québec en particulier, mais au Canada aussi, on confond beaucoup l'opinion avec la discussion d'idées.

**G.P.**    *Encore une fois, c'est une distinction que faisait Monsieur Angers, qui a eu une vie presque de Monsieur Verdoux, une vie double d'économiste–analyste et de polémiste passionné. Est-ce qu'au Québec ces temps-ci, dans la science économique telle qu'on la pratique, on peut dire qu'il y a beaucoup trop d'unanimité?*

**L.C.**    Il y en avait jusqu'à récemment, mais je pense qu'elle commence à disparaître quelque peu. J'avais des collègues qui avaient des idées beaucoup plus arrêtées, sur lesquelles ils auraient misé leur fortune, et qui commencent eux aussi à douter un peu de leur capacité à expliquer ou à donner des prescriptions pour la société. Cette unanimité a été construite, je crois, dans la foulée nationaliste et dans la foulée étatiste qui, elle, date de très longtemps dans la discipline économique. Il y a eu un mariage d'intérêt relativement important au Québec, qui a fait que tout ce qui était national ou étatique devenait véritable et devait être poursuivi sur le plan politique, ce qui amenait à des considérations d'ordre pratique importantes qui devaient mobiliser les économistes et les gens de sciences sociales à défendre des points de vue qui s'inséraient dans ce moule.

**G.P.**    *Mais est-ce qu'on ne peut pas parler d'une unanimité nouvelle, celle de l'économie néo-classique, de la croyance aveugle au marché, qui remet en question le credo fondamental de l'École des hautes études commerciales, où on affirmait que les automatismes ne jouent pas en économie – Monsieur Minville en parlait déjà dans les années trente – et qu'il faut une sorte de concertation pour garder l'économie sur ses rails?*

**L.C.**    Effectivement, vous avez peut-être raison. On note chez les plus jeunes une tendance vers la droite, et le dogme des mécanismes de marché suscite plus d'attrait qu'autrefois. Mais je trouve cela tout à fait naturel, pour la simple et bonne raison qu'il s'agit-là d'un effet de balancier tout à fait normal dans les circonstances, sur le plan social. Si on recule 30 ou même 80 années en arrière, on a Veblen, un économiste qu'on admire beaucoup aujourd'hui, qui a été le premier à faire l'analyse de l'idéologie dominante de l'époque, selon laquelle ça prenait des hommes forts, de grand chefs d'entreprise, des grands manitous qui allaient bâtir de grosses entreprises pour faire travailler le peuple, et à nous dire que ces gens-là n'étaient peut-être pas aussi bons qu'on le pensait. Galbraith a fait la même chose – il ne parlait plus des chefs d'entreprise, mais de la grande entreprise elle-même, la grande bureaucratie privée – en montrant que ces gens-là n'étaient pas aussi efficace qu'on voulait croire. Galbraith a réagi contre cette idéologie-là. Je pense qu'aujourd'hui, on réagit contre l'idéologie dominante, celle de l'interventionnisme sur le plan social, parce que les économistes voient constamment que des effets pervers apparaissent qui défient leur construction logique.

*G.P.    Malgré tout, Monsieur Courville, malgré les échecs de la science économique, malgré le taux de chômage élevé et l'inflation galopante, malgré des arrangements institutionnels bâtards que les économistes ne réussissent pas à corriger, vous gardez toujours la foi dans la science économique?*

**L.C.**    J'ai gardé la foi dans la science économique comme étant d'après moi la seule science sociale qui, ici, peut prétendre être une science. Je pense que les autres n'ont pas développé de construction logique suffisamment sérieuse pour nous proposer des lunettes qui nous permettent de voir la société avec assez de clarté pour nous permettre de distinguer un cheval d'un homme. La raison pour laquelle j'ai foi en la science économique, c'est que malgré qu'on y trouve beaucoup de controverse et des courants énormément diversifiés, même si on l'admet difficilement surtout au Québec, mais aussi au Canada, un économiste marxiste peut quand même réussir à parler à un disciple d'Adam Smith avec un vocabulaire relativement semblable et arriver à établir sur quoi ils ne s'entendent pas.

Je pense qu'on doit maintenir la discussion et les échanges de points de vue. Ma grande désillusion vient de ce qu'on laisse aujourd'hui trop peu de place à la confrontation d'idées. Au début des années soixante, avec l'ICAP par exemple, on avait des gens de tendances diverses qui venaient exposer leur point de vue dans des discussions animées où il y avait quand même place pour le respect personnel. Aujourd'hui, aussitôt que quelqu'un amène un point de vue différent, on dit qu'il est de telle ou telle école, un point c'est tout. On sait qu'il pense comme ça et c'est fini. On ne propose plus à la population, aux politiciens et à ceux qui doivent prendre des décisions, à ceux qui écrivent dans les journaux, suffisamment de discussions éclairées et de confrontation d'idées. On n'a pas réussi depuis une dizaine d'années à susciter suffisamment de controverses ou à transposer ces controverses sur le plan pratique pour éclairer ceux qui ont à prendre des décisions.

# GÉRARD BÉLANGER
## Le 25 juin 1983

Gérard Bélanger est un Mascoutain. Il est né à St-Hyacinthe en 1940. Il a étudié à l'Université de Montréal et à l'Université Laval, avant de faire des études de doctorat à l'Université Princeton, aux États-Unis. Il va revenir enseigner au département de sciences économiques de l'Université Laval en 1967. Il y est encore.

Gérard Bélanger est un économiste qui s'est spécialisé dans l'application de la science économique au secteur public : santé, éducation, transport, financement des municipalités. Il a beaucoup travaillé avec Jean-Luc Migué et a été l'architecte du programme Accent Québec. — *G.P.*

**Gilles Paquet**　　　*Monsieur Bélanger, pourquoi avez-vous choisi d'aller étudier la science économique à l'Université Laval?*

**Gérard Bélanger**　　　Il y avait certains cours d'économique avec Faucher et il y en avait plusieurs autres. On avait presqu'un cours d'histoire par semestre et on prenait aussi des cours de sociologie et de science politique; ça faisait donc une formation plus polyvalente que ce qu'on offre maintenant, où les étudiants font trois ans d'économique, de statistiques et de mathématiques. La plupart de nos étudiants se cantonnent aujourd'hui dans l'économique. Donc, à Laval, j'ai eu une formation plus générale.

**Gilles Paquet**　　　*Vous partez de Laval pour aller à Princeton. Pourquoi?*

**G.B.**　　　C'est un de mes présents collègues, Monsieur Dehem, qui m'avait suggéré d'aller à Princeton parce que, encore là, Princeton était reconnue pour donner une excellente formation générale. Et ça me surprend de rencontrer tout le temps mes collègues qui ont gradué à Princeton car ce qui me frappe chez eux, c'est qu'ils ont une très bonne formation générale. Par exemple, Tom Courchesne, Dave Dodge. Princeton, ça a été surtout connaître le milieu américain et acquérir là vraiment une formation au niveau des études doctorales vraiment poussée à fond en économique.

**G.P.**　　　*Si on peut dire que Roger Dehem a été celui un peu qui vous a amené à aller à Princeton, Monsieur Bélanger, est-ce qu'à Princeton vous allez rencontrer des professeurs qui vont avoir une influence importante sur la direction de vos études?*

**G.B.**　　　Un de ceux qui m'ont le plus influencé, c'est un vieil autrichien qui vient de mourir fin janvier, Fritz Machlup, qui était dépassé au niveau formel, au niveau des mathématiques, mais au niveau de l'économique, du raisonnement économique, il était vraiment numéro un, ce qui faisait que dans les séminaires professionnels, il avait toujours la question non pertinente, mais la question la plus importante, ce qui faisait que la personne qui donnait le papier glissait et s'effondrait devant l'assistance.

**G.P.** *Si on peut dire que ce mauvais esprit que vous avez développé, vous le devez peut-être à Fritz Machlup, il demeure que Fritz Machlup était un spécialiste de méthodologie, de commerce international; vous allez, vous, vous diriger davantage vers les finances publiques. Pourquoi?*

**G.B.** La seule industrie importante de la ville de Québec, c'est le secteur public. Quand je suis arrivé à Laval, j'ai rencontré mon ancien professeur, Jean-Luc Migué, qui m'a dit : « Au lieu de créer de nouveaux cours, qu'est-ce qu'on va faire? On va se partager les cours existants. » Comme nous donnions les cours de finances publiques, nous avons décidé de nous spécialiser surtout dans les aspects économiques de secteur public. C'est venu en fait en bonne partie par un nouveau cours que j'ai eu à créer en économique de la santé. En 1968, au début de l'année universitaire, mon directeur m'a dit : « Le cours que tu donnes aux ingénieurs, ce ne sera pas seulement aux ingénieurs que tu vas le donner, mais aussi aux futurs étudiants des sciences de la santé. » Donc, au lieu d'avoir 200 étudiants dans mon cours, je suis passé à 400. Tout de suite l'année suivante, je me suis retourné et j'ai dit : « Je vais continuer à donner un cours aux futurs diplômés en sciences de la santé à la condition qu'on leur enseigne l'économique de la santé. » Pourquoi? C'est que j'avais lu plusieurs études américaines qui montraient que les étudiants qui prennent seulement un cours d'introduction à l'économique, trois ans après, sur des tests standardisés, on ne peut pas les différencier de ceux qui n'en ont pas pris. Donc, ils ne retiennent presque rien. J'en conclus que si vous avez enseigné l'économique à un groupe particulier, il font aussi de l'économique par secteur. J'ai donc commencé à mettre sur pied un cours d'économique de la santé. C'est Jean-Luc Migué qui a donné le cours l'année suivante. Il a développé des notes et il a complété les miennes, ce qui a donné en 1972 notre volume *Le coût de la santé*. C'est un volume qui en fait résume la littérature sur le sujet et essaie d'en faire l'application dans notre milieu au niveau québécois et canadien.

**G.P.** *Qu'est-ce qu'il y a de nouveau, Monsieur Bélanger, dans ce volume qui s'inscrit tout juste à la fin de cette longue période de révolution dans le monde de la santé au Québec, cette révolution qu'on a appelée « révolution Castonguay »? Ce volume est-il critique, oui est-ce simplement une sorte de confirmation du fait qu'on a pris les bonnes décisions en finances publiques dans ce monde-là?*

**G.B.** Je pense que nous avons été les plus critiques sur la Commission royale sur la santé qu'il y a eu au Québec et sur les réformes, parce que la Commission royale présentait un modèle d'un seul type d'institution, tandis que vous savez qu'actuellement, vous avez une multitude d'institutions, les CLSC existent en parallèle avec les cabinets de médecin; les médecins se sont regroupés et ainsi de suite. Donc la Commission voulait des institutions monolithiques, et on s'est vraiment opposés à ça. L'argument était : ce n'est pas parce que vous êtes une institution sans but lucratif qu'il n'y a pas une dynamique qui fait que les gens n'utilisent pas l'institution à leurs propres fins. Donc, ça a été une charge contre la Commission royale d'enquête, surtout le chapitre 4, mais les autres chapitres sont aussi, comme j'ai dit tantôt, une application de l'économie à notre milieu, et là-dessus, on a essayé de le faire le plus possible. Ce n'est pas une oeuvre internationale, mais c'est une oeuvre qui a son utilité.

**G.P.** *Si vous avez pu, dans un premier temps, poser des questions indiscrètes aux gens qui étaient les architectes de notre système de santé au Québec, vous vous êtes ensuite tourné, mordant la main qui vous alimentait, pour faire porter ces mêmes analyses, ces mêmes questions indiscrètes, sur le monde universitaire, pourquoi?*

**G.B.** Je peux vous donner la transition. En fait, c'est qu'on a fait un livre sur la santé et pour continuer notre cheminement, il aurait fallu en vivre l'expérience, c'est-à-dire aller observer les gens dans un hôpital, voir quelle est la dynamique de l'hôpital, quelles sont vraiment les contraintes syndicales, quel est le pouvoir du corps médical, le pouvoir des états généraux, le financement du gouvernement, le contrôle... Donc, vous voyez, de rendre mon institution hospitalière très charnelle, ce qui aurait demandé une période d'observation, et on s'est refusé à ça. Explicitement, on a décidé que l'on en sentait ni le bénéfice, ni le goût de faire cette opération-là, une opération importante et qui, je pense, n'est encore que bien peu faite. On s'est ensuite dit, on a une institution qui ressemble à l'hôpital, où le professeur d'université est comme le médecin d'hôpital, il est autonome vis-à-vis de son institution, il prend des décisions. On est dedans, on peut donc l'observer et peut-être aussi mettre nos préjugés à l'épreuve. On s'est lancé dans l'étude de l'université et ça a donné en fait un sous-produit qui a été l'article sur lequel Jean-Luc Migué a surtout travaillé, mais où j'ai été co-auteur dans la section sur la bureaucratie, article qui a été en fait un sous-produit de nos travaux en santé, mais sur l'université. L'Université Laval m'avait permis d'aider au Conseil des université, qui remboursait l'université pour mes services. Je voulais vraiment voir un peu de l'intérieur ce qu'étaient les décisions universitaires, les décisions gouvernementales, et en même temps, le Conseil des universités était intéressé à avoir une étude sur les mécanismes de financement des universités et sur les réformes qu'on pouvait y apporter. Donc, c'était une volonté peut-être d'activiste de voir aussi qu'est-ce qui se passe à l'intérieur des universités. C'est intéressant parce que j'ai appris beaucoup au sujet des comportements des fonctionnaires. Par exemple, un haut fonctionnaire doit éviter d'apporter des problèmes à son ministre, même si la situation l'exige, car il y a un coût terrible à amener un problème, c'est de créer un problème. En un mot, le statu quo sans problème est meilleur que l'efficacité mais qui pourrait engendrer un problème.

**G.P.**    *Qu'est-ce qui est sorti de tout ça, de ces études de l'université et de ces volontés de réforme du financement des universités?*

**G.B.**    Bien franchement, pas grand chose. Par exemple, le financement des universités au Québec n'a pas beaucoup changé sauf à la marge, c'est-à-dire le financement des nouveaux étudiants; c'est simplement un de ces prochains jours qu'il est supposé y avoir un changement majeur au niveau du financement universitaire.

**G.P.**    *Dans votre livre sur la santé, Monsieur Bélanger, vous étiez amené à dire justement que l'allocation des ressources n'était pas efficace parce qu'on donnait les soins de santé quasiment gratuitement et qu'il faudrait peut-être demander aux clients, à ceux qui ont besoin de services et de soins de santé, de payer davantage. Dans le cas de l'université, la façon de mesurer la contribution, ou l'output comme vous dites, c'est évidemment de savoir si les gens sont prêts à payer pour ce service-là. Est-ce que dans l'un ou l'autre cas, vous avez été amené par vos analyses à suggérer que les clients des universités et des hôpitaux paient davantage plutôt que d'être financés par les gouvernements?*

**G.B.**    Oui, en un sens. On n'a pas accepté la gratuité comme étant le remède miracle. En rendant le service gratuit, on a augmenté considérablement la quantité demandée et là, qu'est-ce qu'on a fait dans les années soixante-dix, on a joué sur l'offre : au Québec, on n'en a pas beaucoup parlé, mais il y a 20 % des lits d'hôpitaux qui sont partis, il y a des hôpitaux qui ont été fermés; et dans les années quatre-vingt, qu'est-ce qui va arriver? Les gouvernement prennent maintenant des décisions pour jouer sur l'offre des médecins.

**G.P.**    *En 1974–1976, Monsieur Bélanger, vous passez hors les murs, vous descendez dans la rue, si on peut dire, puisqu'en cessant de vous intéresser aux problèmes de santé ou aux problèmes d'université, vous commencez à parler de problèmes urbains, de problèmes de transport. Qu'est-ce qui vous amène à vous intéresser à ces phénomènes-là?*

**G.B.**    Au niveau des problèmes urbains, je dois rendre hommage à Monsieur Castonguay, parce que vous savez que dans notre livre *Les coûts de la santé*, nous avions été très sévères pour la Commission royale d'enquête sur la santé, et malgré cela, c'est lui qui m'a demandé de travailler avec lui. Mais Monsieur Castonguay était très libéral, et il m'a choisi comme membre de l'équipe d'étude sur l'urbanisation. Nous avons travaillé là-dessus pendant deux ans et produit un rapport dont je suis fier, parce que c'est le seul rapport au Québec qui prône la décentralisation. Vous savez, nous, les économistes, nous sommes censés avoir un penchant pour la décentralisation. Pourquoi? Parce qu'on dit que le but de l'économie c'est de satisfaire les consommateurs. Et les économistes sont inaptes à identifier les préférences des consommateurs. Donc, on s'est dit qu'il n'y avait rien de mieux que les consommateurs pour identifier eux-mêmes leurs préférences, c'est à eux de faire les choix. On sait que les consommateurs sont variés, qu'ils recherchent des coûts variés, etc. Mais dans le secteur public, l'État qui croit tout connaître et tout savoir fait des politiques normalisées. Dans le rapport sur les problèmes urbains, le message central était le suivant : les corporations municipales sont le seul réseau d'institutions vraiment décentralisées au Québec ou qui ont encore un pouvoir politique. Il y a beaucoup de politiques qui s'implantent qui les mettent en tutelle dans leur financement. Le financement s'oriente vers des subventions d'équité budgétaire. Le rapport disait qu'il faut conserver l'autonomie la plus grande possible des municipalités. En un mot, on ne veut pas que les municipalités prennent la voie des commissions scolaires, voie qu'elles ont pris entre 1950 et 1980. Et donc, dans le rapport, le thème majeur, c'est la décentralisation, et aussi le marché. Le rapport a été loin au niveau des problèmes d'habitation, en disant, ce n'est pas une question d'offre, c'est un secteur qui est assez concurrentiel, très concurrentiel même; le problème d'habitation, c'est une question de revenus. Les gens dont les revenus sont faibles ne peuvent pas consacrer un montant important au loyer, et si vous avez seulement 250 $ par mois à mettre sur le loyer, vous ne pouvez pas avoir un logement vaste, spacieux et moderne. Donc, on a mis l'insistance encore sur la décentralisation, en disant que les problèmes sérieux de logement ne sont pas dus à des imperfections de l'industrie de la construction et ainsi de suite, même si ça peut jouer dans certains domaines et faire augmenter les coûts, mais le vrai problème c'est que les gens n'ont pas l'argent qu'il faut pour s'acheter un service convenable de logement.

**G.P.**     *Mais cette volonté de réintroduire la transparence des coûts et des prix d'une part, et de reconnaître que la réglementation, l'action gouvernementale, c'est peut-être un défaut plutôt qu'une qualité dans le monde urbain, dans le monde des transports; est-ce que ce message-là, au milieu des années soixante-dix, va être bien entendu?*

**G.B.**     Est-ce que la décentralisation a eu lieu au Québec? On peut dire que dans un domaine, celui du financement municipal il y a eu une très bonne décentralisation. Je pense qu'on s'est peut-être un peu inspiré de notre rapport, bien qu'il y ait déjà des tendances dans cette direction. La réforme de 1980 du financement municipal a donné un champ fiscal accru aux municipalités en leur donnant l'impôt foncier scolaire normalisé. En un mot, les municipalités s'autofinancent depuis à plus de 95 % et comme vous le savez, l'autofinancement, c'est le nerf de la guerre. Quand vous prélevez vous-même vos taxes, vous êtes libre d'en disposer comme vous le voulez. Donc, au niveau du financement, il y a eu un mouvement pour une certaine décentralisation, sauf dans les aspects sectoriels, comme le transport en commun, le zonage agricole ou même les services de police, où, là, je peux dire que les municipalités sont encore en très grande partie en tutelle. Mais au moins on a eu un document qui exprimait les vertus de la décentralisation et qui, en fait, inspire beaucoup l'action du ministre des affaires municipales contre les ministères sectoriels. Et les municipalités s'en sont aussi servi pour leurs revendications.

**G.P.**     *Après être passé d'institutions un peu au niveau microscopique, comme la santé, les hôpitaux et les universités, à des problèmes un peu plus vastes, comme les villes, les transports, vous passez en 1976 à des projets plus ambitieux, puisque vous vous attachez au Québec. C'est l'ensemble de l'architecture des institutions économiques qui composent le Québec que vous allez étudier après 1976. Qu'est-ce qui vous amène à un projet aussi ambitieux?*

**G.B.**     En fait, il y a eu une élection en novembre 1976 qui a amené le gouvernement du Parti québécois au pouvoir. Le milieu anglophone canadien a été surpris et en conséquence a alimenté un fonds à l'Institut de recherches C.D. Howe, dont le siège à ce moment-là était à Montréal, pour former un programme spécial qui s'appelait Accent–Québec. J'avais développé cinq thèmes quand je suis entré là : le fédéralisme, la « souveraineté-association », les politiques nationalistes (tant canadiennes que québécoises), l'organisation industrielle (vous savez qu'au Québec, on fait très peu de travaux dans ce domaine) et la stabilisation régionale. J'ai donc essayé de commander des rapports sur cinq thèmes-là.

**G.P.**     *Si vous aviez maintenant, avec un petit peu de recul, à déterminer les éléments les plus importants de ce programme de recherches, ce que ça a apporté de nouveau sur la connaissance du milieu, ce serait quoi?*

**G.B.**     Encore là, je dois dire que mon but n'était pas d'innover, mais de faire des synthèses sur des sujets. Le budget de recherches que j'administrais était limité. Donc, l'important était de faire des travaux de synthèse valables sur les différents éléments. Il fallait donc aller chercher une personne qui avait travaillé dans le secteur, par exemple, Fernand Martin sur Montréal, Jean-Luc Migué sur les politiques nationalistes, Albert Breton sur les politiques de langue, et essayer qu'ils me donnent en langage accessible le produit de leurs travaux ou ce qui est connu dans le domaine. Quant à savoir si ça a eu un impact, je pourrais dire que ça a peut-être eu un impact au Canada anglais, parce qu'on connaissait très peu le milieu québécois et je pense que ça a aidé à développer une bonne information, une bonne analyse du milieu québécois.

**G.P.**     *Après quinze ans de travail dans l'atelier québécois, après des travaux qui vous ont mené dans toutes sortes de secteurs, depuis la santé, l'université, jusqu'aux transports, aux villes et aux institutions d'un Québec renouvelé, quelle est la leçon que vous avez tirée de tout ça? Quel est l'impact de toute cette activité de quinze ans sur les politiques des gouvernements? Si on vous demandait de faire une sorte d'analyse bénéfice/coût de ces quinze années, quelle serait-elle?*

**G.B.**     Je dirais en blague que l'université m'a bien payé pour ces quinze années-là, mais honnêtement, je ne le sais pas. Parce que c'est peut-être ça la tragédie des universités — ou plutôt, notre némésis; si notre produit n'est pas tangible, c'est que nous envoyons ces textes à des revues qui sont souvent très peu lues, très peu citées. On ne sait pas quel impact cela peut avoir. Ce n'est pas comme un architecte qui peut, un dimanche matin lorsqu'il se sent déprimé, faire le tour de la ville et se dire : regarde donc, mon édifice sert, c'est mon produit. C'est un résultat tangible. Ça cause un problème, parce que ça donne souvent le goût du pouvoir, parce que dans l'activisme, vous savez, il y a la fascination de se dire : j'ai été important, j'ai participé à cette grande décision qui a affecté des milliers de Québécois ou de Canadiens. Ça tangibilise votre action. Mais le problème d'être près du pouvoir, c'est que ça nous enlève la liberté. Comme me disait un homme d'affaires, un non cancelle tous les oui que vous avez faits auparavant. Donc c'est une espèce d'engrenage. Ce que je veux dire, c'est que du point de vue universitaire, il faut aller au pouvoir lorsqu'on nous le demande, mais il faut s'en sortir vite, parce que sinon le pouvoir nous massacre.

**G.P.**     *Mais certains de vos collègues ont justement été tentés de prendre leurs idées originales et d'aller les colporter, les transporter dans le secteur public, d'aller s'assurer qu'on allait les opérationnaliser, les mettre en place, les faire descendre dans la réalité. C'est une chose qui ne vous a jamais tenté?*

**G.B.**     Peut-être que ça m'a déjà tenté, mais je me suis aperçu que là-dedans comme dans d'autre chose, il y a une division du travail. Réfléchir dans votre bureau, c'est très différent de réfléchir dans l'action, sous la contrainte des implantations de politiques, par exemple. Dans nos bureaux, il n'y a pas beaucoup de risques. J'ai la permanence d'emploi, j'ai une sécurité, une liberté que je n'ai pas dans l'action. Je pourrais peut-être dire qu'en fait, après quinze ans, je suis peut-être un monstre. En un mot, je suis bon à l'université, du moins je me pense bon à l'université, je suis capable d'étudier certains problèmes, mais j'ai de moins en moins de talent pour l'action. Parce que l'université c'est un milieu artificiel, un milieu où on jouit d'une liberté très grande que ce soit au niveau de l'allocation du temps, de la pensée, et le reste. En un mot, quand je parle, moi, je ne parle pas au nom de l'Université Laval, je parle en mon nom personnel. C'est le seul endroit où quelqu'un peut dire ça. Parce que quand vous êtes au gouvernement, vous représentez tel ministère, tel bureau dans le ministère, donc ce ne sont pas vos réflexions personnelles, mais les réflexions de votre bureau que vous donnez. Je ne dis pas ça d'une façon péjorative, loin de là, parce que j'aime beaucoup mon milieu universitaire. Surtout qu'au Québec, nous avons une grande liberté. Mais étant moins spécialistes, c'est aussi ce qui nous rend un peu monstrueux. C'est un milieu artificiel où on a beaucoup moins de contraintes qu'ailleurs.

# RODRIGUE TREMBLAY
## Le 2 juillet 1983

Né à Matane en 1939, Rodrigue Tremblay a étudié à l'Université de Montréal, avant de faire son doctorat à l'Université Stanford en Californie, pour ensuite revenir enseigner à l'Université de Montréal en 1967. Il va y demeurer de façon continue, sauf entre 1976 et 1980, où il a été membre de l'Assemblée nationale du Québec.

Rodrigue Tremblay a rédigé entre autres un certain nombre de manuels qui l'ont rendu célèbre au Québec. C'est un spécialiste des problèmes d'intégration économique et de finance internationale. Ces perspectives globales, internationales, il en a fait usage pour analyser le terroir et le milieu local. Rodrigue Tremblay a été avant tout préoccupé de politique économique. — *G.P.*

*Gilles Paquet*     *Monsieur Tremblay, vous avez grandi dans le Bas du fleuve, dans une région en difficulté économique. Quelles étaient vos préoccupations au moment où vous terminez vos études classiques à Matane?*

**Rodrigue Tremblay**     Mes préoccupations étaient ce qu'elles sont aujourd'hui : comment générer suffisamment d'activités économiques dans une région pour créer suffisamment d'emplois afin d'éviter des exodes trop importants. C'est ce qui m'a amené à la profession d'économiste : les problèmes sociaux qui dépendent du fonctionnement du système économique et les moyens par lesquels le gouvernement peut stimuler les activités économiques publiques ou privées pour générer la richesse et la prospérité. Pour moi, qui suis originaire de la Gaspésie, c'était une préoccupation immédiate et il me semblait que je pouvais être davantage utile dans la société en étant économiste plutôt que médecin ou avocat.

*Gilles Paquet*     *Y a-t-il quelqu'un au département d'économique à Montréal à ce moment-là qui va vous aider à préciser votre projet de recherche économique?*

**R.T.**     J'ai été chanceux à l'époque de pouvoir travailler l'été sur deux projets de recherche, un à Ottawa et l'autre à Québec, avec Otto Thur et André Raynauld. Ces deux personnes ont sans doute eu de l'influence sur mes pensées.

*G.P.*     *Vous allez poursuivre vos études de deuxième et troisième cycles à l'Université Stanford, aux États-Unis. Qu'est-ce que vous allez y étudier?*

**R.T.**    Toujours dans la foulée de mes préoccupations, c'était le développement économique et les problèmes rattachés à l'intégration économique, soit la finance internationale et le commerce international, de sorte que ma thèse de doctorat a porté surtout sur l'intégration nord-américaine des marchés de capitaux, c'est-à-dire comment les flux de capitaux s'intégraient dans les balances de paiement et comment ceci résultait en des retombées au niveau des investissements.

**G.P.**    *Vous revenez enseigner à l'Université de Montréal en 1967 et, en plus des manuels qui vous ont rendu célèbre, vous allez faire des travaux de recherche sur l'intégration économique non seulement au Canada, mais aussi en Afrique.*

**R.T.**    Je m'intéressais à cette époque à la diffusion des connaissances. Il y avait un manque d'instruments de diffusion des connaissances à l'époque, il n'y avait pas tellement de livres de base en science économique. J'ai donc rédigé *L'économique micro-économique et macro-économique* en 1968–1969. Par la suite, de 1970 à 1974, je me suis retrouvé conseiller de pays africains qui étaient confrontés à des problèmes d'intégration, surtout monétaire mais aussi commerciale, en Afrique. Il s'agissait des pays de l'Union monétaire ouest-africaine, groupe qui comptait à l'époque sept pays (il en compte six aujourd'hui) qui avaient un statut d'États indépendants mais qui, depuis 1962, avaient la même monnaie, un franc africain mais rattaché par certains liens au franc français.

**G.P.**    *Même si vous êtes aviseur de ces chefs politiques africains, vous entrez déjà, en un sens, dans l'arène politique avant d'y entrer de plein pied, avec un livre intitulé* Indépendance et marché commun Québec–États-Unis, *que vous publiez en 1970. Qu'est-ce qui vous amène à prendre ces études d'intégration économique plus générales que vous avez appliquées dans divers laboratoires et à en tirer une sorte de direction de politique que beaucoup vont considérer comme étant un peu avant son temps?*

**R.T.**    C'est à la suite d'un diagnostic que je maintiens encore aujourd'hui et qui est sans doute davantage d'actualité maintenant qu'il ne l'était à l'époque, concernant la position économique et politique du Québec en Amérique du Nord et la nécessité de réconcilier deux exigences, c'est-à-dire d'une part une productivité économique comparable à ce qui existe dans les autres régions économiques de l'Amérique du Nord, ce qui exige toute une série de conditions, dont un marché suffisamment vaste pour avoir des économies d'échelle dans la production et des avantages technologiques dynamiques, et d'autre part, le besoin d'avoir suffisamment d'activités économiques ici au Québec pour empêcher des exodes forcés de la population. Il est évident qu'il y a toujours une mobilité de la population, mais comme la population au Québec est en grande majorité francophone, un manque de productivité économique, comme ça c'est déjà produit à la fin du siècle dernier, risque de provoquer des exodes qui deviennent de l'émigration très coûteuse. Il y a donc deux choses à considérer : le besoin d'avoir une surface économique qui soit nord-américaine pour le développement et la transformation de nos ressources et l'exportation de nos produits, et en même temps, suffisamment de pouvoir d'intervention au niveau des gouvernements pour établir une politique industrielle cohérente sur le territoire.

**G.P.**       *Ce livre a donné lieu à une sorte de controverse. Il y a eu un débat entre vous et le professeur Dauphin de l'Université de Sherbrooke. Qu'est-ce qui séparait ces deux points de vue?*

**R.T.**       Certains mettaient en cause la capacité d'une région comme le Québec, avec un niveau d'industrialisation quand même un peu moins avancé qu'ailleurs, des niveaux de revenu moins élevés que dans le reste de l'Amérique, de pouvoir concurrencer sur un marché plus grand. Certains proposaient, le professeur Dauphin entre autres, que le Québec aurait peut-être davantage intérêt à avoir davantage de liens commerciaux avec les pays du Tiers-Monde. J'ai toujours trouvé cet argument très faible, parce que les pays du Tiers-Monde sont dans une situation encore plus reculée que le Québec, quoiqu'ils soient aussi spécialisés dans les matières premières et dans le domaine des produits manufacturés primaires et qu'ils soient en quelque sorte en concurrence avec le Québec : tous nos secteurs mous, le textile, le vêtement, la chaussure, par exemple, ce sont des domaines de production du Tiers-Monde. De sorte que j'ai toujours cru que c'était une sorte de fuite vers l'irréalisme pour le Québec de vouloir conquérir le monde avant de conquérir l'Amérique du Nord.

**G.P.**       *Certains vous ont accusé à ce moment-là d'être vous-même irréaliste en pensant qu'un marché commun Québec–États-Unis était plausible ou pensable.*

**R.T.**       Un économiste universitaire peut toujours regarder dans l'avenir, il n'est pas confronté avec des exigences temporelles à courte vue. Il est évident qu'un certain nombre de conditions, non seulement économiques, mais aussi politiques et sociales, sont nécessaires avant que des arrangements commerciaux de cet ordre puissent être établis. L'exemple de l'Europe montre, par contre, qu'il est possible de pouvoir augmenter la productivité dans des économies relativement petites en élargissant les marchés. Ce qui s'est produit en Europe de 1958 à 1968 est, dans l'histoire du monde, une exception. Le fait d'avoir pu doubler le niveau de vie en une décennie était extraordinaire. Or, dans le cas de l'Amérique du Nord, les conditions n'étaient pas mûres à l'époque pour avoir cette approche nord-américaine. Je crois qu'elles le deviennent présentement, à la fois parce que les États-Unis ont perdu cette illusion du multi-latéralisme commercial à travers le monde et que les blocs économiques deviennent plus cohérents.

Le bloc nord-américain va donc devoir se consolider. Le pétrole et le gaz deviennent un facteur d'intégration continentale par le truchement de la complémentarité et du côté canadien, on se rend bien compte que tôt ou tard, il va falloir se brancher, qu'on ne peut pas indéfiniment maintenir un niveau de vie pour une population croissante uniquement à partir des matières premières, qu'il faut aller dans le domaine des produits manufacturés. Or, pour aller dans ce domaine, il faut avoir de grands marchés, sans quoi nos entreprises ne sont pas de taille face aux autres concurrents, le Japon, l'Allemagne et les États-Unis eux-mêmes.

**G.P.**    *Qu'est-ce qui vous a fait choisir à ce moment-là de parler strictement d'un marché commun Québec–États-Unis plutôt que d'un marché commun Canada–États-Unis?*

**R.T.**    Mon idée a toujours été celle d'un marché commun nord-américain, mais il faut se rendre compte qu'à l'intérieur du marché commun canadien, la structure industrielle la plus axée sur le marché canadien, c'est celle de l'Ontario. L'Ontario n'a pas vraiment intérêt à ouvrir ses industries au marché nord-américain, parce qu'elle a un marché canadien plus protégé que les autres régions du Canada. De sorte que chez les hauts mandarins à Ottawa, il n'y a jamais eu d'enthousiasme en faveur d'un marché commun nord-américain, et si le Québec prenait l'initiative de réorienter ou restructurer ses industries vers un marché plus grand, de choisir une patinoire nord-américaine plutôt qu'une patinoire purement canadienne, ceci pourrait amener un réalignement des intentions en Ontario comme à Ottawa, en faveur d'un marché commun nord-américain.

**G.P.**    *Est-ce que ce livre a eu un impact? On sait qu'on en a beaucoup parlé; il a créé de la controverse mais avec le recul du temps, 13 ans après, est-ce que vous pensez qu'on peut lire dans les politiques des gouvernements un impact quelconque de cette idée nouvelle que vous lanciez à l'époque?*

**R.T.**    On ne peut pas être prétentieux. Un livre parmi des centaines de livres ne peut pas avoir tellement d'impact, quoique Keynes disait que les idées des économistes ont tendance à durer longtemps, et certains politiciens qui parfois entendent des voix, ne font que répéter les idées d'économistes d'il y a quelques années. Et vous avez encore aujourd'hui en 1983 des politiciens à Québec comme à Ottawa qui préconisent un marché commun nord-américain.

**G.P.**    *Vous aviez ce titre de votre livre,* Indépendance et marché commun Québec–États-Unis, *et en 1976, à la surprise de certains, vous décidez de faire le saut dans le monde politique pour aller y porter certaines de vos idées et les mettre en application. Vous devenez ministre de* *l'Industrie et du Commerce. C'est rare un économiste qui a la chance de pouvoir mettre en application ses idées. Avez-vous réussi?*

**R.T.**          Vouloir appliquer ses idées, c'est une chose; y réussir, c'est autre chose. Lorsqu'on m'a invité à venir travailler dans ce domaine, étant donné que j'avais été conseiller d'autres gouvernements auparavant, même si c'était dans le domaine monétaire, il était assez difficile de refuser puisque, je le crois encore, une politique industrielle pour le Québec est absolument nécessaire.

**G.P.**          *Certaines mauvaises langues vont dire que vos travaux de 1976 à 1979 comme ministre de l'Industrie et du Commerce vont laisser certaines traces. On vend maintenant le vin dans les épiceries, mais vous n'avez peut-être pas réussi à mettre en place une politique industrielle qui redéfinirait l'espace économique du Québec.*

**R.T.**          C'est tout à fait juste. Par contre, j'ai réussi à appliquer certaines idées concernant justement la décentralisation des sociétés d'État. Je suis arrivé à la conclusion à la suite de l'expérience que j'ai eue, que le gouvernement était un très mauvais actionnaire des entreprises commerciales et industrielles, et qu'il fallait absolument qu'il s'associe à des producteurs indépendants. C'est pour cela qu'on a adopté une politique de décentralisation de la Société des alcools, entre autres. Il était particulièrement nécessaire d'informer la population trimestriellement des états financiers des sociétés d'État. Par contre, au-delà de ces mesures un peu d'appoint, l'effort que j'avais entrepris avec quelques autres économistes que j'avais réussi à attirer au gouvernement à cette époque, de doter le Québec d'une politique d'industrialisation cohérente, s'est heurté au fait que ce n'était pas la priorité du gouvernement. La priorité du gouvernement était une priorité essentiellement politique, et le côté économique n'était qu'un empêcheur de danser en rond. En quelque sorte, en autant que le gouvernement pouvait emprunter et stimuler l'activité économique artificiellement par l'endettement, il n'était pas nécessaire de mettre sur pied des politiques cohérentes d'industrialisation qui exigeaient une politique d'emplois, une politique des revenus, une politique des investissements des épargnes dans les fonds de pension et le reste. De sorte que cette politique que j'ai rédigée effectivement mais qui n'a jamais été publiée parce que c'est un document interne du gouvernement et qui a été en fin de compte finalisé sous forme de trois ou quatre projets de loi qui n'ont jamais vu le jour sont au gouvernement encore et c'est ce qui a amené mon départ du gouvernement quand je me suis rendu compte que ces projets d'industrialisation n'étaient pas pris au sérieux. Ou on les prenait au sérieux, ou je quittais. J'ai donc quitté. Tous les économistes que j'avais amenés au gouvernement à l'époque sont retournés à la vie privée ou à la vie universitaire, et il en a été de même pour moi.

**G.P.**        *On sait que c'est un peu la vocation des économistes que de poser des questions indiscrètes. Vous avez posé ces questions indiscrètes même de l'intérieur du gouvernement. Vous avez parlé à ce moment-là du fait que les finances publiques au Québec n'étaient pas en très bon état. C'était un propos que l'on considérait déplacé de la part d'un membre du parti gouvernemental. Depuis ce temps-là, les faits ont semblé indiquer que vous aviez raison.*

**R.T.**        Eh bien, on est allé jusqu'au bout du rouleau au Québec. Voyez-vous, on a réussi à maintenir artificiellement un niveau de vie par l'endettement, et c'est un endettement qui n'était même pas productif, en grande partie, puisque c'est un endettement pour financer les dépenses courantes, ce que dénoncerait évidemment n'importe quel économiste de n'importe quelle allégeance. De sorte que, par faiblesse ou par opportunisme, les deux derniers gouvernements du Québec ont eu tendance à adopter cette politique de fuite en avant qui est en train de changer présentement puisqu'on est arrivé au bout du rouleau. On ne peut plus s'endetter davantage et on est obligé d'appliquer là des problèmes de compression, des problèmes de déflation. Il y a un éveil dans la population présentement, une sorte de révolution qui est en train de se faire au Québec. Même les centrales syndicales assez idéologiques se rendent compte qu'il faut avoir une politique d'emplois au Québec. On ne peut pas simplement vouloir augmenter les revenus continuellement en sacrifiant les générations montantes, en leur laissant le choix entre le chômage et l'exode. Il aurait été plus logique évidemment et beaucoup moins coûteux de prévenir ces problèmes, de fermer la porte avant que le cheval soit sorti. À l'heure actuelle, par la force des choses, étant arrivé au bout du rouleau, on ferme les portes. Malheureusement, le cheval est sorti et il faudra plusieurs années, je pense, pour remonter la pente, quoique le changement des mentalités, qui est un pré-requis, semble se produire, ce qui est encourageant.

        Historiquement, les élites qui dirigent le Québec ont toujours souffert de deux grands maux qui empêchent cette ouverture sur l'extérieur. Le premier, c'était cette foi immense dans l'agriculture comme source de richesse. Évidemment, c'était une voie sans issue au début du siècle et dans les années trente, et Bouchette, parce qu'il avait étudié le modèle allemand, avait vu au début du siècle que la voie vers la prospérité était vraiment vers l'industrialisation qui était le moteur de la croissance économique, parce que l'industrialisation augmente la productivité et qu'elle a toutes sortes d'effets de retombée dans le reste de l'économie. Mais on ne l'a pas tellement écouté, on est plutôt parti vers l'agriculturisme, avec la conséquence qu'on a perdu beaucoup de temps. L'autre mal dont on souffre toujours au Québec, ça remonte à Colbert avec son intendant Jean Talon, consiste à croire que les marchés sont des conspirations qui travaillent toujours contre vous et qu'il vous faut utiliser la bureaucratie et l'État pour générer la richesse, la sécurité économique, l'emploi, etc. On a encore cette illusion que si le gouvernement met beaucoup d'argent dans quelque chose, que ce soit l'amiante, l'acier ou les pêches, ceci va créer de la richesse, alors que finalement on se rend compte que tous ces trous financiers sont des sources de pauvreté et doivent finalement être compensés par un affaiblissement des secteurs plus productifs. Donc, mes vues de l'histoire sont à l'effet que les connaissances économiques des élites québécoises n'ont jamais été tellement fortes. Elles le sont un peu plus maintenant, mais pas beaucoup plus qu'il y a un quart de siècle.

**G.P.**     *Mais revenant à l'enseignement de la science économique à l'Université de Montréal, si j'en crois ce pessimisme à peine mesuré que vous nous exprimez aujourd'hui, vous avez dû vous faire une sorte de spécialiste de la pathologie économique?*

**R.T.**     Il est très important que les économistes étudient non seulement l'anatomie économique, mais aussi la pathologie, parce que à quoi bon un médecin qui ne connaît pas les maladies. Il n'y a pas de pessimisme chez moi, mais simplement une constatation qu'il y a des maladies économiques, que le monde n'est pas parfait et qu'il faut adopter à la fois nos théories et nos remèdes à la réalité économique, et non pas l'inverse.

**G.P.**     *Vous avez eu le bonheur de vivre à la fois à l'intérieur et à l'extérieur des gouvernements. Est-ce que les économistes rêvent quand ils pensent qu'ils peuvent influencer les gouvernements, soit de l'intérieur, soit de l'extérieur?*

**R.T.**     Selon un vieux dicton, ceux qui aiment la saucisse et qui respectent la loi ne devraient assister à la fabrication ni de l'une, ni de l'autre. Il est assez révélateur de voir comment les choses se font dans un gouvernement, comment les choses se font à la sauvette en quelque sorte, et de façon assez superficielle, même si les montants impliqués sont des milliards de dollars et même si les lois touchent à des fondements économiques très importants. Je dirais que le fonctionnement même des gouvernements n'est pas à la mesure de l'importance qu'ont pris les gouvernements depuis un demi-siècle, et les économistes universitaires comme ceux des entreprises sont très naïfs lorsqu'ils croient qu'un gouvernement fonctionne comme une entreprise, dans le but de contrôler les coûts et de maximiser soit la satisfaction, soit les profits. Les gouvernements se comportent comme des entreprises politiques parce qu'ils sont dirigés par des politiciens qui regardent les choses à très court terme, avec pour conséquence qu'on a ces scandales économiques qui apparaissent presque quotidiennement dans les journaux. Il y a donc un besoin pour les économistes de ne pas être aussi naïfs concernant l'efficacité des gouvernements.

**G.P.**     *Mais est-ce qu'on est pas dans une situation très paradoxale, puisque si on en croit ce que vous nous disiez en début d'entretien, il nous* *faut une politique industrielle qui devra être mise en place par un gouvernement et que vous en êtes arrivé à la conviction que nos gouvernements fonctionnent de telle manière qu'ils ne peuvent pas nous donner cette politique dont on aurait besoin.*

**R.T.**    Les politiciens ne le feront pas s'il n'y a pas une demande qui provient de la population, parce qu'il n'est pas dans leur intérêt d'être impopulaires et de prendre des mesures qui, à court terme, sont impopulaires, même si à long terme elles donneraient des résultats positifs. Mais lorsque la réalité, tôt ou tard, aboutit à une situation de désespoir, comme c'est un peu le cas au Québec actuellement, avec le déclin relatif de l'économie, les besoins économiques deviennent prioritaires; il y aura un éveil et le comportement des politiciens va refléter ces besoins prioritaires pour les philosophies et les remèdes économiques des économistes. De sorte qu'il ne faut jamais désespérer. Les idées qui sont émises par les économistes à un moment donné dans le temps peuvent être reprises plus tard, parce qu'elles deviennent d'actualité lorsque la réalité économique les justifie. Je pense qu'au Québec, nous en sommes rendus là présentement. Nous avons besoin de créer des emplois non artificiels, non pas des emplois temporaires d'assistance sociale déguisée en activité économique, mais des emplois permanents, productifs. La population s'en rend compte et les politiciens doivent suivre comme des généraux qui suivent l'armée.

# ROBERT LÉVESQUE
## Le 9 juillet 1983

Né à Shawinigan en 1935, Robert Lévesque a étudié à Laval et à Montréal, avant de faire des études de doctorat au London School of Economics. Il a ensuite enseigné à l'Université de la Colombie-Britannique, puis à l'Université de Montréal, où il va demeurer pendant une bonne décennie avant de devenir en 1978 directeur du Conseil économique du Canada pour une période de deux ans. Il revient en 1980 à l'École des hautes études commerciales à Montréal, où il enseigne toujours.

Robert Lévesque est un spécialiste de finances publiques et d'économétrie. Il a été un des membres importants du Comité d'étude sur le financement des régimes de rentes créé par le gouvernement du Québec en 1976. Le rapport du Comité Cofirentes a défini les grands axes de la politique québécoise dans le domaine des rentes aux personnes âgées. — *G.P.*

*Gilles Paquet*    *Monsieur Lévesque, vous avez commencé par étudier à Laval, mais vous vous êtes ensuite dirigé vers l'Université de Montréal. Pourquoi?*

**Robert Lévesque**    J'ai commencé mes études en mathématiques pures, et après une année de frustration à l'Université Laval, où j'ai été obligé de refaire la géométrie plane et ainsi de suite, j'ai décidé d'aller au département de mathématiques de l'Université de Montréal. J'y suis resté quelques années et c'est ensuite que je me suis inscrit au département d'économique de l'Université de Montréal.

*Gilles Paquet*    *Est-ce que déjà, au moment où vous faites votre baccalauréat et votre maîtrise en science économique à l'Université de Montréal, certains professeurs vont vous influencer, vont donner une direction à vos travaux de recherche?*

**R.L.**    Oui, et celui qui m'a sans doute le plus marqué, ce fut André Raynauld, qui était à l'époque le directeur du département, et aussi Jacques Henripin, le démographe avec qui j'ai rédigé ma thèse de maîtrise.

*G.P.*    *Qu'est-ce qui vous amène à aller étudier ensuite au London School of Economics, et dans quel domaine allez-vous alors poursuivre vos travaux?*

**R.L.**    Si je suis allé à Londres plutôt qu'ailleurs, plutôt qu'aux États-Unis par exemple, c'est surtout à cause du système d'éducation dans les universités britanniques, où on assigne un tuteur à chacun des étudiants. Je pensais que ce système-là était fait sur mesure pour moi. Je suis habitué à travailler un peu en *lone wolf* et je pensais que je m'adapterais bien à ce genre de système. Quant au domaine de spécialisation à l'époque, au début des années soixante, il n'y avait ni à Laval, ni à Montréal, de spécialiste en finances publiques ou en fiscalité, ni même qui que ce soit qui manifeste beaucoup d'intérêt pour ce domaine. J'ai pensé que si je voulais me diriger vers l'enseignement, il y aurait amplement de place, il y aurait une carence à combler. C'est principalement pour cette raison que je me suis branché sur cette discipline.

**G.P.**    *Et au London School of Economics, Monsieur Lévesque, qui va être votre tuteur, celui qui va vous guider dans cette étude des finances publiques?*

**R.L.**    J'ai eu le bonheur de travailler avec deux grands bonshommes. Le premier, lorsque je suis allé pour la première fois à Londres en 1962–1963, était Ralph Turvey. Il n'avait qu'un baccalauréat en économique, mais il avait beaucoup de brio, avait déjà à son crédit énormément de publications et s'attaquait à des questions très originales. Il faisait aussi beaucoup de consultation, entre autres sur la tarification de l'électricité et des autoroutes en Angleterre. J'ai effectué mes études de doctorat en deux coups, faute de fonds. Je suis revenu au Canada pendant deux ans et lorsque je suis retourné en Angleterre, le professeur Turvey avait quitté le London School. J'ai donc travaillé avec Maurice Peston, qui était aussi à mon sens un grand économiste, mais une personnalité tout à fait différente de Turvey. Je pense, pour mon bonheur d'une certaine façon, qu'il était un peu moins exigeant au niveau de l'écriture. Au cours de mon absence du London School, lorsque je suis revenu au Canada en 1963–1964, j'ai travaillé à la Commission Carter et c'est là que je me suis choisi un territoire d'activités et de recherches, que j'ai imposé à mon second tuteur, le professeur Peston, l'étude de l'incidence des impôts sur les profits des sociétés, problème qui est toujours sans solution.

**G.P.**    *Si on revenait à ces travaux qui ont été publiés en 1967, est-ce qu'on savait sur qui retombait le fardeau des impôts : est-ce que c'était sur le consommateur ou sur les actionnaires?*

**R.L.**    En bon économiste je vous dirai que ça dépend. Dans certains secteurs d'activités, c'étaient les consommateurs qui écopaient de l'impôt et dans d'autres, où les entreprises opèrent dans un climat beaucoup plus concurrentiel, ont un pouvoir de marché beaucoup moins grand, elles absorbent une partie beaucoup plus importante de l'impôt. Donc ce que j'ai trouvé et que plusieurs ont trouvé, c'est qu'effectivement ça dépend beaucoup du pouvoir de marché des entreprises et aussi, d'une certaine façon, du fait que les entreprises sont engagées dans des activités d'exportation ou qu'elles sont en concurrence avec les importations, ainsi de suite, car c'est là un facteur déterminant du point de chute, si on peut dire, de ce type d'impôt.

**G.P.**          *Vous avez eu la chance de voir votre thèse de doctorat, en partie tout au moins, devenir un document qui s'est inséré formellement dans les travaux et les publications de la Commission royale sur la fiscalité, la Commission Carter. Vous avez donc eu la chance d'avoir un impact sur réforme de la fiscalité canadienne par Commission interposée. Quel a été cet impact?*

**R.L.**          Comme tout le reste des recommandations et des travaux de la Commission Carter, à peu près nul. Comme vous le savez, la Commission Carter n'a malheureusement pas donné lieu à une réforme très importante ni très en profondeur de la fiscalité au Canada. On a reconnu ailleurs la qualité du travail et les mérites d'un bon nombre des travaux et des recommandations, aussi bien en Grande-Bretagne qu'aux États-Unis, mais au Canada, je ne sais pas trop pour quelle raison, on n'a pas osé procéder à l'époque à une révision en profondeur de la fiscalité. Il y a probablement un cycle dans ce genre d'études. J'entends de plus en plus parler de recommencer à étudier la fiscalité en long et en large à Ottawa et aussi dans certaines provinces.

**G.P.**          *Mais si on vous avait écouté, comment aurait-on modifié l'imposition des profits des sociétés?*

**R.L.**          À vrai dire, on l'aurait probablement fait disparaître. Une des recommandations de la Commission Carter était d'ailleurs d'intégrer tous les impôts et d'imposer les revenus dans les mains de la dernière personne qui les reçoit, de sorte qu'on aurait probablement fait disparaître l'impôt sur les profits des sociétés, pour taxer les revenus dans les mains des actionnaires ou de ceux qui, ultimement, retirent les profits.

**G.P.**          *Après ce séjour à la Commission Carter et cette période d'étude de la fiscalité, vous devenez professeur à l'Université de Montréal, où vous allez demeurer de 1969 à 1977. Quel va être le centre de gravité de vos recherches à ce moment-là?*

**R.L.**          Les circonstances ont encore une fois fait que j'ai changé mes plans, car même si je m'étais préparé en finances publiques, mon arrivée à Montréal a coïncidé avec le départ des deux seuls professeurs d'économétrie du département, et le directeur du département m'a demandé d'assumer l'enseignement de tous les cours d'économétrie.

**G.P.**          *Ces travaux d'économétrie vont vous amener à vouloir construire un modèle économétrique de la société et de l'économie québécoises.*

**R.L.**        Entre autres choses, oui. On a mis sur pied un groupe conjoint avec Lise Bronsard, Robert Lacroix et compagnie, et nous nous sommes livrés à un exercice de construction d'un modèle économétrique de l'économie du Québec, destiné principalement à l'analyse de la politique économique, des dépenses du gouvernement, et ainsi de suite.

*G.P.        Ces travaux d'économétrie appliquée au Québec, ça vous permettait probablement de simuler l'impact de certaines politiques et de faire certaines suggestions quant aux politiques qu'on devrait suivre au Québec?*

**R.L.**        Oui, c'était un des buts de l'exercice, qui avait aussi pour objectif de mesurer l'impact de l'action d'un niveau de gouvernement supérieur sur l'économie québécoise, et d'essayer de mesurer jusqu'à un certain point la marge de manoeuvre sur le plan de la stabilisation économique qui reste à un gouvernement provincial, en l'occurrence, le gouvernement du Québec, dans un tel cas.

*G.P.        Et vous être arrivés à quelles conclusions?*

**R.L.**        Nous en sommes arrivés à la conclusion que les actions des gouvernements supérieurs ont souvent beaucoup plus d'importance que l'action du gouvernement provincial lui-même, sur l'économie du Québec et sur les décisions qui se prennent.

*G.P.        Ce qui est un peu nihiliste quand on pense à certaines provinces qui disent vouloir se donner des politiques fiscales délibérées?*

**R.L.**        Elles fonctionnent dans l'hypothèse où il n'y aurait pas de gouvernement supérieur pour empêcher leur action, c'est-à-dire qu'elles fonctionnent dans un cadre un peu différent de celui dans lequel nous avons travaillé. Nous avons composé avec l'assistance et la présence du gouvernement fédéral.

*G.P.        Vous avez concentré vos efforts dans les années soixante-dix sur un autre problème, un problème de finances publiques plus particulier, celui du régime de rentes et des pensions. Pourquoi?*

**R.L.**        Parce que la question m'intéressait depuis déjà un certain temps à cause d'un problème particulier qui s'était posé pour les employés ou certains groupes d'employés de la Ville de Montréal : les policiers, les pompiers, les cols bleus et les cols blancs de la Ville de Montréal étaient en conflit avec leur employeur qui refusait de verser les cotisations en invoquant le fait que la Ville de Montréal avait un certain pouvoir de taxation, que son existence était, par rapport aux individus, plus ou moins éternelle, et que par conséquent la ville pouvait se comporter comme le gouvernement fédéral ou les provinces, assurer un régime de rentes à ses employés sans verser de cotisations, donc en le finançant par répartition, à même les revenus courants. Les policiers, les pompiers et certains syndicats avaient une foi et une confiance plus limitées en la ville de Montréal que Monsieur Drapeau, et ils ont demandé au gouvernement provincial de forcer la ville à se conformer à la Loi sur les régimes de rentes et à verser ses cotisations comme tout autre employeur qui met sur pied un ou des régimes privés pour ses employés. Le ministre des Affaires municipales du Québec avait créé un comité pour se pencher sur cette question-là du conflit entre la Ville de Montréal et certains groupes de ses employés. Je me suis d'abord intéressé à ce problème-là, et lorsqu'on a parlé un peu plus tard des difficultés que rencontreraient éventuellement le régime de pension du Canada et le régime de rentes du Québec, la province a mis sur pied un comité pour se pencher aussi sur la question du financement des rentes au Québec. On m'a demandé de faire partie de ce comité, le comité Cofi–rentes, Comité d'études sur le financement des régimes de rente.

*G.P.*        *Qu'est-ce qui va sortir de ce comité Cofi–rentes?*

**R.L.**        Il est difficile de prévoir de façon très sûre ce qui va en sortir. Mais tout semble indiquer que ce rapport, même après quelques années, va avoir des suites, parce que la question de hausser les taux de cotisation, comme nous l'avions recommandé, est inéluctable. Le régime ne pourra pas vivre sans cela.

*G.P.*        *De Cofi–rentes on a pu tirer au moins une direction importante, c'est qu'on devrait aller beaucoup plus vite vers des régimes publics de retraite plutôt que vers des régimes privés. Voilà qui est très différent de ce qu'on a perçu comme étant les options et qu'on a poursuivi dans d'autres provinces, en Ontario, par exemple.*

**R.L.**        Oui, effectivement, une bonne partie de la réforme proposée dans le rapport de Cofi–rentes passait par un élargissement des régimes publics pour assurer des rentes décentes ou un revenu minimum à toute personne qui avait fait partie de la main-d'oeuvre active pendant un certain temps.

*G.P.*        *Est-ce que cette recommandation a des chances d'être adoptée?*

**R.L.**        Le rôle du gouvernement là-dedans est inéluctable. Même si ce sont des régimes privés, comme celui des travailleurs de la construction au Québec, qui est un grand régime sectoriel, mais qui est privé au sens où ce sont les travailleurs, les employeurs et les contracteurs privés qui y contribuent, l'État est intervenu pour forcer les gens à participer à ce régime. Je pense que c'est le minimum qu'on peut attendre du gouvernement et que dans ce dossier, il va forcément y avoir une forme de coercition, parce que les employeurs ne démontrent pas le désir d'offrir des régimes de retraite aux travailleurs de façon spontanée.

**G.P.**    *Après cette période, où vous vous occupez beaucoup de régimes de rentes, vous allez accepter de quitter l'université pour rentrer dans l'action, si on peut dire, et devenir le directeur du Conseil économique du Canada, c'est-à-dire, l'une des trois personnes qui dirigent cette agence fédérale de planification économique. Qu'est-ce qui vous amène à prendre cette décision?*

**R.L.**    Le désir de changer d'air d'abord, de me rapprocher des centres de décision et d'essayer de travailler, d'agir de manière à avoir peut-être une influence un peu plus grande sur un certain nombre de ces décisions qui engagent l'avenir à moyen et à long terme de l'économie.

**G.P.**    *En tant qu'économiste, avez-vous l'impression que les travaux des économistes sont capables d'influer sur le cours des politiques gouvernementales, de les transformer?*

**R.L.**    Assez rarement, à court terme. Si on les prend sur une période de temps relativement longue, il est certain que le Conseil économique a eu une influence assez considérable sur un grand nombre de politiques importantes du gouvernement fédéral. Mais on ne peut pas dire que ces succès se mesurent à très court terme. Je pense qu'on aurait tort d'être trop impatient. Lorsque le Conseil fait des recommandations, il est évident qu'il y en a un certain nombre qui vont aux oubliettes, mais il m'apparaît certain qu'il y en a un bon nombre qui, éventuellement, sont adoptées.

**G.P.**    *Qu'est-ce qui vous amène alors à quitter en 1980 le Conseil économique, cette machine qui a, au moins partiellement, réussi à convaincre le Prince de changer ses politiques?*

**R.L.**    Ce qui m'a amené à quitter le Conseil n'a rien à voir avec les frustrations du conseiller dont on n'écoute pas les conseils. Tout au long de ma carrière, j'ai toujours eu un certain dégoût pour les tâches strictement administratives, aussi bien à l'université qu'ailleurs, et la fonction de directeur du Conseil économique comporte pour une bonne part de tâches administratives, entre autres de composer avec une soixantaine d'économistes professionnels. Vous vous souviendrez peut-être que le gouvernement a confié au Conseil, pendant que j'y étais, trois mandats particuliers : étudier l'économie de Terre-Neuve, mettre sur pied un centre d'études de l'inflation et de la productivité pour succéder à la Commission de lutte à l'inflation ainsi qu'une étude particulière dans le domaine de la réglementation. Et, bien sûr, à chaque fois qu'on donnait au Conseil un mandat de cette nature, on lui donnait aussi les ressources additionnelles nécessaires, de sorte que pour cette période, de 1978 à 1980, il y a eu beaucoup de tâches administratives et beaucoup de gestion de personnel pour mettre sur pied ces mandats-là et ensuite démanteler les équipes, et ainsi de suite. Le ou les directeurs doivent dorloter bon an mal ces quelque soixante-dix économistes professionnels, dont un bon nombre de prima donnas, et si c'est la frustration qui m'a amené à quitter le Conseil, ce serait plutôt celle-là.

**G.P.** *Vous ne revenez pas dans un département de science économique, mais vous quittez la tribu des économistes pour vous réfugier dans une faculté d'administration. Pourquoi?*

**R.L.** Je me suis retrouvé à l'Institut d'économie appliquée de l'École des hautes études commerciales. Donc, je ne me suis pas complètement égaré de mes plates-bandes. Après les travaux du Conseil économique sur la réglementation, j'ai continué à m'intéresser à ces questions, et il y a généralement au sein d'une école d'administration une place beaucoup plus importante que dans un département d'économique qui est réservée à un certain engagement sur ces questions de réglementation, d'intervention gouvernementale et ainsi de suite. C'est là-dessus que portent mes efforts.

Au début des années soixante-dix, j'ai été co-directeur de la *Revue canadienne d'économique*, et une partie relativement importante de la production des économistes canadiens passait entre les mains d'un directeur d'une revue soi-disant scientifique comme celle-là. J'ai donc été en mesure de lire beaucoup de ces travaux, de les corriger, de les critiquer, de les retourner à leurs auteurs pour révision, et ainsi de suite. Et, dans une proportion extrêmement élevée des cas, ces travaux n'ont et ne peuvent avoir aucune espèce d'impact sur les décisions politiques. Il s'agit de travaux à caractère scientifique et, si on est un peu plus méchant, on dira qu'il s'agit plus souvent qu'autrement de travaux qui sont ou bien ésotériques ou bien impertinents, en ce qui concerne la politique économique. Je ne crois pas avoir eu un bilan très impressionnant en ce qui concerne l'influence sur les décisions des pouvoirs publics, mais quand je regarde un échantillon de la moyenne des travaux de mes collègues qu'il m'a été donné de lire, je pense que je me situe dans une bonne moyenne, disons, de zéro à dix, autour de 5,5.

**G.P.** *Ce qui veut dire que la probabilité que les travaux de recherche des économistes aient un impact sur la politique, c'est un peu, au mieux, comme la chance d'avoir pile ou face en faisant tourner une pièce de monnaie.*

**R.L.**         Ce n'est pas tout à fait aussi simple que ça. Ça, c'est la chance qu'on a en entreprenant d'abord des travaux pertinents. Je pense qu'en entreprenant à l'occasion des travaux commandés par les pouvoirs publics, quand vous cherchez à répondre aux questions de ceux qui ont des décisions à prendre, les chances sont en effet à peu près moitié–moitié, comme vous venez de le dire, et c'est ce qu'on peut faire de mieux. Mais si vous commencez un travail qui n'a aucune espèce de pertinence sur le plan de la politique économique, les chances d'avoir un impact sont à peu près les mêmes que de gagner le gros lot à la loterie.

# ROBERT LACROIX
## Le 16 juillet 1983

Né à Montréal en 1940, Robert Lacroix est diplômé de l'Université de Montréal et de l'Université Louvain, en Belgique, où il a obtenu son doctorat en 1970. Il enseigne depuis 1970 à l'Université de Montréal et y est présentement le doyen de la Faculté des Arts et des Sciences.

Robert Lacroix va commencer d'abord par s'intéresser à l'investissement direct étranger au Canada, à l'occasion de sa thèse de doctorat, mais ce qui sera son champ d'action privilégié, c'est l'économie du marché du travail. Il a produit, en particulier avec Jean-Michel Cousineau, une série d'études sur les disparités de salaires entre les secteurs public et privé, sur les phénomènes d'indexation des salaires et sur les facteurs explicatifs des grèves. — *G.P.*

*Gilles Paquet* *Monsieur Lacroix, quels sont les professeurs à l'Université de Montréal qui ont eu une influence déterminante sur la direction de vos travaux?*

**Robert Lacroix** Je dirais que c'est Maurice Bouchard et André Raynauld. Ça peut paraître un peu paradoxal, parce que Maurice Bouchard était versé en théorie économique et que André Raynauld était plutôt un économiste appliqué, un économiste faisant de l'économie politique. J'ai d'ailleurs fait mon mémoire de maîtrise avec Maurice Bouchard, sur des problèmes de théorie économique. Mais j'ai travaillé par la suite une année comme assistant de recherche pour André Raynauld. Ce qui m'a donné en quelque sorte deux dimensions de l'économiste, dimensions que j'ai toujours par la suite essayé de rejoindre un peu, même si je suis plutôt essentiellement un économiste appliqué.

*Gilles Paquet* *Mais est-ce qu'à ce moment-là, à Montréal, vous aviez déjà choisi un champ d'étude, un terroir que vous vouliez développer?*

**R.L.** J'avais orienté mes recherches en vue du doctorat sur des problèmes de commerce international, et particulièrement sur toute la question des investissements directs étrangers au Canada dans l'industrie manufacturière. Ma thèse de doctorat a porté sur ces problèmes, et j'ai essayé de voir l'effet de la recherche et du développement de l'innovation technologique sur l'investissement direct étranger. Mon idée était de dire que maintenant, par la recherche et le développement, on peut créer des avantages qui sont absolus, des avantages véritablement concurrentiels, un nouveau produit que personne d'autre ne fabrique que ceux qui l'ont inventé, une nouvelle technique de production dont personne d'autre ne dispose que ceux qui l'ont conçue. Ces avantages peuvent maintenant, dans certains cas et pour certains pays, dominer et transcender les avantages naturels que donnaient les dotations en facteurs de production. Et à partir de ce principe, évidemment, toute la question est de savoir si les avantages en question, nouvelle technique ou nouveau produit, étaient transférables internationalement. Dans la mesure où ils l'étaient, les entreprises pouvaient se délocaliser, en d'autres mots, n'avaient plus besoin de produire dans un pays particulier pour bénéficier de l'avantage en question, mais pouvaient aller l'exploiter ailleurs, dans n'importe quel pays. De là on arrivait à l'investissement étranger, qui était une des façons parmi d'autres de valoriser un avantage obtenu par la recherche et le développement.

**G.P.**     *On a l'impression, avec une quinzaine d'années de recul, que cette volonté de se créer de toute pièce des avantages comparatifs avec la recherche et le développement, c'est presqu'une version du milieu des années soixante de ce qu'on appelle maintenant le virage technologique au Québec.*

**R.L.**     Oui, vous avez raison. Mais moi quand j'avais étudié ça de 1965 à 1970, c'était vraiment l'entreprise privée – avec bien sûr quelques assistances gouvernementales – qui était le moteur de cette évolution technologique et c'était l'entreprise privée qui se donnait de façon privée des avantages et c'est pour cette raison qu'elle pouvait les utiliser comme elle voulait bien. Maintenant, ce n'est pas tout à fait ça qu'on voit. Les gouvernements, en particulier le gouvernement du Québec mais aussi celui du Canada, semblent avoir la même orientation, croient qu'ils peuvent, eux, vraiment influencer l'évolution technologique et aussi les positions concurrentielles des pays. Et la façon par laquelle ils veulent exercer cette influence est la suivante : aidons bien sûr les entreprises à faire de la recherche et du développement, en leur donnant diverses subventions et diverses préférences fiscales, d'une part, et d'autre part, installons et parsemons ici et là de beaux laboratoires de recherche dans divers domaines qui vont créer des innovations et autour desquels vont s'agglutiner un paquet d'entreprises qui vont vouloir siphonner les innovations relativement bon marché et après les reproduire dans ce grand pays qu'est le Canada et là on aura un développement fantastique basé sur le *high tech* et enfin on sera dans le vrai monde. Je crois que c'est un peu rêver en couleurs. Il ne s'agit pas seulement d'innover, encore faut-il produire sur place et c'est ça qui créera d'autres emplois que des emplois de main d'oeuvre spécialisée. Et les conditions sous-jacentes à la production de biens et services nouveaux n'existent peut-être pas ni au Canada, ni au Québec, c'est-à-dire que nous ne sommes pas concurrentiels dans la production de ces biens-là, à mon avis, et penser qu'on va le devenir uniquement en subventionnant les innovations, ça me semble une grande illusion.

**G.P.**     *Vous allez ensuite vous intéresser aux problèmes du marché du travail.*

**R.L.**        Quelques années après mon retour, Gérald Marion, qui est encore mon collègue au département d'économique, m'a approché pour entreprendre une étude sur les disparités de salaire au Québec. Nous avons travaillé ensemble un an et demi sur cette étude, et ça m'a vraiment lancé en économie du travail. Par la suite, j'ai continué et le gros coup a été donné lors de mon passage au Conseil économique du Canada, en 1976–1977, quand j'ai dirigé une étude sur la question salariale, secteur public–secteur privé. Et depuis lors, 90 % de mon champ d'action est l'économie du travail.

**G.P.**        *Sur quelle sorte de problèmes vous penchez-vous lorsque vous étudiez les niveaux de salaire?*

**R.L.**        Dans ce premier thème de recherche en économie du travail, les recherches portaient sur la détermination du salaire dans les secteurs public et privé. Je travaillais à l'époque – et je travaille encore – avec Jean-Michel Cousineau, qui avait été mon étudiant au département d'économique; il a d'ailleurs fait sa maîtrise avec moi sur les problèmes des taux de participation à la main-d'oeuvre. Ainsi, quand je parle de moi, ce sera toujours un petit peu Cousineau sur le bord, il ne faudra pas l'oublier. Deux questions nous préoccupaient donc à ce moment-là : d'abord, le comportement conjoncturel des salaires dans le secteur public et para-public se différencie-t-il de celui dans le secteur privé, ensuite, est-ce qu'il y a des effets de débordement, des effets de retombée des salaires du secteur public et para-public sur ceux du secteur privé. Nous avons trouvé d'abord au niveau conjoncturel que les salaires du secteur public et para-public étaient beaucoup plus sensibles à l'inflation que ceux du secteur privé, mais beaucoup moins sensibles aux conditions du marché du travail. C'est-à-dire, qu'il y ait plus ou moins de chômage dans l'économie semblait affecter beaucoup moins les salaires du secteur public que ceux du secteur privé, mais qu'il y ait plus d'inflation, ça les affectait beaucoup plus que ceux du secteur privé. On retrouvait donc une dynamique salariale fort différente dans les deux secteurs. Cette conclusion, je dois le souligner, a été contestée par une ou deux études par la suite, mais d'autres l'ont reconfirmée. Je reste donc convaincu que cette conclusion est la bonne et à partir de là, la deuxième question qu'il fallait se poser était la suivante : est-ce que ces évolutions différenciées des salaires peuvent faire que les salaires du secteur public influencent les salaires du secteur privé? On n'avait pas réussi à le démontrer lors de notre étude du Conseil économique, c'est-à-dire qu'on avait manqué de temps, on n'avait qu'inféré des conclusions hypothétiques à partir de là. Une autre étude est sortie, celle de Wilton, faite pour la Commission anti-inflation, qui disait que non, il n'y a pas de retombées du secteur public sur le secteur privé. Mais je ne pouvais pas croire que c'était exact. J'étais persuadé que notre intuition de base était valable et on a donc recommencé à travailler sur ce sujet au retour du Conseil économique, à Montréal, avec d'ailleurs des subventions du Conseil de recherches en science humaine, et on a vraiment trouvé et vérifié empiriquement qu'il y avait des effets des salaires du secteur public sur le secteur privé. Ces effets étaient évidemment d'autant plus considérables que le secteur privé concerné était un secteur abrité de la concurrence internationale, que la région dans laquelle les retombées se faisaient sentir était une petite région, etc.

Donc avec un paquet de qualificatifs, on trouvait effectivement des effets de retombée, ce qui avait une signification très lourde d'ailleurs, et qui en a encore. Pour des régions à bas salaires comme le Québec par rapport à l'Ontario par exemple, on sait qu'au Québec, on a une foule de petites régions autour de Montréal où les salaires sont relativement bas parce que les secteurs industriels qui les font vivre sont des secteurs industriels mous. Évidemment, dans ces régions-là, qui sont petites, donc où les effets de retombée peuvent être considérables, lorsque vous avez une norme salariale gouvernementale, soit provinciale ou fédérale, qui détermine des salaires vraiment élevés pour ceux qui travaillent dans les secteurs publics et para-publics, l'effet de retombée est très considérable et l'effet d'emplois dans ces secteurs mous peut aussi être très considérable.

**G.P.**    *Parce que ces salaires plus élevés pour les professeurs, les fonctionnaires, qui engendrent des salaires plus élevés pour les travailleurs du secteur privé, ça va rendre ces industries privées moins concurrentielles et donc plus friables?*

**R.L.**    Tout à fait. Bien entendu, les variables d'ajustement à ces pressions de demandes salariales dans le secteur privé provenant de la démonstration du secteur public et para-public peuvent être différentes. Ça peut être un taux de grève nettement plus élevé : on connaît ça un peu au Québec. Ça peut être des fermetures d'usines ou des ajustements salariaux temporaires, évidemment avec perte concurrentielle et après avec l'aide de l'État pour ne pas que le secteur en question disparaisse de la carte. On s'aperçoit donc que la politique salariale d'un gouvernement, compte tenu du fait que les gouvernements emploient 20 % de la population active au Canada et au Québec, devient fondamentale.

**G.P.**    *Les gouvernements ont-ils été inquiets, à la lecture de votre étude?*

**R.L.**    Au moment où cette étude est arrivée, en 1977, elle a eu un retentissement considérable. On a en parlé un peu partout au Canada, et un espèce de réveil s'est fait à cette époque. Je me souviens d'ailleurs que lors d'une conférence fédérale–provinciale, René Lévesque, alors premier ministre du Québec, avait cité l'étude dans son discours de présentation et dit que notre étude devait être retenue comme guide des politiques salariales des secteurs public et para-public. Et on avait convenu à cette conférence qu'on devait limiter dans la mesure du possible l'augmentation des salaires dans les secteurs public et para-public à celle du secteur privé. Donc, déjà, on avait pris à cette époque-là une attitude contraignante face à l'évolution des salaires dans les secteurs public et para-public. Mais je ne voudrais pas tirer bénéfice de ce retournement parce qu'il est fort probable que la détérioration des finances publiques des gouvernements a été plus influente que l'étude que j'avais publiée, mais la concordance des choses allait bien, je crois.

**G.P.**    *Vous êtes amené par vos travaux à suggérer une théorie des grèves.*

**R.L.**    C'est une question fondamentale : pourquoi y a-t-il des grèves? On sait que tout le monde est perdant, que la grève rapetisse le gâteau à partager entre les partenaires que sont les employeurs et les employés. Pourquoi s'organise-t-on alors pour réduire le gâteau avant de se le partager? Autrement dit, pourquoi n'essaie-t-on pas de garder le gâteau plus gros et de faire un partage qui donne plus à tout le monde? La grève s'expliquerait essentiellement par les rapports de force. Il y aurait certaines conditions économiques, certains secteurs industriels, qui seraient tels que le rapport de force syndical–patronal est à la faveur du syndicat. C'est-à-dire que le syndicat serait plus fort à certaines époques conjoncturelles qu'à d'autres et conséquemment, cette force étant plus grande, il se servirait de la grève pour obtenir des choses qu'il n'aurait pas obtenues autrement. Je pense que toute cette approche d'explication de la grève par les rapports de force est incorrecte. La question des rapports de force doit se répercuter sur les salaires et non pas sur la grève. En d'autres mots, quand les rapports de force deviennent favorables aux syndicats, ça devrait se refléter dans des ententes salariales plus favorables aux demandes syndicales qu'aux offres patronales. Si les patrons savent que les rapports de force ont été modifiés et qu'ultimement, ils devront céder à ces rapports de force-là, évidemment, on se dit, s'ils le savent, pourquoi n'arrivent-ils pas à une entente salariale qui évite la grève?

Or, l'approche la plus utile, à mon avis, c'est de tenter d'expliquer la grève comme une erreur, une erreur bien évidemment commise à un moment donné des négociations, mais due à l'imperfection de l'information, c'est-à-dire que ce ne sont pas les rapports de force qui occasionnent la grève, mais l'incertitude quant à l'évaluation des rapports de force, c'est-à-dire une mauvaise évaluation des rapports de force. L'employeur ou le syndicat qui a mal évalué les rapports de force à un certain moment peut effectivement arriver à une grève, mais c'est un hasard des négociations. La question qu'il s'agissait de se poser, si on prend cette approche que le grève est une erreur résultant d'une mauvaise évaluation des rapports de force ou d'une difficulté du traitement de l'information nécessaire pour arriver à une entente, on se retourne de bord après ça et on se dit, en quoi et comment certaines périodes conjoncturelles peuvent modifier la qualité de l'information nécessaire aux négociations. Là, on s'aperçoit effectivement qu'il y a certaines périodes conjoncturelles, particulièrement des périodes de retournement, où les informations deviennent très perturbées, où la variation autour d'une moyenne d'un taux d'inflation ou la moyenne d'un taux d'utilisation de capacité devient très grande tant et si bien que chacun des partenaires peut se faire une idée différente de la situation économique future. Et dans ce contexte-là, d'accord, on peut voir que des périodes économiques différentes générant des difficultés d'information différentes peuvent occasionner une augmentation du nombre d'erreurs commises dans les négociations, et donc du nombre de grèves.

De la même façon, il y a des secteurs industriels où l'information accumulée pour arriver à des négociations est beaucoup plus considérable que d'autres. Ce sera le cas, par exemple, des industries éminemment exposées à la concurrence internationale, où vous avez besoin de connaître l'évolution des taux de change dans l'avenir, l'évolution de la demande dans les pays étrangers, l'évolution des importations, ça commence à faire du monde à évaluer. Cette information est donc très difficile à évaluer et les risques d'erreur augmentent. On a tenté, nous, de construire un modèle à partir de cette base élémentaire, un modèle théorique qui se tient, et ensuite de le vérifier empiriquement à l'aide des données disponibles au Canada depuis 1967, des données individuelles sur les conventions collectives jusqu'à 1982, et on s'aperçoit que cette théorie de la qualité de l'information, et de l'augmentation du risque d'erreur en proportion de la détérioration de l'information, a un pouvoir explicatif nettement supérieur à tout ce qu'on a vu dans le passé.

**G.P.**      *Vous vous êtes intéressé aussi à ces problèmes de stabilité et d'instabilité de l'économie, non seulement dans le marché du travail, mais dans tous les marchés économiques.*

**R.L.**      En fait, c'est peut-être le troisième volet de mes activités de recherche. Ce travail a été fait essentiellement avec mon collègue Yves Rabeau qui est, je crois, le moteur de cette réflexion-là. Étant donnée une conjoncture qui affecte différemment diverses régions d'un pays, comment pourrait-on par des politiques économiques y remédier de façon différenciée selon les régions et selon les problèmes spécifiques des régions? Est-ce possible compte tenu des instruments disponibles? Et si c'est possible, pourquoi on ne le fait pas? Et si on le faisait, comment devrait-on le faire?

**G.P.**      *Votre tentative pour sonder les possibilités d'une politique fiscale qui soit provinciale et démontrer qu'il serait non seulement possible, mais aussi extrêmement utile pour le Québec de se donner sa propre politique fiscale, a-t-elle eu des effets sur un régime fédéral–provincial où les provinces, le Québec compris, ont presque par tradition donné l'odieux des politiques fiscales au fédéral?*

**R.L.**        Je ne pense pas évidemment que ça ait eu l'impact que tout chercheur souhaiterait, mais là encore, à une certaine conférence fédérale–provinciale, cette étude avait servi pour une bonne partie de la présentation du premier ministre, qui avait dit qu'il fallait avoir une certaine régionalisation des politiques fédérales au niveau de la stabilisation, compte tenu non seulement de la situation particulière du Québec, mais aussi des autres provinces, évidemment... Mais on ne peut pas dire que les gouvernements se soient vraiment assis à la table, parce qu'il y a des problèmes qui ne sont pas seulement économiques mais surtout politiques, de partage des pouvoirs, et là, on tombe dans un autre monde, dans un autre niveau auquel j'ai beaucoup moins d'habileté. Et on réalise une chose souvent quand on fait des travaux en économique, c'est que si bons soient-ils, si intéressantes que soient les recommandations, la dimension politique de l'application des recommandations en question domine toujours sur la pertinence économique et on est toujours un peu déçu à la suite de voir ce qui se passe. Donc en ce sens-là, l'impact sur la discussion a été intéressant, mais en termes pratiques, on n'en est pas encore là. Et ce qui n'aide pas, évidemment, c'est que toute l'approche macro-économique est remise en cause actuellement; tout le débat keynésien/monétarisme remet en question l'efficacité de l'intervention gouvernementale dans l'économie. Alors si on remet en question la capacité d'un gouvernement de stabiliser, *a fortiori* on dira qu'il n'est certainement pas capable non plus de stabiliser dans les régions sans compliquer encore plus le problème. Mais je pense que le problème est peut-être différent : on a peut-être utilisé les mauvais instruments de stabilisation qui ont conduit aux problèmes qu'on vit actuellement, alors qu'avec des bons instruments de stabilisation, appliqués aux niveaux où les problèmes se posent, peut-être, je dis bien peut-être, que la qualité de stabilisation serait meilleure.

**G.P.**        *Toute la dernière décennie, Monsieur Lacroix, vous l'avez passée à l'université, sauf ce petit sabbatique au Conseil économique du Canada. Tous vos travaux ont été largement financés par des bourses et pas par des gouvernements ou des agences gouvernementales. Vous en êtes arrivé à proposer certains diagnostics intéressants tant sur le plan du marché du travail, des disparités salariales, de l'explication des grèves, sur le plan de la stabilisation, et vous disiez vous-même que l'impact de tout ça n'est pas très très visible. Est-ce que vous n'avez jamais tenté d'aller faire l'implantation de ces politiques qui vous semblaient évidentes à partir de vos travaux, en vous engageant dans l'action politique ou à aller mettre en place ces politiques pour les gouvernements?*

**R.L.**        Non, ça ne m'a jamais effleuré l'esprit et à moins que je change beaucoup, je ne vois pas comment ça arriverait. Je pense que c'est une chance inouïe qu'on a d'être à l'université, de pouvoir faire les recherches qui nous intéressent au moment où ça nous intéresse et de les faire comme on veut bien les faire. Évidemment, on n'a pas les moyens politiques de les appliquer, mais je pense que si on veut avoir une évolution des connaissances, il ne faut surtout pas se donner ces contraintes-là. Moi, je regarde ce qui se passe et je me dis que ces études-là, par exemple sur le salaire, qui ont été faites entre 1975 et 1977 ont eu des effets trois ou quatre ans après. Le temps compte dans ça, il ne faut pas s'énerver et laisser faire les autres et quand on a fait un bon coup, s'il est bon, ils le réaliseront à un moment donné. On a plus d'influence je crois par la qualité de nos travaux lorsque ce sont des travaux académiques bien faits qu'on peut en avoir en essayant de cotoyer systématiquement les hommes politiques pour les encenser au bon moment, leur glisser à l'oreille le bon mot au bon moment. Je ne crois pas à cette approche, et je ne crois pas que les universitaires doivent se prêter à ce genre d'approche. J'ai toujours dit pour ma part que si on prend les travaux que j'ai faits pour en faire des politiques économiques, j'en serai très heureux. Mais je n'aime pas qu'on me demande de trouver la raison des politiques économiques en place, je ne veux pas rationaliser ex post facto des politiques en place. Je préfère beaucoup étudier de problèmes, et si éventuellement des implications intéressantes de politiques économiques sortent de ces travaux, à eux de les prendre et de les appliquer. Sinon j'ai l'impression qu'on devient un peu des mercenaires à la solde de certains hommes politiques qui veulent toujours avoir la bénédiction d'économistes sur n'importe quoi. Ça me paraît extrêmement dangereux.

**G.P.**    *Mais si le danger d'être mercenaire est très important, est-ce qu'il n'y a pas de danger, en prenant trop de distance par rapport aux politiques économiques, que la science économique ne devienne qu'un autre des beaux-arts?*

**R.L.**    Je n'ai pas de crainte, tout au moins au Québec et au Canada, que la science économique devienne cette espèce de science sur les tablettes. Au contraire, je pense qu'on part de très loin, surtout au Québec, où on s'est tellement approché des problèmes économiques québécois qu'on a peut-être nui à la science économique en n'en faisant pas assez sérieusement. Et je crois que ce qu'il faut de plus en plus chez les économistes québécois et dans les départements d'économique au Québec, c'est vraiment de la recherche académique sérieuse, poussée, nous mettant au niveau national et international, nous mettant sur la carte. Ma crainte à moi, ce n'est pas qu'on s'éloigne trop des vrais problèmes économiques, c'est qu'on a cru que les problèmes économiques étaient souvent des problèmes ad hoc, ponctuels, et on a consacré des énergies folles à étudier ces petits problèmes-là pour laisser de côté, en d'autres mots, une évolution de la science économique qui était le boulot des universitaires et qu'on devait faire.

# PIERRE FRÉCHETTE
## Le 23 juillet 1983

Né à Montréal en 1941, Pierre Fréchette est de la première génération d'étudiants en science économique à l'Université de Sherbrooke, mais c'est à l'Université de Montréal qu'il a fait ses études avancées. Il va enseigner à l'Université du Québec à Montréal pendant nombre d'années avant de passer à l'Université Laval.

Pierre Fréchette s'est intéressé à l'économie du développement, aux problèmes de développement régional et beaucoup à l'économie du Québec. Il a d'ailleurs publié en 1975 un manuel sur l'économie du Québec, avec deux collègues des HEC, Roland Jouandet Bernadat et Jean Vézina. Pierre Fréchette est présentement directeur du programme de maîtrise en aménagement du territoire et développement régional, à l'Université Laval. — *G.P.*

**Gilles Paquet** *Monsieur Fréchette, pourquoi avoir choisi de faire vos études de maîtrise en science économique à l'Université de Sherbrooke?*

**Pierre Fréchette** Tout simplement pour des raisons économiques : ma famille demeurait à Sherbrooke et moi, je quittais le collège militaire où j'en avais eu marre de la vie militaire. Alors, je suis allé à Sherbrooke rejoindre ma famille. Je m'intéressais à l'économique et par hasard, on ouvrait à ce moment un programme d'économique piloté par Claude Pichette, Gérard Pelletier et d'autres personnes. Alors, je me suis retrouvé à Sherbrooke pour étudier en économique. On était deux étudiants, les premiers du département d'économique.

**Gilles Paquet** *On est en 1963–1964–1965. Parmi les professeurs que vous avez à Sherbrooke, y en a-t-il qui vont un peu vous orienter vers les travaux que vous allez plus tard poursuivre?*

**P.F.** Ils m'ont orienté en général comme économiste, mais ils ne m'ont pas vraiment donné d'orientation sur ce que j'ai fait plus tard. Ce qu'ils m'ont donné, c'est un amour immense pour l'étude de l'économique; et je leur en serai toujours éternellement reconnaissant. Je pense à Pelletier, Pichette et d'autres. Les travaux que j'ai faits avec eux ont été une aventure intellectuelle belle et fascinante. Malheureusement, on ne peut plus donner aujourd'hui ce genre de service à nos étudiants parce qu'ils sont trop nombreux. À l'époque, on était seulement deux dans ma classe; les cours, c'étaient des discussions, des séminaires perpétuels et c'était tellement emballant que quand je suis allé travailler au ministère des Finances à Ottawa, plus tard, je me suis ennuyé au point de décider que j'irais continuer à étudier.

**G.P.**    *Continuer à étudier à l'Université de Montréal l'économie du développement, pourquoi?*

**P.F.**    Pour deux raisons. J'ai toujours été fasciné par les problèmes sociaux qui nous entourent et je me suis dirigé vers l'économique très jeune, vers l'âge de 20 ans, alors que je cherchais à comprendre pourquoi au Québec à la fin des années cinquante, le Québec connaissait une récession économique. Pour moi c'était tellement nouveau. Je me suis ainsi intéressé au problème de la pauvreté dans le monde et à Montréal en 1967 arrivait un professeur très célèbre, Benjamin Higgins, qui a été certainement la personne qui m'a le plus influencé au plan intellectuel dans mes études. C'est pourquoi j'ai décidé de me spécialiser dans l'économie du développement.

**G.P.**    *L'économie du développement à Montréal avec Benjamin Higgins, ça vous amène à faire certains travaux, à vous poser certaines questions. Vous deviendrez vous-même ensuite professeur à l'Université du Québec à Montréal, où vous enseignerez pendant une décennie; de quelle façon allez-vous faire passer cet intérêt pour l'économie du développement dans votre enseignement, dans votre recherche?*

**P.F.**    En fait, je ne l'ai pas fait passer et c'est la raison pour laquelle j'ai finalement quitté ce champ d'activité. J'ai trouvé après quelques années d'études que c'était relativement présomptueux de la part d'économistes occidentaux qui ne vivaient pas dans ces pays-là de donner des recommandations politiques à la va-comme-je-te-pousse et je trouvais cela absolument inacceptable au plan scientifique. J'ai quitté ce champ d'activité en me disant que les instruments que j'avais acquis dans l'économie du développement pourraient m'être utiles pour comprendre la situation au Québec. C'est à ce moment-là que je me suis intéressé à l'économie du Québec (j'ai écrit un livre là-dessus avec Jouandet-Bernadat et Vézina) et à l'économie régionale. Donc je suis parti de l'économie du développement pour passer à l'économie régionale, en essayant d'expliquer dans le fond les mêmes phénomènes mais à l'intérieur du Canada et du Québec.

Lorsqu'on se penche sur la question des pays en voie de développement et des économies régionales comme au Québec ou au Canada, on doit faire entrer en ligne de compte des variables qui dépassent l'économique *stricto sensu* et c'est là que l'étude du développement économique devient utile, puisque ça nous habitue à nous élargir les horizons. Et de ce point de vue-là je dois dire que durant toute ma carrière où j'ai vraiment essayé de faire intervenir des variables autres que des variables d'économique que l'on retrouve dans les manuels de base.

**G.P.**    *L'étude de l'économie régionale et donc de l'économie du Québec comme cas d'économie régionale, c'est assez nouveau au début des années soixante-dix, on a très peu de personnes qui se sont attachées à ça;*

*on sait pourtant que vos maîtres, Higgins, Martin, Raynauld à Montréal avaient lancé le débat. Est-ce que ces travaux de vos maîtres à l'Université de Montréal ont été d'une grande influence sur le genre de perception que vous avez développé de l'économie québécoise?*

**P.F.**            Définitivement, je pense que ces personnes ont été et sont des forces intellectuelles au niveau des études faites au Québec, par la rigueur qu'ils nous ont imposée et dans ce sens-là, ça demeure très utile. Dans le fond, ce qu'on a fait, ça a été de continuer ce qu'ils ont entrepris, c'est-à-dire aiguiser nos crayons et faire nos devoirs très humblement dans nos bureaux; là, je parle encore de plusieurs économistes au Québec, entre autres Mario Polèse sur l'urbanisation, Pierre Lamonde et d'autres. Et ce que l'on connaît maintenant, c'est la suite de la succession des travaux entrepris à l'époque, à la fin des années soixante, par Higgins, Martin, Raynauld. D'ailleurs j'étais leur auxiliaire de recherche dans leur célèbre rapport...

**G.P.**            *Qu'est-ce que vous avez découvert de nouveau dans ces travaux sur l'économie québécoise dans la première moitié des années soixante-dix?*

**P.F.**            Ce que j'ai découvert de nouveau, c'est l'importance extraordinaire de l'entrepreneurship. Pour moi, ce phénomène-là reste pratiquement le seul espoir de développement de plusieurs économies régionales au Québec. Et un corollaire de ça, c'est la découverte qu'en économique il n'y a pas de déterminisme total; il existe bien sûr des grandes contraintes qui nous sont données par le monde dans lequel on vit, mais il n'existe pas de déterminisme total et dans ce sens-là je vois là un message d'espoir extraordinaire puisque toutes sortes d'activités économiques abracadabrantes existent dans certaines régions de la Beauce par exemple, de la région de Lotbinière et d'autres régions du Québec et il n'y a pas un économiste qui aurait pu dire à priori que ces régions possédaient un avantage comparé dans la production de tel bien ou tel autre bien. Ce qui est arrivé dans les faits, c'est que quelqu'un d'ingénieux s'est relevé les manches et puis a décidé qu'il produirait des bicyclettes à St-Georges de Beauce et a réussi à le faire.

**G.P.**            *Quelle est la source vive de cet entrepreneurship?*

**P.F.**            Ah! ça c'est la question de cent mille dollars! C'est une des questions qui m'a préoccupé le plus au cours des dernières années. Une source importante d'entrepreneurship, je peux vous le dire maintenant, c'est la place que l'on fait aux gens pour qu'ils puissent bouger. Souvent on pense que la source primordiale de l'entrepreneurship, c'est le génie humain. Mais je pense qu'on peut faire l'hypothèse que le génie humain est réparti à travers le monde de façon relativement égale (ou inégale) à l'intérieur d'une même région, ce qui veut dire dans le fond que tous les peuples ont le génie des affaires. Maintenant, quand les peuples ou les gens d'une région n'ont pas de place pour bouger parce que le gouvernement est trop puissant, parce qu'il y a quelques entreprises importantes qui possèdent toute la place économique dans laquelle bouger, leur principale aspiration c'est de trouver un emploi dans ces grandes entreprises et ça finit là. Alors que quand les entreprises disparaissent, là les êtres humains sont obligés de se relever les manches, de prendre leur sort entre leurs mains et tout à coup on voit essaimer de nouveaux entrepreneurs, souvent des jeunes qui décident de prendre les choses en main. Dans ce sens, la place que l'on donne aux gens d'une région, l'espace économique qu'on leur alloue, est une variable très importante.

**G.P.**     *Est-ce que dans les travaux que vous faites sur le Québec comme région au début des années soixante-dix, vous découvrez que ces espaces et aires de liberté, qui sont la condition nécessaire et essentielle pour l'émergence d'un entrepreneurship local, ont augmenté, ont grandi?*

**P.F.**     Oui effectivement, ils ont augmenté, ils ont grandi par la force des choses puisque l'entrepreneurship anglo-saxon qui possédait l'espace ici au Québec a quitté Montréal et dans une bonne part, le reste du Québec, pour émigrer à Toronto. Or dans cette perspective, l'espace a augmenté et c'est pour ça qu'on remarque présentement, à mon avis, l'essor d'un entrepreneurship québécois qui n'existait pas il y a cent ans.

**G.P.**     *Vous êtes tenté comme beaucoup de collègues au milieu des années soixante-dix, au moment où vous faites ce travail quasiment d'ethnographe pour examiner la région du Québec, de faire de la prospective.*

**P.F.**     En effet, ça correspond à ma ligne de pensée qui est d'essayer de comprendre la société dans son ensemble et aussi évidemment au plan économique. Mais ce qui m'a passionné du travail de prospective que j'ai fait à l'époque avec Jouandet-Bernadat, Kimon Valaskakis, Daniel Latouche, Pierre Lamonde et Pierre-André Julien de Trois-Rivières, c'est d'essayer de comprendre le présent, contrairement à plusieurs de mes collègues, qui voulaient regarder plus loin, essayer de deviner ou d'anticiper ce qui se passerait plus tard. Essayer de comprendre le passé et le présent, pour essayer évidemment éventuellement de déboucher sur l'avenir, mais surtout pour comprendre le présent, mettre les choses en perspective. Le travail qu'on a fait là a été une aventure intellectuelle passionnante et effectivement, une de mes fonctions a été de rédiger le chapitre où on essayait d'expliquer le Québec du présent; et on a réussi en travaillant en équipe à synthétiser le Québec d'alors, de 1976, en une quinzaine de propositions.

**G.P.**      *Pouvez-vous nous rappeler brièvement quelles étaient ces propositions?*

**P.F.**      Tout d'abord, pour éviter de faire une erreur de topocentrisme, nous avons réparti les tendances lourdes et les faits porteurs d'avenir en des tendances et des faits que le Québec partage avec les autres sociétés occidentales; la majeure partie était d'ailleurs partagée avec les autres sociétés occidentales, ce qui évite de faire du Québec le nombril du monde. Par exemple, l'importance des entreprises multinationales, l'importante croissance du gouvernement, l'augmentation du niveau de vie, bref, toute une gamme de tendances mais aussi de problèmes, de grains de sable dans l'engrenage, par exemple, le vieillissement de la population avec les problèmes que ça va poser et que ça pose dès maintenant sur le plan des régimes de pension, des politiques sociales et autres. Les tendances et les faits porteurs d'avenir qui sont proprement québécois, vous les connaissez comme moi, c'est la question nationale, l'émergence d'une nouvelle élite qu'on voyait naître à l'époque et qui a continué à opérer, la possibilité d'avoir une société, un Québec refroidi, pour utiliser les termes de Latouche, Lamonde et Julien. Ça résume à peu près les principaux points qu'on avait soulevés.

**G.P.**      *Quand vous faites le constat d'une économie québécoise où l'entrepreneurship est en train de monter, quand vous encadrez ce constat par des considérations sociales et politiques, des considérations à très long terme, on a l'impression que vous avez préparé un peu un diagnostic qui appelle une action, une action à laquelle vous n'allez pas pouvoir résister en 1978.*

**P.F.**      Vous avez raison. Je pensais que ce serait bon pour moi de prendre un peu d'air après avoir passé presque 10 ans à l'UQAM, de telle sorte que j'ai accepté d'aller travailler au Ministère du Conseil exécutif comme conseiller économique, comme fonctionnaire, pour une période d'un an et demi environ, pour le sous-ministre qui était Armand Boudreau dans le domaine des politiques sociales et le ministre responsable, Pierre Marois.

**G.P.**      *Cette période d'un an et demi va être très importante pour vous puisque vous allez développer à ce moment-là des intérêts entièrement nouveaux qui vont déborder encore ce cadre déjà large de l'économie régionale du Québec.*

**P.F.**      Vous avez raison. Je reste tout de même dans le cadre d'une de mes préoccupations qui est de comprendre le phénomène des inégalités. Auparavant, j'essayais de comprendre les inégalités dans l'espace, là j'essaie de comprendre les inégalités existant entre les individus, entre les personnes, entre les familles, c'est-à-dire les inégalités de revenus puisque l'ensemble des politiques sociales vise en bonne partie à résoudre les problèmes d'inégalité et de pauvreté. Je continue donc à essayer de comprendre une situation socio-économique donnée, mais le domaine des politiques sociales, des politiques de main-d'oeuvre ou des politiques relatives aux personnes âgées m'était à ce moment-là totalement inconnu. J'ai donc dû passer à travers une période de recyclage très rapide.

**G.P.** *Vous arrivez pour enrichir nos politiques sociales, rationaliser, redéfinir les politiques de maintien du revenu à un moment où ces politiques, qui sont depuis les années soixante les arcs-boutants de toute la politique économique et sociale au Québec, sont justement remises en question. Ça doit être difficile?*

**P.F.** En fait, elles étaient moins remises en question à la fin des années soixante-dix, qu'elles le sont maintenant, à cause des contraintes économiques fantastiques dans lesquelles nous vivons, mais même à l'époque, elles commençaient à être remises en cause et on s'interrogeait de plus en plus sur l'impact de ces politiques à divers niveaux : d'une part sur les inégalités de revenus, il ne faut pas se le cacher, et de l'autre, sur notamment l'offre de travail et, évidemment, sur le budget gouvernemental. Il y a au moins une chose que le ministre Marois a réussi à accomplir, c'est de faire passer une loi pour mettre en place au Québec un nouveau programme de revenu minimum garanti, phénomène que l'on ne retrouve à peu près nulle part ailleurs en Amérique du Nord. Le programme dont je parle c'est le programme de supplément du revenu du travail, qui consacre à toutes fins utiles l'existence d'une politique d'un revenu minimum garanti pour aider les personnes dans le besoin, mais en même temps accorder des prestations aux gens qui travaillent pour les encourager à travailler. Les barèmes de base ont été mis en place relativement récemment et le programme du supplément du revenu au travail vient justement consacrer une incitation au travail.

**G.P.** *Est-ce que vous avez l'impression que tout ce travail d'économiste-conseil a débouché sur des transformations de politiques qui valaient la peine?*

**P.F.** Le supplément de revenu au travail existe et j'ai passablement contribué à le mettre sur pied. Je dirigeais le groupe de travail qui a fait des suggestions au ministre, j'ai même poussé l'action jusqu'à travailler au niveau de la législation, et même de la publicité, de l'information. Alors dans ce sens-là, il en est resté des choses concrètes.

**G.P.** *On a l'impression que vous avez presque le goût des causes perdues, Monsieur Fréchette, vous attachant à étudier les politiques sociales à un moment où ça devenait moins populaire, choisissant ensuite de gérer un programme de développement régional à un moment où malheureusement, il faut le dire, les problèmes de développement régional ont été plus ou moins*

*abandonnés après avoir été pendant une décennie ou deux au centre de
l'intérêt des économistes québécois.*

**P.F.**        Vous avez entièrement raison sur votre diagnostic, non pas sur
le fait que je sois un partisan de la cause perdue; les modes peuvent passer,
peuvent changer, mais les situations demeurent. Alors, personnellement, je
n'ai jamais été tellement incliné à vivre les modes, ce qui fait que je me
sens très à l'aise d'étudier un phénomène qui demeure important au Québec,
les économies régionales, et un problème qui demeure important pour
plusieurs régions, et un mystère aussi, celui de l'entrepreneurship dont je
parlais tout à l'heure.

**G.P.**        *Les petites économies régionales, les micro-économies, c'est le
lieu des aires de liberté les plus intéressantes; on sait que c'est là que
grouille la vie de l'économie informelle, de l'économie souterraine. Vous
avez commencé à vous intéresser à ce phénomène-là?*

**P.F.**        En effet, c'est le dernier de mes grands centres d'intérêt :
l'économie informelle, surtout l'économie souterraine, c'est-à-dire toute cette
activité économique qui se fait en marge des marchés officiels; toute cette
activité économique qui existe, on ne sait trop pourquoi en fait, on s'en
doute, qui existe sans doute à cause des formes de taxation
gouvernementale, des réglementations gouvernementales, qui existent à cause
de l'importance très grande accordée à l'État dans notre société, laquelle
réglementation empêche bon nombre de personnes d'avoir pignon sur rue,
de vivre au soleil comme grand nombre de gens qui sont surprotégés par la
même réglementation. Ce qui fait que l'exercice de l'économie souterraine,
on peut le voir beaucoup plus facilement dans les économies régionales que
dans une économie urbaine, comme celle de Montréal ou de Toronto; c'est
beaucoup plus difficile de comprendre ce que les gens font, de
diagnostiquer et même de mesurer le phénomène dans une grande ville,
dans un grand centre où tout est anonyme, alors qu'il suffit d'aller se
promener dans Charlevoix, dans la région de l'amiante, ou dans la région
de la Gaspésie pour pouvoir saisir tout de suite le phénomène dont je parle.

**G.P.**        *Et c'est important ce phénomène-là?*

**P.F.**        Il apparaît important. Ma principale préoccupation présentement
est d'essayer de le quantifier véritablement et sérieusement pour une fois.
Ça n'a jamais été fait encore, au moins chez nous. Ailleurs, dans les autres
pays du monde, on prend toutes sortes d'approches macro-économiques, on
utilise des méthodes indirectes pour mesurer le phénomène, c'est un bon
exercice, c'est un premier départ, mais on arrive à des résultats tellement
divers et tellement vastes que ça n'a presque pas de sens. Ce que j'aimerais
faire, c'est de mesurer le phénomène dans une ou deux régions du Québec
et d'essayer de comprendre pourquoi il existe. Il ne faut pas se le cacher

non plus, on n'arrivera pas ici au Québec à la même importance de l'économie souterraine qu'aux États-Unis. La raison est très simple : dans l'économie souterraine aux États-Unis, on inclut toute l'activité reliée à la drogue, à la prostitution et au crime organisé; et on n'a pas ici au Québec le quart des problèmes qui existent aux États-Unis à ce niveau-là. Ce qui fait que l'économie souterraine que l'on va rencontrer ici, c'est vraiment une économie souterraine parallèle au marché privé, au marché officiel, parallèle à la réglementation gouvernementale, dans le domaine de la construction par exemple et dans le domaine de la restauration, partout où les québécois et les québécoises doivent utiliser le système « D » pour se débrouiller dans la vie parce qu'ils ne réussissent pas à entrer dans les marchés officiels.

**G.P.**        *Si vous aviez à faire un constat de l'impact que cette réflexion économique de quinze ans a eu sur les politiques des gouvernements, ce serait quoi?*

**P.F.**        Ah, elle n'en a presque pas eu et d'ailleurs je m'en fous totalement. Je me suis amusé terriblement en faisant ça, j'ai eu des discussions passionnantes avec des tas de gens. Ces travaux que j'ai faits m'ont surtout aidé moi-même au niveau de mes réflexions et ont constamment nourri mon enseignement. Pour quelle raison faudrait-il qu'on ait de l'importance, qu'on ait de l'influence auprès du gouvernement?

**G.P.**        *Mais que diriez-vous à ceux qui affirment que nos économistes au Québec, au Canada, nous coûtent tellement cher qu'on pourrait espérer qu'ils vont aider à orienter la socio-économie dans une direction moins inefficace?*

**P.F.**        Ce serait terriblement prétentieux de notre part de prétendre avoir la vérité, la voie et la vie et de la transmettre aux hommes politiques que l'on pourrait manipuler comme des marionnettes. Ils le refusent absolument et ils ont raison. Si j'étais une personne politique, je refuserais d'être manipulé par des économistes qui prétendent avoir la vérité alors qu'à côté les politicologues, les géographes, les anthropologues, les sociologues, le prétendent aussi. Comment voulez-vous qu'un homme ou une femme politique y retrouve son latin là-dedans. Je pense que c'est la pire des gaffes et des erreurs intellectuelles qu'un intellectuel comme moi, professeur d'université, peut faire que d'espérer avoir une importance quelconque auprès du Prince. Ça demande beaucoup trop de fatuité pour que je sois capable de faire une telle erreur en ce qui me concerne.

# PIERRE-PAUL PROULX
## Le 30 juillet 1983

Né dans l'Outaouais en 1938, Pierre-Paul Proulx étudie à l'Université d'Ottawa, à l'Université de Toronto et à l'Université Princeton, aux États-Unis, avant de revenir enseigner la science économique d'abord à l'Université McGill, puis à l'Université de Montréal, où il travaillera pendant une quinzaine d'années en science économique et relations industrielles. Il devait d'ailleurs quitter temporairement l'Université de Montréal en 1982 pour devenir sous-ministre adjoint aux politiques régionales et industrielles et petites entreprises, au ministère fédéral de l'Expansion industrielle et régionale.

Pierre-Paul Proulx a commencé par s'intéresser à l'économie du travail, mais il fait vite porter ses intérêts sur des problèmes à la fois plus vastes et plus flous : problèmes de politiques industrielles, problèmes de renouvellement industriel et d'adaptation de nos industries en difficulté. — *G.P.*

**Gilles Paquet**    *Monsieur Proulx, votre perception de la science économique a toujours été assez large. Est-ce que ça vous vient de vos premières armes en science économique à l'Université d'Ottawa?*

**Pierre-Paul Proulx**    Ce que j'ai aimé de la formation en économique, que j'ai commencée à l'Université d'Ottawa, c'est l'approche large que prenait l'économique comparativement à ce que je voyais dans certaines disciplines. Je trouvais qu'on abordait des questions plus intéressantes, plus fondamentales. Les questions de chômage m'intriguaient beaucoup et j'avais eu l'occasion d'avoir des emplois d'été avec certains ministères du gouvernement fédéral, où j'avais pu faire des enquêtes au Nouveau-Brunswick, en Nouvelle-Écosse, visiter des maisons. Je me promenais à chaque troisième maison au Cap-Breton et je voyais au niveau de la famille des problèmes que je voulais essayer de comprendre. C'est pour ça justement que dans mon profil d'études, j'ai choisi en premier l'économique du marché du travail. Je me suis dit qu'il fallait que je comprenne le problème du chômage et la création d'emplois. Mais il faut bien dire que je suis resté un peu sur mon appétit dans les explications que j'ai pu trouver. Comme on nous dit toujours dans un premier cours d'économique, la création d'emploi, c'est une demande qui vient de ce que les gens veulent bien acheter en termes de biens et services. Alors j'ai dû à un moment ou l'autre faire un pas pour aller au-delà de ce que l'on m'enseignait en terme d'économique du marché du travail, pour comprendre ce qui explique la demande sur le marché du travail.

**Gilles Paquet**        *Vous partez d'Ottawa pour faire un saut à Toronto, puis à Princeton. Est-ce que ce sont toujours les problèmes de chômage et d'emploi qui vont vous guider dans ces choix d'universités?*

**P.-P.P.**        C'est effectivement ce qui explique mon cheminement. J'ai voulu d'abord aller à Toronto pour rester dans le contexte institutionnel canadien, parce qu'à ce moment-là, quand je parlais du marché du travail, je parlais des aspects institutionnels. Le droit du travail, par exemple, les questions d'arbitrage et de conciliation m'intéressaient. Je me demandais à cette époque si en quittant le baccalauréat, je devais investir dans le contexte institutionnel américain ou rester au Canada. Mais à Toronto, j'ai vite réalisé que je resterais encore plus sur mon appétit d'expliquer les problèmes de demande de main d'oeuvre et donc l'emploi et le chômage. J'ai donc décidé de faire un saut vers les États-Unis pour essayer de comprendre un peu mieux.

**G.P.**        *Quand vous revenez au Canada après votre séjour à Princeton, est-ce toujours comme spécialiste du marché du travail, ou si votre passage aux États-Unis à changé votre orientation?*

**P.-P.P.**        Disons que je n'ai pas eu à Princeton un bagage plus large de formation, mais plus substantiel. J'ai creusé plusieurs champs de connaissance interreliés qui pouvaient, me semblait-il, expliquer un petit peu l'évolution de l'emploi par exemple les questions de conjoncture économique qui m'avaient intéressé en fin de bac. J'ai fait à Princeton une certaine spécialisation, avec Oskar Morgenstern, pour essayer de comprendre un peu l'évolution des conjonctures économiques. Morgenstern était bien connu dans ce domaine. Ensuite, je me suis intéressé aux finances publiques, parce qu'il me semblait que le secteur public était important dans l'explication de l'évolution de l'emploi. Je n'ai donc pas élargi beaucoup mes connaissances, mais j'ai pu approfondir les déterminants de ce marché du travail, tout en m'initiant au fait que pour expliquer les conjonctures économiques, il faut s'intéresser à l'évolution de la demande dans tel ou tel autre secteur. Cette analyse a soulevé de nouvelles questions et m'a lancé sur des pistes qui m'ont aidé à creuser mon effort de compréhension de l'évolution de l'emploi.

**G.P.**        *Vous revenez au Québec, mais à McGill. C'est surprenant. Vous revenez préparé à vous consacrer aux recherches sur le marché du travail et l'emploi. Quelles sont les premières tâches, les premiers défis auxquels doit faire face un francophone quand il arrive pour enseigner à McGill?*

**P.-P.P.**        J'avais le choix entre McGill ou la Californie, et McGill avait à ce moment des ouvertures pour de jeunes professeurs dans le domaine du marché du travail. J'avais eu l'occasion de rencontrer le doyen d'alors, Monsieur Woods, qui m'a dit entre autres que j'aurais à réapprendre ce que j'avais un peu laissé tomber, le contexte institutionnel du marché du travail. Mais rapidement, au bout de quelques semaines, j'étais prêt à faire les travaux que j'avais toujours voulu faire. On me disait : « Il y a un président de société qui veut établir un moulin de pâte à papier. Il ne sait pas comment expédier son papier. » Alors, je devenais associé du président pour six mois, pour lui aider à faire la planification d'une nouvelle usine de pâte et papier. Ou encore, on me disait : « L'Expo s'en vient, on se demande combien on devrait produire de tel alcool. Va donc faire des prévisions. » Sur le plan technique, j'étais à ce moment un peu plus rodé que la moyenne des gens dans le domaine. Je pouvais appliquer facilement des méthodes à des problèmes du genre. J'allais tout de suite vers des déterminants de biens, je tentais de comprendre le marché. Je cheminais entre l'enseignement et la recherche. Je publiais surtout du côté du marché du travail, qui avait été la dominante dans ma formation. Mais de par mes travaux de consultation, je faisais le lien avec le secteur privé.

**G.P.** *Vous allez vous attacher beaucoup au marché du travail, ce qui veut dire aussi les problèmes micro-économiques, comme l'arbitrage par exemple, et non la macro-économique, c'est-à-dire les grands problèmes d'emploi comme la politique fiscale, la politique monétaire, etc.*

**P.-P.P.** J'oscillais entre deux mondes. D'une part, le monde des manuels avec la belle macro-économique mécanistique, qui expliquait tout et que je n'arrivais pas à voir dans les faits, avec les problèmes d'inflation et de chômage qu'on observait. D'autre part, comme vous dites, j'essayais d'oeuvrer au niveau très micro avec les agents économiques dans les entreprises. C'était plutôt du marché du travail et de l'arbitrage. J'ai voulu faire beaucoup d'arbitrage pour comprendre la micro qu'on résume dans nos modèles macros. Et puis, en somme, ça m'a laissé entre les deux, entre d'un côté mes manuels avec des beaux modèles qui règlent tout et de l'autre, mon monde tout à fait désorganisé. Mais je cherchais le lien, et ça c'est l'autre raison dominante qui a fait que j'ai bifurqué à un certain moment plus explicitement vers des travaux et des intérêts sur le développement industriel et le développement régional.

**G.P.** *Mais dans cette période où vous vous intéressez beaucoup plus au marché du travail, est-ce qu'en rétrospective il vous semble que ces travaux de consultation et d'arbitrage avaient un impact quelconque, donnaient lieu à des changements, même à des micro-changements?*

**P.-P.P.** Disons qu'il y a eu quelques travaux qui ont été largement cités par le monde universitaire et un peu aussi par ceux qui s'occupent de la formulation de politiques du côté du marché du travail. Mais je n'avais pas du tout l'impression que ça avait des influences particulières, loin de là, sur la formulation de politiques.

**G.P.**     *Ces travaux vous ont amené un peu à dériver vers des travaux sur les politiques industrielles et régionales. Qu'est-ce qui amené ce virage à mi-carrière?*

**P.-P.P.**     C'est d'avoir eu l'occasion de travailler avec des chefs d'entreprise qui arrivaient justement, eux, à prendre des décisions et à influencer un peu l'allocation des ressources. Quand ils voulaient, par exemple, faire une planification stratégique, ils demandaient : « Est-ce qu'on doit continuer à produire au Canada, ou si on va faire la production outre-mer? » Alors, ils prenaient une décision. Ainsi, contrairement aux expériences initiales où je faisais mes travaux de recherche qui se perdaient peut-être dans des manuels ici et là, qui menaient je ne sais trop à quoi — à pas grand chose, j'ai l'impression — je travaillais là au niveau micro avec des gens qui me donnaient l'impression de prendre les résultats du travail et d'en faire quelque chose. Il y a donc eu d'une part, au niveau des entreprises, beaucoup de travaux où j'avais cette impression d'action et d'autre part, un cheminement vers une activité au niveau un peu plus agrégé, industriel et régional, et des activités au niveau politique avec un des partis au Québec où on essayait de revoir la mise au point d'un programme de formulation de politiques industrielles et régionales. J'avais effectivement l'espoir que ces travaux pourraient peut-être avoir au niveau macro-économique le même genre d'impact qu'avaient au niveau micro le travail sur la planification stratégique des entreprises.

**G.P.**     *Vous faites ce virage vers des travaux de politique industrielle et vous avez la chance de pouvoir communiquer les résultats de vos travaux pour en faire la portion d'une stratégie économique d'un parti politique. Comment résumeriez-vous l'essentiel de ce travail sur la politique industrielle?*

**P.-P.P.**     Disons que c'était de mettre de l'avant et de faire ressortir le fait que la formulation de politiques domestiques doit être très sensible à l'environnement social, culturel, politique, mais aussi international. C'est là une des choses qui caractérise ce travail, d'essayer de revoir les problèmes domestiques dans une optique internationale pour s'assurer que ça aille ensemble.

**G.P.**     *Vous aviez la chance de toucher des problèmes importants dans les années soixante-dix, puisque ces problèmes de stratégie industrielle, de réajustement industriel, étaient partout mentionnés comme les grands problèmes. Avez-vous l'impression que ce que vous aviez à dire comme économiste était entendu par les gouvernements?*

**P.-P.P.**     Ça peut vous paraître prétentieux, mais je crois que les idées véhiculées se retrouvent avec un délai plus ou moins long, disons 3 à 5 ans plus tard, dans des décisions ou des dossiers des gouvernements. Par exemple, le souci pour la question d'adaptation industrielle : j'avais travaillé un peu dans les textiles, dans les vêtements, alors j'étais très saisi du problème du vieillissement des structures industrielles. J'écrivais dans *Le Devoir* à ce moment-là, puis je rencontrais des gens un an ou deux après, qui me disaient : « On a lu tes affaires; il semblerait que tel concept, c'est quelque chose qu'on devrait tenter de pousser. » Puis quelques années plus tard, j'avais l'impression que du côté de l'adaptation industrielle, certaines idées avaient fait du chemin au sein du gouvernement au pouvoir au Québec. Et en ce qui concerne le souci pour l'international, je vois partout maintenant les résultats des travaux des années soixante-dix, tant sur le plan conceptuel que de la recherche et de la consultation auprès des comités des Chambres de commerce et avec des entreprises qui avaient des problèmes d'adaptation, de compétitivité ou de rentabilité. Alors oui, j'ai l'impression que des idées comme ça qui fusent de partout ont dans certains cas trouvé leur chemin jusqu'aux décideurs.

**G.P.** *Vous avez choisi pour diffuser votre pensée des véhicules assez peu conventionnels pour un universitaire, même si vous avez vécu jusqu'à tout récemment à peut près exclusivement dans l'université. Vous avez écrit dans* Le Devoir, *vous avez fait des travaux de consultation et travaillé pour des comités d'enquête comme le comité Bonin. Pourquoi avez-vous choisi ce type de canal pour diffuser vos idées?*

**P.-P.P.** Ce n'était peut-être pas une décision très raisonnée, mais il reste que pour influencer les politiques, il faut informer ceux qui les font, il faut échanger avec eux et aussi avec ceux qui les vivent. Ceux qui les vivent, ce sont les hommes d'affaire, donc les gens qui lisent *Le Devoir*. Ils ont chacun à leur façon une influence sur la formulation de politiques. Il fallait trouver un véhicule plus vaste que celui d'un périodique scientifique ou d'une salle de cours. Je dois dire cependant que j'ai bien aimé l'expérience de certaines salles de cours d'où sont sortis des gens qu'on retrouve dans la bureaucratie ou même en politique. Il s'agissait donc de créer des réseaux, de savoir s'éloigner de ce beau monde structuré de l'université, pour me retrouver très facilement à l'aise dans un autre milieu et avoir ce genre d'influence via d'autres moyens.

**G.P.** *Vous avez en particulier fait beaucoup de travaux sur le commerce intra-firme, sur les problèmes du mandat exclusif des multi-nationales, autant de choses qui n'étaient pas très populaires dans les années soixante-dix et qui sont devenues aujourd'hui des éléments du discours politique à tous les niveaux. Comment ces travaux ont-ils filtré?*

**P.-P.P.** Reprenons celui du mandat exclusif de production, qui a été fait avec un comité conjoint de la Chambre de commerce et du Board of Trade de Montréal. L'idée d'y travailler venait un peu du fait que j'observais aussi ce que les autres provinces faisaient dans divers domaines.

Je savais que les Ontariens travaillaient là-dessus, alors quand la Chambre de commerce a lancé des appels pour avoir des gens travaillant sur divers sujets, j'ai tout de suite offert de travailler avec ce comité en particulier. C'était une façon de travailler avec des gens qui se retrouvent sur des comités aviseurs ici ou là, sur un concept qui, quoique petit, était un des éléments d'un essai d'adaptation au monde changeant des années quatre-vingt. J'ai pu voir qu'en Ontario, par exemple, ils avaient leur comité sur les mandats exclusifs de production, ils en avaient beaucoup parlé, et ça a donné lieu à des efforts auprès d'entreprises. Au Québec, les gens ont énormément parlé de cet instrument, et je ne sais pas comment ça a été repris au niveau du gouvernement fédéral, mais je trouve dans le discours et dans les documents que je lis un souci de favoriser cet instrument-là. Je ne sais pas d'où ça vient ni qui l'a développé, mais c'est là.

Beaucoup des travaux de mes collègues universitaires sont pertinents, mais il y a toujours ce délai dont je parlais. Alors je me suis dit qu'une des façons de raccourcir les délais de mise en application de concepts intéressants développés en milieu universitaire, c'est de travailler le plus directement possible à le raccourcir. Je crois que les défis des années quatre-vingt sont tels qu'on ne peut plus se permettre le luxe d'attendre que les belles idées universitaires percent d'elles-même. J'ai donc voulu à ma façon accélérer ce processus. J'ai donc décidé d'y aller directement en gardant le contact avec le milieu universitaire et en tentant de traduire et transmettre le plus tôt possible les idées pour qu'on puisse arriver vis-à-vis nos concurrents sur le plan international à faire des choses qui seront intéressantes justement pour le marché du travail, la création d'emplois et le revenu des Canadiens.

*G.P.     Mais ce rôle de courroie de transmission que les économistes veulent souvent se donner en s'insérant dans le processus de formulation des politiques, ça les amène souvent à devenir un peu cyniques, puisqu'ils s'aperçoivent au contact de la politique que la rationalité traditionnelle a très peu de poids dans la construction de nos politiques. L'économiste qui demeure en vous, sous-ministre adjoint aux Affaires des petites entreprises au fédéral, est-il frustré maintenant qu'étant en mesure de mettre en place des solutions, il voit les contraintes politiques sur la situation économique?*

P.-P.P.     Non, au contraire. Je suis très enthousiasmé par le potentiel qu'il y a d'influencer les affaires. Je suis drôlement surpris, d'ailleurs. J'ai l'impression que le milieu politique se prête à influencer la mise au point de politiques de façon surprenante et c'est une chose dont je me réjouis. J'ai hâte de voir si ça va continuer. Si ça change, je changerai d'acteurs, je retournerai peut-être avec les gens qui, à leur façon, peuvent agir sur des avis et sont prêts à payer pour en recevoir. En fait, c'est un test. Il faut que les gens soient prêts à payer pour mes avis. S'ils le sont, je continuerai à leur en donner et s'ils ne le sont pas, je retournerai dans le milieu universitaire où je me mettrai à lire et à faire des choses intéressantes, à publier des articles.

**G.P.** *C'est assez surprenant, dans une réflexion d'étape chez quelqu'un à mi-carrière, cet optimisme cette foi en la capacité des économistes à transformer le monde, à changer les politiques, à avoir un impact positif important sur la dérive du monde dans lequel il vit.*

**P.-P.P.** Mais je ne pars pas non plus du même modèle de comportement économique. Je n'ai pas ce modèle de rationalité à tout prix et je n'utilise pas la même grille dans l'explication de tous les phénomènes que j'aborde. Ce qui représente des délais dans l'impact des idées à court terme ne me dérange pas, à condition que les directions de politiques à moyen terme soient approximativement celles que je vois ressortir des modèles. C'est peut-être pour ça que vous constatez que je n'ai pas les soucis qu'ont certains de mes collègues.

**G.P.** *Ce genre de pragmatisme qui fait que vous avez accepté de vous donner une économie politique assez floue, assez large, mais qui a prise sur le réel et guide vos enquêtes et vos recommandations, est-ce là le prix qu'il faut payer pour avoir le droit d'être optimiste, de penser qu'on peut avoir un impact sur la réalité?*

**P.-P.P.** C'est vrai qu'on y perd un peu de clarté, qui est importante dans la formation, mais ce n'est pas un grand prix à payer. Au contraire, c'est un enrichissement que de découvrir cela. Je n'ai pas ce souci d'être installé à l'aise et de pouvoir découvrir mes repères facilement. J'en ai, comme tout le monde, on a ses repères et ses grilles de décision, et certains découlent très directement de ces modèles-là, mais ils sont assez généraux et je peux me raccrocher sans avoir de souci.

**G.P.** *Ce que certains ont montré comme un conflit important entre le scientifique et le politique, ce n'est donc pas pour vous un empêchement de travailler?*

**P.-P.P.** Ah non, pas du tout. Le scientifique bien compris nous oriente, nous donne une toile de fond. Puis dans la réalité et dans les travaux qu'on doit faire, si on est dans un horizon temporel un peu plus court et dans le contexte politico-social-culturel, tel que je l'interprète, on peut se permettre une grande marge de manoeuvre. Il ne faut quand même pas laisser de côté les leçons qu'on a apprises, par exemple, la contrainte de compétitivité, qui est à mon avis une notion fondamentale : il faut donc s'assurer que les diverses choses que l'on fait puissent se concilier et aller dans ce sens-là, d'où un intérêt plus profond et des efforts plus réels pour certaines choses qui vont dans le cadre et la direction que suggère cette théorie. Mais il y a beaucoup de flou là-dedans, beaucoup de souplesse et c'est pourquoi je me trouver à l'aise.

**G.P.**        *Vous êtes donc encore prêt à faire un acte de foi dans la science économique, mais une science économique beaucoup plus élastique que celle qu'on vous a inculquée dans votre jeunesse.*

**P.-P.P.**      Oui, c'est assez juste. Je crois qu'il y a des leçons importantes à garder, mais ce sont des balises assez générales à l'intérieur desquelles il y a une grande marge de manoeuvre.

# PIERRE FORTIN
## Le 6 août 1983

Né à Lévis en 1944, Pierre Fortin a étudié en mathématiques et en science économique à l'Université Laval et à l'Université de Montréal, puis a fait des études avancées à l'Université de Californie à Berkeley. Il a enseigné au département de science économique à l'Université Laval de 1972 à 1988. Il est maintenant à l'Université du Québec à Montréal.

Pierre Fortin est un spécialiste de macro-économie, c'est-à-dire chômage, inflation, croissance économique. C'est le terroir sur lequel va porter le gros de ses travaux. Mais pour comprendre pourquoi le taux de chômage est tellement élevé au Québec, il va être amené à examiner les interventions gouvernementales qui sont créatrices de chômage — c'est le cas de la politique du salaire minimum — et à faire une étude importante de la question en contexte québécois.

Pierre Fortin est aussi un économiste qui a fait beaucoup de vulgarisation au cours de la dernière décennie et a pris une part active aux débats autour de la souveraineté-association au moment du référendum sur la question. — *G.P.*

***Gilles Paquet*** *Monsieur Fortin, qu'est-ce qui vous amène à délaisser les mathématiques pour vous consacrer à la science économique dans les années soixante?*

**Pierre Fortin** Pendant que je faisais mes études avancées en mathématiques, je me suis rendu compte que le mathématicien c'est quelqu'un qui est fait pour vivre seul ou avec quelques collègues, trois ou quatre à travers le Canada et peut-être sept ou huit à travers le monde. De sorte que n'étant pas intéressé à rester seul indéfiniment, j'ai décidé de marier mes intérêts sociaux avec ma formation scientifique et technique, de manière à joindre l'utile à l'agréable, en quelque sorte.

***Gilles Paquet*** *Vous allez donc partir pour faire des études de science économique à Berkeley. Pourquoi Berkeley et qu'est-ce que vous allez y chercher précisément?*

**P.F.** Berkeley, au fond, c'est un hasard. J'étais peut-être intéressé plutôt à aller dans l'est des États-Unis pour étudier; mais mon épouse préférait aller à l'Université de Californie et comme l'Université de Californie à Berkeley et l'Université Harvard et le MIT à Boston n'étaient pas tellement différents en terme de qualité, j'ai cédé à mon épouse et on a opté pour le soleil en même temps que pour la qualité des études, bien sûr.

**G.P.**      *Est-ce que vous aviez déjà décidé avant de partir ce que vous alliez étudier au niveau du doctorat à Berkeley?*

**P.F.**      Pas du tout. J'avais l'intention de m'attacher à des personnes que je trouverais là-bas, celles que je considérerais les plus intéressantes après les avoir vues fonctionner sur place, celles qui m'intéresseraient le plus à la fois dans leur enseignement et par le type de recherches qu'elles poursuivaient. Ça a donc été plutôt une désorientation. Les choix que j'ai faits ont été beaucoup plus influencés par la qualité des personnes et le type des sujets que ces personnes-là étudiaient que par une idée à priori de ce que je voulais faire.

**G.P.**      *Qui, à Berkeley, va vous amener à vous orienter vers la macro-économie?*

**P.F.**      Je pense que c'est essentiellement le professeur Bent Hansen, un macro-économiste, c'est-à-dire quelqu'un qui étudie le chômage, l'inflation, la croissance économique; il m'apparaissait avoir une personnalité assez extraordinaire et des intérêts qui m'attiraient aussi. C'est un personnage qui, après avoir été un bon théoricien de l'inflation au début des années cinquante, a eu une expérience concrète de la planification de l'économie et de la prévision économique à l'Institut de la conjoncture de Stockholm et qui, par la suite, a essayé d'appliquer la macro-économie au développement économique. La pédagogie de son enseignement m'avait particulièrement frappé. C'est donc cette personne-là qui, finalement, m'a le plus influencé. C'est aussi avec lui que j'ai rédigé une thèse de doctorat.

**G.P.**      *Comment définiriez-vous l'axe général de votre programme de recherches tout au cours des années soixante-dix?*

**P.F.**      Au fond, ce qui était la préoccupation de l'époque et qui est encore la préoccupation aujourd'hui *a fortiori*, c'était la question du maintien de l'emploi, de la stabilisation des prix et de la croissance économique. C'est à partir de ces problèmes-là qui m'intéressaient au plus haut point que j'ai décidé de mes orientations futures.

**G.P.**      *Vous commencez donc par une étude critique du comportement de la Banque du Canada en tant que gestionnaire de la politique monétaire canadienne. Quels sont les résultats de cette étude du comportement de la Banque du Canada dans les années soixante, début soixante-dix?*

**P.F.**      Ce fut une occasion de comprendre la substantifique moëlle, si vous me passez l'expression, de ce qu'est un banquier de banque centrale, comment ça pense, quels sont ses objectifs fondamentaux, ses préoccupations et le mode d'intervention qu'il cherche à réaliser pour influencer le gouvernement dans la prise de décision politique-économique.

**G.P.**     *Quand vous arrivez à Laval au début des années soixante-dix, vous poursuivez ce travail, mais on a l'impression que vous réussissez à faire déborder votre programme de recherches de sa concentration exclusive du début sur la politique monétaire, vers des problèmes plus vastes de chômage et d'inflation et vers les grandes politiques économiques en général. Qu'est-ce qui vous amène à élargir votre perspective?*

**P.F.**     C'est l'intérêt pour les problèmes eux-mêmes et la forme qu'ils ont pris dans les années soixante-dix. J'ai été, un peu comme tout le monde, surpris par la vigueur de l'accélération inflationniste qui a eu lieu de 1973 à 1983. C'est ce qui a été le principal casse-tête que la théorie économique et l'économie appliquée ont cherché à expliquer, à comprendre, à mesurer pendant ces années-là. Je me suis donc intéressé au problème de l'inflation qui, à l'époque, prenait de plus en plus d'importance et j'ai aussi continué à m'intéresser à la manière dont la banque centrale et les autorités gouvernementales voyaient le fonctionnement de l'économie, le comprenaient pour la prise de décision en matière de politique monétaire et en matière de politique budgétaire. C'est-à-dire qu'il m'est apparu que pendant les années soixante-dix, avec l'émergence croissante du problème de l'inflation, le problème de l'emploi a été, non relégué complètement aux oubliettes, mais relégué certainement à l'arrière-plan des intérêts de la politique économique. Et malheureusement, on a vu s'aggraver considérablement de 1973 à 1980, de manière assez lente mais progressive au début, puis de manière très aiguë dans les deux ou trois dernières années, le problème du chômage. Et c'est la recherche d'un *package* de meilleures interventions des politiques gouvernementales pour réconcilier les objectifs de stabilité des prix d'une part et stabilité d'emploi de l'autre qui m'a surtout motivé pendant cette dernière décennie.

**G.P.**     *Vous allez en 1980 publier une étude synthèse qui fait le point justement sur vos réflexions des dernières années, sur l'inflation et le chômage et la possibilité de régler, de réguler la conjoncture économique au Québec. Quels sont les résultats optimistes ou pessimistes de cette réflexion de quelques années sur notre capacité à réguler notre économie?*

**P.F.**     Il y a deux aspects à cette réponse-là. Le premier aspect c'est le plan technique. Je suis, moi, personnellement convaincu qu'on a en main des outils techniques qui nous permettent en principe, simplement en prenant l'outil monétaire et l'outil budgétaire, d'augmenter considérablement la performance des gouvernements sur le plan de la régulation de la conjoncture. D'autre part, à l'essai, si on regarde la manière dont ces outils ont été utilisés, par exemple, les taux d'intérêt, les déficits des secteurs publics, les impôts, les dépenses publiques, etc., dans les dix ou quinze dernières années, il est bien sûr que ça laisse énormément à désirer.

**G.P.**          *Cet optimisme contraste malgré tout un peu avec ce qu'on pourrait caractériser comme un pessimisme généralisé des économistes au cours de la dernière décennie, face à la capacité justement qu'ont les économistes et les gouvernements de suggérer des façons de réguler l'économie. Qu'est-ce qui, d'après vous, empêche cette capacité de jouer pleinement au Canada et au Québec?*

**P.F.**          Il y a deux sortes de blocage à mon avis. Le premier blocage provient des économistes eux-mêmes; il y a eu dans la dernière décennie tellement d'économistes qui ont développé des approches extrêmes à l'explication des fluctuations de la conjoncture en faisant des hypothèses, par exemple : les gens ont assez d'informations pour connaître assez bien le fonctionnement de l'économie et par conséquent dans un tel contexte, la politique économique serait inutile. Il y a des théories comme ça qui sont sorties, qui, à mon sens, n'ont absolument ni queue ni tête et qui ont lancé le message aux gouvernements que de toute façon, même s'ils intervenaient, ça n'avait pas vraiment de conséquences sur l'économie, que les politiques n'étaient pas vraiment utiles, qu'il fallait surtout se concentrer sur le long terme. C'est là le deuxième blocage. Mais malheureusement, ce n'est que dans les deux ou trois dernières années qu'on s'est rendu compte qu'en suivant ce genre d'approche-là, de l'« anticipation rationnelle » ou du « monétarisme », ça pouvait avoir des conséquences extrêmement désastreuses pour le fonctionnement de l'économie. L'emploi s'est effondré en Amérique du Nord et ailleurs depuis qu'on a appliqué ces approches-là. Et ce que j'espère, c'est qu'on apprendra d'ici quelque temps de cette expérience-là et que le balancier reviendra un peu plus au centre, après être passé d'un extrême où on pensait que la politique économique pouvait tout résoudre, à l'autre extrême où on pensait qu'elle ne pouvait aucunement, absolument rien résoudre à court terme, vers une position centriste où bien sûr, on mettra de l'eau dans son vin de chaque côté pour pouvoir se préoccuper des conséquences réelles de la politique monétaire, des taux d'intérêt sur l'emploi et des prix à court terme, par exemple.

**G.P.**          *Votre intérêt pour l'emploi et les politiques d'emploi vous a amené, Monsieur Fortin, à vous pencher sur le marché du travail et son fonctionnement, à montrer comment certaines aberrations politiques avaient contribué à fausser les jeux du marché du travail.*

**P.F.**          Oui, notamment dans l'étude que j'ai faite pour le compte du gouvernement du Québec en 1978 sur le salaire minimum. À cette époque-là, le salaire minimum au Québec était passé de 40 % à 55 % en proportion du salaire moyen, dans l'espace d'à peu près 4 ou 5 ans. Bien sûr l'objectif était très louable, c'est-à-dire qu'on voulait améliorer la position des plus défavorisés dans la société sur le marché du travail afin de leur permettre d'avoir des salaires plus élevés. Mais la seule chose qui se passe dans une telle circonstance, même si l'objectif redistributif du revenu est louable, c'est que lorsque vous augmentez les salaires, c'est bien sûr que les entreprises ont tendance à embaucher moins ces gens-là ou à les embaucher pour un nombre d'heures de travail plus réduit. Or, il s'agissait d'identifier l'effet que cette hausse du salaire minimum pouvait avoir sur l'emploi et quel en était en conséquence l'effet net sur la répartition du revenu, parce que si on augmente votre salaire de 10 % et que votre nombre d'heures de travail diminue de 20 %, vous ne serez pas plus avancé, vous allez avoir une baisse de revenu. Il s'agissait de savoir si au Québec on n'en était pas rendu à un point exagéré. Et la conclusion était que oui, on en était rendu à un point assez avancé et que par conséquent, si on voulait regénérer l'emploi, il fallait revenir à un niveau de salaire minimum qui, en proportion du salaire moyen, soit un peu plus raisonnable. D'ailleurs heureusement, ce qui a été adopté depuis deux ou trois ans comme politique du salaire minimum en proportion du salaire moyen, c'est de rétablir des proportions que j'appellerais un peu plus convenables et plus favorables à l'emploi.

**G.P.**        *Ce serait donc la preuve que les études des économistes peuvent influencer les comportements politiques, les politiques des gouvernements?*

**P.F.**        Je pense qu'il y a des conditions à ça, par exemple, d'être d'une part très sensible à ce que sont exactement les problèmes ressentis par la population et qui préoccupent les groupes sociaux, que ce soit le syndicat, le patronat ou l'État; et d'autre part, de chercher à éviter les extrêmes pour éviter de perdre toute la crédibilité qui est absolument essentielle si on veut travailler de manière efficace à convaincre les gens d'éviter les faux pas. Si on veut convaincre les gens de faire des pas dans certaines directions, il faut que, premièrement, on démontre clairement quels sont les avantages de faire ces pas-là et deuxièmement, qu'on ne cherche pas à leur faire faire tout d'un coup un pas trop considérable, qui change complètement toute la manière de penser dont ils sont tributaires après leurs longues années d'expérience, que ce soit en politique, dans la gestion d'entreprise ou dans le secteur syndical.

**G.P.**        *Vous avez été, Monsieur Fortin, un de ceux qui, en essayant de comprendre, de psychanalyser les hommes politiques, ont aussi accepté de prendre en compte le fait que leurs objectifs politiques, la souveraineté, par exemple, au Québec, pouvaient par moments contrecarrer certaines actions économiques qui semblaient s'imposer. Ce dosage de la politique et de l'économique, vous avez essayé de le comprendre en faisant l'analyse de la souveraineté-association.*

**P.F.**        Ça correspond à ce que je vous ai dit tantôt au sujet de mon intérêt à étudier comme statisticien, mathématicien ou économètre, sur le plan technique, enfin, les problèmes d'envergure majeure qui préoccupaient la population. La question du choix politique du Québec m'apparaissait en être un. Et bien sûr, je pense que c'est aussi une question de tempérament; personnellement ça ne me faisait absolument rien de me faire des amis ou des ennemis d'un côté ou de l'autre à dire exactement ce que je pense sur la question, alors que les économistes comme groupe ont peur parfois de ce qu'ils disent, parce que bien sûr le sujet est très politique, et craignent d'antagoniser des amis ou des gens qui peuvent les aider ou leur nuire un peu plus tard dans leur carrière. Je n'ai absolument pas d'inhibition de ce côté-là, en partie parce que ma femme est au travail et que j'ai la sécurité d'emploi, de sorte que je n'ai pas d'angoisse financière de ce côté-là. Je jouis de la liberté universitaire pleine et entière.

**G.P.**    *Et vous avez donc pu poser la question indiscrète suivante : est-ce que la souveraineté-association est économiquement viable?*

**P.F.**    Ma réponse à cette question-là était sans aucune hésitation affirmative, c'est-à-dire que la souveraineté-association, comme n'importe quelle autre forme d'organisation politique, comme le fédéralisme d'ailleurs, peut en longue période être aussi viable que n'importe quelle autre, parce qu'en plus longue période, les intérêts finissent par dominer les passions. Il me semblait, tout compte fait, que si on considérait les avantages et les inconvénients d'un système par rapport à l'autre, que ce soit sur le plan des politiques d'emploi ou d'inflation, sur le plan des politiques de développement économique, sur le plan du bilan des échanges entre les divers niveaux de gouvernement à l'heure actuelle ou dans l'usage d'une politique monétaire au niveau québécois ou au niveau fédéral, qu'il n'y avait pas de facteur décisif qui pouvait faire pencher la balance dans une direction ou dans une autre. De sorte que ma position était la suivante : même si la préoccupation de l'avenir économique était centrale dans la décision que les gens avaient à prendre dans le vote référendaire, le message central était que pour l'amour du ciel, il ne fallait pas baser cette décision sur des phénomènes économiques; la décision devait demeurer de nature purement politique puisque l'économique ne pouvait pas dire que la souveraineté-association serait meilleure ou pire que le fédéralisme; on devait donc prendre notre décision sur des bases beaucoup plus politiques qu'économiques.

**G.P.**    *Monsieur Fortin, vous avez été un des économistes au Québec qui ont fait le plus d'efforts de vulgarisation de science économique au cours de la dernière décennie. Pourquoi avoir choisi d'investir du temps rare dans une tâche aussi ingrate?*

**P.F.**    La demande d'information économique et d'explications de la situation de la conjoncture au Québec est en explosion depuis une dizaine d'années, tout spécialement bien sûr dans les quelques dernières années où la situation s'est considérablement détériorée. Au cours des deux dernières années, j'ai calculé ça il y a quelques jours, j'ai fait à peu près vingt-quatre conférences pour expliquer ce qu'est la crise économique à toutes sortes de groupes, de l'Assemblée des Évêques du Québec jusqu'à la Chambre de commerce de St-Félicien. Partout j'ai trouvé un intérêt extraordinaire à l'économie et aux affaires, et j'ai rencontré des gens, d'autre part, qui m'ont beaucoup appris et sur les conditions réelles du vécu de l'économique et qui m'ont par la suite aidé à définir mon jugement sur ce qui est important comme sujet d'étude dans mon propre travail. En ce sens, il s'est agi beaucoup plus d'un échange que d'une espèce de volonté d'aller expliquer la situation aux gens qui ne comprennent pas. J'ai autant bénéficié de ces rencontres qu'apporté, je pense, aux gens que j'ai rencontrés. D'autre part, j'ai une vision de l'université qui est la suivante : la population met des milliards et des milliards dans les universités au cours d'une décennie et j'estime qu'elle est en droit de s'attendre à ce que ses impôts finissent par donner un certain rendement; la fonction de vulgarisation et de service directement à la collectivité des universitaires, au-delà de la fonction d'enseignement et de la recherche proprement dite, est primordiale pour répondre aux besoins des gens. Nous sommes des fabricants d'information et des courtiers en information et je pense que c'est notre responsabilité d'intervenir du mieux qu'on peut; bien sûr, tout le monde ne peut pas avoir la même facilité pour le faire, mais dans la mesure du possible, il faut répondre à ces attentes-là de la population.

**G.P.**　　　*Voilà à peu près 10 ou 15 ans que vous avez commencé votre carrière d'économiste. Si vous jetez un coup d'oeil rétrospectif, est-ce qu'on peut dire, sauf dans le cas du salaire minimum où votre étude a manifestement eu une influence assez importante, que ces 10 ou 15 années de travail ont eu un impact sur la formation de nos politiques au Canada?*

**P.F.**　　　Je pense qu'avant d'avoir un impact, il faut dépasser 40 ans. Comme je n'ai pas encore 40 ans, je ne peux pas vous donner la réponse. Je travaille à l'Université Laval au sein du Groupe de recherche en politique économique. Dans plusieurs domaines, non seulement le salaire minimum mais aussi l'épargne, la fiscalité, les pensions et l'aide sociale, je crois que nos études ont eu, surtout jusqu'ici sur le gouvernement du Québec — mais je ne vois par pourquoi ça ne pourrait pas se poursuivre au niveau fédéral éventuellement — une influence qui n'est pas totale, assurément, mais du moins partielle sur les politiques et l'évolution de la pensée des décideurs de politiques économiques québécois. Dans ce sens-là, c'est la raison centrale qui me pousse à vouloir poursuivre dans cette direction. En ce qui concerne les questions d'inflation, de chômage, de taux de change, de politique monétaire au niveau fédéral, les résultats ne sont pas encore aussi évidents, mais c'est précisément parce que notre insertion dans ce milieu-là n'a débuté qu'il y a deux ou trois ans. Je pense qu'on verra les résultats dans quelques années. Je suis personnellement optimiste de ce côté-là car, contrairement à ce qu'on pourrait penser, je pense que les hommes politiques sont des gens qui sont très ouverts à la consultation et aux idées. Mais il faut premièrement que ces idées soient claires, et souvent les universitaires ont tendance à écrire de manière tellement nébuleuse et incompréhensible, alors qu'ils insistent eux-mêmes toujours sur la qualité de la communication, qu'ils sont disqualifiés au point de départ. Une autre condition, c'est d'adopter une position qui aide les gens à faire des pas dans une certaine direction, mais qui fasse continuité avec les institutions en place. Les radicaux dans notre société, les extrêmes, n'ont pas d'avenir. Et troisièmement, je pense qu'il est important pour ceux qui veulent travailler dans une perspective d'amélioration des politiques économiques de développer un réseau de communication assez poussé, parce que, bien sûr, si on ne rencontre jamais personne, qu'on reste recroquevillé dans son petit ghetto universitaire, il ne faut pas s'imaginer que les gens à l'extérieur, pas seulement au niveau politique mais aussi dans le domaine des entreprises et dans celui de l'organisation du travail, des syndicats, que ces gens-là vont venir nous voir pour nous demander notre opinion. Il faut développer une certaine capacité à sortir de l'université, à parler avec les gens.

# HENRI-PAUL ROUSSEAU
## Le 13 août 1983

Né à St-Éleuthère en 1948, Henri-Paul Rousseau a étudié à l'Université de Sherbrooke en service social et en science économique, avant d'aller compléter ses études de maîtrise et de doctorat à l'Université de Western Ontario. Il a enseigné à l'Université du Québec à Montréal de 1973 à 1975, avant de passer à l'Université Laval, puis de devenir cadre supérieur de la Banque Nationale du Canada.

Dès le début de sa carrière, Henri-Paul Rousseau se spécialise dans les phénomènes monétaires et financiers. Ses travaux sur les problèmes financiers l'ont amené à participer à la contruction du rapport sur les régimes des rentes au Québec, à analyser l'utilité d'une monnaie québécoise à la lueur des expériences monétaires faites ailleurs, et à jouer un rôle central dans le groupe de travail sur l'épargne au Québec. Il a aussi été l'un des experts-conseils lors de la récente enquête sur les profits « excessifs » des banques par un comité de la Chambre des communes à Ottawa. — **G.P.**

**Gilles Paquet**     *Monsieur Rousseau, au moment où vous étudiez à Sherbrooke à la fin des années soixante, il y a une révolution en train de se faire dans la pensée économique. Cette révolution vous rejoint-elle à Sherbrooke?*

**Henri-Paul Rousseau**     J'avais lu les travaux de Clower et de Leijhonhufvud à la fin des années soixante et ça m'avait marqué profondément; ça répondait à plusieurs questions que je me posais après avoir lu la théorie générale de Keynes, et j'aimais ça, ça me semblait être un second souffle et c'est là que j'ai décidé d'aller en économie monétaire.

**Gilles Paquet**     *En économie monétaire, on étudie où au Canada à ce moment-là?*

**H.-P.R.**     Western avait à l'époque, comme c'est encore le cas maintenant, un département d'économie monétaire relativement fort. Je pouvais également profiter du fait qu'il y avait un programme de professeurs invités, où sont passés Don Patinkin, Robert Clower et plusieurs autres. C'était un endroit rêvé pour se plonger dans la théorie et faire la démarche que je voulais faire.

**G.P.**     *Vous partez pour un an, vous restez trois ans à l'Université de Western Ontario. Quels sont les gens là-bas qui vont conformer votre programme de recherche, orienter vos travaux?*

**H.-P.R.**    Ce sont des gens comme Tom Courchene et Joel Fried et finalement, mon directeur de thèse, Peter Howitt (qui est toujours là) qui vont m'encadrer et me stimuler. En fin de compte, je me suis facilement laissé convaincre de demeurer là puisque le coût de changer d'université après un an était relativement élevé et puisque ça me plaisait et que je m'étais déjà installé.

**G.P.**    *Vous allez travailler sur les finances provinciales de l'Alberta. Qu'est-ce qu'il y a d'intéressant dans le cas albertain à ce moment-là?*

**H.-P.R.**    À ce moment-là, on n'a pas eu la crise énergétique, on n'a pas eu la crise du pétrole et l'Alberta a ceci de particulier que sa dette est pratiquement inexistante. Elle a hérité d'un gouvernement qui pendant des années a eu comme ligne de conduite de ne pas emprunter. En Alberta, assez curieusement, le gouvernement est une unité en surplus à cause essentiellement de deux choses : les revenus du pétrole qui sont quand même assez importants à l'époque, le rôle du secteur public qui est plus petit et aussi le fait que les revenus agricoles sont importants. De sorte que j'avais écrit aux dix provinces canadiennes pour leur dire que je cherchais les données mensuelles. J'étais très exigeant sur les plans budgétaires du gouvernement et ses réalisations puisque je voulais utiliser ces données comme test de mon modèle théorique. Et l'Alberta a été parmi les provinces qui m'ont reçu le plus chaleureusement. Ils ont même mis sur ordinateur tout ce dont j'avais besoin, c'était un véritable cadeau. Surtout que j'avais quand même eu tous les contacts avec Québec, mais les données se présentaient différemment et c'était assez laborieux, ça demandait un travail de bénédictin pour les analyser, et j'en ai fait un projet de recherche plutôt qu'une thèse de doctorat.

Mon père est un cultivateur et ma mère, institutrice. J'ai toujours été fasciné par le monde social, mais aussi par les aspects financiers de notre comportement collectif et individuel. À titre d'exemple : ça m'a toujours frappé l'histoire des bas de laine. Quand j'étudiais l'histoire du Canada, ça m'avait frappé le comportement des colons avant et après la conquête; l'utilisation de la monnaie sous forme de cartes à jouer m'avait toujours fasciné ainsi que la répartition de la richesse, toute notre évolution historique en fait. Et plus près de nous, il y a des choses assez étranges pour un économiste, s'il les regarde à travers une grille économique : la question des Caisses d'entraide, c'est un mystère. L'histoire du développement des Caisses populaires au Québec n'est pas écrite, je veux dire l'histoire économique comme telle : pourquoi elles existent, pourquoi ce secteur a pu se développer et comment il a réussi à faire ce qu'il a fait et à quel coût et à quel gain. Cela reste à faire et ça m'a toujours fasciné; et c'est pourquoi je n'ai jamais été réticent, au contraire, lorsqu'on me sollicitait pour aborder des problèmes concrets qui touchaient la société québécoise du point de vue financier.

**G.P.**     *Vous vous êtes intéressé à cette très grosse institution québécoise qu'est la Caisse de dépôt à un moment où personne n'y portait beaucoup attention.*

**H.-P.R.**     Oui c'est vrai. Je suis peut-être une des rares personnes au Québec à avoir tous les rapports annuels, les lois, les amendements et tout ce qui concerne la Caisse de dépôt depuis le début et peut-être tout ce qui s'est écrit. C'est un projet que j'ai depuis plusieurs années. Je suis intervenu de temps en temps dans le débat qui a eu lieu, mais en fait, je prépare de longue main, une oeuvre, un texte ou un livre, je ne sais pas quelle allure ça aura, sur la Caisse de dépôt et de placement.

Ce J'ai été assez chanceux puisque lorsque Cofi-rentes a été mis sur pied, c'est-à-dire le comité qui devait étudier le financement des régimes de rentes au Québec, soit le régime public et le régime universel, on m'a demandé d'étudier les aspects financiers du régime de rentes et donc, par ricochet, les questions relatives à la Caisse de dépôt.

**G.P.**     *On est en 1975–1976. Cofi-rentes, ça correspond à quoi dans la conjoncture politique et économique des années soixante-dix?*

**H.-P.R.**     Ça correspond à ceci : c'est que le Québec est le premier à l'époque qui se pose la question du vieillissement de la population, du déficit actuariel de ses régimes de rentes, et qui se demande qui va payer la rente aux futurs retraités. On savait déjà dans les années soixante lorsqu'on a créé ces régimes, qu'il faudrait un jour les réviser. Alors, au moment où la conjoncture est bonne sur le plan économique, du moins comparativement à ce qu'elle était et à ce qu'elle est encore aujourd'hui, Québec prend un peu les devants et lance ce comité sur la réforme des régimes de rentes (on est maintenant en 1983, la réforme n'a pas eu lieu et l'ensemble des autres gouvernements provinciaux et le gouvernement fédéral, et même le gouvernement américain récemment, ont tous sorti un rapport sur la question). À l'époque, de plus en plus de gens commencent aussi à se poser la question, mais c'est en circuit fermé, du rôle de l'État et du rôle des institutions publiques dans le développement économique. Donc, c'est une conjoncture d'initiés et qui fait que même si Cofi-rentes est public, il fait la manchette, il retient l'attention pour le temps de sa publication, mais on ne lui donne pas suite. Il faut en fait attendre la conjoncture toute récente pour que le problème se pose.

**G.P.**     *Arrive le comité Bonin où on va se demander ce que devraient être les structures et les institutions économiques dans le cas d'une indépendance québécoise. Vous êtes ramené là à des problèmes monétaires, puisqu'on vous demande d'étudier l'union monétaire, les monnaies nationales. Qu'est-ce que vous tirez de ça, puisqu'après avoir fait des travaux théoriques sur les monnaies et avoir compris mieux les institutions* *locales, c'est un petit peu une invitation à penser à des réformes possibles que le comité Bonin vous propose.*

**H.-P.R.**    Bernard Bonin était sous-ministre adjoint à l'époque. Il était chargé du contenu économique du dossier souveraineté-association et de rassembler les études nécessaires. Il nous avait d'abord réuni, plusieurs d'entre nous, des universitaires, des praticiens du monde de la finance au Québec, on était peut-être une vingtaine, pour faire la liste des principales questions concernant la monnaie québécoise ou l'union monétaire. Et parmi tous les problèmes soulevés — il y en avait plusieurs, vous vous en doutez bien, et le débat sur le référendum l'a confirmé — il y avait celui de l'intégration politique et de l'intégration monétaire, à savoir s'il est possible d'avoir une union monétaire lorsque deux pays sont politiquement indépendants? Est-il possible de diviser certains secteurs de la vie publique tout en ayant des secteurs communs?  On a abordé la question du point de vue théorique, idéologique, politique et moi, finalement après tout ce débat, j'ai voulu avec Bonin et d'autres, en fait c'est comme ça que mon travail a commencé, regarder la question sous un angle beaucoup plus historique, c'est-à-dire aller voir les cas de désintégration politique où il y a eu maintien du lien monétaire comme les cas d'intégration politique qui ont donné lieu à une intégration monétaire. Alors, on peut comprendre facilement : le Canada a une intégration monétaire complète après la formation du pays, c'est-à-dire qu'il a une banque centrale et un responsable politique au niveau monétaire. Alors là, j'ai étudié des cas comme Israël et l'Irlande, qui sont des cas de désintégration politique mais avec des histoires monétaires différentes. Le cas le plus fascinant, sur lequel j'ai vraiment appris des choses qui, je pense, ont contribué au débat, c'est le cas de l'Irlande, puisqu'en 1922 lorsque l'Irlande est devenue indépendante, elle a maintenu en fait jusqu'à l'éclatement du système monétaire international dans les années soixante-dix, un lien très rigide avec la banque d'Angleterre. Et j'ai toujours pensé, et j'avoue que je le pense encore aujourd'hui, que si jamais le statut politique du Québec changeait, le lien monétaire, qu'il soit un lien aussi rigide que celui de l'Irlande ou un lien de quasi-union monétaire, c'est-à-dire à taux complètement fixe, serait probablement encore la solution adoptée, du moins dans les premiers temps. Et je pense que cette pièce au dossier, ainsi que les travaux de mon collègue Bernard Fortin sur les aspects théoriques et de Vely Leroy sur les aspects organisationnels, a beaucoup contribué au débat. Mais évidemment la question est demeurée ouverte puisque la réponse au référendum est celle que l'on connaît.

**G.P.**    *Il semble malgré tout que ces travaux-là, si on ne peut pas en trouver la trace dans la réalité politique, ont peut-être réussi à exorciser cette idée de la monnaie nationale comme étant la condition essentielle de toute liberté politique.*

**H.-P.R.** Oui, mais je pense qu'il y a encore des tenants avoués d'une monnaie québécoise et des tenants d'une unité monétaire. Le débat n'est pas clos et ces travaux-là n'y mettent pas terme parce que fondamentalement, l'histoire du monde l'a démontré, ce sont essentiellement les discussions politiques et collectives qui sont déterminantes. Comme économiste, on peut éclairer les choix, mais c'est sûr que ce n'est pas nous qui les dictons.

**G.P.** *Au cours des derniers cinq ans, Monsieur Rousseau, on a l'impression qu'après avoir examiné les grandes institutions publiques ou les grands débats au niveau macro-économique, vous avez commencé à vous intéresser à des problèmes beaucoup plus particuliers : le problème de l'épargne — vaste dans ses ramifications mais qui vous donne la possibilité de mettre en place une sorte de perception globale de ce monde financier que vous étudiez maintenant depuis une dizaine d'années.*

**H.-P.R.** Oui, le groupe de travail sur l'épargne avait été mis sur pied, dès la deuxième année, je crois, du premier mandat du Parti québécois. Il y avait à l'époque tout un a priori qui circulait : le Québec financerait, disait-on à l'époque, l'extérieur; l'épargne des Québécois est mal utilisée; les institutions financières fonctionnent mal; il y avait toute une série d'a priori plus ou moins fondée qui faisait en sorte que le débat demeurait même pas à un niveau idéologique, mais à un niveau factuel incorrect, c'est-à-dire qu'on n'avait même pas les faits de façon cohérente, de façon systématique et chacun y allait de ses chiffres et de ses théories. Le groupe de travail avait un mandat assez vaste et était relativement bien occupé, sauf qu'on avait relativement peu de statistiques, peu d'informations. Et ça a été un travail de bénédictin que je ne referais jamais et que je n'encourage personne à refaire, de remonter secteur par secteur des séries et de se faire une perception de qu'est-ce qui se passait réellement, en ayant le moins possible d'a priori politique. Là-dessus je dois rendre hommage aux gens avec qui on a travaillé, on était une dizaine autour de la table et les gens ont vraiment fait l'effort de sortir les questions telles qu'elles étaient et on a fait un travail collectif assez extraordinaire. De sorte qu'on a pu mettre sur la table des problématiques et quelques éléments de solution, mais c'est un dossier qui est encore là et moi qui le vois aller dans la pratique, je me rends compte que c'est beaucoup plus les événements extérieurs qui ont donné suite à la mise en place ou pas de certaines propositions.

Par exemple, la question du financement dans l'agriculture. On avait soulevé là plusieurs problèmes. Alors on se rend bien compte que la conjoncture économique des années récentes a été une occasion pour le gouvernement et pour l'ensemble des gouvernements de revoir leur politique des finances dans le secteur agricole. Dans le cas de la question des Caisses d'entraide, on l'avait mentionnée en douce dans le rapport du groupe de travail sur l'épargne, parce qu'on ne voulait pas créer le problème, mais les problèmes de liquidité et de capitalisation existaient déjà et finalement, c'est la crise de l'été 1981 qui a donné lieu à une solution. Il y a plusieurs autres exemples. Mais il y a plusieurs choses encore qui dorment au dossier : la question de la loi sur les compagnies de fiducie, sur laquelle le gouvernement fédéral n'a pas encore véritablement bougé, mais on a vu l'histoire récente des compagnies de fiducie en Ontario qui a amené en fait tout l'appareil gouvernemental à regarder ça de plus près. On avait parlé de l'indexation de l'assurance dépôt; ça s'est fait mais ce n'est pas nécessairement à cause du groupe de travail sur l'épargne. Plusieurs des propositions qui avaient été faites se sont traduites par des gestes, mais il y a très peu de gens qui vont faire le lien avec les suggestion du groupe de travail. On avait mis sur la table des problèmes, certaines solutions, mais il reste beaucoup à faire. En fait, je pense que la loi sur les Caisses d'épargne et crédit va, un jour ou l'autre, être révisée. Toute la rationalisation que le secteur privé a faite au cours de la crise, de la conjoncture récente va amener nécessairement des changements au niveau juridique.

**G.P.**    *Vous êtes ensuite allé jeter un coup d'oeil dans le monde des banques canadiennes; c'était un pan de ce paysage économique et financier canadien que vous connaissiez moins bien puisqu'il était extra-territorial. Vous êtes allé travailler pour le Comité qui a examiné, il y a quelques années, les « profits excessifs » des banques.*

**H.-P.R.**    Pour un universitaire qui enseigne la monnaie et les banques et qui travaille dans le secteur financier, c'était une occasion rêvée. Lorsqu'on m'a demandé si j'étais capable de me libérer de mon employeur pendant un bout de temps pour travailler sur ce comité, j'ai répondu : j'espère que je pourrai me libérer. C'était en fait une occasion de scruter à la loupe, même si le rapport est finalement d'environ 175 pages, une quantité inimaginable d'informations sur le fonctionnement de ce grand monde qu'est le secteur bancaire canadien. Et pour moi, ça a été une occasion de parfaire ma formation, tout en contribuant au dossier, et de connaître de plus près le fonctionnement du secteur bancaire et certains de ses aspects qui, comme universitaires, nous échappent, par exemple la taxation, c'est un aspect important des banques; d'autres aspects comme la gestion quotidienne des réserves, le rôle du capital permanent, toutes ces questions-là ont une influence sur la croissance et la rentabilité des banques. Ce travail m'a aussi donné l'occasion de connaître un peu mieux le fonctionnement du parlementarisme canadien, parce que c'était un comité de la Chambre des communes avec toutes les contraintes que ça veut dire. Par exemple à 17 h 30, au moment où la réunion se termine, deux députés arrivent pour demander réponse à telle question; la majorité des universitaires, je pense, n'a jamais eu à faire le travail que les gens de l'équipe de recherche font. Ça nous demande donc de passer une partie de la nuit pour trouver la réponse, parce qu'on veut ça pour demain matin. C'est un monde qui est très différent du milieu universitaire où c'est toujours supposément pour demain matin, mais en fait, ce n'est jamais pour demain matin; c'est beaucoup plus lent, beaucoup moins stressant. Alors pour moi, ça a été un apprentissage d'un milieu de travail différent aussi. Et le secteur bancaire canadien n'a pas fini de faire parler de lui; ça va toujours demeurer. Mais il m'apparaît à peu près certain qu'une enquête sur les profits des banques, il n'y en a pas eu depuis 100 ans, et on peut penser que ça va prendre un bon nombre d'années avant qu'il y en ait une autre.

**G.P.**      *Il semble pourtant qu'au moment où on commençait à penser dans le public, chez les parlementaires, que les profits des banques étaient extrêmement élevés, ce qui a enclenché tout le processus de mise en place d'une commission d'enquête, c'était justement le moment où les valeurs en bourse des banques canadiennes tombaient, où les banques canadiennes étaient à leur plus faible sur le plan financier. C'est un paradoxe.*

**H.-P.R.**      J'ai terminé récemment un petit texte de remise à jour de ces questions des banques et on s'aperçoit que les gens ont tendance à mesurer les rendements simplement en prenant le pourcentage d'augmentation ou les montants en dollars. Et curieusement, si on demande aux gens de juger de la qualité de leurs placements ou de la gestion de leurs propres affaires, ils vont toujours regarder le taux d'intérêt que la Caisse populaire leur offre ou le taux d'intérêt que la banque offre. Or, dans le cas des banques, il faut appliquer le même raisonnement, il faut regarder le taux de rendement sur l'actif et sur l'avoir des actionnaires. Or, les députés et l'opinion publique à l'époque ont parlé des milliards de dollars de profit sans les convertir en taux de rendement, sans parler des pourcentages d'augmentation. Ça c'est la première chose qui explique pourquoi on a instauré cette enquête sans que ce soit vraiment nécessaire après coup. Deuxième aspect cependant, il faut dire que c'est bien que l'enquête ait eu lieu, c'est qu'à cette époque, on est en plein milieu de la récession, c'est à l'été 1982, et les faillites sont spectaculaires. On se pose des questions sur Dome Petroleum, sur Massey-Ferguson et en même temps, on découvre que les banques canadiennes ont financé tout ce grand monde très facilement. En fait, le secteur bancaire canadien, à travers cette récession qu'on vient de vivre, a véritablement changé de cap. Avant c'était assez facile de prévoir les profits des banques, de l'extérieur on pouvait regarder à peu près la croissance de l'actif, un petit coup d'oeil sur les taux d'intérêt et si on était assez chanceux d'avoir de l'information interne que certains courtiers avaient sur l'augmentation des coûts de production ou du fonctionnement des banques, les questions de prêts douteux, de réserves pour prêts douteux n'étaient pas tellement importantes. Or maintenant, en fait, ce n'est plus la quantité de l'actif qui importe pour les banques et leurs actionnaires leur ont dit, c'est beaucoup plus la qualité. On regarde de très près les pertes sur prêts et on assiste à un changement des mentalités de fonctionnement, ce qui a ses bons côtés dans le sens qu'on ne voudrait pas qu'une grande banque canadienne soit prise et fasse faillite; le gouvernement aurait un énorme problème avec plusieurs déposants. Mais en même temps ce néo-conservatisme bancaire, qui est nécessaire à cause des risques de la conjoncture actuelle, peut faire en sorte que la reprise économique soit moins vigoureuse qu'avant parce que tout le monde est plus prudent, les consommateurs sont plus prudents, les entreprises sont plus prudentes et tant que le marché n'aura pas changé son attitude, je pense qu'on va avoir un comportement beaucoup plus prudent de la part des banques.

Ces dix années de travaux pratiques reliés à des problèmes de politique économique et des travaux qui s'éloignent des domaines de la tour d'ivoire de l'universitaire, m'ont donné une vision que je n'avais pas et m'ont permis de définir des projets de recherche et des sujets de thèse pour les étudiants, de sorte que c'est tout un chantier que j'ai ouvert depuis quelques années et que j'ai pu systématiser durant mon année sabbatique.

**G.P.**    *Ces chantiers ont produit des propos d'étapes, des projets de réforme. Est-ce que vous avez l'impression après dix ans que ces travaux ont eu un impact sur les politiques gouvernementales?*

**H.-P.R.**    Il m'est très difficile de répondre à ça. Ce que je peux dire, comme d'autres, je ne suis pas le seul, c'est qu'on a soulevé des problèmes comme universitaires lors de ces travaux ou lors de d'autres choses qui ont donné écho. Je prends l'exemple de la capitalisation de l'entreprise canadienne et québécoise. On n'est pas les seuls, c'est certain, plusieurs autres l'ont mentionné, mais on a profité à l'occasion des revues ou des tribunes qui nous étaient offertes pour taper le clou comme on dit, pour identifier le problème, puis les solutions qui existent pour le régler. Alors, les derniers budgets des gouvernements semblent indiquer qu'effectivement on a reconnu ce problème-là et on a mis des solutions qui ne sont peut-être pas les meilleures, l'expérience le dira, pour améliorer ce capital permanent parce qu'après tout dans un monde capitaliste et au coeur du capitalisme comme l'est le Québec en Amérique du Nord, il est essentiel que les entreprises aient ce capital permanent et c'est peut-être une chose qui manquait. Il y a plusieurs autres exemples où la recommandation était de ne pas faire telle chose. C'est peut-être un des rôles les plus importants que j'ai joués et personne ne le saura jamais, sauf ceux à qui j'ai dit de ne pas le faire et qui ne le feront pas. Mais ça fait partie du métier lorsqu'on nous demande : est-ce qu'on peut... qu'est-ce que vous en dites... quelle conclusion économique pouvez-vous tirer de tel projet qu'on a l'intention de faire... Et lorsque notre réponse c'est : à mon avis, sur la base de ce que je connais et pour les arguments qu'on donne, vous ne devez pas le faire, eh bien, c'est une contribution, mais qui minimise les coûts et qu'on ne peut pas mesurer.

**G.P.**    *Et à votre avis, il y en aurait plusieurs de ces omissions créatrices que les économistes auraient engendré au Québec de par leurs conseils?*

**H.-P.R.** Je pense que c'est peut-être la principale contribution des économistes. Les idées ne manquent pas, le monde politique est plein d'idées, la société a des tribunes sur lesquelles plein d'idées, plein de suggestions sont lancées. Souvent notre travail consiste, un peu désagréablement, à dire que c'est une bonne idée, mais que ça coûte trop cher. C'est un travail relativement ingrat, parce que c'est assez plate de dire à quelqu'un : c'est une bonne idée, mais ça coûte trop cher. Et le pire c'est que souvent on peut malgré tout se tromper.

# MARC GAUDRY
## Le 20 août 1983

Né à Montréal en 1942, Marc Gaudry a étudié à l'Université de Montréal, à l'Université Oxford en Angleterre, à Paris aussi, avant d'aller faire un doctorat en science économique à l'Université Princeton aux États-Unis. Il enseigne depuis à l'Université de Montréal où il est rattaché au Centre de recherches sur les transports.

Marc Gaudry, c'est un économiste des transports, qui s'est donc fortement spécialisé dans un sous-champ de la science économique. C'est aussi un économiste technicien, qui parle volontiers de ses analyses économiques et économétriques comme de la plomberie. Un économiste prudent aussi, qui affirme être bien plus intéressé à connaître l'impact de certaines décisions que de vouloir recommander des façons de rebâtir le monde.

Même si les travaux de Marc Gaudry ont beaucoup porté sur le réseau de transport urbain à Montréal, l'outillage et les logiciels de calcul des probabilités qu'il a construits pour cette analyse ont eu des applications diverses dans d'autres domaines — aussi variés que la recherche sur le cancer et l'éducation — et ont été empruntés par une vingtaine de pays pour des usages de toutes sortes. — *G.P.*

*Gilles Paquet*     *Monsieur Gaudry, qu'est-ce qui vous amène à la science économique dans les années soixante?*

**Marc Gaudry**     Je suis allé en science économique parce que je n'ai pas pu aller en chimie. J'ai travaillé dans des laboratoires à Ville LaSalle. J'ai très mal réagi aux produits chimiques et je suis devenu très malade. Le directeur du laboratoire m'a mis à la porte, alors il a fallu que je me ré-oriente.

*Gilles Paquet*     *C'est donc une sorte de « rebound » qui fait que vous aboutissez à l'économie, mais quand vous faites de l'économie à Oxford, est-ce que déjà très rapidement vos intérêts vont se centrer sur certains sous-champs de la science économique?*

**M.G.**     Non, pas du tout. Quand je suis arrivé à Oxford avec l'intention de faire de l'économique, je ne savais pas vraiment de quoi il s'agissait. Alors on m'a envoyé parler à un nommé Hicks que je ne connaissais pas et suivant la coutume là-bas, je me suis invité au thé. Je suis donc allé le voir et il a cherché à me dissuader de faire de l'économie. Il m'a dit : « Je ne suis pas vraiment contre la science économique, mais je vous conseille de faire d'abord de la philosophie. C'est ce que j'ai fait moi-même quand j'étais jeune, beaucoup de professeurs d'économique ont fait d'abord de la philosophie. Vous ferez de l'économique quand vous serez plus vieux. » Je me suis rendu compte seulement beaucoup plus tard que ce Hicks auquel j'avais parlé, c'était un futur Prix Nobel. Il était une des personnes les plus connues dans le domaine. J'en souris maintenant de penser que le plus grand prof d'économie d'Oxford avait cherché à me dire qu'il fallait d'abord faire autre chose.

**G.P.**     *Et est-ce que vous avez fait autre chose, est-ce que vous avez suivi ce conseil de John Hicks?*

**M.G.**     Oui, à court terme. Durant mes premières années là-bas, j'ai fait beaucoup de philosophie. J'ai même pensé pendant un certain temps à devenir prêtre, alors j'ai fait plusieurs années de théologie, mais sans jamais arrêter de travailler en économie. L'été, je finançais mes études en travaillant aux chemins de fer nationaux et l'hiver, je retournais en Europe pour étudier ou la philosophie ou la théologie. Lorsqu'en fin de compte, j'ai décidé de ne pas devenir prêtre, j'ai vraiment décidé de continuer à plein temps en science économique et je suis allé faire un doctorat aux États-Unis.

**G.P.**     *Et est-ce qu'à Princeton vous êtes allé chercher des réponses à des questions que vous aviez découvertes en travaillant pour les chemins de fer nationaux?*

**M.G.**     Non, je suis allé à Princeton parce que plusieurs amis au Canada m'ont dit : ne viens pas chez nous. Alors je suis allé à Princeton en partie pour des raisons négatives, parce que de bons amis à Toronto et à Montréal m'avaient conseillé de ne surtout pas étudier ici. Alors, je suis arrivé là-bas sans penser explicitement au transport; en fait, à ce moment-là, la pédagogie de l'enseignement de la science économique était très centrée vers la macro-économie — elle l'est encore d'ailleurs — et l'intérêt pour les études sectorielles était très peu développé, du moins au moment de faire ma thèse. Certains de mes patrons de thèse auraient préféré que je m'intéresse à des questions macro-économiques ou à la limite à des choses comme : qu'est-ce qui arrive si un pays se désagrège. Les gens s'intéressaient beaucoup aux problèmes de l'unité canadienne et se demandaient si, après avoir fait pendant 30 ans la théorie de l'intégration économique, on pouvait faire la théorie de la désintégration économique. Mais personnellement, j'ai choisi un sujet plus terre-à-terre parce que je croyais que les travaux en macro-économie avaient, ce que les économistes appellent des rendements décroissants et qu'on avait atteint depuis un certain temps, la période des rendements faibles.

**G.P.**        *Est-ce qu'à Princeton quelqu'un a pu vous guider ou vous appuyer dans votre décision de faire des recherches dans le domaine du transport?*

**M.G.**        Ah non, pas immédiatement. En pensant à des secteurs, j'ai pensé à des choses à la mode. Il y avait à ce moment-là beaucoup de gros travaux, genre Jeux Olympiques, Expo, beaucoup de pays s'y intéressaient. Je m'étais dit à ce moment-là qu'il faudrait voir si ces événements étaient rentables pour un pays. Alors au moment de commencer ma thèse, je suis revenu à Montréal pour voir s'il y avait de très bonnes données sur l'Expo, et pendant un mois, j'ai examiné les sources éventuelles de données qui permettraient de faire un calcul des bénéfices et des coûts économiques réels de l'Expo. Et je me suis rapidement rendu compte que ce serait extrêmement difficile, qu'il faudrait un investissement en données peut-être impossible à réaliser. À ce moment-là, voyant que cette source de données était presqu'inaccessible, j'ai pensé à faire l'évaluation économique du métro. Là, je suis allé voir les gens de la CTCUM et je leur ai demandé si le métro était vraiment rentable. Ils ont été très intéressés par la question. Alors, je me suis mis au travail avec l'entente qu'ils me donneraient les données dont j'aurais besoin et qu'à la fin, ils seraient au courant de tous les résultats. M'attaquant à cette question, je me suis rendu compte que je ne pouvais rien dire de très sérieux si je n'étais pas capable de chiffrer l'impact du métro sur la clientèle. Et je ne pouvais pas dire combien de nouveaux clients la CTCUM avait réussi à attirer par le métro, donc je pourrais faire très peu de commentaires fiables sur la valeur de cet investissement-là. Alors je me suis mis à étudier ce qui détermine la clientèle de la CTCUM et j'ai passé trois ans à temps plein à monter une procédure qui relie la clientèle mensuelle totale de la CTCUM à toutes les catégories de facteurs qui l'expliquent. Parmi cette liste de facteurs, il y a un peu de tout ce qu'on peut imaginer : le tarif va avoir un impact, de même que d'autres prix dans l'économie et le niveau de service, mais aussi si on attend longtemps aux coins des rues, si les autobus sont rapides, si les automobiles sont lentes, si le revenu des gens augmente, si l'emploi augmente ou baisse, si les inscriptions scolaires augmentent, si les ventes au détail, le magasinage augmente. J'ai ainsi construit une procédure qui compte plus de 30 variables distinctes et qui est implantée depuis 1975 à la CTCUM. Depuis 1975, cette procédure qui s'appelle DEMTEC (Demande de transport en commun) est utilisée par la CTCUM pour expliquer sa clientèle mensuelle et pour faire des prévisions. Et en fait, je peux vous donner des exemples très précis des impacts et des poids de ces facteurs-là, mais je ne me suis jamais rendu à l'évaluation de la rentabilité, parce que j'étais fasciné par l'étude de l'impact du métro sur le volume de clientèle.

**G.P.**        *Quel est le facteur déterminant justement dans la demande de transport en commun, si vous aviez dans cette liste de variables à choisir celle qui a le plus de poids?*

**M.G.**    Si je vous demande par exemple : est-ce qu'une augmentation du tarif de 10 % va vous faire perdre plus de clients qu'une hausse de 10 % du temps d'attente aux coins des rues? Qu'est-ce que vous allez me répondre? Vous allez me répondre que probablement des gens détestent plus attendre aux coins des rues que de payer un petit peu plus. Et c'est exactement ce qui se passe. Si vous haussez le tarif de 10 %, vous perdez 1,5 % de vos voyageurs et si vous haussez les temps d'attente de 10 %, vous en perdez 3,5 %. Il se passe la même chose pour les vitesses : si vous améliorez la vitesse de 10 % vous gagnez à peu près 2 % de clientèle, c'est-à-dire que les gens sont plus sensibles, les adultes en tout cas, au temps qu'à l'argent. Alors voilà déjà trois facteurs très importants. Le revenu aussi est très important, contrairement à ce qu'on pourrait penser. Quand le revenu augmente, la demande de transport en commun des adultes et des écoliers augmente. Ce n'est pas ce que les économistes appellent un bien inférieur, c'est un bien dont la consommation augmente, toute chose étant égale par ailleurs, lorsque le revenu réel augmente. Alors le revenu est relié à l'emploi, et lorsque les emplois à Montréal augmentent de 10 %, la CTCUM augmente sa clientèle d'à peu près 0,5 %. Il y a aussi des facteurs climatiques importants, par exemple, quand il fait trop chaud ou trop froid, quand il neige ou qu'il pleut, ils perdent des voyageurs, mais quand il neige sur une neige existante ou quand il y a une accumulation de neige importante dans la rue et que vous ne pouvez pas trouver votre voiture, ils gagnent beaucoup de voyageurs. On peut chiffrer ça très bien.

**G.P.**    *Mais pour être en mesure justement de mesurer d'une façon aussi détaillée une procédure qui va donner un instrument de planification extraordinaire à la CTCUM, il a fallu, j'imagine, développer un outillage différent de celui qu'on retrouve dans les manuels d'économie élémentaire?*

**M.G.**    Oui, il a fallu faire deux choses. D'abord, développer une banque de données très complexe parce qu'on ne peut pas répondre avec un modèle simple à une question complexe. J'ai passé beaucoup plus qu'une année à temps plein à construire des séries chronologiques mensuelles de plusieurs centaines d'observations à partir des archives de la CTCUM. Deuxièmement, il faut aussi une méthodologie, c'est-à-dire il faut des préjugés ou une théorie sur ce à quoi on s'attend, et des manières, des procédures pour calculer le poids de chacun des facteurs. À l'examen, il s'est avéré que les méthodes statistiques disponibles n'étaient pas suffisamment efficaces pour donner une réponse que je considérais adéquate à la question que je posais. Alors, de fil en aiguille, je me suis intéressé aux outils, parce que je trouvais les outils insuffisants. Ce qui m'a amené à m'éloigner un peu des objectifs premiers qui étaient toujours de faire un calcul économique de la rentabilité de l'investissement, mais j'ai pu ainsi aider un petit peu à faire avancer l'art pratique de ces outils.

**G.P.**          *Une fois ces outils développés, les données accumulées, vous aviez là les éléments d'une très bonne étude économique, mais est-ce que cette étude économique a aidé la CTCUM à faire des prévisions utiles, à modifier son comportement et aussi à devenir plus efficace?*

**M.G.**          Au début, elle ne l'a pas aidée beaucoup parce que les gens se demandaient un peu ce que la procédure donnait; c'est-à-dire que vers 1975, lorsque la CTCUM pensait à hausser ses tarifs, on ne demandait pas au service de la planification qu'est-ce que le modèle prédit comme variation de clientèle?    Mais comme on arrivait régulièrement avec un estimé très précis de ce qui allait se passer et que l'estimé s'avérait correct après, en 1976, l'attitude a changé et progressivement la CTCUM s'est mise à simuler les décisions importantes de variations de tarifs, de modification du niveau de service ou des fréquences d'autobus, par exemple, et lentement c'est devenu un outil qui fournissait de l'information pour les décisions. En fait, je peux vous dire qu'après quatre ou cinq ans d'implantation et d'amélioration, la procédure est tellement précise que maintenant on détecte même des irrégularités, s'il s'en produit dans la manière dont les données officielles sont comptabilisées. Par exemple, il y a trois ou quatre ans, la CTCUM a changé son fournisseur de billets d'autobus, et sans que les gens s'en rendent compte, les billets étaient plus lourds et le modèle s'est mis à détecter une erreur systématique. On s'est aperçu que les billets étaient devenus plus lourds et on a corrigé le poids des billets. On a aussi détecté des disparitions de billets, des vols, parce que le modèle est extrêmement proche du réel et lorsqu'il se passe quelque chose d'anormal, que le modèle a raison depuis 25 ans, si on ne voit pas de causes extérieures importantes, il se peut que ce soient les données comptables qui trahissent des erreurs.

**G.P.**          *Il est très difficile quand on a un outillage aussi précis, Monsieur Gaudry, de ne pas vouloir aller un pas plus loin et se faire planificateur en utilisant le modèle pour suggérer que l'on fasse les choses différemment. Est-ce que c'est une tentation à laquelle vous avez succombé?*

**M.G.**          Non, c'est une tentation à laquelle je résiste. Vous savez, on peut avoir un peu n'importe quelle opinion sur ce qu'on doit faire, on ne peut pas avoir n'importe quelle opinion sur l'impact d'une mesure et personnellement, jusqu'à ce jour, j'ai préféré essayer de mesurer l'impact des mesures.

**G.P.**          *Même si on accepte cette prudence que vous avez et ce refus de suggérer comment on pourrait améliorer l'état du monde du transport à Montréal, il demeure qu'un instrument comme celui-là, entre les mains de quelqu'un qui serait plus imprudent, pourrait servir à suggérer des directions pour une transformation du système de transport urbain à Montréal.*

**M.G.**          Ça peut aider à suggérer certaines choses, je vais vous donner un exemple. On pourrait dire : si les clients sont vraiment plus sensibles au temps d'attente qu'à une hausse du tarif et que vous avez un déficit, faites ce qui leur plaît; haussez le tarif et conservez un bon niveau de service, parce que quand ils votent avec leurs pieds, c'est ça que les poids mesurent, c'est la réaction des gens quand on leur change le tarif ou quand on leur change le service. Quand ils votent avec leurs pieds, ils vous disent carrément qu'ils préfèrent payer un peu plus cher et avoir le même niveau de service ou à la limite qu'ils préfèrent un meilleur niveau de service associé à un tarif plus élevé. Voilà le genre de choses qu'on peut tirer de ça. Mais lorsqu'on introduit un mécanisme politique là-dedans, ce n'est pas nécessairement le genre de choses qui va se passer. Les dernières mesures politiques du gouvernement ont été d'introduire une carte mensuelle d'abonnement qui n'est rentable que si vous faites plus de 36 déplacements, environ. Les gens n'achètent cette carte que s'ils se déplacent beaucoup en transport en commun. Alors, les poids calculés par la procédure pourraient suggérer une critique de cette mesure-là, en disant : écoutez, vous encouragez les gens qui empruntent déjà le transport en commun; essayez donc d'aller chercher les gens qui ne le prennent pas, si vous voulez vraiment encourager le transport en commun. Évidemment, si votre objectif est d'encourager et de faire un cadeau à ceux qui le prennent déjà, c'est différent. Mais ne le présentez pas comme une volonté d'encourager l'emploi du transport en commun relativement à la voiture, par exemple.

**G.P.**          *On a l'impression que ce projet de recherche qui vous a pris des années, c'est important pour la ville de Montréal et pour les citoyens de Montréal, mais que c'est peut-être un peu étroit comme champ de vision.*

**M.G.**          C'est un investissement très étroit et très spécialisé que d'autres imitent maintenant. Alors en ce sens-là, l'expérience s'élargit. Toronto a adopté depuis 1980 cette procédure et il est question que la RATP à Paris cherche à l'implanter aussi, alors il y a un élargissement interne qui se manifeste par l'intérêt d'autrui.

**G.P.**          *Mais la question qui vous animait au début, à savoir si le métro de Montréal avait été une bonne chose, est-ce que vous êtes arrivé après ces études en profondeur à vous faire une idée?*

**M.G.**          Non, je n'ai jamais terminé ou mené à sa conclusion logique l'étude. L'étape suivante aurait été maintenant de m'asseoir et de faire le calcul. Je le ferai peut-être un jour. À ce sujet-là, vous savez, ce genre de travail, s'il est bien fait, exige une somme énorme de calculs. Je vais vous expliquer pourquoi c'est vrai dans le cas du métro. Si vous regardez les états financiers de la CTCUM, vous voyez tout de suite que la dette du métro n'y est pas. La dette du métro est portée à un autre niveau de gouvernement ou à d'autres niveaux de gouvernements. Alors, vous vous dites : d'abord, il va falloir dénicher ça, essayer de trouver les coûts exacts; deuxièmement, les choses qui s'y trouvent comme les coûts des autobus, capital, intérêts, etc., sont des coûts qui ne correspondent pas toujours aux coûts économiques réels parce que les autobus sont subventionnés et parce qu'il y a des taxes importantes sur les carburants, ce qui fait que, si vous voulez faire un calcul des ressources réelles impliquées dans un investissement aussi considérable, vous ne pouvez pas faire ça en trois mois. La deuxième raison pour laquelle c'est extrêmement difficile à faire de manière crédible et convaincante, c'est ce qu'on appelle, dans notre petit jargon technique, le problème du prix du temps. Quand vous implantez une nouvelle ligne de métro, ou quand vous prolongez une ligne de métro actuelle, et que vous ne demandez pas aux utilisateurs de payer un prix supplémentaire pour le temps qu'ils économisent, alors qu'ils seraient prêts à le faire puisqu'ils font dans certains cas un gain de temps très important, vous leur conférez un bénéfice considérable, qui a une valeur, qu'ils seraient à la limite prêts à payer s'ils en avaient le moyen. Et si vous voulez bien chiffrer les avantages et les inconvénients du métro, vous devez le faire. Il y a deux économistes anglais qui, au milieu des années soixante, ont écrit un article sur la ligne Victoria à Londres. La ligne Victoria, c'est la première ligne du métro de Londres, construite depuis la première guerre mondiale. Il n'y a eu aucune construction entre 1914 et 1965, et ces deux types-là ont montré que la ligne Victoria du métro de Londres était déficitaire. Je ne me souviens plus des chiffres exacts, mais elle faisait, disons, un déficit de deux millions de livres par année, si on calculait vraiment le temps gagné, si on lui donnait une valeur raisonnable, c'est-à-dire la valeur que les gens auraient été prêts à payer si on avait pu leur demander, alors que l'investissement produisait quand même un rendement sur capital de 3 à 6 % suivant la méthode de calcul utilisée. Je pense qu'éventuellement, il faudra faire ce genre de calcul. Cela dit, les investissements qui exigent beaucoup de capital sont rarement extrêmement rentables et c'est pour ça que dans plusieurs pays, en Amérique du Nord en particulier, il arrive maintenant que l'on cherche à comparer de manière très précise les coûts et les avantages d'un réseau d'autobus amélioré à un réseau avec un peu plus de métro ou avec un peu plus de tramways. On s'intéresse davantage à ces choses-là qu'il y a quelques années. Alors j'ai l'impression que c'est une question de temps avant que quelqu'un s'y attarde de manière indépendante.

*G.P.*      *On a l'impression à vous écouter que même la pratique de la science économique a changé beaucoup au cours des dix dernières années au Québec et au Canada : alors qu'il y a dix ou quinze ans, on était largement des consommateurs, des utilisateurs de la technique économique, depuis la dernière décennie, on a commencé à être capable de contribuer certains outils nouveaux, certaines instrumentations nouvelles à ce corpus général de la science économique internationale.*

**M.G.**    Je pense qu'on fait un peu plus de développement quantitatif ici que l'on en faisait il y a quelques années, mais c'est vrai aussi ailleurs. Alors, je ne sais pas si nous avons décollé à la même vitesse que les autres se sont améliorés. Honnêtement, je ne sais pas. Il faut aussi conserver en mémoire le fait qu'au Canada français en particulier, il y a très peu d'économistes per capita; je ne serais pas surpris qu'il y en ait moins qu'au Canada anglais. Alors je serais surpris qu'on se soit amélioré énormément relativement aux autres, même si du point de vue du niveau absolu il y a plus de gens qui s'intéressent aux outils et à la plomberie qu'il y en avait peut-être il y a quinze ou vingt ans.

**G.P.**    *Proportionnellement, peut-être davantage de plus jeunes économistes vont aller dans cette direction?*

**M.G.**    Je n'en suis pas convaincu. Vous savez, je pense que quand quelqu'un a un emploi dans une université canadienne-française, si dans cette université il n'y a pas vraiment de pression forte pour que les gens se mettent en concurrence avec les universités extérieures au Québec, la probabilité que les jeunes le fassent d'eux-mêmes va en être affectée. Je dirais que la réponse à votre question dépend de la structure de motivation qui sera en place. Le but de la vie c'est pas le profit, c'est la vie tranquille, comme nous le disait ce bon vieux Hicks dont je parlais tout à l'heure, et si les gens ont l'impression qu'ils peuvent réussir en ayant la vie tranquille, et qu'on leur donne la chance d'avoir une vie tranquille, il y en aura moins qui accepteront de jouer le jeu de la concurrence avec l'extérieur, qui est un jeu très exigeant.

# 3

## QUELQUES ÉCONOMISTES VENUS DE L'ÉTRANGER

Roger Dehem
Tadek Matuszewski
Antoine Ayoub
Kimon Valaskakis

Dans ce troisième volet, nous avons retenu quelques témoignages d'économistes venus de l'étranger faire carrière au Québec. Dans chaque cas, il s'agit de néo-québécois dont l'activité a laissé des traces importantes sur la pratique de l'économie politique au Québec français.

On nous dira que quatre c'est trop peu, qu'on peut facilement en allonger la liste et on aura raison.

L'objectif n'a pas été de viser à l'exhaustivité. Tout au plus avons-nous voulu souligner l'importance de la contribution des néo-québécois au développement de l'économie politique au Québec français. — *G.P.*

# ROGER DEHEM
## Le 7 juillet 1984

Roger Dehem est né en Belgique en 1921. Après des études à Louvain en Belgique, puis en Scandinavie et aux États-Unis, comme boursier de la Fondation Rockefeller, il va faire carrière comme enseignant au Québec. Il a enseigné à McGill et à l'Université de Montréal de 1948 à 1958, avant de passer à l'Université Laval en 1961. Il y est toujours.

Ce qui définit Roger Dehem, c'est qu'il a fait vocation de professeur. La douzaine de livres qu'il a produits sont des ouvrages pédagogiques, des livres-synthèse qui présentent un tri, un arrangement rationnel des idées économiques qui ont cours sur nombre de sujets, de l'économie internationale à l'économie politique, en passant par l'histoire de la pensée économique.

Les anciens élèves de Roger Dehem diraient que ce qui marque d'abord ses enseignements, c'est un sens critique vis-à-vis des idées en vogue. Dehem débusque les simplismes, condamne les modes économiques irréfléchies et attaque les idéologies qui lui semblent catastrophiques. C'est l'homme de la rigueur et de la prudence.

Mais Roger Dehem est aussi un missionnaire — il l'avoue sans ambages — qui a passé un quart de siècle à préparer le terrain, à former deux ou trois générations d'économistes qui tous se réclament de lui. Il a été un missionnaire de science économique moderne au Québec et à cause de cela, il a été critiqué et honoré. En des temps où il était de bon ton de dire que les Québécois n'avaient pas la bosse des affaires et n'étaient pas doués pour l'économie politique, Roger Dehem vint de Belgique faire de l'évangélisation économique. — *G.P.*

*Gilles Paquet*      *Monsieur Dehem, votre vocation d'économiste, ça remonte à quand?*

**Roger Dehem**      C'est à partir de 1942 que j'ai la chance d'être accroché par le professeur Dupriez qui était la grande éminence au point de vue économique en Belgique, à Louvain, et une grande éminence européenne à l'époque. J'ai suivi ses cours et j'ai été son assistant; j'ai donc fait des travaux dans la ligne de sa pensée. Il était de l'école empirique de Harvard de l'entre deux guerres. Il avait donc comme méthode l'analyse statistique de l'histoire; mais il recherchait des explications profondes philosophiques, comme il disait, et c'est en travaillant dans cette ligne que je me suis posé toutes sortes de questions et que j'ai voulu clarifier, approfondir les problèmes. À l'époque, on approfondissait les problèmes, on ne confiait pas les problèmes à l'ordinateur comme on fait actuellement.

**G.P.**        *C'est le moment où se passe en Angleterre la révolution keynésienne, où aux États-Unis on répand le message keynésien. À Louvain, est-ce que cette économie nouveau genre vous rejoint?*

**R.D.**        Oui, et même pendant la guerre. Je me souviens encore avoir été le premier à présenter Keynes à un séminaire économique à Louvain, ça devait être en 1942 ou 1943. Donc Keynes était étudié, dans le cercle relativement restreint de Monsieur Dupriez. Mais on considérait Keynes superficiel, trop facile. C'est-à-dire qu'évidemment on était frappé par son aspect novateur, mais on voyait très vite ses limites. Monsieur Duprier surtout était très circonspect et très réservé à l'égard de Keynes. Il le trouvait beaucoup trop facile, trop simple, et inadéquat face aux problèmes réels de l'économie qui sont beaucoup plus compliqués.

**G.P.**        *Vous allez ensuite étudier en Scandinavie — c'est rare — puis aux États-Unis.*

**R.D.**        J'ai eu la chance extraordinaire d'obtenir une bourse de la Fondation Rockefeller — j'ai été l'un des premiers européens à l'obtenir juste après la guerre — et ceci m'amène alors à étudier tout d'abord en Scandinavie à Stockholm où j'ai rencontré des gens comme Ohlin et Myrdar et après, avec la bourse Rockefeller, je suis allé aux États-Unis; en fait, c'est Jacob Viner que j'avais rencontré à Stockholm qui m'attire aux États-Unis. À Chicago, il y a Frank Knight, il y a Friedman qui est encore jeune à l'époque; à Harvard il y a Chamberlin, il y a Schumpeter.

**G.P.**        *Vous vous frottez ainsi à ceux qu'on considère comme les plus grands économistes de l'époque. Lequel de ces économistes va avoir le plus d'influence sur vous, définir ce qui va devenir votre orientation propre?*

**R.D.**        Je pense que ce sera Jacob Viner, qui n'était pas un économiste pur mais était un excellent théoricien pour l'époque, et qui était aussi un historien, un homme qui avait la conscience des réalités et un homme très érudit, extrêmement intelligent, qui avait un puissant jugement. Je pense que c'est lui qui m'a marqué le plus à l'époque. Il était lui aussi très réservé à l'égard de Keynes et du keynésianisme; donc Dupriez et Viner, ce sont les deux qui m'ont marqué le plus. Je fais alors cet ouvrage sur l'efficacité sociale du système économique : c'était pour moi une mise au point de la théorie économique normative. J'avais besoin de faire cet ouvrage, d'accoucher de cet ouvrage, pour voir tout à fait clair en matière économique.

**G.P.**        *Quel impact va avoir ce livre?*

**R.D.**        Je pense que l'impact est surtout d'ordre didactique. J'avais vécu des périodes très bouleversées; dans les années trente et quarante, la pensée économique était en voie de mutation. Il y avait le keynésianisme qui venait de remettre en question les vérités classiques et alors justement dans mon livre, j'essaie de faire une espèce de synthèse, de faire un tri des idées de l'époque et de les rassembler. L'impact de cela est surtout d'ordre didactique. Il s'agissait surtout d'aider les jeunes à voir clair dans une matière économique devenue très confuse.

**G.P.**　　　*Vous êtes un classique qui ne se mettra pas à la remorque des nouveautés théoriques à la Keynes.*

**R.D.**　　　Je suis content que vous me fassiez ce compliment. Mais je ne suis pas un anti-keynésien dogmatique. Non, ce que je ne veux pas du keynésianisme c'est le simplisme de la pensée et le danger que comportent les applications actives de ces schémas. Évidemment, je suis très fier que depuis une dizaine d'années la pensée keynésienne soit en voie de discrédit car ça confirme ce en quoi j'avais déjà eu confiance il y a 30 ans.

**G.P.**　　　*Vous allez venir faire carrière au Canada. Pourquoi?*

**R.D.**　　　Je suis venu pour la première fois au Canada en 1947, par hasard, comme touriste. J'ai été accroché à Montréal par l'Université McGill où je vais enseigner pendant deux ans; et je prends contact à l'époque avec l'Université de Montréal où il n'y avait pas de département d'économique, où la faculté de sciences sociales ne faisait que des cours de vulgarisation le soir. Tout était à faire encore à l'Université de Montréal. Ce qui est symptômatique, c'est que Monsieur Édouard Montpetit, que j'ai bien connu à l'époque, m'avait dit : « Les Canadiens français ne sont pas faits pour l'économie politique ». Il m'a découragé d'emblée.

**G.P.**　　　*Mais il n'a pas réussi à vous décourager, évidemment puisque vous êtes ici.*

**R.D.**　　　Non, je voulais pas le croire, je voyais que tout était à faire, je me suis dit qu'il y avait là une oeuvre à accomplir et avec un zèle de missionnaire je me suis mis à combattre dans cette jungle qui était l'Université de Montréal à l'époque.

**G.P.**　　　*Mais on peut se demander pourquoi un européen qui a eu la chance de travailler avec les maîtres en Europe et même aux États-Unis accepte cette tâche de missionnaire en pays d'évangélisation économique?*

**R.D.**　　　C'est justement une question que je me suis souvent posée et que je me pose encore maintenant : pourquoi suis-je resté là? J'ai persisté à défricher cette terre qui pendant longtemps m'est apparue comme ingrate parce que en fait après dix ans, en 1958, j'étais découragé. Je suis retourné en Europe pour revenir encore une fois au Québec, mais c'est que j'ai un tempérament tel que j'ai besoin d'avoir ma propre entreprise et, comme le champ était vierge, je me suis dit : « Il y a moyen de construire quelque chose ici d'original ».

**G.P.**      *Est-ce que vous pouvez dire maintenant avec le recul du temps que cette période des années cinquante que vous avez passée à l'Université de Montréal va vous permettre de créer une institution qui porterait votre marque?*

**R.D.**      Il y a déjà plusieurs générations de disciples, d'anciens élèves, et je pense que l'Université de Montréal plus que le département de Laval porte ma marque encore maintenant.

**G.P.**      *Et quel est le commun dénominateur de tous ces gens qui ont été à votre école?*

**R.D.**      Le commun dénominateur je pense que c'est justement une certaine réserve à l'égard de ce qui est en vogue.

**G.P.**      *Est-ce qu'il y a des personnes qui ont continué ce genre de questionnement que vous aviez commencé à Montréal?*

**R.D.**      Oui, il y a principalement Maurice Bouchard qui a continué dans cette ligne très critique, mais trop critique justement, plutôt négative, alors c'est dommage mais il a certainement emprunté cette voie à cause de moi; il y a aussi André Raynauld qui je pense a été fort marqué.

**G.P.**      *Est-ce qu'on peut dire que le genre de travail que vous allez faire à l'Université de Montréal va non seulement retrouver ses traces dans certains étudiants mais aussi créer un esprit autour du département des sciences économiques qui serait en un sens attribuable à votre influence?*

**R.D.**      L'esprit du département des sciences économiques de l'Université de Montréal, c'est celui qui le distingue disons de celui des HEC à Montréal, où il y avait Esdras Minville et François-Albert Angers et où on enseignait, on cultivait l'économie politique mais dans un tout autre esprit.

**G.P.**      *Comment pourriez-vous contraster justement l'esprit aux Hautes études commerciales incarné par Monsieur Angers et ses amis et l'esprit différent que vous allez incarner avec les collègues à l'Université de Montréal?*

**R.D.**      L'esprit à l'École des hautes études tel qu'il apparaissait à mes yeux à l'époque était marqué à la fois par une hostilité, une attitude négative à l'égard de la théorie moderne et aussi par une tendance à introduire dans l'économie politique des dimensions idéologiques; il y avait la dimension nationaliste québécoise qui fut très marquée avec Minville et Angers. Il y avait aussi ce souci des applications quand même qui était positif, c'est-à-dire que pour eux l'économie politique devait être utile à résoudre des problèmes mais justement à cause des dimensions idéologiques je m'en méfiais très fort.

**G.P.** *Certains ont pu dire qu'à côté de cette théorie économique à volonté d'application sur le terrain des HEC, on allait créer à l'Université de Montréal une science économique désincarnée, une science technicienne, une science économique compétente mais qui n'aura pas de liens avec les problèmes du milieu.*

**R.D.** Ce que vous dites là évoque justement ou reproduit presque mot à mot ce que Monsieur Minville m'a dit et répété il y a une trentaine d'années. Mais évidemment je reconnais qu'au cours des années cinquante alors que j'étais encore très jeune, j'avais avant tout un souci de rigueur et je faisais de la théorie avant de me hasarder à des applications. Je voulais donc m'assurer de la rigueur des instruments. À cette époque Montréal n'a donc guère produit d'études positives, d'études appliquées, mais l'esprit de rigueur que j'ai introduit au département de sciences économiques de l'Université de Montréal a donné des fruits plus positifs au cours des années soixante, alors que mes anciens élèves ont certainement produit des choses de plus en plus nombreuses, de plus en plus solides sur le plan appliqué; mais il a fallu préparer le terrain et ça a pris du temps.

**G.P.** *On pourrait vous demander après ce quart de siècle au Canada pourquoi vous avez choisi de ne pas faire vous-même de travail de théoricien économique appliqué au Québec; pourquoi vous avez choisi de demeurer celui qui faisait la synthèse des idées, celui qui était le point de ralliement, celui qui était le professeur mais qui ne voulait pas se salir les mains, essayer de résoudre les problèmes du milieu.*

**R.D.** Il y en avait pas mal d'autres qui étaient plus aptes, plus disposés, plus intéressés, plus incités à faire ce genre de travaux. Moi-même je me suis prononcé chaque fois que j'ai jugé ma contribution importante justement parce qu'elle se distinguait du courant en vogue, alors je me suis notamment prononcé en matière de fédéralisme au moment de la commission sur le bilinguisme et le biculturalisme. Avant ça j'avais fait des travaux sur le fédéralisme et puis je me suis prononcé encore une fois à l'occasion du référendum, parce qu'il y avait des choses qu'on ne voyait pas, qu'on ne voulait pas voir. À ce moment-là, lorsque j'ai vu que neuf économistes québécois sur dix étaient aveugles, je me suis levé pour me prononcer.

**G.P.**       *Vous vous êtes prononcé donc à ces moments importants pour vous pour faire passer quel message, Monsieur Dehem?*

**R.D.**       Pas n'importe quel message, je ne prends pas parti comme ça pour un groupe d'intérêt plutôt que pour un autre, il s'agit pas de groupe d'intérêt, mais plutôt de faire passer le message de la prudence, de la sagesse, une mise en garde contre la précipitation, contre des décisions que l'on regretterait parce que en matière économique justement il y a tellement d'apprentis sorciers — c'est justement pourquoi l'économie va si mal à notre époque en dépit du fait qu'il y a tellement d'économistes tellement savants, c'est que malgré tous les progrès de la science économique, les décisions de politique économique sont souvent prises à la légère ou en fonction de raisonnements simplistes — donc alors ce que j'essaie de faire dans les moments cruciaux c'est de rappeler certaines vérités fondamentales en vue de sauvegarder l'avenir, parce qu'on résoud tellement facilement, tellement souvent des problèmes en sacrifiant l'avenir. La plupart des économistes veulent résoudre les problèmes à court terme, ne voient que le court terme; alors le long terme en souffre terriblement et les générations à venir vont souffrir de notre imprudence.

**G.P.**       *Et pour vous le fédéralisme comme architecture économique, c'est une architecture défendable plutôt que des options de rechange qui pourraient être moins prudentes?*

**R.D.**       C'est-à-dire qu'à l'époque actuelle le nationalisme étroit est vraiment condamné. Les Européens en ont fait l'expérience. Moi-même j'ai vécu l'entre-deux guerres, la guerre et l'après-guerre et j'ai pris conscience du fait que le nationalisme est une attitude apparemment positive mais qui est en fait très négative, très nocive. Les Européens ont beaucoup de peine à se défaire de ces réflexes nationalistes et sur ce continent-ci il y a toute l'Amérique latine qui est étroitement nationaliste et qui en subit le coût énorme. Alors le Canada est un petit pays par rapport aux États-Unis ou à l'Europe et le nationalisme canadien déjà a des aspects négatifs très nocifs. Et si on fait du nationalisme à l'échelle provinciale, même si je comprends très bien le nationalisme québécois, il s'agit justement de l'orienter dans des voies qui ne soient pas économiquement catastrophiques. Je conçois bien qu'on développe la culture québécoise, la culture française et tout, mais il ne faut pas faire de gaffes du point de vue économique et le nationalisme économique qui est préconisé actuellement encore par le parti en place, par le Parti québécois, c'est un nationalisme qui apparemment est positif mais qui est foncièrement dangereux.

# TADEK MATUSZEWSKI
## Le 14 juillet 1984

Né en 1925 en Pologne, Tadek Matuszewski étudie à Varsovie, puis à l'Université de Londres. Il vient au Canada enseigner à l'Université de Colombie-Britannique puis à l'Université de Montréal au début des années soixante, avant de passer à Laval en 1966. Au cours de la dernière décennie, il a été directeur de l'Économétrie, puis conseiller aux projets spéciaux au Bureau de la Statistique du Québec. Tadek Matuszewski est décédé en 1988.

Ce qui définit l'oeuvre de Tadek Matuszewski, c'est d'une part, un mélange particulier de rigueur et de minutie toute mathématique, et de l'autre, un intérêt profond pour la philosophie générale de l'histoire et l'évolution des systèmes économiques. Certains ont vu en lui seulement le technicien, l'économètre spécialisé qui a enseigné à Harvard, en Californie et en Europe, l'économètre qui a développé avec son équipe le système de comptabilité économique au Québec, qui a fondé à l'Université Laval un laboratoire d'économétrie — une institution qui a produit non seulement des travaux de recherche, mais une kyrielle d'experts en économétrie au Québec.

Pourtant, derrière le technicien rigoureux, consciencieux et minutieux qu'était Tadek Matuszweski, on retrouve le philosophe des systèmes économiques, celui qui a toujours insisté pour ajouter l'esprit de finesse à l'esprit de géométrie, le praticien aussi qui a mis l'outillage complexe qu'il a développé au service des entreprises et des administrations. — *G.P.*

*Gilles Paquet        Monsieur Matuszewski, qu'est-ce qui vous a amené dans votre Pologne natale à vous diriger vers l'économie, vers la science économique comme métier?*

**Tadek Matuszewski**    C'était en quelque sorte un compromis, j'espère un compromis réussi. J'ai fait ma formation au niveau secondaire en mathématique physique et j'ai toujours eu un intérêt pour l'histoire, mais l'histoire ne me suffisait pas, je voulais sentir comme on dit la résistance de la chose. Je me suis rendu compte depuis que les historiens ont des méthodes de travail très, très respectables mais à l'époque je ne le savais pas; l'économique avec l'accent sur la mathématique, c'était pour moi un compromis tout à fait acceptable.

*G.P.        Vous avez été interrompu dans vos études en Pologne, par l'arrivée de la guerre qui a bousculé un peu tout, mais après la guerre vous allez reprendre vos études, cette fois en Angleterre. Pourquoi?*

**T.M.**     Parce que je me suis trouvé en Angleterre en 1947 et que j'ai eu une bourse de vétéran dont j'ai profité pour étudier les statistiques appliquées au département d'économique au University College.

*G.P.     Est-ce que des économistes que vous rencontrez à Londres vont avoir une influence déterminante sur vos travaux?*

**T.M.**     Oui beaucoup, d'abord deux statisticiens assez connus, R.G.D. Allen et Maurice Kendall qui est mort depuis, il y a un an je pense, et   assez curieusement des professeurs d'histoire économique, Ahston et son groupe.

*G.P.     Ces personnes sont un héritage assez surprenant. D'un côté des techniciens très forts, très connus, d'autre part des historiens économiques connus mais surtout pour leur imagination, leur création d'indicateurs un petit peu loufoques diraient les économètres plus modernes, des gens qui avaient plutôt un goût pour le qualitatif.*

**T.M.**     Je remettrais en question cette distinction nette entre qualitatif et quantitatif; il y a énormément de mathématiques y compris les mathématiques que nous utilisons en économique qui sont qualitatives plutôt que quantitatives. Si on veut être méchant, on dirait que parler de méthodes quantitatives c'est de réduire les mathématiques à l'arithmétique; il y a beaucoup de choses dans les mathématiques qui dépassent l'arithmétique de beaucoup.

*G.P.     Mais ces personnes, ces historiens économiques, comment vont-ils vous influencer?*

**T.M.**     J'ai été impressionné par leurs méthodes de travail, ils étaient très minutieux, ils étaient très consciencieux dans leur travail, ils vérifiaient leurs sources, ce qui devait être encore plus difficile, je pense, dans une discipline qu'on appelle parfois très stupidement une discipline molle. L'histoire ne l'est pas, mais ça ne doit pas être tellement facile d'être rigoureux dans une discipline qui peut se prêter de prime abord à une certaine fantaisie, à certaines facilités.

*G.P.     Vous décidez de faire carrière au Canada. Pourquoi?*

**T.M.**     Je suis d'origine polonaise, je parlais plus ou moins français, j'avais fait mes études en anglais, j'ai épousé une Française, nous nous sommes rendus compte qu'il n'y avait pas d'avenir pour nous en Europe; d'ailleurs après cinq ans de guerre à une période où j'étais très influençable, j'en avais assez de l'Europe avec ses hiérarchies, l'Évêque, le Prince, le Duc, etc., l'uniforme marchant au pas et tout le reste — je voulais partir le plus loin possible. Le choix était vraiment l'Australie ou le Canada. Et étant donné que nous parlions français entre nous et que j'ai fait mes études en anglais, le Canada était le choix.

**G.P.** *Est-ce qu'en Colombie-Britannique vous définissez un programme de recherche qui va guider vos travaux pendant un bon moment?*

**T.M.** Oui, j'ai commencé à m'intéresser aux tableaux inter-sectoriels auxquels j'ai consacré de nombreuses années de ma vie.

**G.P.** *Qu'est-ce que c'est cet outillage des tableaux inter-industriels?*

**T.M.** D'une part, c'est un raffinement du système de comptabilité économique, donc essentiellement, ce sont des instruments statistiques rétrospectifs : on essaie de décrire avec beaucoup de détails ce qui s'est passé à une certaine période de l'année en général; d'autre part vous avez les modèles inter-sectoriels qui regardent vers l'avenir : ce sont les modèles inter-sectoriels qui visent la préparation de décisions basées évidemment sur l'observation du passé, mais dont l'optique est très différente de l'optique de la comptabilité nationale.

**G.P.** *Les tableaux inter-industriels, c'est un peu un grand tableau d'origine et de destination de flux de biens de toutes sortes, qu'est-ce qui va vous amener à privilégier justement ce type d'instrument?*

**T.M.** Cette méthode permet d'enregistrer d'une manière ordonnée et cohérente de très grandes quantités de renseignements. Le modèle inter-sectoriel du Québec contient plusieurs millions de coefficients et pour une seule simulation exige environ 27 à 30 millions de multiplications. C'est donc un instrument extrêmement puissant qui permet de cerner la réalité à l'aide de relations simples mais extrêmement nombreuses; au lieu d'essayer de tracer des fonctions, de faire des descriptions très raffinées, très baroques pour ainsi dire, on se sert de la puissance des ordinateurs modernes en remplaçant cette complexité par un grand nombre de relations simples, ce qui vous permet d'avoir une image globale, un peu comme quand vous regardez l'écran de la télévision, ce sont des points rouges, verts, bleus qui s'allument et qui s'éteignent, vous voyez une image en couleurs. Un modèle inter-sectoriel ce sont des centaines voire des milliers d'équations linéaires très simples mais tellement nombreuses que cela permet de voir une approximation en principe assez bonne de la réalité.

**G.P.** *Et cette image simplifiée de l'économie faite de tous petits points, de petites relations simples, ça permet de savoir quels seraient les effets directs et indirects d'un choc qui frapperait cette économie.*

**T.M.** Exactement.

**G.P.**        *Est-ce qu'on est en mesure de faire un bon usage de ce type d'instrument dans le secteur privé aussi?*

**T.M.**        Oui, une entreprise ou un groupe d'entreprises peut se brancher littéralement sur le modèle inter-sectoriel en introduisant ses propres données qui peuvent rester confidentielles, même inconnues des spécialistes des modèles qui le font fonctionner à condition que le format soit respecté, et utiliser leurs propres renseignements pour ce qui concerne leur entreprise et les renseignements détaillés contenus dans le modèle pour ce qui concerne les autres entreprises et l'économie toute entière et voir non seulement les actions et les influences mais, ce qui est extrêmement important, les interactions et les rétroactions.

**G.P.**        *Vous allez venir de Colombie-Britannique vers le Québec, à Montréal d'abord, puis à Laval, et vous allez créer à l'Université Laval au milieu des années soixante un laboratoire d'économétrie.*

**T.M.**        Le travail en économétrie se fait en équipe, une seule personne ne peut pas faire de l'économétrie. Il faut des techniciens, des dactylos, des opérateurs, des informaticiens, etc. Et puis il y a la question de la relève et c'est ce qui m'amène à la raison pour laquelle j'ai décidé d'abandonner l'enseignement en septembre 1976, car je pense avoir tout dit ce que j'avais à dire, c'est même écrit et publié, tandis que je pensais avoir encore quelques années de travail utile à faire dans la fonction publique. J'ai d'ailleurs le plaisir de constater que ceux que j'appelle un peu pompeusement mes disciples m'ont dépassé il y a plusieurs années, autrement j'aurais certainement perdu mon temps comme professeur, la continuité était essentielle.

**G.P.**        *Cette continuité vous avez pu la construire en dix ans, du milieu des années soixante au milieu des années soixante-dix, car le laboratoire d'économétrie va produire beaucoup de jeunes économètres québécois francophones. Qu'est-ce qui vous a amené à accepter ce défi, cette sorte de mission d'introduire l'économétrie au Québec?*

**T.M.**        Au fond c'est une mission, une vocation, comme de planter des arbres qui ne seront pourtant vraiment impressionnants que quand nous serons déjà disparus depuis longtemps...

**G.P.**        *Vous avez été président de l'Association canadienne d'économique, l'association qui regroupe tous les économistes du pays et on sait que la corvée qu'on impose au président c'est de nous donner une allocution présidentielle; vous avez donné une allocution présidentielle qui a fait beaucoup d'effet, que vous aviez intitulée « Misères de l'économique ». Pourquoi en fin de carrière, en 1980, avez-vous senti le besoin de parler de l'économique et de ses misères?*

**T.M.**        C'était un peu par malice pour ainsi dire, pour que les économistes cessent de se prendre trop au sérieux; les économistes ont tendance à construire souvent certains grands systèmes, d'imaginer des modifications majeures de la société tandis que nous n'avons que commencé à gratter la surface de notre science et que, soyons francs, notre contribution est marginale.

**G.P.**        *Donc cette allocution présidentielle, M. Matuszewski, c'était une sorte de leçon de modestie à vos collègues.*

**T.M.**        Et surtout d'humilité, avant tout.

**G.P.**        *Et ce message vous pensez qu'il a été reçu, compris?*

**T.M.**        Il a été mal reçu par certains, j'espère qu'il a été compris. Si j'en juge par le nombre de certaines réactions fortement négatives, il a été compris, car si les gens réagissent négativement c'est probablement que je frappais juste.

**G.P.**        *Vous avez un peu tiqué quand j'ai mentionné fin de carrière tantôt, évidemment ce n'est pas fin de carrière sauf carrière académique. Vous avez décidé de passer au Bureau de la statistique du Québec et vous nous avez dit avec beaucoup d'humilité que vous pensiez avoir tout dit, tout écrit, qu'il était temps maintenant de faire autre chose. Quels sont les défis que pose à un universitaire le travail à l'intérieur d'une agence de statistique comme le Bureau de la statistique du Québec?*

**T.M.**        Pour ce qui concerne la lecture technique par exemple, les articles, les monographies, etc., je vois mon rôle auprès de mes collègues, de mes associés un peu plus jeunes, non pas tellement de suggérer quoi lire mais quoi ne pas lire; il y a un déluge de renseignements et si j'arrive à leur épargner trois fins de semaine à se casser la tête sur un livre qui ne vaut pas la peine, je pense que j'aurai gagné mon salaire ces trois fins de semaine.

**G.P.**        *Et à part cet important travail de destruction de l'insignifiance, si vous aviez à mettre le doigt sur ce qui vous semble avoir été votre contribution la plus importante, Monsieur Matuszewski?*

**T.M.**        Je pense que c'était ce pourquoi j'ai été payé : c'était de susciter un certain nombre de vocations, d'avoir aidé un certain nombre de jeunes au Québec surtout à se consacrer professionnellement à l'économétrie d'une manière sérieuse, soit dans l'enseignement, soit de plus en plus dans l'industrie et récemment dans les administrations publiques.

# ANTOINE AYOUB
## Le 21 juillet 1984

Antoine Ayoub est né en Syrie en 1936. Après des études à Damas, en Syrie, puis à Paris, il commence sa carrière d'enseignant en Syrie dans les années soixante, passe un an en France, puis vient enseigner à l'Université Laval en 1969. Il crée à Laval au début des années soixante-dix le GREEN, Groupe de recherche en économie de l'énergie, un groupe qui va créer un centre d'excellence dans l'étude de l'énergie et des ressources naturelles au Québec.

Ce qui définit Antoine Ayoub, ce sont des perspectives larges. Pour lui, la science économique ne doit pas devenir une science de la gestion, mais demeurer une science sociale. Il a voulu cependant enraciner cette approche globale dans une connaissance approfondie d'un secteur fondamental : l'énergie et les ressources naturelles. C'est de là que ses travaux tirent à la fois une grande ampleur de vue tout en étant précis, bien définis et pratiques.

Antoine Ayoub est aussi dans le meilleur sens du terme un entrepreneur. Il a été l'architecte du GREEN et aussi celui qui a créé la tradition de colloques internationaux d'économie pétrolière au Québec — terrain neutre — forum où depuis plus de dix ans se rencontrent les experts sur les politiques de pays producteurs et consommateurs de pétrole. — *G.P.*

**Gilles Paquet**      *Monsieur Ayoub, qu'est-ce qui vous amène dans votre Syrie natale à développer cette approche ample à la science économique, cet intérêt pour l'économie au sens large, pour l'économie politique?*

**Antoine Ayoub**      D'abord l'influence déterminante d'un prof, d'un prof de secondaire, figurez-vous, que j'appelle un prof des multiples splendeurs. Quand je faisais mes études secondaires en Syrie, ce prof venait de débarquer de Paris. Il était tout aussi bon en philosophie qu'en mathématiques, en littérature ou en langue française. Il nous a enseigné tout cela en même temps et alternativement; je dis en même temps parce que durant les cours de mathématiques, par exemple, si quelqu'un lui posait une question sur la philosophie, il nous parlait de Spinoza pendant une semaine entière. Nous l'avions surnommé le professeur à la semaine, mais dans un sens qui n'était pas péjoratif du tout. Ainsi, on avait une semaine Baudelaire, une semaine les équations différentielles, une autre semaine Spinoza, une troisième semaine la prière d'Esther de Racine, et ainsi de suite. Alors il m'a donné beaucoup le goût un peu dangereux d'être non pas multidisciplinaire, mais — ça va être prétentieux ce que je dis — d'être cultivé ou de tenter d'être cultivé, c'est-à-dire d'arriver aussi aux multiples splendeurs.

**G.P.**        *Vous allez ensuite suivre la filière, remonter vers Paris et faire*
*vos études en France. Pourquoi la France?*

**A.A.**        Ce professeur nous avait tellement parlé de la France que je
connaissais Paris et le Quartier latin avant même d'aller y habiter pendant
quatre ou cinq ans; c'est ce qui m'a incité à aller à Paris, et aussi la
langue, parce que j'avais pratiquement deux langues maternelles, l'arabe et
le français, alors il était plus ou moins normal d'aller en France.

**G.P.**        *Fin des années cinquante, début soixante, vous êtes donc à*
*Paris en train d'étudier les sciences économiques. Est-ce que à Paris des*
*économistes vont vous influencer plus particulièrement et aider un peu à*
*donner une direction générale à vos travaux, à vos intérêts?*

**A.A.**        Quelqu'un qui m'a influencé c'est mon maître qui a dirigé ma
thèse, Maurice Byé.

**G.P.**        *Sur quel thème avaient porté vos travaux de thèse?*

**A.A.**        Si vous me le permettez, je vais vous raconter à ce propos une
petite anecdote : un jour, au Quartier latin, j'étais devant une librairie et par
accident j'avais un peu d'argent en supplément; alors je vois parmi les
livres à la librairie Médicis de Marie-Thérèse Génin, un ouvrage portant sur
les prix du pétrole brut. Je l'achète et je rentre chez moi, je le lis et je
trouve que la question m'intéresse, que j'aimerais approfondir tel ou tel
aspect et peut-être éventuellement faire de ça une thèse de doctorat; comme
je suis un peu expansif et pas cachottier, je parle à mes copains de ce que
j'aimerais faire, c'est-à-dire faire ma thèse sur l'économie pétrolière; alors il
y a un de ces copains qui m'a chipé le sujet tout bonnement. En France, il
fallait aller inscrire le sujet et quand j'y suis allé pour inscrire mon sujet, le
sujet était déjà inscrit. Alors j'ai révisé un peu mon sujet et, comme je
rentrais en Syrie après mes études, je l'ai porté sur une question brûlante en
Syrie à l'époque, la réforme agraire. Ce qui m'a amené de proche en
proche à voir un peu la théorie des ressources naturelles et de la terre et à
travailler sur la rente.
        Quand je suis rentré en Syrie, je n'avais pas des idées bien
arrêtées, tout au moins au début, comme quoi je deviendrais prof
d'université, mais un jour le doyen de la Faculté de droit me téléphone et
me dit de passer le voir. Alors je passe le voir, il me dit : « Je sais que tu
viens de débarquer de France et je te mets au défi de donner des cours
d'économie chez nous ». J'ai pris ça au sérieux et j'ai commencé à donner
des cours à la Faculté de droit, des cours d'économie qui ont eu l'heur de
plaire. Moi, j'y ai pris goût et de fil en aiguille, je suis resté et puis j'ai
même fondé la Faculté de science économique là-bas.

**G.P.**  *On est au milieu des années soixante, vous décidez de tout quitter pour venir au Québec, au Canada, pourquoi?*

**A.A.**  Comme toujours dans ces cas là, il y a plusieurs facteurs qui ont joué ensemble. On m'a mis au défi et là aussi ce n'est pas une histoire. Je rentre d'un congrès en France et puis la secrétaire me dit : « Le ministre est passé pendant votre absence et il vous demande d'aller tout de suite à Damas ». Alors je vais à Damas et il me dit : « Pendant votre absence, on a décidé de créer la Faculté de science économique et de vous nommer le doyen de cette faculté. »  Voilà donc le degré du Président de la République après deux articles seulement. Bien sûr, je n'étais pas préparé mais c'était là aussi un défi et puis il y a eu des pressions, alors avec l'aide de mes autres collègues et ils m'ont vraiment aidé beaucoup, on a monté une faculté qu'on a voulue respectable. Mais le problème, pour répondre à votre question, c'est que la pression du système d'enseignement ne pouvait permettait pas un élitisme ou une sélection draconienne à l'entrée d'une telle faculté, ce que nous souhaitions et ce que j'ai pu maintenir contre vents et marées pendant deux ans. Après cependant, j'ai dû choisir entre céder la place ou céder sur mes opinions, j'ai cédé la place. François Perroux m'a invité à venir à l'Institut de science économique appliquée et simultanément j'étais à l'Université de Paris et j'avais mon bureau de recherche à l'ISEA; de Paris, j'ai présenté ma candidature à l'Université Laval et le doyen de l'époque, lors d'un voyage, me téléphone à l'ISEA pour me dire qu'il cherchait justement un prof qui voudrait travailler sur l'économie du développement et des pays en voie de développement, et il me dit : « Bon je rentre à Québec et puis je vous enverrai le résultat ». Puis je suis venu, je suis là depuis 15 ans.

**G.P.**  *L'économie du développement, l'étude du développement ne vous a pas retenu; vous avez en essence dérivé vers autre chose, qu'est-ce qui vous fait abandonner l'économie du développement?*

**A.A.**  On ne peut pas comprendre l'économique si on ne comprend pas d'abord et avant tout un secteur de l'économie d'une manière très approfondie, ce qui vous mène à faire un travail de bénédictin, c'est-à-dire le travail de défrichement de chaque jour pour connaître les tenants et les aboutissants d'un secteur. Approfondissez n'importe quel secteur, l'agriculture ou l'énergie ou autre chose, et vous verrez défiler devant vous toute la théorie économique. C'est ce que j'ai tenté de faire.

**G.P.**  *Et vous avez décider de privilégier le secteur de l'énergie.*

**A.A.**  C'est ça, par réaction à la frustration concernant ma thèse qui m'avait été chipée.

**G.P.**    *Vous vous attachez à étudier l'économie pétrolière et de l'énergie avant que ça devienne à la mode, puisque dès 1971 j'ai vu un numéro spécial de la revue* Études internationales, *que vous aviez orchestré, qui portait sur ces problèmes de pétrole. Qu'est-ce qui a déclenché au Québec, dans un monde où on ne parlait pas beaucoup d'énergie, cet intérêt pour l'énergie et le pétrole?*

**A.A.**    À prime abord, c'était peut-être de la folie pure. L'intérêt était faible au début, mais ça m'intéressait beaucoup personnellement. Mais il y a eu en 1973 la crise pétrolière et la crise de l'énergie, et le Québec s'est senti concerné directement parce que c'est un pays importateur d'énergie pétrolière. C'est cela qui a un peu donné l'élan et qui a permis le développement sur le plan institutionnel. Personnellement, j'aurais pu bien sûr continuer dans ce secteur sans que cela ait un écho dans la société ambiante, mais la société a reçu cela parce que ça répondait à des intérêts, à des interrogations. Et ça continue depuis dix ans.

**G.P.**    *L'année 1973, c'est l'année du grand choc pétrolier et vous allez pouvoir institutionnaliser vos intérêts pour la chose énergétique et pour les problèmes pétroliers en créant le GREEN.*

**A.A.**    Le GREEN c'est un groupe de recherche en économie de l'énergie. Bernard Cloutier qui était à l'époque président de SOQUIP, qui s'intéressait au pétrole, m'a dit un jour en rentrant de voyage en Algérie où il avait assisté à un congrès, : « Écoute, Antoine, pourquoi on ne ferait ici à Québec un colloque portant sur l'économie pétrolière ». Ma première réaction était de lui dire : « Mais tu es complètement fou parce que quand même après tout Québec ce n'est pas ni Paris ni Londres ni Houston ni Genève ». Mais on a continué à discuter sur ce projet; le premier colloque a été parfaitement artisanal, c'est-à-dire que, bien sûr, le choix des conférenciers était très strict et très important et on a eu des conférenciers intéressants, mais on ne savait pas si on aurait du public ou pas; chose très curieuse on a eu 400 personnes; c'était juste avant la crise de 1973, quatre mois avant. Comme les conférenciers et nous étions vraiment au courant de ce qui se produisait, on avait pas froid aux yeux, pas d'hésitation à prédire la prochaine hausse des prix; il y a eu unanimité entre les conférenciers et moi-même à ce propos et on a même chiffré ces hausses là; or effectivement suite à cela, il y a eu la crise, le premier choc pétrolier et un soir avec trois de mes assistants, on s'est dit : « Adoptons un sigle, le Groupe de recherche en économie de l'énergie, le GREEN. »    C'était en 1973; aujourd'hui, nous comptons sept professeurs et il y a en permanence 12 à 15 étudiants qui gravitent autour de nous, qui sont des assistants soit à la maîtrise, soit au doctorat. Le sujet lui-même a énormément évolué, ce n'est plus seulement le pétrole. On s'est occupé aussi du gaz, de l'électricité et puis surtout de la théorie des ressources naturelles en général.

**G.P.**      *Est-ce qu'on peut dire après dix ans d'existence du GREEN que ces travaux ont laissé des traces?*

**A.A.**      Oui, le GREEN a laissé des traces. Depuis dix ans, il y a eu pas moins de 25 à 30 maîtrises et doctorats produits sur ces sujets et donc il y a des gens qui ont été formés comme économistes de l'énergie; d'ailleurs c'est pour cette raison entre autres que le gouvernement fédéral nous a donné une subvention sur cinq ans pour la formation et l'infrastructure de notre centre, et que nous avons obtenu l'année dernière un autre financement pour trois ans. Dans les deux cas nous avons été jugés sur nos travaux. Il y a un troisième point quand on parle de l'impact et de l'influence du GREEN, c'est sur le plan de la politique énergétique et alors là ça a été important, effectivement, que ce soit par les commissions parlementaires où on était, que ce soit aussi par chacun d'entre nous, par nos implications extra-universitaires, dans mon cas à SOQUIP, dans d'autres cas Hydro-Québec ou auprès du gouvernement fédéral par exemple. Comme vous voyez, on a pas brassé du vent pendant ces dix ans et on ne compte pas brasser du vent pour les années à venir.

**G.P.**      *Est-ce qu'il n'est pas surprenant, Monsieur Ayoub, que dans un pays qui a vécu depuis ses origines de ressources naturelles, il ait fallu que quelqu'un nous arrive de Syrie pour créer un centre de recherche sur les ressources naturelles au Québec?*

**A.A.**      Oui mais enfin, ne me donnez pas cette gloire que je ne mérite pas. Je vous le dis très simplement, ce sont des coïncidences qui mènent la vie, ce ne sont pas des choses préétablies. Mais il est vrai que moi-même je me suis posé la question, comment se fait-il que le Québec vivant sur les ressources naturelles, le Canada immense vivant sur les ressources naturelles, il n'y a pas eu un centre avant cela. Mais à ma satisfaction, je peux vous dire que notre groupe est le plus ancien au Canada. Car la Colombie-Britannique avec son programme sur les ressources naturelles, tout ça est venu après; même l'Alberta, productrice d'énergie, de pétrole et de gaz, leur institut, un institut mixte de gouvernement, entreprises, universités n'a vu le jour qu'en 1976. Quand je regarde ça, je me dis que le Québec s'est trouvé un peu en avant, malgré qu'il était parti en retard, parce qu'il aurait dû penser beaucoup plus tôt aux problèmes de ressources naturelles et en tirer un avantage comparatif.

# KIMON VALASKAKIS
## Le 28 juillet 1984

D'origine grecque, Kimon Valaskakis est né en 1941. Il a étudié le droit et l'économie au Caire, en Égypte, puis le droit en Angleterre et en France, avant d'aller faire une doctorat en science économique aux États-Unis, à l'Université Cornell. Au milieu des années soixante, il est venu faire carrière dans l'enseignement au département de science économique de l'Université de Montréal. Il est président de l'Institut Gamma.
    Kimon Valaskakis prend de la science économique une vue extrêmement ample. Si ses premiers travaux en histoire économique et en commerce international paraissent d'une mouture assez conventionnelle, tout va changer avec la création du Groupe Gamma, qu'il fonde en 1974. La décennie qui suit va permettre à Kimon Valaskakis d'explorer une variété de sujets allant de la société de conservation à la société d'information, en passant par le développement international et la micro-électronique, dans une perspective nouvelle, celle de la prospective.
    Ce qui marque la pensée de Kimon Valaskakis, c'est un cadre d'analyse très ample, qui inscrit tout dans un cadre multidisciplinaire et un temps long. C'est un penseur imaginatif, innovateur et audacieux — téméraire diraient certains. — *G.P.*

**Gilles Paquet**    *Monsieur Valaskakis, d'où part cette vision de l'économie qui déborde les cadres conventionnels?*

**Kimon Valaskakis**    De l'Université Cornell, où j'ai fait mon doctorat en sciences économiques avec un mineur en philosophie des sciences.

*G.P.*    *Une personne vous a marqué, à Cornell?*

**K.V.**    Oui, c'est une personne en philosophie des sciences, du nom de Max Black, qui était un des grands professeurs de philosophie des sciences et un théoricien de la probité de la langue. Dans un cours qu'il a donné sur les fondations de la géométrie, j'ai cru comprendre l'économie; c'était vraiment très indirect.

*G.P.*    *C'est un peu difficile de comprendre comment on peut par le biais de la géométrie arriver au fondement de l'économie quand on est intéressé comme vous l'étiez à l'époque à l'histoire économique.*

**K.V.**    Oui effectivement, mais la géométrie, au sens évidemment d'un système axiomatique formalisé, c'est un système sans contenu et l'isomorphisme ou la relation entre la théorie économique, qui est une théorie très formalisée, et la géométrie était présent dans mon esprit après ce cours là et j'ai vu qu'on pouvait appliquer des appareils méthodologiques très abstraits pour faire toutes sortes de choses; d'où mon intérêt pour la méthodologie que j'ai toujours gardé.

**G.P.**    *Mais vos premiers travaux ont été largement des travaux d'histoire économique.*

**K.V.**    Les premiers travaux étaient d'histoire économique et de développement économique au sens classique, c'est-à-dire le sous-développement et les mécanismes de sortie du sous-développement. J'ai participé à la mise en place du Centre de recherche en développement économique de l'Université de Montréal. André Raynauld était directeur, j'étais son directeur adjoint et nous avons travaillé en Afrique et ailleurs. À partir de l'intérêt pour le sous-développement, j'ai développé un intérêt pour le complément ou la partie symétrique, c'est-à-dire le sur-développement, d'où le début d'intérêt vers l'avenir. J'étais surtout frappé par un collègue, qui au début des années soixante-dix, avait reçu un octroi pour aller étudier non pas le Niger ou l'Afrique du Sud, mais la Californie, alors il a passé un an à étudier la Californie en tant qu'exemple de sur-développement. Or, toute la problématique orientée vers l'avenir et le sur-développement par rapport au passé ou sous-développement commençait à m'intéresser.

**G.P.**    *Qu'est-ce qui vous amène à venir faire carrière au Canada, au Québec?*

**K.V.**    J'ai fait mon doctorat aux États-Unis avec l'intention de revenir éventuellement travailler en Europe au sein de la communauté économique européenne, mais j'ai décidé de rester en Amérique du Nord pour quelques années et, comme c'était l'année de l'Expo 1967 et que Montréal était le centre du monde, je me suis dit que j'y passerais un ou deux ans et qu'ensuite je continuerais une carrière aux États-Unis ou en Europe. Mais j'étais tellement attaché à la ville et à la beauté du Québec que j'ai adopté le pays et j'y suis depuis. Ce qui m'a frappé le plus pendant ces années là, c'est la relativité des choses, le fait qu'on peut percevoir certaines choses à partir du Québec et les voir de façon tout à fait différente et cette relativité m'a incité à avoir une certaine curiosité intellectuelle pour creuser plus loin à la fois dans l'espace, c'est-à-dire dans les différents pays donc un intérêt de plus en plus international, et aussi dans le temps, et c'est là que je me suis dit : « Bon l'histoire, c'est très bien, mais pourquoi ne pas faire l'histoire de l'avenir? »    Et j'ai commencé à parler effectivement de cet avenir.

**G.P.**    *Il semble, Monsieur Valaskakis, que vous nagez à contre courant à l'Université de Montréal dans les années soixante-dix; c'est un département de science économique qui veut se technifier, qui veut rétrécir un peu sa perspective et voir une économie beaucoup plus axiomatisée,* *beaucoup plus mathématisée. Vous semblez avoir suivi une voie entièrement à contre courant puisque vous commencez à vous intéresser à ce que certains économistes appelleraient certainement, et ont dû appeler, des choses inimportantes comme la prospective, des choses qui sont tellement intangibles qu'elles sont condamnées à ne pas tomber dans le terroir étroit de l'économiste traditionnel.*

**K.V.** Vous avez absolument raison, mais il faut remarquer que évidemment dans nos professions, nous avons quelque chose qui s'appelle « the bottom line of the market », c'est-à-dire la règle du marché : si quelque chose réussit sur le marché des idées, eh bien c'est une preuve concluante; alors ce qui est arrivé dans les années soixante-dix, c'est que le genre d'approche que j'ai préconisé a réussi sur le marché des idées et a donc dû être pris au sérieux par mes collègues qui, même s'ils n'avaient pas la même option méthodologique, voyaient que le genre de produit qui était mis sur le marché était à la fois demandé et apprécié par les clients.

*G.P. Et vous le définiriez comment ce produit que vous avez mis sur le marché, cette perspective nouvelle que vous avez développée?*

**K.V.** Cette perspective nouvelle c'est en fait un procédé plutôt qu'un produit; j'essaie d'être un spécialiste d'une certaine approche qui serait la prospective et qui se distingue de l'économie traditionnelle de deux façons; d'abord elle est beaucoup plus inter-disciplinaire, elle prend en considération toutes sortes de choses qui ne sont pas généralement prises en considération en sciences économiques et surtout, elle identifie les problèmes dans un contexte temporel assez long. Une des caractéristiques de l'approche que j'ai préconisée, c'est le mariage de l'histoire et de la prospective. Certains voient une opposition entre les deux, en disant qu'on regarde le passé ou l'avenir mais non les deux. Moi je dis que ce qu'on regarde, c'est l'évolution des problèmes dans le temps; alors il y a une dimension rétrospective et il y a une dimension prospective. Je pense que c'est fondamental. J'ai essayé de l'expliquer dans un article publié en 1976 non pas dans une revue purement économique mais dans la revue britannique *Futures*. J'ai développé la notion de ce que j'ai appelée la chronosphère, qui essaie de marier effectivement le futur et le passé dans une démarche intégrée; cette approche peut se définir en trois idées : premièrement, qu'il faut prévoir le long terme, deuxièmement, qu'il faut planifier non pas le long terme mais le moyen terme parce que les choses changent, et troisièmement, qu'il faut agir dans l'immédiat. Une autre dimension qui a été très prisée dans cette approche, c'est qu'elle aboutit à des actions concrètes situées dans le présent, donc qu'elle s'harmonise bien à l'intérêt qu'on porte aux entreprises, aux gouvernements, à la planification stratégique et ainsi de suite.

En 1974, l'Institut Gamma venait répondre à une certaine inquiétude qu'on retrouvait au Québec et ailleurs concernant les perspectives à la fois nationales, québécoises, internationales. De plus en plus de décideurs dans le secteur privé, dans le secteur public et dans les organisations internationales s'intéressent à traiter les problèmes de cette façon-là.

**G.P.** *Mais quelles sont les applications les plus directes, les plus concrètes de ce genre de travail? Au Québec, est-ce que Gamma a fait boule de neige, est-ce que Gamma a créé des équipes, a défini un petit peu les orientations, la dérive de la socio-économie québécoise?*

**K.V.** Quelles ont été les influences au Québec? Je pense que toute cette notion de société de conservation que nous avons développée a été importante. L'indicateur d'acceptation de cette notion c'est qu'aujourd'hui, le concept de société de conservation est utilisé dans les milieux gouvernementaux, dans les milieux universitaires; on sait ce que c'est et on se réfère très souvent à la problématique que nous avons développée. Il y a également toute la problématique de la société informatisée; dans les premiers rapports qu'on a publiés en 1978–1979, nous avons identifié un peu la problématique qui fait rage aujourd'hui, c'est-à-dire qu'on a parlé du virage technologique peut-être trois ou quatre ans avant qu'il se produise, et je sais que ça a eu des influences dans l'élaboration des politiques à la fois du côté québécois et du côté fédéral.

Ce qui est frappant c'est que le contenu de nos travaux change considérablement; le genre de travaux que je fais, vu de l'extérieur, ça peut avoir l'air de passer du coq-à-l'âne, par exemple, un jour j'examine l'avenir de la langue française, le lendemain l'avenir de la capitale nationale, de la région d'Ottawa-Hull. Mais ce que ces travaux ont de commun, leur fil d'Ariane, c'est cette méthodologie, cette procédure, ce procédé qui intègre et qui donc devient une aide à la décision. C'est d'ailleurs un produit destiné à être exporté de l'économie vers autre chose, parce que j'ai utilisé moi-même la démarche économique pour comprendre des problèmes non économiques. Et maintenant que j'y pense, nous avons plusieurs collègues qui de plus en plus débordent le cadre de la science économique et vont dans la même direction que nous. Ils n'y vont pas à cause de mon influence, mais ce que je faisais dans les années soixante-dix est peut-être ce que nous appelons en prospective un fait porteur d'avenir, c'est-à-dire quelque chose qui par ses dimensions du moment a une signification très faible mais par son potentiel d'avenir a une signification très forte; beaucoup de choses, qui au milieu des années soixante-dix, apparaissaient tout à fait révolutionnaires, apparaissent aujourd'hui tout à fait normales. Et j'ajouterai qu'une contribution de cette méthode à la science économique c'est peut-être de valoriser de plus en plus une variable clé, la variable technologique, parce que surtout dans nos derniers travaux sur la société d'information, nous avons introduit cette variable technologique. S'il y a quelque chose qui manque en science économique c'est qu'à quelques exceptions près, la profession n'a pas vraiment découvert la technologie, ce qui est reflété dans une certaine mesure par les problématiques et les ordres du jour des congrès où la technologie vient à la fin plutôt qu'au centre des débats.

Je suis très satisfait des résultats, dans les trois dernières années, en ce qui concerne la société de conservation, car plusieurs recommandations que j'avais faites en 1976-1977 font maintenant partie des règlements et de la loi, par exemple la recommandation d'encourager financièrement une meilleure isolation thermique des demeures pour la conservation énergétique, etc. Il y a beaucoup de choses qui maintenant sont tout à fait courantes, mais quand nous les avons exprimées pour la première fois apparaissaient comme étant révolutionnaires.

**G.P.**        *Qu'est-ce qui explique que quelqu'un comme vous, grec d'origine, européen en transit, américain de passage ait introduit la prospective au Québec; pourquoi fallait-il attendre que ce message vienne d'ailleurs? Est-ce que vous vous êtes demandé quelle conjonction de circonstances avait fait que vous avez pu introduire cette sorte d'approche dans le milieu?*

**K.V.**        On peut répondre à cette question d'une double façon. D'abord d'un point de vue personnel, ce qui m'a fait aller dans cette direction c'est un peu le fait que je sois, comme je l'ai mentionné, un grec d'Égypte ayant travaillé et étudié dans plusieurs pays. Tout ceci crée ce que j'appellerais un ensemble un peu byzantin, dans le sens que c'est un mélange de beaucoup de choses, et ce mélange amène la curiosité intellectuelle et peut-être aussi un certain dilettantisme; or, pour discipliner ce dilettantisme il faut une discipline d'unification. J'ai commencé à trouver cette discipline d'unification dans l'histoire mais je l'ai trouvée encore plus dans la prospective, parce que la prospective c'est l'histoire plus un certain « sex-appeal » pour sûr en ce qui concerne le public.

Le cheminement du côté du Québec c'est qu'à la suite de la révolution tranquille des années soixante, à la suite de l'éveil nationaliste et de l'auto-perception du Québec, les grands problèmes sont venus à l'actualité alors que dans les années cinquante, ces problèmes ont été considérés très peu pertinents à la réalité québécoise. Aujourd'hui le Québec est dans le monde et un de mes livres s'appelle d'ailleurs *Le Québec et son destin international*; alors tout ceci veut dire que quand on est dans le bain il faut voir ce qui se passe ailleurs et la vue large et la vue longue deviennent tout à fait nécessaires.

**G.P.**        *Est-ce que comme prospectiviste examinant le gambit québécois nationaliste, ça vous porte à réfléchir d'une façon différente des économistes qui sont à peu près tous anti-nationalistes?*

**K.V.**        Oui et en fait, moi je me situe à mi-chemin entre deux extrêmes, l'extrême de l'économiste qui dit : « Le nationalisme a une valeur zéro parce que c'est passionnel » et l'extrême de l'anthropologue qui dit :

« Le nationalisme a une valeur infinie, ça ne se mesure pas »; entre ces deux extrêmes vient la notion d'un nationalisme mesurable par un coût d'option. Une des contributions que j'ai faites aussi sur le plan méthodologique, c'est tout cette notion des biens quaternaires que j'avais développée en 1976. J'ai dit, le nationalisme c'est un bien quaternaire, pas un bien primaire, secondaire ou tertiaire, mais un bien quaternaire qu'on achète et qu'on vend par des coûts d'option; la comptabilisation d'un choix nationaliste par les coûts d'option peut être très utile pour à la fois expliquer la politique dans le temps et prévoir son comportement futur.

**G.P.**     *Est-ce que ça peut aider aussi à faire des choix aussi importants que le choix de séparation ou de non-séparation?*

**K.V.**     Absolument, parce que dans la contribution que j'ai essayé de faire au débat sur le référendum en 1980, je me suis demandé quels sont précisément les scénarios de l'indépendance du Québec, quelle sont leurs dimensions économiques, quelles sont leurs dimensions non-économiques et dans quelle mesure est-ce qu'il y a des arbitrages. J'ai l'impression que cette analyse très sincère a été très bien reçue par les partisans du non comme par les partisans du oui parce que ça a apporté au débat une dimension qui était en fait de dire : évitez les deux extrêmes du tout ou rien. Ce mariage de l'économie avec les autres disciplines, qui permet une telle réflexion,je pense c'est un des immenses défis de la période contemporaine et je voudrais voir beaucoup plus de ponts créés entre les disciplines au Québec.

**G.P.**     *Certains qui sont critiques ont pu dire que cette référence à des cadres plus vastes, à des cadres inter-disciplinaires, cette référence aussi à la technologie avec un grand T, ça n'avait pas vraiment aidé ou fait avancer le débat, qu'on parle maintenant de virage technologique mais que c'est un mot vide et qu'on a entraîné le débat en le prospectivant dans un cadre où toute borne est diminuée et relâchée et où toutes les possibilités demeurent ouvertes mais qu'on a pas ce qu'on attendait peut-être de la science économique et des économistes, c'est-à-dire certaines voies clairement définies dans lesquelles on doit s'engager.*

**K.V.**     La solution de plusieurs problèmes économiques existe en dehors de l'économie au même sens que la solution de plusieurs problèmes politiques existe en dehors de la politique. L'argument final que je mets lorsqu'on dit que ce que je fais, ce n'est pas dans le « main stream », c'est « the proof of the pudding is in the eating ». Et finalement, qui sont les gagnants et qui sont les perdants dans le monde aujourd'hui? Le gagnant, le grand gagnant, c'est le Japon, et si il y a une chose qui existe derrière le succès japonais, plus on l'étudie, plus on peut le voir, c'est qu'ils ont une dimension prospective où l'économie japonaise est prévue, est orientée avec le long terme en tête, ce qui me fait dire que de plus en plus la démarche prospective que je préconise n'est plus un luxe, ça devient une condition de survie; les multinationales l'ont compris, les gouvernements l'ont compris, plusieurs disciplines l'ont compris, maintenant on verra combien de temps ça prendra pour que les économistes le comprennent.

# 4

## QUELQUES MAQUISARDS

Jorge Niosi
Jacques Henripin
Mario Polèse
Gérard Dion

Jacques Dufresne
Roger Blais
Yvon Gasse

Daniel Latouche
Marcel Côté
Louise Vandelac
Marcel Rioux

Le quatrième volet de témoignages veut examiner la pensée économique au Québec français de l'extérieur, si l'on peut dire.

La pensée économique a des limites : elle n'a pas éclairé suffisamment, également ou même convenablement un grand nombre de problèmes majeurs de nos sociétés. Et c'est souvent d'outre-frontières qu'on voit le mieux les faiblesses de la pensée économique conventionnelle, c'est là que se trouve le maquis.

Nous avons donc décidé d'aller chercher les témoignages des maquisards de la science économique conventionnelle, de ceux qui travaillent à la marge, en marge aussi de l'économie. Car c'est chez eux qu'on peut le mieux mesurer jusqu'à quel point la frontière de la pensée économique a bougé ou n'a pas bougé au cours de la période des années 1960 à 1980, qu'on peut documenter jusqu'à quel point la pensée économique reste limitée, démunie, aveugle et muette devant certains problèmes fondamentaux de notre société.

De ces onze témoignages — certains plus critiques que d'autres — sort presque un ordre du jour pour la pensée économique au Québec pour les décennies qui viennent. Les feux croisés de ces éclairages divers nous indiquent bien des pistes mais surtout que les défis sont énormes et que ce n'est probablement pas en rabougrissant ses perspectives que la pensée économique sera capable de les relever. — *G.P.*

# JORGE NIOSI
## Le 8 juin 1985

Jorge Niosi est né en Argentine en 1945. Après des études en Argentine, puis en France en sociologie, il va enseigner à l'Université du Québec à Montréal en 1970. Il y est encore. Jorge Niosi est un spécialiste de sociologie économique, c'est-à-dire qu'il a des clartés de la chose économique, mais qu'il a utilisé une grille sociologique pour examiner l'économie canadienne, l'économie québécoise. Il est l'auteur d'une trilogie importante, sur le contrôle financier du capitalisme canadien, puis sur la bourgeoisie canadienne, et enfin sur les multinationales canadiennes. Ce qui est au centre des travaux de Niosi, c'est la notion de pouvoir économique, de contrôle économique dans nos sociétés. Ce qui est sa marque de commerce, si on peut dire, c'est un travail empirique minutieux, un effort pour montrer concrètement comment ce pouvoir économique s'incarne au Canada, comment il agit, comment il est impossible de ne pas en tenir compte au moment d'étudier l'économie canadienne. Pour Jorge Niosi, c'est sa grille sociologique qui montre les limites de l'économie. — *G.P.*

*Gilles Paquet         Monsieur Niosi, qu'est-ce qui vous a amené en Argentine, à vouloir vous intéresser à la sociologie?*

**Jorge Niosi**     Je dirais que c'est surtout l'hésitation sociale d'un pays qui était très prospère l'année où je suis né, en 1945, et qui est devenu aujourd'hui un pays qu'on classe parmi les pays sous-développés, alors qu'en 1945, il avait le sixième revenu per capita au monde. C'est donc les convulsions sociales, politiques et économiques de ce pays qui m'ont amené à étudier ces phénomènes.

*G.P.         Vous vous êtes intéressé aux entreprises, aux entrepreneurs dans la politique de l'Argentine. Qu'est-ce que vous avez trouvé dans ces études?*

**J.N.**     D'abord, que les associations patronales avaient un rôle absolument clé dans la détermination de la politique économique, et également qu'il y avait deux noyaux d'associations patronales en lutte : les uns représentant la petite et moyenne entreprise, extrêmement nationalistes, et affiliés au parti péroniste, et les autres, qui représentent la grande entreprise multinationale et nationale, qui étaient libéraux, libre-échangistes, etc.

*G.P.         Tout ça vous amène à vouloir continuer vos études, Monsieur Niosi, non pas aux États-Unis, mais en France. Pourquoi?*

**J.N.**    Cette tradition d'économie, sociologie, science politique, histoire, un peu combinées, m'intéressait davantage que les études qui me semblaient plus froidement méthodologiques et plus froidement statistiques qu'on pouvait faire aux États-Unis.

**G.P.**    *Est-ce que l'expérience que vous vivez en France, vers la fin des années soixante va vous amener à revoir de façon dramatique le cadre conceptuel que vous aviez développé en Argentine?*

**J.N.**    Non, en fait, il m'a fait l'enrichir dans la même direction. C'est-à-dire que je suis toujours allé voir un peu ce que les économistes faisaient, ce que les sociologues, ce que les politicologues, les historiens faisaient, et également, prendre des concepts et des méthodes de travail dans différentes écoles, non seulement dans différentes disciplines.

**G.P.**    *Vous revenez de France pour devenir un sociologue économique patenté. Ça n'existe pas au Québec à l'époque?*

**J.N.**    Non, en fait, ça n'existe pas. En fait, il y avait des sociologues d'un côté, et des économistes ou des politicologues de l'autre côté, mais il n'y avait pas de gens travaillant à la frontière de ces disciplines-là.

**G.P.**    *Pourquoi venir au Québec, pourquoi vouloir continuer votre carrière ici plutôt qu'en France, ou en Argentine?*

**J.N.**    J'ai commencé à enseigner en France et je me suis rendu compte que je devrais passer 25 ans de ma vie en France avant d'être professeur. Par ailleurs, aussi, il y a déjà eu beaucoup de comparaisons de l'Argentine avec le Canada, cet immense pays, rempli de ressources naturelles, avec une petite population — les deux autour de 25 millions de personnes — des populations d'origine européenne, des immigrants européens qui sont arrivés dans les deux cas entre 1860 et la Deuxième Guerre mondiale, en gros et pour la grande majorité d'entre eux. Et effectivement l'Argentine était liée à l'ancienne métropole du dix-neuvième siècle, l'Angleterre, c'était le grenier de l'Angleterre, alors que le Canada était le fournisseur de ressources attitré des États-Unis.

**G.P.**    *Quand vous commencez votre carrière au Canada, vous portez un regard un peu nouveau sur le Québec et sur le Canada...*

**J.N.**    Dans toute société, il y a un épais brouillard idéologique. Je n'étais pas affecté par ce brouillard, puisque je n'avais pas fait mes études au Québec, alors je suis arrivé avec un regard tout à fait étranger.

**G.P.**    *Marx avait eu un peu les mêmes réflexes, disant qu'il avait vu en Angleterre des choses qu'il n'avait pas vues en Allemagne...*

**J.N.**         C'est ça. Il n'avait jamais vu les classes sociales chez lui. Il les a vues en France et en Angleterre. Mais, chez lui, il ne s'en est pas rendu compte, alors qu'il arrivait quand même presqu'à la trentaine et qu'il avait beaucoup écrit...

**G.P.**         *Vous allez vous attaquer à des problèmes complexes au Canada : contrôle financier, bourgeoisie, multinationales, grands problèmes qui sont maintenant à l'ordre du jour de tous les débats économiques. Mais au début des années soixante-dix, parler de contrôle financier au Canada, ce n'était pas très populaire, et surtout, vous deviez être soupçonné des pires biais marxisants pour avoir voulu vous pencher sur des problèmes de pouvoir économique alors qu'on n'en parlait pas ici...*

**J.N.**         Oui, il faut dire que les trois quarts des économistes patentés et officiels croient à la concurrence pure et parfaite. Dans de tels ces cadres d'analyse, le fait de savoir qui contrôle les sociétés n'a strictement aucun intérêt, puisque l'économiste vous répondra : c'est le marché, c'est les consommateurs qui déterminent en définitive ce que fait la société. Que ce soit telle famille, tel groupe d'associés ou telle personne, ça n'a strictement aucun intérêt puisque cette personne, famille ou groupe d'associés n'aura qu'à suivre les lois du marché. Donc, la question du pouvoir économique dans la concurrence parfaite, n'existe pas. Il y avait une minorité d'économistes, je dirais nationalistes, qui s'intéressaient à la chose, mais ils comprenaient ou ils étudiaient uniquement les sociétés étrangères au Canada et ils ne se sont pas rendu compte qu'il y avait également un assez grand nombre de sociétés canadiennes qui étaient d'envergure, qui étaient très importantes. Et il me semblait qu'il fallait parler de celles-là aussi, et les comparer avec les grandes sociétés étrangères.

**G.P.**         *Vous avez fait de la sociologie économique, mais surtout de la sociographie économique. Vous avez tenté de définir, de délimiter, de supputer, de mesurer le contrôle financier...*

**J.N.**         On fait ça parce qu'il faut prouver votre point quand 65 % ou 70 % des gens qui sont censés connaître le domaine croient que vous êtes en train de parler d'une chose qui n'existe pas. Si vous ne prouvez pas ce que vous avancez avec une masse parfois accablante de faits et de preuves, vous êtes perdu d'avance; de sorte qu'il vous faut être très empirique. Il vous faut aller aux faits. Autrement, vous serez taxé d'idéologue immédiatement. Ensuite, je me suis rendu compte qu'il y avait une masse de données inexploitées qui étaient absolument remarquable. Par exemple, avec les bulletins des commissions des valeurs mobilières du Québec et de l'Ontario, qui donnaient des listes des actionnaires des grandes sociétés, et de tout ce qui est coté en Bourse, c'est-à-dire la plupart des grandes sociétés, nous avions une masse de données de première main que personne n'avait exploitée, et qu'il fallait absolument exploiter pour prouver l'existence d'un pouvoir économique très concentré entre les mains d'un nombre relativement réduit de grandes familles et de très riches associés.

Par exemple, j'ai trouvé peut être une cinquantaine de familles qui contrôlent facilement 300 des 400 grandes corporations; mais il y a deux mois, j'ai vu que l'association des banquiers de l'Ontario a sorti un papier absolument violent disant que 9 familles au Canada se sont emparées de presque la moitié des actions de la Bourse de Toronto, et qu'évidemment, ça ne peut plus fonctionner. Si ces gens-là continuent d'acheter des compagnies comme on achète des timbres-poste pour les collectionner, bien la Bourse de Toronto, elle a de moins en moins de matières premières. Alors, je me suis trouvé très modéré et très conservateur dans mes prévisions et dans mes calculs...

**G.P.**      *... ou, il se peut que depuis vos premiers travaux dans les années soixante-dix, la concentration du pouvoir économique se soit accrue au Canada...*

**J.N.**      Oui, bien sûr. Par exemple, à l'époque, Paul Desmarais contrôlait Power Corporation, mais maintenant il est sur le point également de contrôler le Canadien Pacifique; les Reichman contrôlaient Imperial York, maintenant, ils achètent Gulf Canada.

**G.P.**      *Ce travail de déblayage, de débroussaillage des réseaux financiers, Monsieur Niosi, vous amène à définir ce groupe, cette bourgeoisie économique canadienne puissante. Ressemble-t-elle à ce que vous aviez vu ailleurs, en Argentine, par exemple?*

**J.N.**      Elle lui ressemble beaucoup en ce sens qu'il y a un groupe de capital étranger qui est extrêmement puissant dans les deux cas; elle ne lui ressemble pas à au moins deux niveaux : d'abord, la coupe ethnique, qui se répartit entre les anglophones WASP, les *White Anglo-Saxon Protestants*, les anglophones d'origine juive, et les francophones. Ça, ça n'existait pas là-bas. Ensuite, là-bas, la coupe fondamentale était la petite et moyenne entreprise nationaliste, et violemment nationaliste — la centrale des entrepreneurs nationalistes est affiliée au parti péroniste — alors que des grands entrepreneurs de tous les bords et de tous les côtés, étaient tous libéraux, libre-échangistes, etc.

**G.P.**      *Ici, l'idéologie est plus mêlée. Ce n'est pas une coupure aussi claire entre les idées économiques et la base du pouvoir.*

**J.N.**      En effet, oui. C'est plus compliqué, quoique, à certains égards, c'est le phénomène que nous avons vu par exemple avec le nouveau parti conservateur qui est au pouvoir, ça ressemble un petit peu à ce que j'avais vu en Argentine. C'est-à-dire que, maintenant le parti conservateur va chercher des hommes d'affaires canadiens et des administrateurs des sociétés étrangères, les deux. Francophones et anglophones et juifs. De tous les côtés. Avant, vous aviez une coupure très nette entre les libéraux nationalistes de l'époque de Pearson jusqu'à Trudeau. Les libéraux étaient nationalistes et les conservateurs étaient continentalistes. Les libéraux étaient infiniment plus proches des milieux d'affaires canadiens, et les conservateurs, infiniment plus proches des milieux d'affaires étrangers.

En plus, il y avait la coupe ethnique. Juifs et francophones étaient libéraux, et les WASPs étaient conservateurs. Alors que maintenant, Monsieur Mulroney va chercher tout le monde, de tous les bords, de toutes les provinces, de toutes les régions, et de tous les groupes ethniques. Tout ce qui est grande entreprise est conservateur aujourd'hui, qu'on soit francophone, anglophone, etc.

**G.P.**    *Donc, une nouvelle alliance du pouvoir qui pourrait faire que votre livre sur la bourgeoisie, il faudrait peut-être le récrire à la fin des années quatre-vingt, puisque de nouvelles alliances sont en train de se créer...*

**J.N.**    Oui. Évidemment, avant de conclure qu'il y a des nouvelles alliances, il faudrait les voir à l'oeuvre. Est-ce que c'est un phénomène conjoncturel, est-ce que c'est lié à la personnalité de Mulroney et à la personnalité des gens qui sont autour de lui, ou si c'est un phénomène plus vaste? Moi, j'aurais tendance à dire que c'est effectivement un phénomène d'alliances nouvelles qui est en train d'avoir lieu. C'est-à-dire qu'il y a désormais un groupe d'entreprises francophones et un groupe d'entreprises juives, ethniques, etc., qui sont de taille internationale. Prenez Lavalin, par exemple, qui est une des dix plus grandes sociétés d'ingénierie au monde : vous avez le président de Lavalin qui est devenu président de la Corporation de développement et d'investissement du Canada, et son vice-président, Marcel Masse, qui est devenu ministre des Communications. Le vice-président de la Banque nationale du Canada, Robert René de Cotret, est devenu notre ministre du Trésor. C'était impensable avant. Le financier Sinclair Stevens qui est devenu ministre du Développement économique régional, c'est l'ancien président de la Banque de la Colombie-Britannique. Voir ce monde ensemble il y a 5 ans, aurait été impensable. Aujourd'hui, il y a des sociétés des trois groupes ethniques qui sont représentées dans les milieux d'affaires canadiens, qui ont atteint une taille internationale, et qui sont conservatrices.

**G.P.**    *Ces thèmes nouveaux qui ont été mis à l'ordre du jour des travaux d'économistes, ça pourrait être quoi? Quels sont les travaux qui sont sortis des traditions nouvelles de sociologie économique?*

**J.N.**    En sociologie économique, on a parlé évidemment du pouvoir des grands actionnaires dans les grandes sociétés, des grandes entreprises canadiennes, de leur expansion multinationale, mais également, il y a eu des travaux en sciences politiques sur le rapport entre les entrepreneurs québécois et l'état, je parle par exemple des travaux de Pierre Fournier, il y a également maintenant des travaux en politique industrielle, en sciences politiques...

**G.P.**    *Mais ces travaux-là n'ont pas trouvé place dans les départements de sciences économiques conventionnels. On les voit, les auteurs, se réfugier en sociologie, en sciences politiques, en histoire... Est-ce qu'on a réussi à entamer un peu la forteresse économique, est-ce que les questions nouvelles que vous avez posées, Monsieur Niosi, et vos étudiants, vos collègues aussi, ont réussi à forcer le débat autour de certains de ces thèmes-là qui nous semblent pourtant importants?*

**J.N.**    Je dirais qu'il y a plein de débats qui ont lieu, mais que ces débats-là n'ont pas lieu avec des économistes de départements des sciences économiques. Les départements des sciences économiques sont restés, de façon générale, fermés à ce genre de préoccupations. Alors, ces discussions-là ont lieu entre sociologues, politicologues, historiens, journalistes, etc., mais peu, très peu, avec des économistes officiels.

**G.P.**    *Mais alors, est-ce que ce groupe nouveau s'est donné des institutions pour se donner droit de parole, un forum où échanger ces idées?*

**J.N.**    Je dirais que le principal de ces forums-là, c'est l'Association d'économie politique qui a été créée en 1980. J'étais parmi les fondateurs, j'ai été deux fois à son exécutif. C'est un groupe qui compte environ 300 membres, dont la moitié sont des économistes et la moitié sont des sociologues-économistes, des historiens-économistes, des économistes politiques des départements des sciences politiques, etc., et qui fait des congrès annuels, invite des conférenciers étrangers, québécois et canadiens aussi.

Et donc, il y a un lieu de rencontre. Maintenant, l'Association publie une revue, et lance aux Presses de l'Université du Québec une collection d'ouvrages aussi.

**G.P.**    *Des ouvrages qui vivent une vie un peu parallèle par rapport à la pensée économique traditionnelle, encore aujourd'hui.*

**J.N.**    Tout à fait, oui. Mais je dois dire qu'on n'est pas moins lus pour autant, je dirais même qu'on est davantage lus pour autant parce que, on parle, nous, de la réalité. L'économie officielle s'occupe des modèles économiques où il y a beaucoup d'algèbre, il y a beaucoup de calcul infinitésimal et intégral, etc., et beaucoup de formalisation. Mais lorsque vous enlevez cet algèbre et vous la lisez, vous la comprenez, vous la décortiquez, sur le plan théorique, c'est d'une pauvreté terrible, et surtout, ça ne parle pas de la réalité. Ils ne s'occupent pas de la réalité, alors que nous, on s'en occupe.

**G.P.**        *Mais, malgré tout, vous n'avez pas pu, vous et votre groupe, porter sur la place publique, un débat sur ce contrôle économique, sur le pouvoir économique : on a l'impression que ce qui vous manque, c'est un peu un Yves Montand qui, en France, a pu donner un écho à ce type de pensée-là.*

**J.N.**        Oui, et il nous manque également, surtout je dirais, des institutions, qui auraient pu s'emparer de ce débat-là. Par exemple, au Canada anglais, il y a le Nouveau Parti démocratique par qui, par exemple, certains de nos travaux, ont été traduits en anglais et lus, et débattus au Canada anglais, bien plus qu'au Québec, pour la bonne et simple raison que là-bas, il y a un Nouveau Parti démocratique qui est important dans les syndicats, qui est important dans les universités, qui est important sur la place publique, et alors certaines de ces choses-là ont été débattues davantage dans l'Ouest canadien et en Ontario qu'au Québec. Je pense que l'absence d'une institution politique importante qui lance le débat sur la place publique, ça nous a beaucoup nui. Mais peut-être aussi qu'on s'est trop cantonnés dans nos écrits universitaires, disons « savants », et qu'on n'a pas su faire passer le message d'une autre façon.

Ceci dit, comme vous le savez, à peu près la moitié de la circulation des journaux au Canada est sous le contrôle d'une seule personne, un monsieur qui s'appelle Kenneth Thompson, et, pour beaucoup de journalistes, il n'est peut-être pas sur le plan professionnel trop intéressant de se lancer dans des études sur la concentration du pouvoir économique. Ou alors, au Nouveau-Brunswick, tous les journaux de la province, sauf les journaux francophones, sont entre les mains de la famille Irving. Je pense pas que les journalistes auraient un intérêt énorme à lancer ces débats-là.

**G.P.**        *Et vous croyez, pour terminer, Monsieur Niosi, que ces idées nouvelles, émanant de la sociologie économique, ces idées nouvelles vont s'inscrire, d'ici à la fin du siècle, dans l'ordre du jour des travaux des économistes patentés?*

**J.N.**        Si on regarde l'évolution de la science économique, on aurait tendance à dire que, au lieu d'aller de l'avant, elle va plutôt vers l'arrière, puisque on sort maintenant comme nouvelles, des idées qui étaient peut-être un peu vieillottes au début du dix-neuvième siècle.

**G.P.**        *Donc, pessimisme, un peu?...*

**J.N.**        Pour les économistes! Mais pas pour le reste des sciences sociales et de la société.

# JACQUES HENRIPIN
## Le 15 juin 1985

Jacques Henripin est né à Lachine en 1926. Après des études à l'Université de Montréal en économie et en relations industrielles, il va étudier à Paris, et revenir au Québec se spécialiser en démographie. Même s'il enseigne pendant une dizaine d'années au département de sciences économiques à l'Université de Montréal, c'est avant tout un démographe, et il va fonder le département de démographie à l'Université de Montréal en 1964. Il y est encore.

Jacques Henripin, démographe, va étudier d'abord et avant tout les phénomènes de population : naissance, décès, fécondité, migration; il va chercher à comprendre pourquoi la croissance démographique s'accentue, et puis, ralentit. Dans plus d'une demi-douzaine de livres, et dans une cinquantaine d'articles spécialisés, il va vouloir comprendre et expliquer les liens entre la démographie et l'économie : expliquer par exemple comment la vague démographique qui va voir naître sept millions de Canadiens entre 1950 et 1965, va tout emporter sur son passage et détruire des institutions comme les collèges classiques, qui ne peuvent plus suffire, renverser des balances démo-linguistiques et engendrer aussi plus tard, bien plus tard, un vieillissement dangereux de notre socio-économie. La variable démographique a été longtemps ignorée par les économistes qui voulaient à tout prix oublier Malthus, évidemment. Plus récemment — et trop lentement — les économistes ont recommencé à s'y intéresser. Pour Jacques Henripin, c'est l'importance de la variable démographique qui montre les limites de l'économie. — *G.P.*

**Gilles Paquet**     *Monsieur Henripin, qu'est-ce qui vous a amené à vous intéresser à la démographie?*

**Jacques Henripin**     Un accident. J'étais étudiant en science économique et pas encore tout à fait à l'Université de Montréal. En fait, j'étais inscrit en relations industrielles; c'est un peu une folie de deux ou trois qui m'avaient précédé, qu'on a imités, qui avaient décidé de se faire un programme à eux. Tout ça, sans aucune autorisation, sans rien du tout. Et on s'est organisé un petit programme de science économique. Au point de départ, ce n'était sanctionné par aucun diplôme. Et finalement, on nous en a donné un quand même. J'étais en tout cas centré en économie quand un conférencier français, qui était venu faire une série de conférences ici, avait invité le doyen de l'époque, Esdras Minville, à lui envoyer un stagiaire à l'Institut national des études démographiques à Paris, un excellent institut de recherches, mais pas un institut de formation. Minville me l'avait proposé et moi j'avais accepté. Et c'est vraiment accidentel car si ce conférencier n'était pas venu, peut-être que je n'aurais jamais pensé de ma vie à la démographie, que je n'aurais jamais été accroché comme je l'ai été par la démographie.

**G.P.**          *Et vous êtes allé étudier en France dans les années cinquante. Il y avait peu de Canadiens qui s'étaient intéressés à la démographie jusque là.*

**J.H.**          Il y en avait quelques-uns qui circulaient autour de Statistique Canada, depuis assez longtemps d'ailleurs. Mais on en entendait guère parler : ce n'était pas des gens qui fonctionnaient dans les universités. Ils écrivaient un peu, mais pas tant que ça. Un démographe typique, c'est un peu terne, n'est-ce pas... ça mesure la fécondité, la mortalité et la composition par âge, et puis les relations qu'il y a entre ça. La démographie au sens strict, ça fonctionne un peu autour de ça. Ce n'est pas très excitant.

Mais ça devient excitant quand on se pose des questions, quand on se demande pourquoi les choses varient et quelles sont les conséquences sociales de ces variations. Alors là, vous débordez dans toutes les directions possibles : du côté de l'économie, du côté de la sociologie, de l'anthropologie, du droit, enfin tout ce que vous voudrez; ce n'est pas facile de suivre tout ça. Et à ce point de vue là, Alfred Sauvy est un homme remarquable, parce que, autour des problèmes de population, il a été capable de faire des réflexions absolument diverses, d'une grande richesse au point de vue de l'interprétation sociale des phénomènes.

**G.P.**          *Vous qui arrivez à Montréal en 1954, démographe patenté désormais, ayant écrit une étude de démographie historique, qu'est-ce que vous trouvez à Montréal comme pâture, jeune démographe que vous êtes?*

**J.H.**          Ah, beaucoup d'inquiétude. Vous savez, les Canadiens français charrient depuis très longtemps une vieille inquiétude démographique, il y a toujours une espèce de menace qui plane, de sorte qu'ils sont toujours assez sensibles à ces problèmes-là, à leur survie, etc. Je n'ai pas eu de mal à trouver une pâture, comme vous dites, ça a été très facile, en fait. Une des premières choses que j'ai faites en arrivant à Montréal, d'abord j'ai abandonné le grand divertissement qu'a constitué ma thèse de doctorat, qui portait sur la démographie historique du 17ᵉ et du 18ᵉ siècles; c'était très intéressant, mais quand on a réussi à se faire démographe dans un milieu, il faut quitter ces divertissements-là pour faire des choses qui sont un peu plus proches des préoccupations des gens. En tous cas, moi, j'étais sensible à ça. J'ai étudié d'abord des facteurs sociaux de mortalité infantile à Montréal. J'ai trouvé une inégalité à ce point de vue là qui était absolument scandaleuse. J'ai publié un peu là-dessus et j'ai essayé de dépister les facteurs déterminants — ce n'était pas le revenu, c'était plutôt l'éducation. Ensuite, je me suis branché pendant très longtemps sur la fécondité; cette question m'a vraiment accroché et je m'y intéresse encore, d'ailleurs. Ça m'a fasciné, je ne sais pas pourquoi... Pas tellement à cause de préoccupations nationalistes, mais parce que j'étais soucieux de la surfécondité qu'on avait à l'époque Canada français. On n'était pas encore devenus inquiets de notre faible fécondité.

Ce qui était peut-être le plus inquiétant d'ailleurs, c'était le refus de cette société-là d'intégrer des moyens contraceptifs. Et j'étais parmi les premiers batailleurs en faveur de l'acceptation de la contraception.

**G.P.**  *Arrivant comme universitaire au Québec, au début des années cinquante, on peut dire que vous choisissez très bien votre moment, puisque c'est le commencement de cette grande poussée démographique... Sept millions de Canadiens vont naître entre 1950 et 1965, et c'est un phénomène qui va bouleverser toutes nos institutions. Comment allez-vous organiser votre programme de recherches, dans la mêlée, autour de ça, ayant reconnu que la fécondité est un problème central?*

**J.H.**  Au début, quand je suis arrivé à Montréal, je ne sais pas si on était tellement conscient de ce qui est devenu le « baby boom ». Bien sûr, on constatait que la fécondité avait augmenté, mais enfin, ce n'était pas un sujet de préoccupation. On a commencé à s'en préoccuper quand ça a eu des effets : quand les enfants sont arrivés aux écoles, il n'y avait plus de place pour eux. Là, ça a commencé à être un objet de préoccupation pratique, mais à ma connaissance, personne n'était inquiet d'un pareil niveau de fécondité. Ça s'est peut-être passé pendant une conjoncture économique particulièrement facile, mais, je me demande si au fond, cet essor démographique, cette vigueur démographique n'a pas été l'un des stimulants de la vie économique du monde occidental. Il y a une vague corrélation entre essor démographique et essor économique jusqu'aux années 1965—1970 et depuis, dégringolade démographique et conjoncture économique pas très reluisante.

**G.P.**  *Est-ce que les économistes, au cours des années 1950 et 1960, étaient conscients de l'omnipotence, si on peut dire, du facteur démographique?*

**J.H.**  Je pense que la grande majorité des économistes n'avaient aucun souci pour les phénomènes démographiques. Il est probable que le premier fait démographique massif et important qui a remis un peu le problème de la population dans le champ de la science économique, c'est la croissance démographique du Tiers-Monde, où ça posait des problèmes évidents; il y a effectivement quelques économistes qui se sont mis à étudier les relations entre croissance démographique et possibilité d'augmenter le niveau de vie dans les pays du Tiers-Monde, la plupart dans une optique assez malthusienne, mais peut-être finalement assez réaliste, c'est-à-dire que la conclusion de ces études-là, c'était toujours : la croissance coûte très cher en investissement démographique, c'est-à-dire en efforts qu'il faut faire juste pour assurer que le surcroît de population va bénéficier au moins du même niveau de vie que celui qu'on avait avant. Il faut augmenter le capital au moins au même rythme que la population : c'est ce qu'on a appelé l'investissement démographique, et ça, ça a remis un peu les problèmes démographiques dans le champ de la science économique.

**G.P.**    *Chez nous, au Québec, la revanche des berceaux, c'est un vieux thème, comme vous le mentionniez plus tôt; la peur aussi de voir une balance démo-linguistique nous faire perdre un peu plus ce pouvoir politique sur le pays... Il semble que ces thèmes-là étaient des thèmes forts en idéologie, mais avec très peu d'études de faites. Comment est-ce qu'un démographe-compteur, qui veut insister sur les faits, va départager ces choses-là?*

**J.H.**    J'ai changé d'idée et de position en cours de route sur ces questions-là, parce que les faits ont changé.

**G.P.**    *Quelle était votre position de départ?*

**J.H.**    Avec la disparition de la surfécondité des francophones du Québec, disparaissait du même coup le facteur qui compensait pour les immigrants que nous recevions au Québec et le choix linguistique qu'ils faisaient... qui était évidemment en faveur de l'anglais. Alors, j'ai participé à l'étude de cette question, essayant même de faire des perspectives sur le futur, de voir ce qui risquait d'arriver. Jusqu'en été 1977 disons, tout le monde au Québec était d'accord pour dire qu'avec la disparition de la surfécondité, le risque, c'était que la proportion des francophones au Québec se réduise. Pas autant que certains amateurs l'avaient laissé entendre, mais enfin, les pronostics allaient vraiment dans ce sens-là, et moi je partageais ça avec tout le monde. À l'été 1977, par un curieux concours de circonstances, au moment où on discutait du projet de loi 101, sont survenues de nouvelles informations sur les mouvements migratoires par langue entre le Québec et les autres provinces du Canada, qui montraient que, malgré l'assimilation des immigrants à l'anglais, et d'un certain nombre de francophones aussi à l'anglais, l'émigration des anglophones et des allophones du Québec vers le reste du Canada était tellement forte que finalement, ça l'emportait sur tout, et que les risques d'un amenuisement de la fraction des francophones au Québec ne reposaient pas sur grand chose, contrairement à ce que tout le monde pensait, parce qu'on n'avait pas l'information sur ces courants migratoires par langues. On en avait sur l'ensemble des langues, mais pas par langue, et ce fut vraiment là une découverte qui remettait en question toutes les prévisions qui avaient pu être faites. Moi, je les ai remises en question. J'ai refait les calculs, et j'ai constaté que les risques n'étaient pas aussi grands que je l'avais pensé, et je l'ai dit. Ça n'a pas plu à tout le monde, ça tombait mal, il faut le dire, dans les circonstances politiques de l'époque.

**G.P.**      *Mais, ça montrait en un sens, que le démographe, avec sa grille d'analyse, pouvait faire la lumière un petit peu sur ces débats qui étaient au niveau du ventre, très près des valeurs...*

**J.H.**      Je vous dirais que là-dessus, ça a été une des grandes déceptions de ma vie de voir que mes collègues, que je pensais aussi très objectifs, se sont laissés un peu charrier par leur passion politique. Ils n'ont pas fait des calculs faux mais ils ont simplement négligé de parler de certains phénomènes pour insister sur d'autres. Par exemple, si vous voulez appuyer l'argumentation du parti québécois en faveur de sa Loi 101, vous parlez surtout d'assimilation et vous parlez le moins possible des mouvements migratoires. Vous ne dites rien de faux. Et surtout, vous ne mettez jamais les morceaux ensemble pour voir un peu ce qui résulte de tout ça : vous insistez toujours sur le phénomène qui est susceptible d'alimenter un petit peu la thèse que vous voulez défendre. Je dois dire très clairement qu'il n'y a pas eu de faux calculs, qu'il n'y a eu rien de faux, je pense, de raconté par les démographes, mais ça a été un discours partiel.

**G.P.**      *Est-ce que dans les débats des économistes depuis dix ou quinze ans, vous avez remarqué une sorte de cannibalisme : qu'on est venu chercher, dans le fond, des idées que véhiculaient les démographes depuis Malthus, et qu'on les a intégrées beaucoup mieux, beaucoup plus pleinement dans les travaux des économistes traditionnels?*

**J.H.**      Souvent, les phénomènes démographiques sont pris par les économistes comme des données auxquelles il faut s'ajuster : il faut bien prévoir les services nécessaires en tenant compte de la croissance de la population, mais ce qui est particulièrement intéressant, je trouve, dans l'association démographie-économie, c'est la contribution que les économistes font à la compréhension même de certains phénomènes démographiques fondamentaux, comme la fécondité, par exemple.

**G.P.**      *Donc, en essence, les économistes ont peut-être étendu leur appareil impérialiste pour maintenant couvrir les phénomènes démographiques, mais qu'est-ce serait leur explication de la fécondité, du mariage, des phénomènes que les démographes avaient comme leur terroir propre?*

**J.H.**      Si on parle de la fécondité, par exemple, vous considérez les enfants un peu comme une automobile. Combien allez-vous en acheter et de quelle qualité? Vous avez des contraintes qui sont le système des prix. Tous les biens qui sont en concurrence les uns par rapport aux autres et par lesquels vous pouvez être tentés, et votre revenu. Il y a un petit problème un peu spécial dans le cas des enfants, et ça n'a pas été pris en compte dès le début de la théorie, mais ça a vite été intégré. Avoir des enfants, ça veut dire les élever, pas seulement les avoir, et pour les élever, il faut du temps.

Et comme ce temps-là est en général fourni par la mère, dans bien des cas, ça la prive d'un revenu qu'elle pourrait gagner à l'extérieur. Alors là, il y a un coût énorme de perte de revenu de l'un des deux parents, la plupart du temps, de la mère. Alors ça, c'est un élément un peu particulier : ça n'intervient pas quand il s'agit d'acheter une automobile, vous n'avez pas besoin de consacrer une grande partie de votre temps à l'entretenir. Pour les enfants, c'est un peu plus compliqué. Il y a bien des distinctions à faire aussi quand il s'agit d'assimiler des enfants à des biens de consommation de longue durée. Mais fondamentalement, on peut penser que les gens se font cette réflexion-là. Ils essaient d'être le plus heureux possible avec les moyens qu'ils ont, des moyens matériels d'une part, et puis le temps qu'ils ont, avec tous les prix, le système des prix, et ils font leurs choix. Je ne dis pas qu'ils s'assoient à une table et puis qu'ils font des calculs chiffrés, mais enfin, que le genre de réflexion que les gens font est probablement dans cette ligne-là. À partir du moment où ils ont accès à la contraception. Bien sûr, pour faire des choix, il faut avoir des moyens de les faire. Mais enfin, c'est la meilleure explication qu'on connaisse. Que là-dessus se greffent des tas de contraintes, de pressions sociales, de modèles, de valeurs, etc., oui, bien sûr, mais ça, c'est vrai aussi pour tous les biens économiques : on achète une automobile grande, petite, moyenne, un peu en fonction des pressions sociales qui nous entourent. Les enfants, c'est un peu pareil. Il y a des modèles de ce qui est un nombre correct d'enfants dans une famille. C'est peut-être deux, c'est peut-être trois, c'est peut-être quatre... Ça ne me répugne pas du tout d'assimiler des enfants à des biens de consommation. Il faut essayer de comprendre le comportement des coûts.

**G.P.**     *Mais c'est nouveau ça, que les économistes prennent en charge des phénomènes démographiques fondamentaux et qu'ils essaient de les expliquer économiquement...*

**J.H.**     Mais je dirais que certains faits démographiques ont un peu obligé les économistes à s'occuper de leur objet principal, qui est la rareté. Le problème central des économistes, c'est de savoir comment les gens se débrouillent pour être le plus heureux possible avec des ressources rares. Or, les enfants, c'est rare. En tous cas, les ressources pour les former sont rares : le temps, l'argent, la liberté, etc., et il s'agit de comprendre quels sont les choix que font les gens pour être le plus heureux possible dans les contraintes dans lesquelles ils vivent, quel est le revenu, le temps disponible, etc. On a un peu forcé les économistes. On a dit écoutez, occupez-vous donc de cette rareté-là aussi.

**G.P.**     *Les démographes ont aussi forcé les économistes à s'occuper du vieillissement, puisque de même que les économistes avaient oublié qu'on avait beaucoup d'enfants et qu'il s'agissait-là d'un phénomène important auquel on pouvait appliquer la méthodologie économique, on a pendant très longtemps, jusque dans les années soixante, refusé de considérer le*

*vieillissement de la population comme un phénomène important. À quel*
*moment les démographes ont-ils réussi à secouer le pommier suffisamment*
*pour que les économistes commencent à s'intéresser au problème?*

**J.H.** On a commencé à s'en soucier le jour où, financièrement, ça a
posé des problèmes. On s'aperçoit que la caisse de la Régie des rentes du
Québec est en train de se vider. Mais ça, c'était prévisible, et ce n'est pas
que les actuaires se sont trompés, c'était calculé comme ça. Mais enfin, ça
n'excitait personne jusqu'au jour où on a dit, tiens, elle est en train de
disparaître, il faut faire quelque chose. D'ici quelques années, il faut faire
quelque chose, il faut s'ajuster. Mais les gens vivent très au jour le jour,
même les gens qui réfléchissent, sauf pour ce qui est de leur domaine
particulier.

**G.P.** *Donc, même si les démographes, qui peuvent prévoir à plus*
*long terme peut-être que la plupart des autres spécialistes des sciences*
*humaines, voyaient tous le problème — dès 1965, je me rappelle du Comité*
*du Sénat sur le vieillissement, qui déjà, soulignait ces problèmes —*
*malheureusement les gouvernements et les autres spécialistes des sciences*
*humaines, y compris les économistes, ont refusé de commencer à les*
*analyser...*

**J.H.** Oui et pour diverses raisons. Je pense qu'il y a des questions
auxquelles les gouvernements aiment mieux ne pas toucher. Je suis
scandalisé par exemple, que dans un Livre vert, un soi-disant un Livre vert
sur la famille, on ne parle pas du niveau de fécondité ni d'une politique
nataliste, soit pour dire qu'on est contre ou pour dire qu'on est pour : on
n'en parle pas! Non, dans le Livre vert du Québec sur la famille, on a mis
de côté la question du nombre d'enfants par famille, la question du niveau
de fécondité, comme si ce n'était pas une des fonctions majeures de la
famille de produire suffisamment d'enfants et aussi d'enfants de bonne
qualité.

**G.P.** *Et donc, pour vous, les démographes n'ont pas fini d'alimenter,*
*de forcer les économistes à traiter des questions qui vont être nos problèmes*
*dans l'an 2000...*

**J.H.** J'espère qu'on n'a pas fini, et en particulier pour la fécondité,
parce que là, vraiment, voilà un phénomène qui nous condamne tous à la
disparition progressive. C'est quand même un problème majeur! Mais je ne
sais pas si ça va exciter les gens.

# MARIO POLÈSE
## Le 22 juin 1985

Mario Polèse est né aux Pays-Bas en 1943. Après une émigration de sa famille qui le transporte tout jeune en Irlande, puis aux États-Unis où il fera toutes ses études, Mario Polèse étudie en sciences économiques à New-York, puis aboutit à l'Université de Pennsylvanie, la Mecque des études régionales à l'époque. À la fin de ses études, en 1970, Mario Polèse va venir enseigner à Montréal, dans une toute nouvelle institution qu'on vient de créer, l'INRS-Urbanisation, une section de l'Institut national de recherches scientifiques, consacrée aux problèmes urbains et régionaux. Il va y demeurer comme professeur-chercheur jusqu'en 1984, au moment où il prend la direction de l'institution. Mario Polèse est urbanologue, régionologue; il va étudier l'impact d'installations comme Mirabel sur la région environnante, faire de nombreuses études aussi sur Montréal. Parce que pour lui, il n'est pas question d'expliquer la richesse des nations simplement par l'industrie et l'industrialisation. Pour Polèse, une ville en bonne santé est facteur de progrès économique. Et évidemment, une ville en perte de vitesse, c'est un problème qu'il faut analyser comme tel. Or, on le sait, Montréal, dans les dernières décennies, a lentement perdu son rôle de grande métropole canadienne; elle l'a perdu à Toronto, à proportion que le centre de gravité de l'économie canadienne dérivait vers l'ouest. Certains, comme l'urbanologue Jane Jacobs, n'ont pas hésité à expliquer toutes les discussions autour de la souveraineté-association, comme une sorte d'effet d'écho de cet essoufflement de Montréal comme métropole, de Montréal poumon économique du Québec. Pour Jane Jacobs, urbanologue extrémiste, diraient certains, les villes sont la grande source, la seule source de la richesse des nations. Mario Polèse va partir d'un travail empirique pour essayer de comprendre les phénomènes urbains et régionaux. C'est là qu'il va faire l'expérience des limites de la science économique. — *G.P.*

**Gilles Paquet**     *Monsieur Polèse, d'abord, qu'est-ce qui vous amène à étudier dans un secteur aussi peu conventionnel que les sciences urbaines et régionales?*

**Mario Polèse**     Si je suis allé vers les sciences régionales, c'est précisément parce que j'étais un peu déçu de ce qu'on m'a enseigné en sciences économiques à l'université. Déjà, à cette époque-là, les sciences économiques étaient envahies par des gens extrêmement mathématiques. Il faut formaliser, mais on peut dire en quelque sorte que les économistes s'occupaient déjà à l'époque beaucoup plus de l'élégance de leurs modèles que de leur correspondance avec la réalité. Et moi, très pragmatique, je m'intéressais aux goûts, aux préférences — j'ai aussi un certain goût pour la politique avec un petit « p », pas la politique partisane, mais les politiques, ou comme on dit en anglais, *policy*. Or, je venais de lire quelque chose qui était plus proche du terroir, plus proche de la réalité; on parlait de ce programme à l'époque, dans les année soixante, de ce programme à l'Université de Pennsylvanie qui s'appelait les sciences régionales, et qui comportait aussi des    éléments d'aménagement, de planification et de politique. Donc me voilà dans les sciences régionales.

**G.P.**    *Les sciences régionales avaient, par rapport à la science économique, non seulement cet avantage d'être très pratiques, d'avoir les pieds près du sol, mais d'intégrer aussi un facteur économique que les économistes occultaient, ignoraient systématiquement, qui est l'espace. Toute la science économique aurait pu s'écrire à propos de choses qui se passaient sur la lune en un point donné, puisque l'espace en général avait très peu d'importance pour les économistes. Vous faites le saut, vous basculez dans un monde où l'espace devient à peu près tout.*

**M.P.**    Ce que vous dites est tout à fait vrai. C'est que la science économique encore aujourd'hui, reste une science « aspatiale » : tout se passe sur le bout d'une épingle; il n'y a pas d'espace, il n'y a pas de distance, il n'y a pas de coût à la distance. Donc, c'est clair que cela déjà distortionne énormément l'analyse économique ou en tout cas l'appauvrit énormément.    Il existe cependant, il existait toujours, une tradition géographique ou spatiale en science économique, mais elle n'avait pas pénétré le monde anglo-saxon. Les Allemands, comme pour bien d'autres choses, avaient une vieille tradition spatiale ou géographique. Et les premiers grands écrits, dans ce qu'on appelle leur théorie de la localisation des activités économiques, sont des écrits qui datent d'ailleurs des années vingt et même du dix-neuvième siècle, mais tous en langue allemande. Et on peut dire que les sciences régionales c'est un peu la prise de conscience ou plutôt la découverte par certains américains et britanniques, mais surtout des américains, des écrits allemands des années vingt ou des années trente.

**G.P.**    *Est-ce qu'on va définir des problèmes particuliers qui vont départager, déconnecter très clairement ce qui se passe en économie de ce qui se passe en sciences régionales?*

**M.P.**    Dès que vous parlez espace et distance, c'est déjà très, très abstrait, mais là vous commencez tranquillement à vous comporter un peu comme un géographe, et vous regardez le territoire, le terrain, je ne dirais pas que vous commencez à regarder les souris qui se promènent, mais ça vous oblige quasiment à tenir compte d'aspects qu'autrement, on aurait ignoré ou mis de côté. Et sur ce plan-là, donc en sciences régionales, on est obligé à tenir compte beaucoup plus que les économistes s'en préoccupaient, des réalités régionales, des réalités locales. Et ça, je continue de le penser, c'est extrêmement sain. Je me suis toujours demandé pourquoi, les résultats inscrits dans le territoire, dans l'espace, ne correspondent pas à ce que la science économique nous enseigne.

Par exemple, si on applique la science économique à l'intérieur d'un territoire ou d'une nation, au sens économique du terme, il ne devrait pas y avoir d'inégalités. Les facteurs de production, comme on les appelle, les capitaux, les êtres humains, sont mobiles, l'information circule librement, il n'y a pas de barrières tarifaires, etc. Donc, en principe, à l'intérieur d'un pays, il ne devrait pas y avoir de très grandes inégalités entre les êtres humains, entre les régions, entre les territoires. Or, ce qu'on observe partout dans le pays, au Canada, c'est qu'effectivement il y a ce des disparités régionales très importantes qui subsistent et qui existent souvent depuis plusieurs décennies. Selon la théorie économique, il s'agit là, en principe, d'un phénomène purement temporaire. Seulement, ce sont des phénomènes temporaires qui sont extrêmement tenaces. C'est déjà très sain d'être obligé de réfléchir sur la permanence de ces inégalités, ces disparités, qui ne s'expliquent pas facilement par la théorie économique classique.

**G.P.**        *Peut-être la plus grosse aventure à incidence régionale qu'a vécu le Québec depuis 20 ans, c'est la construction de l'aéroport de Mirabel, et vous allez pouvoir utiliser cet outillage mental que vous avez développé aux États-Unis pour étudier, dès votre arrivée, les incidences économiques sur la région, ce pourtour régional, de l'implantation d'un aéroport. Quels sont les résultats de ces premières études?*

**M.P.**        Nos études arrivaient à la conclusion que, en tant que tel, l'aéroport ne risquait pas d'avoir un très grand impact économique. Mais si vous vous rappelez, c'était à l'époque des cent mille emplois, de notre Premier ministre; il n'était donc pas très politique de dire que cet aéroport n'allait peut-être pas avoir un très grand impact économique.

**G.P.**        *Mais ça vous prouvait à vous, comme chercheur spécialisé en études urbaines et régionales, que cet outillage-là était capable de déchiffrer des problèmes complexes peut-être mieux que les petits modèles plus étroits des économistes.*

**M.P.**        C'est vrai que, puisque nous sommes venus en partie des sciences régionales et qu'il y a aussi dans notre équipe des aménagistes et des géographes, on était nécessairement beaucoup plus sensibles que des économistes à des réalités d'aménagement, des réalités plus empiriques qui souvent exigent la manipulation, l'analyse de sommes énormes de données, puis à l'époque on n'avait pas les appuis informatiques qu'on a aujourd'hui.

**G.P.**        *Vous avez ensuite, Monsieur Polèse, porté votre regard depuis la petite micro région de St-Scholastique-Mirabel, vers la grande région de Montréal, qui est un peu le grand poumon économique du Québec. Vous avez été l'un des premiers à travailler sur Montréal comme phénomène* *économique, comme ville. Qu'est-ce qui vous amène à mettre le doigt sur les services et la structure des flux de services comme étant le nerf qui fait vivre la ville?*

**M.P.**    Mais c'est tout simplement encore ce goût que j'ai et que d'autres ont pour l'empirique. On pourrait regarder les données : vous regardez les résultats des recensements terriens, vous découvrez tout simplement que la majorité des Montréalais et des Montréalaises travaillent dans des bureaux, ils ne travaillent pas dans des usines. Mais là, vous vous promenez sur la rue Dorchester, vous voyez tous ces gratte-ciel puis vous vous dites, mais qu'est-ce qu'ils font? C'est au fond ça. Pourquoi, encore en pleine crise, en pleine récession, on a construit à Montréal 4 à 5 millions de pieds carrés d'espace à bureaux. Ça doit répondre à une demande. Et ce monde-là, c'est pas uniquement des fonctionnaires du gouvernement, qu'on défraie avec les impôts; même, on sait très bien que les emplois dans le secteur public à proprement parler sont en diminution, sont moins stables. Donc, notre économie est en train de se transformer.

Et cela veut dire que ce que produisent ces gens-là, même si ce n'est pas tangible, pas visible, c'est quelque chose que le marché exige et qui s'échange.

**G.P.**    *Et les économistes ont de la difficulté à accepter ça?*

**M.P.**    Pas seulement les économistes. Il y a beaucoup de gens qui ont de la difficulté à l'accepter, précisément parce qu'on dit que c'est du commerce invisible. C'est très facile lorsqu'on voit passer sur l'autoroute un camion ou un train rempli d'automobiles, ou disons de caisses de bananes, mais le commerce des services, vous le voyez pas.

**G.P.**    *Mais, si le coeur économique, le coeur de Montréal, c'est fait de la production de ces services invisibles, intangibles, et on pense tout de suite à Lavalin, à SNC et à certaines grandes sociétés, le moteur de la vie économique, ça devient les exportations vers le reste du monde de ces services intangibles. C'est ça, l'économie urbaine...*

**M.P.**    Il faut penser en termes de paliers peut-être. Parce que si on regarde les exportations internationales du Canada et même du Québec, on se rend compte quand même que la grande majorité de nos exportations sont plutôt des biens, ou des produits primaires ou la première transformation de ressources naturelles. Le Canada n'est pas encore, somme toute, un très grand exportateur de services. À quelques exceptions près, comme vous le signalez, comme Lavalin et quelques banques et peut-être un peu les assurances et les transports. Mais dans l'ensemble, le Canada n'est pas un très grand exportateur de services. Ce qu'on voit plutôt, c'est une espèce de système de paliers. C'est que les villes de Montréal, Toronto et Vancouver, et ça peut vous étonner, mais Toronto et Vancouver sont plus tertiaires que Montréal, sont au fond les centres des services pour le reste du pays, et qui permettent aux industries de pâtes et de papiers, aux industries de l'aluminium, d'exporter à leur tour. L'usine de pâtes et papiers de Trois-Rivières, ou de Sudbury ou du nord de la Colombie-Britannique, s'appuie sur les services de la ville de Vancouver ou la ville de Toronto, sur les institutions financières de Montréal ou de Toronto. Et c'est donc un ensemble très complexe qu'il faut regarder.

**G.P.**     *Est-ce qu'on ne peut pas dire qu'il y a eu, au cours de la dernière décennie, un effort de récupération de la science régionale, de la science urbaine, par les économistes qui ont voulu récupérer ce qui semble être une série de problèmes intéressants que vous, au niveau empirique, aviez avec vos collègues, vos étudiants, découvert?*

**M.P.**     Oui, sans aucun doute. Il y a un effort de récupération qui est en train de s'effectuer. Vous connaissez aussi bien que moi la capacité illimitée des économistes à tout transformer en raisonnement économique. On peut mettre un coût sur tout. On peut mettre un coût sur l'amour comme sur la tristesse et on peut transformer ça en formule. Ça n'est pas très difficile. Et en ce sens-là, c'est clair que les sciences économiques ont essayé d'intégrer ces nouvelles connaissances, démarches et méthodes, dans les sciences économiques...

**G.P.**     *Est-ce que cet effort de récupération a réussi? Est-ce que, en fait, les spécialistes de sciences régionales, d'études urbaines, ont réussi à mettre à l'ordre du jour des études des économistes conventionnels ces problèmes d'espace qu'ils avaient eux, identifiés comme étant importants?*

**M.P.**     Oui, ils ont réussi à les mettre à l'ordre du jour, ça c'est incontestable. D'ailleurs l'économie régionale est quasiment devenue un sport national chez les économistes canadiens et québécois. Cependant, ce n'est pas du tout sûr que, en intégrant davantage ces aspects dans la science économique, on ait découvert des meilleures solutions. C'est toute une partie des problèmes qui restent toujours en suspens, sur lesquels on se pose toujours des questions. Et un des meilleurs exemples c'est un peu, je ne parlerais pas de faillite, mais du moins de la déception, que nous inspirent les politiques régionales au Canada, l'aventure du MEER — le ministère fédéral de l'Expansion économique régionale; depuis une décennie, on se rend compte que les questions de disparités régionales, de développement régional, restent aussi complexes et aussi inexpliquées qu'il y a une quinzaine d'années, malgré les formules mathématiques très élégantes, et que peut-être là encore, les questions de développement régional ou de développement local, si on préfère, ne peuvent pas s'aborder sans sortir carrément des sciences économiques et exigent aussi la prise en compte de considérations carrément sociologiques, anthropologiques et politiques.

**G.P.**     *Mais alors, est-ce qu'on est en train de se bâtir, en marge de la science économique, une sorte de science régionale plus inductive, plus empirique, plus proche du sol, qui pourrait guider différemment les politiques régionales et urbaines dans des directions autres que ce qu'on a vécu au Canada depuis 20 ans?*

**M.P.**     J'aimerais bien pouvoir vous dire oui, mais je ne pense pas. En partie, il faut parler d'une déception. Et justement, les politiques régionales au Canada en sont le reflet. Je pense que, au même moment où on voit une espèce de remise en question chez les gens qui s'appellent les régionalistes, les spécialistes des sciences régionales, autant au Canada, aux États-Unis qu'en Europe, on observe la décision du Canada d'abandonner, à toutes fins pratiques, de faire disparaître le ministère de l'Expansion économique régionale.

**G.P.**     *Il semble donc, Monsieur Polèse, que face à un constat d'échec des politiques régionales, les gouvernements ont décidé d'occulter, d'oublier ces problèmes régionaux et urbains, plutôt que d'imposer aux économistes et aux autres de devoir travailler sur ces problèmes qui sont pourtant au centre de notre vie économique.*

**M.P.**     Mais là encore, les sciences régionales, comme les sciences économiques, ont pris un peu un virage à droite, sont un peu victimes de cette déception qui affecte toutes les politiques, de cette désillusion vis-à-vis l'État, une espèce de nouveau réalisme vis-à-vis les capacités de l'État à modifier les comportements, ou à modifier les situations.

**G.P.**     *Une philosophie anti-étatiste?*

**M.P.**     En partie... La grande époque des années soixante, c'était la belle époque pour sortir des universités avec un diplôme en sciences régionales ou en aménagement, ou en planification, parce qu'on croyait dans les années soixante que l'État pouvait tout faire. Aujourd'hui, 20 ans plus tard, on se rend compte que même si toutes ces choses-là ont sans doute une certaine utilité, il y a des limites. Il y a des limites à ce que l'État peut faire, et bien des choses que l'État ne peut pas faire. Donc, évidemment les sciences qui attachent une très grande importance à l'intervention de l'État, connaissent une certaine remise en question.

**G.P.**     *Mais, est-ce que le pendule n'est pas allé trop loin, est-ce qu'on n'est pas en train d'oublier les questions fondamentales posées par les gens de sciences régionales?*

**M.P.**     Cette remise en question n'est peut-être pas si mauvaise que cela. On se rend compte que ce qui explique au Canada les disparités régionales, les différences de niveaux de revenus et de productivité entre

Terre-Neuve et l'Ontario, par exemple, ce n'est peut-être pas uniquement attribuable, comme on le pensait, à des facteurs purement économiques. Une explication qui fait appel au modèle économique, en introduisant simplement l'espace, n'est pas suffisante. Il faut maintenant aller un peu plus loin.

*G.P.*          *...Le moment peut-être d'un renouvellement, d'une nouvelle science régionale?*

**M.P.**        On l'espère, on l'espère beaucoup.

# GÉRARD DION
## Le 29 juin 1985

Né dans Frontenac en 1912, Gérard Dion étudie à Laval. Il a enseigné à Laval de 1944 à 1980 et a créé la revue *Relations industrielles*. Ce spécialiste des relations industrielles s'est intéressé aux dimensions techniques et aux dimensions morales, aux moeurs. Non pas parce qu'il est prêtre, mais plutôt parce que pour lui, l'équité dans les relations de travail, tout comme les bonnes moeurs dans l'entreprise et dans nos sociétés, sont des conditions d'efficacité économique que les économistes ont occultées. Partant de l'étude compréhensive de phénomènes concrets dans l'entreprise, Gérard Dion a été amené à voir vite comment l'approche économique est trop étroite, et ses conclusions, émasculées. Il a fait l'expérience des limites de la science économique. — *G.P.*

***Gilles Paquet*** *Monsieur Dion, qu'est-ce qui vous amène à vous spécialiser dans l'étude des relations de travail, des relations industrielles?*

**Gérard Dion** Moi, je suis venu aux problèmes des relations du travail d'une façon assez indirecte. D'abord, j'ai fait mon cours classique, puis je suis allé au grand séminaire, où j'ai fait ma théologie. À l'époque, c'était le Cardinal Villeneuve qui était Archevêque de Québec (il faut bien se placer dans le contexte de l'époque, d'ailleurs, contexte d'une société assez cléricale, où il y avait des prêtres dans à peu près tous les domaines. Alors, le Cardinal m'a demandé si j'étais intéressé — il savait que je l'étais — à étudier les sciences sociales. J'ai fait mon cours en sciences sociales générales, ici à Québec, à l'École des sciences sociales de Laval, où le Père Lévesque cherchait à se constituer un corps professoral et à toucher à peu près à tous les domaines : c'est de cette façon-là que Jean-Charles Falardeau est allé étudier en sociologie, Lamontagne en économique et Maurice Tremblay en sciences politiques. À moi, le Père Lévesque a demandé si j'étais intéressé à m'occuper des relations du travail. Il n'y avait à ce moment de possibilité d'aller en Europe; j'ai donc exploré la possibilité d'aller aux États-Unis, et aux États-Unis, on m'a dit, vous êtes mieux d'étudier au Canada parce que les relations du travail sont assez particularisées. Et c'est pour cette raison-là que je suis allé au seul endroit où il se donnait un enseignement dans les relations du travail, c'est à l'Université Queen's à Kingston. Et puis, je suis revenu. J'étais au département des relations industrielles de l'Université Laval dès sa fondation.

***G.P.*** *Gérard Dion, pourquoi cette importance pour les relations industrielles, pour les relations de travail, à cette époque-là?*

**G.D.**    C'était pendant la Guerre. Le problème des relations du travail était extrêmement important. En vertu de la Loi générale des mesures de guerre, il y avait des restrictions sur les salaires et des limitations au droit de grève, pour que les syndicats puissent obtenir des augmentations de salaire, il fallait que ça soit filtré par le Conseil national du travail.

Et, par conséquent, ce n'était plus seulement une question de rapport de forces ou une question de démagogie ou quoi que ce soit, il fallait que de bons dossiers soient préparés pour que les travailleurs ou les syndicats puissent obtenir ce qu'ils demandaient. Ce qui forçait les gens qui avaient à s'occuper du syndicalisme à être non seulement de bons organisateurs pour rassembler les travailleurs dans un syndicat. Il ne suffisait pas d'avoir des démagogues ou des leaders pour organiser des grèves, mais il fallait aussi savoir rassembler de bons dossiers. Ce qui nous a amenés d'ailleurs, pas seulement chez nous, mais même aux États-Unis et dans le reste du Canada, à la nécessité d'envisager les problèmes de rapports du travail comme étant quelque chose de constant, de permanent, qui doit être fait d'une façon en quelque sorte « rationnelle », même si particulièrement dans le domaine des relations du travail, la rationalité n'existe pas toujours. Mais il y a une certaine rationalité qu'au moins les gens d'études peuvent et doivent aborder.

Nous considérions, nous autres, que le syndicalisme était un élément indispensable, nécessaire et normal dans une société industrielle et démocratique. C'est-à-dire qu'au départ, on acceptait l'existence du syndicalisme. Et puis, à partir de cette prémisse, il faut que le syndicalisme soit bien organisé, qu'il se comporte comme il faut, qu'il puisse se développer et jouer son rôle. Et c'est ce qui m'a amené, peu après la fondation ici du département des Relations industrielles à écrire des articles sur le fameux problème, à l'époque, de la sécurité syndicale.

*G.P.*    *On a l'impression que cette acceptation du syndicalisme, ce n'est pas simplement au nom de valeurs supérieures, mais au nom même de l'efficacité du système économique. En fait, les gens qui s'occupent de relations de travail voient dans le syndicalisme, dans une structure de l'entreprise qui donne voix aux travailleurs, une forme d'organisation économiquement plus efficace à long terme dans nos sociétés industrielles que les formes de rechange...*

**G.D.**    Oui, car d'abord, il y a une chose qui est certaine. Ne me faites pas parler trop contre les économistes, mais je considère que les économistes ont une tendance à considérer les problèmes d'une façon tout à fait abstraite. C'est compréhensible du point de vue scientifique. On est obligé de faire des recherches, puis comme on ne peut pas tout étudier à la fois, et bien on délimite son champ, pour en arriver à certaines conclusions. Mais il faut bien penser par exemple que chaque fois qu'on délimite son champ, on laisse de côté certains autres éléments qui peuvent avoir et qui ont sûrement des influences, et si vous ne considérez pas ces éléments, vos conclusions, eh bien, ce sont des conclusions émasculées. Nous autres, travaillant dans le domaine des relations du travail, justement parce que ce n'est pas une vieille discipline, ou une science patentée, il faut prendre les problèmes tels qu'ils sont, à la fois économiques, sociologiques et politiques aussi, on ne peut rien y faire. L'économique, c'est un élément dont il faut s'occuper, mais avec d'autres éléments. Dans ce sens-là, nous contribuons peut-être d'une façon, je ne dis pas plus utile parce qu'il ne faut pas se leurrer de ce côté-là, mais en intégrant certaines connaissances, certaines disciplines, on peut contribuer davantage à cette efficacité sur laquelle les économistes mettent l'accent.

**G.P.**      *Vous êtes amené, Gérard Dion, de par ces principes, cette perception du monde via les relations de travail, à entrer en conflit, dès le début, avec certains économistes : je pense à vos travaux sur la réforme de l'entreprise et à votre polémique avec Monsieur François-Albert Angers...*

**G.D.**      Oui, ça nous est arrivé parce que nous étions favorables, parce que nous étions dans une société démocratique, à une participation des travailleurs à la vie de l'entreprise, ce qui nous a amenés à écrire des articles, un volume entre autres, sur la réforme de l'entreprise. Et quand nous avons publié ce volume-là, c'était en 1950 je crois, on s'est fait répondre par Monsieur François-Albert Angers qui était à l'École des hautes études de Montréal.

**G.P.**      *Il n'aimait pas votre livre...*

**G.D.**      Ah non, il ne l'aimait pas, et non seulement il ne l'aimait pas, il nous considérait comme des communistes, étant donné que tout ce qui allait à l'encontre des idées de Monsieur Angers était très libéral. Ce qui nous a amenés à une polémique avec François-Albert Angers sur le problème de la réforme de l'entreprise, sur cette question des droits de la gestion dans l'entreprise aussi, et sur le problème de la participation des travailleurs à l'entreprise. François-Albert Angers a un écrit un article contre nous, non seulement dans la revue *Actualité économique*, mais aussi dans la revue *Action nationale*, qu'il dirigeait, puis notre réponse — un article de cent pages, c'est amusant de penser à ça aujourd'hui — a été publiée dans la revue *Actualité économique*.

**G.P.**      *Vous remettiez en question la primauté des droits de la gestion, pour montrer que économiquement, au nom de l'efficacité, on doit avoir participation des travailleurs dans l'entreprise...*

**G.D.**      Oui, parce que si on veut être efficace, il faut travailler ensemble. Et il faut non seulement qu'il y ait de la volonté de travailler ensemble, mais il faut aussi une structure qui permette cette collaboration, cette action conjointe. Ça fait drôle de vous parler de ça, parce que c'était il y a trente-cinq ans et que les mêmes problèmes ressortent aujourd'hui et que je suis à peu près sûr que ceux qui ressortent ces problèmes ne savent pas ce que nous avons fait il y a trente-cinq ans dans ce domaine-là.

**G.P.**     *Dans vos travaux sur l'entreprise, au début de 1950, on parle d'équité, de justice, de moralité. Une certaine moralité, dites-vous, est importante pour le bon fonctionnement de nos entreprises. Et puis, plus tard, vous allez écrire dans un manifeste avec O'Neil, fin des années cinquante, que la moralité des mœurs politiques, c'est aussi un ingrédient important dans une société qui veut fonctionner de façon très efficace.*
     *Voilà qui importe dans le domaine économique et gestionnaire des considérations morales...*

**G.D.**     C'est vrai. Si on se place du point de vue de ceux qui faisaient des études dans ce domaine-là, et bien, ils mettaient de côté tous ces aspects moraux, et aussi certains aspects humains. Mais ça reste toujours qu'on est émasculé. Et puis, quand on arrive à une conclusion, c'est une conclusion qui est seulement partielle. Puis dans la vie, il faut vivre avec tout le reste. D'un autre côté, j'étais en réaction contre les moralisants; il y a une différence entre un moraliste et un moralisant. Un moralisant, il fait justement la même erreur que ces économistes étroits et serrés, parce que lui, il pense qu'avec la morale on peut régler tous les problèmes. Puis certains économistes pensent que seulement avec leur vision économique stricte de la chose, ils peuvent aussi régler tous les problèmes. Alors que la vie est plus complexe et comprend toutes sortes d'aspects. Il faut intégrer à la fois une vision morale avec des objectifs moraux, mais en tenant compte de la réalité telle qu'elle se trouve, en intégrant les connaissances économiques et aussi en mettant sur pied les structures nécessaires pour faire fonctionner l'économie de façon à ce qu'on réalise ces objectifs totaux, y incluant la morale.

**G.P.**     *Est-ce que, Monsieur Dion, les spécialistes de relations de travail, de relations industrielles, ont réussi à convertir leurs collègues économistes? Est-ce que vraiment cette notion un peu abstraite de marché du travail qui présume qu'il existe des clônes en milliers et millions, vendant leur travail librement sur la place publique, à des milliers d'entreprises également libres d'engager n'importe qui, n'importe quand, à n'importe quel prix, ce mythe qui est bâti autour de la notion de marché du travail, les gens des relations de travail ont-ils réussi à le faire exploser?*

**G.D.**     Je suis loin d'être sûr de ça. Et puis, je vais vous dire une autre chose : naturellement, ce corps de connaissances que constitue l'étude des relations du travail, s'est développé. Et puis, ce que je peux constater et déplorer à mon tour aujourd'hui, c'est que l'étude des relations du travail a pris de l'ampleur et qu'on est revenu dans une certaine mesure à faire, à l'intérieur même de nos départements de relations industrielles, un certain cloisonnement. On se retrouve avec des professeurs spécialisés en relations du travail qui font abstraction du reste, en ergonomie, par exemple. C'est assez difficile de maintenir un équilibre, vous savez.

**G.P.**       *C'est un peu la victoire de la discipline. Les relations industrielles devenant discipline, ça me fait penser à cette vieille expression, se donner la discipline, qu'utilisaient les religieux pour parler du fouet qu'ils utilisaient pour se martyriser...*

**G.D.**       Oui, c'est exact.

**G.P.**       *Est-ce que du côté de l'entreprise, les spécialistes de relations de travail ont eu plus de succès avec leurs collègues économistes et qu'ils les ont convaincus de repenser leur notion d'entreprise pour tenir compte de ces dimensions humaines?*

**G.D.**       Je ne le crois pas. Et ils en sont eux-mêmes responsables dans une grande mesure. Ce blocage sur l'évolution des structures de l'entreprise se manifeste dans certaines attitudes syndicales, particulièrement, depuis 10 ou 12 ans, les attitudes de la CSN. Les syndicats veulent changer toute la société et ils passent leur temps à attaquer la direction de l'entreprise pour pouvoir la remplacer. Ce n'est pas une grande incitation pour les dirigeants d'entreprise, même ceux qui seraient ouverts à de nouvelles structures, parce qu'ils craignent de se faire détruire complètement.

Il y a cinquante ans, à peu près, après la révolution industrielle, on s'est battu pour qu'on cesse de transporter dans la grande entreprise les conceptions et les comportements qu'avaient les employeurs de la petite entreprise. Je me souviens, je m'étais élevé contre ce genre de chose dans certains congrès. On demandait avec paternalisme, « le patron est-il encore maître dans sa maison? » Ils considéraient l'entreprise comme une maison et le patron, comme le chef de la maison. Mais aujourd'hui, dans notre régime juridique de relations du travail, on commet l'erreur inverse. On voudrait que le même régime de relations du travail qui existe dans des grandes entreprises comme l'ALCAN s'applique aussi à une petite boutique de 4, 10 ou 15 employés, dans une petite entreprise de 20 travailleurs. Vous voyez des conventions collectives comptant cent pages, qui s'appliquent à trois travailleurs et vont dans les moindres détails. Moi, même si j'ai toujours considéré, et que je considère encore aujourd'hui le syndicalisme comme étant une institution normale dans une société industrielle et démocratique, ça ne veut pas dire que je pense que tous les travailleurs doivent être syndiqués, qu'on doive nécessairement passer par cette voie unique pour être capable de réaliser la justice et d'avoir de bonnes conditions de travail. Il y a bien d'autres moyens, d'ailleurs une syndicalisation totale est utopique, à moins qu'on la fasse par la loi, et si on la fait par la loi, eh bien, ce n'est plus du syndicalisme.

**G.P.**          *Ça ressemble à Mussolini, ça ressemble au corporatisme, au* *fascisme...*

**G.D.**          Et c'en est. D'ailleurs, nous avons déjà ça chez nous, dans l'industrie de la construction. Faut pas se faire d'illusions. Les syndicats qui veulent à tout prix ce qu'ils appellent une négociation sectorielle, la syndicalisation obligatoire comme on l'a dans nos lois, ici au Québec — que le travailleur soit syndiqué ou non, il paye quand même la cotisation syndicale — et puis la loi anti-scabs, c'est du corporatisme, ça.

**G.P.**          *Les spécialistes de relations du travail s'occupent de l'homme des vingt-quatre heures, de la personne telle qu'elle est, tous les jours, concrètement, et les économistes, eux, s'occupent souvent de la personne suréveillée et super-rationnelle des quelques heures de la journée. Les spécialistes des relations du travail ont-ils réussi à convaincre les économistes qu'il y a un coefficient d'aberration dans le monde normal et que les économistes devraient en tenir compte?*

**G.D.**          Je ne pense pas qu'on ait réussi à les convaincre. Il y a encore beaucoup de travail à faire. Il y a quelques exceptions chez les économistes, il faut le dire, mais dans l'ensemble, non, je ne pense pas.

**G.P.**          *Après maintenant trente ans de travail dans ce domaine, êtes-vous pessimiste ou optimiste face à leur capacité de voir les choses plus concrètement, de façon moins déformée?*

**G.D.**          Je suis très modérément optimiste... Je ne vois rien dans les ouvrages publiés par les économistes qui montre un progrès de ce côté-là.

# JACQUES DUFRESNE
## Le 6 juillet 1985

Jacques Dufresne est né à Ste-Elizabeth de Joliette en 1941; il fait des études de littérature, de langues surtout, à Laval, avant d'aller étudier la philosophie en France, à Dijon. Il fait sa thèse de doctorat sur Simone Weil. Jacques Dufresne revient ensuite au Québec pour enseigner la philosophie au CEGEP d'Ahuntsic. Il va y être un animateur perturbant et créateur. Une de ses créations importantes, la revue *Critères*, va publier des dizaines de numéros thématiques sur toute une série de questions brûlantes d'actualité qu'on tente d'aborder, d'examiner, sans tomber dans les ornières des disciplines traditionnelles. On y parlera d'environnement, d'écologie, de santé, de villes, de déprofessionnalisation, etc. Plus récemment, Jacques Dufresne va être l'architecte de deux livres importants : *Crise et leadership*, avec Jocelyn Jacques de l'École nationale d'administration publique, et un *Traité d'anthropologie médicale*, qui vient tout juste de sortir, avec Fernand Dumont et Yves Martin. C'est en revenant aux questionnements fondamentaux inspirés par les grands philosophes que Jacques Dufresne flaire les limites de la science économique. — *G.P.*

**Gilles Paquet**      *Monsieur Dufresne, comment avez-vous choisi de devenir philosophe?*

**Jacques Dufresne**      Je n'ai pas décidé de devenir philosophe ou de faire de la philosophie; j'avais, comme dirait Platon peut-être, le naturel philosophe, mais j'ai appris les langues plutôt que la philosophie. Entre nous, je ne devrais peut-être pas le dire, mais j'ai fait un doctorat de philosophie en Europe sans avoir fait de diplôme de philosophie ici au Québec, ce qui m'a nui d'ailleurs et m'a empêché d'entrer dans des universités d'ici, mais au fond a peut-être été mon salut. J'avais fait mon doctorat là-bas en faisant accepter ma licence de lettres d'ici, et si j'avais étudié les langues, c'était essentiellement pour lire Ortega dans le texte en espagnol, et Nietzsche, en allemand. Ce sont les deux philosophes contemporains qui m'ont le plus marqué.

**G.P.**      *Qu'est-ce qui vous attirait chez Ortega, chez Nietzsche, qui a fait que vous avez appris l'espagnol et l'allemand pour les lire?*

**J.D.**      Nietzsche permettait d'être raté à l'époque sans être marxiste. Évidemment, ça a l'air un petit peu simpliste de dire des choses comme ça; surtout depuis le premier voyage que j'ai fait en Amérique latine où j'ai fréquenté les groupes révolutionnaires de là-bas au début des années soixante; j'ai fréquenté des amis de Fidel Castro. Je suis devenu extrêmement sceptique sur l'égalitarisme et toute la pensée que l'égalitarisme marque ou détermine. À ce moment-là, j'ai lu un livre tout à fait important de Max Scheler, influencé par Nietzsche, *L'homme du ressentiment*, celui qui est comme le renard de la fable de La Fontaine, qui voit des raisins inaccessibles et qui décrète qu'ils sont trop verts. Et, par ce biais-là, j'en suis venu à être très sceptique face à toutes les formes d'égalitarisme, de socialisme. Si vous voulez, c'est une critique psychologique qui m'a amené à me méfier des sauveurs de l'humanité via l'État providence.

**G.P.**    *Mais vous étiez fortement à contre-courant; on était en pleine révolution tranquille au Québec. On croyait que l'État providence allait nous sauver, nous amener partout, et vous étiez contre.*

**J.D.**    La plupart des grandes réputations, des triomphes sur la place publique, sont basés sur des malentendus; et j'avais toujours à l'esprit le mot de Nietzsche qui disait, « lorsqu'une grande vérité triomphe sur la place publique, soyez sûr qu'un grand mensonge a combattu pour elle ». Alors dès ce moment-là, j'ai eu le sentiment que c'était le devoir d'un penseur de se rattacher, non pas à des modes, à des courants, mais à des valeurs essentielles; et je n'ai jamais cessé de suivre l'orientation que j'avais trouvée chez Nietzsche et chez Ortega; Ortega qui a fait ce livre admirable *La rébellion des masses* où on voit tout ce qu'il y a de malsain dans une certaine vulgarité démocratique, dans un certain égalitarisme guidé par le ressentiment plus que par la générosité. Et tout ça faisait que j'essayais de suivre une étoile plutôt que les remous de la mode.

**G.P.**    *Vous arrivez dans les années 60 pour enseigner au Québec dans un CEGEP. Votre expérience au CEGEP Ahuntsic a été très belle, puisque vous avez eu l'occasion d'y créer une revue, la revue* Critères, *qui a fait une série de questionnements intéressants sur certains problèmes, qui a posé les questions qu'on aurait dû se poser et qu'on refusait de se poser. Les économistes sont partout, l'idéologie économique et planificatrice est partout, et vous allez poser à l'occasion de ces divers numéros de* Critères *une série de questions embarrassantes aux économistes...*

**J.D.**    On était dans une époque d'économistes, comme vous le dites, mais on était d'abord et avant tout dans une époque de progrès; le mythe du progrès n'a jamais été aussi fort que dans ces années-là. C'était clair. Teilhard de Chardin par exemple, l'avait baptisé le progrès *in extremis*, c'était même devenu une religion, le progrès, à l'époque. Ça me paraissait extrêmement dangereux parce qu'il devenait impossible de penser. Dès qu'une chose était confirmée par des sondages, elle devenait la vérité. Alors que devient la pensée dans un contexte pareil? Elle n'existe plus. C'est pourquoi la philosophie était si mal en point; étant donné le mythe du progrès qui envahissait tout, la vérité, c'était ce qui était dans le sens de l'histoire, et le reste était rejeté. Alors moi, j'étais critique à l'égard de ça.

Je me souviens, dans les premiers cours de philosophie que je faisais, on discutait avec les étudiants de l'avenir et moi je leur disais, regardez ces moteurs hors bord qui ont envahi nos lacs, cette espèce de volonté de puissance infantile qui anime la personne qui gouverne sans effort spécial ces engins trop puissants, je leur disais, ça, c'est le symbole d'un monde en voie de disparition, c'est le symbole de la fin de ce progressisme naïf qui confond les fins et les moyens et, par opposition, je faisais l'éloge, et les étudiants étaient presque tous d'accord avec moi, de la voile, du bateau à voile. La planche à voile, cette merveille, n'existait pas encore. Je disais en leur citant Platon, ce que Platon racontait sur le gouvernail, sur la gouverne, regardez l'esprit de finesse qu'il faut pour gouverner un voilier; vous ne pensez pas qu'on serait un peu plus civilisés si, au lieu d'aller bêtement dans le sens d'un progrès qui nous est dicté de l'extérieur, par des fabricants de moteurs, si on allait à la voile... À ce moment-là, au milieu des années soixante, quand on racontait des choses pareilles, on avait l'air d'un doux farfelu, d'un doux rêveur. Or, et c'est là qu'on voit le rapport profond qu'il y a entre les idées et les affaires, un homme d'affaires ou un banquier qui a de la vision, qui aurait écouté ce discours-là à l'époque, aurait commencé à investir dans la recherche sur les planches à voile. Il y en a qui l'on fait sûrement puisque les planches à voile sont apparues après. Mais voilà un bel exemple qui montre comment, par pure déduction, par le simple fait qu'on se raccroche à des principes fondamentaux, à une conception de l'homme fondamentale, qui est au-delà des faits historiques contemporains, par le fait même qu'on s'y rattache, qu'on s'y raccroche, on arrive à pressentir l'importance et l'avènement de choses qui effectivement se produisent. Et c'est beaucoup plus fréquent qu'on le pense. Ça ne veut pas nécessairement dire que nos idées ont eu de l'influence : ça veut dire qu'a peut-être flairé ce qui est en train de se préparer dans les mentalités...

**G.P.**        *Mais les économistes qui supposément font métier de prospecter les besoins et les désirs de la population, les économistes n'étaient pas du tout intéressés à ce genre de choses...*

**J.D.**        Non, et c'est d'ailleurs pour ça que le deuxième numéro de la revue *Critères* a eu comme titre *Les désirs et les besoins*. Parce que moi, en lisant les économistes, en lisant tous les discours officiels de l'époque, je me disais, mais à quoi rime tout ce progrès? On veut satisfaire les besoins, mais qu'est-ce qu'un besoin? On ne peut pas définir le besoin sans avoir une conception de l'homme, on ne peut pas avoir une conception de l'homme sans avoir une conception du monde. En ce qui me concerne, cette réflexion sur le besoin m'a amené à la notion de limite. J'ai découvert en réfléchissant sur cette notion de besoin que, au coeur de la pensée grecque qui est le coeur de toute pensée encore dans le monde, il y a la notion de limite. Ce qui m'a amené, il y a déjà assez longtemps d'ailleurs, avant le débat sur la croissance zéro, à l'idée qu'il y avait quelque chose de fou, d'extrêmement dangereux dans notre conception de la croissance exponentionnelle. En 1960, les économistes les plus sérieux avaient l'air de trouver normal que la production d'automobiles s'accroisse de 10 % par année, jusqu'à la fin des temps. On était aussi bêtes que ça.

**G.P.**     *Qu'est-ce qui fait que vous allez mettre à l'ordre du jour des choses comme le crime et la justice, l'environnement, la santé, les professions, la ville? Qu'est-ce qui fait que ces thèmes-là vous semblent être tellement mal traités par les économistes que vous semblez avoir un besoin d'aller les forcer à s'occuper de ces choses-là?*

**J.D.**     Pour ce qui est du crime, je peux vous dire très bien ce qui m'inspirait à l'époque, c'est que je trouvais que la conception qu'on se faisait de la liberté, qu'on appliquait dans la façon de traiter les criminels, était extrêmement artificielle. Superficielle et artificielle. Or à partir d'un certain moment, sous l'influence surtout des sociologues, on s'est mis à excuser tous les gestes négatifs. C'était à cause du milieu dans lequel le criminel était né, comme si les penseurs découvraient pour la première fois qu'un milieu défavorisé rend le crime plus probable. Et, on en venait progressivement à méconnaître fondamentalement les conditions de l'exercice de la liberté. Avec un minimum d'intelligence, n'importe qui peut trouver des excuses; c'est si facile. La liberté est une chose si fragile. Moi, ce qui me désolait, c'est que tant d'intellectuels à l'époque se croyaient intelligents parce qu'ils avaient trouvé des moyens de montrer que la liberté n'existe pas. Il n'y a rien de plus facile. Il suffit de se laisser aller sur une certaine pente...

**G.P.**     *Mais vous auriez été très près des économistes libéraux qui eux, disent : si vous n'aimez pas le comportement criminel, donnez des sanctions ou des récompenses, et vous changerez ce comportement-là puisque l'individu s'ajuste d'une façon darwinienne et va choisir d'aller dans la voie où on le punit le moins méchamment...*

**J.D.**     Mais ça, ça me paraît un peu simpliste. J'ai toujours gardé certaines réserves face aux néo-libéraux, du moins à ceux qui raisonnent comme vous venez de le faire, parce que là aussi, il y a une forme de réductivisme. Réduire le comportement humain à ce type de mécanisme de carotte et de bâton, c'est l'équivalent d'expliquer le comportement du criminel par le milieu social, ou par des chromosomes. Les sciences humaines en général ne m'impressionnent pas parce que, qu'est-ce que vous constatez quand vous regardez l'ensemble des sciences humaines? Vous voyez 15, 20, 30 disciplines, demain 40, qui chacune a sa petite vision impérialiste, chacune prétend avoir les outils conceptuels requis pour expliquer la totalité des comportements. Alors voilà 30 impérialismes qui se font concurrence. Jamais on n'aura démontré avec autant de force la nécessité d'une science transcendante par rapport à tout ça. Or c'était la philosophie, cette science transcendante, et ce l'est encore...

Tous les numéros de *Critères* avaient comme objectif avoué ou inavoué de faire apparaître la complexité des choses. Alors, par exemple, on a traité du crime et après, de l'environnement; c'était pour bien montrer que ce sont là des choses qu'on ne peut pas penser l'une sans l'autre. Et tout naturellement ensuite, on a été amené à parler de la santé. Et le fait que la santé vienne après l'environnement était très significatif aussi. Après la santé, on a été amené à parler de la ville parce que les deux choses nous paraissaient indissociables, et toujours, à chaque fois, à chaque pas nouveau dans cette direction, on précisait les éléments du grand réseau qu'il s'agissait d'explorer. Et il y a une expression que Fernand Séguin applique à la conception de la recherche sur la médecine telle qu'il la conçoit lui, ce qu'il appelle la pensée réticulaire. Ça a l'air recherché un peu, mais je pense que c'est un mot assez heureux. Réticulaire, ça vient de réseau, c'est-à-dire s'efforcer de situer les choses dans un réseau aussi complexe et aussi large que possible, sans cesser de garder l'esprit clair. La réflexion qu'on peut faire sur la santé, c'est un certain nombre de mailles dans un réseau dans lequel doit se trouver aussi une réflexion sur la ville, une réflexion sur l'environnement et sur l'économie. Incidemment, j'ai toujours été frappé par le fait que le mot économie a la même étymologie que écologie. Économie, c'est la loi de la maison, la loi de l'habitat; l'écologie, c'est la science de l'habitat. Or, si vous voulez, ce qu'on a fait à *Critères*, et ce que je continue de faire moi par exemple, dans un *Traité d'anthropologie médicale*, c'est de pousser à sa limite cette identité profonde de l'écologie au sens large du terme et de l'économie bien comprise. Et je suis convaincu que si les économistes voulaient aller au fond de leur concept, ils aboutiraient nécessairement à ce grand réseau. Et peut-être ne faut-il pas qu'ils s'y rendent parce qu'effectivement, quand les choses deviennent trop complexes, ça devient difficile et on ne peut plus donner de conseils aux gouvernants.

**G.P.**       *Mais c'est très pénible de vendre ses services quand les choses sont tellement complexes qu'on n'a plus de simplisme ou de vérité à donner...*

**J.D.**       On n'a plus de vérité à donner, mais entre nous, si les économistes, au lieu de prétendre posséder la vérité, comme ils l'ont fait depuis 20 ans pour être démentis systématiquement par les faits, avaient pris cette voie, peut-être auraient-ils plus de crédit aujourd'hui. Prenons l'exemple des médecines douces : des chiffres récents nous disent que le chiffre d'affaires des médecines douces actuellement au Québec serait d'un milliard de dollars. C'est énorme. Pendant ce temps-là, les économistes continuent de nous dire que, au Québec, on a su maintenir à 8 % du PNB les dépenses de santé. Or, si ces chiffres-là d'un milliard sont vrais, ce n'est pas 8 % les dépenses de santé, mais 14 % à 16 %. Ça veut dire que les chiffres officiels mentent par rapport à la réalité. Mais voilà un autre exemple où la connaissance de l'anthropologie, l'habitude de la réflexion sur la substance même de l'être humain, pouvaient nous amener à entrevoir l'avènement de choses pareilles. À mon avis, un économiste qui étudie les questions de la santé et qui n'a pas fait ce cheminement-là est très mal placé pour comprendre le phénomène. Et c'est ce qui explique à mon avis, que quand on a commencé nos travaux sur les médecines douces, on a découvert que personne au Québec n'avait la moindre information sérieuse sur le sujet. Tant mieux, parce que, le propre peut-être de ces médecines-là, c'est d'être parallèles, d'être en dehors du regard de l'État, et il ne faut peut-être par les étudier justement pour qu'elles gardent leur virginité. Mais, je vous raconte ça pour illustrer mon propos, pour montrer la fécondité de ce que Séguin appelle la pensée réticulaire. On peut avoir l'air de se perdre, de s'égarer, par rapport à celui qui suit sa petite méthode rectiligne et linéaire, on peut avoir l'air farfelu même à certains moments, mais, si on garde la capacité d'unifier, si on garde le souci de l'unité et de la cohérence, on peut en arriver à voir venir des grands courants.

**G.P.**     *L'année 2015, c'est après demain. Vous avez eu le loisir depuis une vingtaine d'années de réfléchir sur ces courants de fond, vous avez très bien illustré comment ça avait servi de séismographe pour définir certaines tendances. Où est-ce qu'on va en être en l'an 2015, sur le plan de l'économie, jusqu'à quel point est-ce que d'autres limites de l'économie et de l'économisme vont être révélées d'ici 30 ans?*

**J.D.**     Je pense que l'on peut prendre comme exemple la situation actuelle. Le terrorisme à l'échelle internationale est à l'ordre du jour : je pense qu'il va le rester pendant un certain temps. Et ces événements récents donnent raison à Schumacher, un économiste-philosophe que j'aime beaucoup. Schumacher, il y a pas beaucoup d'économistes qui l'ont pris au sérieux dans *Small is Beautiful*; ils ont trouvé ça gentil, ou peut-être ils en ont parlé un peu, mais, on souriait : c'est un homme qui cite l'évangile. Ce n'était pas sérieux. Sauf que Schumacher avait montré très clairement la fragilité des grands réseaux, de tout ce qui est gigantesque. Des grands réseaux électroniques, les grands réseaux d'information, les grands réseaux de transport. Et pour illustrer mon propos, je vais prendre des exemples que Schumacher prenait lui-même. Imaginez qu'il y ait un seul aqueduc pour tout le Québec. Ça serait absurde, tout le monde en verrait l'absurdité immédiatement de ça, parce qu'il suffisait d'un peu de poison à un endroit pour empoisonner tout le Québec. Donc, de ce strict point de vue, dans le cas des aqueducs, c'est bien évident que Schumacher a raison, on a intérêt à avoir des puits artésiens quasiment individuels, en tout cas, des multiples de petits réseaux, ça nous rend beaucoup plus forts contre les agressions de terrorisme de tous genres. Et, les Boeing, on s'est réjoui lorsque les Boeing apparaissent, c'était le sommet du gigantisme, mais quand on est témoin des actes de terrorisme comme ceux dont on vient d'être témoins, on pense à Schumacher, on se dit : si les 329 occupants du Boeing 747 étaient partis dans 30 petits Challengers — incidemment, je pense que ça, c'est l'avenir de Canadair, c'est Schumacher qui va sauver Canadair — partis eux-mêmes de 30 petits aéroports canadiens différents, c'est bien évident que les terroristes étrangers qui auraient voulu les abattre tous les 30 auraient été devant une tâche un peu plus difficile que celle qui consistait à en abattre un.

Ces exemples-là me convainquent moi que les idées de Schumacher sur la décentralisation, sur la technologie appropriée, sur les petits réseaux, vont s'imposer, pas parce que ce serait un idéal vers lequel les gens auraient aimé aller, mais par la nécessité. D'où l'idée d'une réconciliation de l'écologie et de l'économie, qui sont une seule et même chose au fond. Tout ça à la longue qui paraissait irréaliste, qui paraissait farfelu, va s'imposer par la nécessité. Et en même temps, il y a une autre idée qui doit s'imposer, parce que si elle ne s'impose pas, la planète, l'humanité elle-même va éclater, c'est l'idée de limites. Elle va s'imposer peut-être par des biais inattendus. Par exemple, dans le domaine de la technobiologie, on est allé beaucoup plus loin déjà que les médecins nazis étaient allés, on est au point où on peut fabriquer des jumeaux cn série, l'eugénisme, on y est déjà, pourvu que ce soit démocratique, on est prêt à l'accepter. On est déjà allé trop loin dans ce domaine-là. Il y a une compagnie américaine qui a commencé le transfert d'embryons chez les animaux, la Compagnie des frères Sccd, la même compagnie qui offre les mêmes services aux humains. Le cynisme va jusque-là. Et ce n'est même pas du cynisme, ça a l'air d'aller de soi. On est rendu là et c'est bien clair qu'il faut une limite, qu'il faut limiter l'économisme, parce que c'est pour des raisons purement commerciales. On voit d'ailleurs très bien, du strict point de vue d'un néo-libéralisme étroit, que tout ça se justifie parfaitement : ce sont des adultes consentants qui échangent des biens. J'ai entendu des néo-libéraux défendre les transferts d'embryons, les mères porteuses, avec ces arguments-là sans se soucier le moindrement qu'ils étaient en train de justifier l'eugénisme via le néo-libéralisme comme les Nazis l'avaient justifié via le nazisme. Alors il faut mettre une limite, c'est bien clair. Les gens vont s'en rendre compte, comme on s'est rendu compte qu'il fallait mettre une limite à la pollution par les pluies acides. Je pense que c'est l'écologie donc, à long terme, qui va ramener l'économie à la sagesse. Autant l'économie jusqu'ici a imposé sa loi à la planète, sa loi qui n'était pas une loi, qui était de la démesure, autant l'économie a marqué l'écologie, autant, à partir de maintenant et jusqu'à 2015, c'est l'inverse qui va se produire : l'économie va devoir se souvenir de son étymologie qui est l'écologie.

# ROGER BLAIS
## Le 13 juillet 1985

Roger Blais est né à Shawinigan en 1926. Il fait des études de génie géologique à Laval avant de faire un doctorat en géologie économique à l'Université de Toronto. Il va devenir chef ingénieur-géologue à l'Iron Ore, à Shefferville, fin des années cinquante, début soixante. Il passe ensuite l'École polytechnique de Montréal comme professeur, puis comme directeur de recherches, en 1970. Il va le demeurer pendant dix ans. En 1980, il devient le directeur fondateur du Centre d'innovation industrielle de Polytechnique. Il dirige maintenant, toujours à Polytechnique, un programme d'études en innovation.

Roger Blais s'intéresse fondamentalement à l'innovation technique, à la recherche et à son impact sur la croissance économique. Il croit que c'est au coeur de la culture technique qu'on va trouver les sources et les causes de la richesse des nations. Et c'est en mettant au centre du débat ces problèmes de l'innovation et du changement technique qu'il a flairé les limites de la science économique. — *G.P.*

*Gilles Paquet*      *Monsieur Blais, qu'est-ce qui vous amène à vous intéresser à l'innovation, à cet interface entre économie et technique?*

**Roger Blais**      C'est la notion du changement technique. On voit très clairement par l'histoire qu'il y a eu une florescence absolument extraordinaire d'innovations, de nouveaux produits, de nouveaux procédés, qui ont eu un impact remarquable sur l'économie. Or, on s'aperçoit également que d'une façon générale, les économistes ont une connaissance, on pourrait dire superficielle, des facteurs profonds qui sous-tendent ces changements technologiques. Je venais de l'industrie, et plus particulièrement de l'industrie minière, ensuite l'École polytechnique m'a chargé de développer tout le système de recherches à l'École. Dès le début, au début des années soixante-dix, nous en sommes venus à la conclusion qu'il fallait absolument encourager l'innovation à l'intérieur d'une grande école d'ingénieurs, qui est l'École polytechnique, stimuler l'entrepreneurship et encourager les étudiants et les professeurs à concevoir des nouveaux produits et des nouveaux procédés, et de ce fait, à s'arrimer à l'industrie.

*G.P.*      *Qu'est-ce qui vous amène à rester tellement longtemps à faire vos classes chez Iron Ore, à travailler sur le terrain, à développer une sorte de capacité à gérer la recherche, à regarder la technologie, mais de très près, au niveau microscopique?*

**R.B.**      Je dirais que l'entraînement que j'ai eu à l'Iron Ore à Shefferville, ça a été un milieu où constamment, nous étions à la recherche de ressources cachées. J'ai eu le privilège de réussir dans ce domaine. Nous le faisions forcément par méthode scientifique, parce que les méthodes traditionnelles ne satisfaisaient pas. Donc, j'ai pu découvrir, par synthèse scientifique, des nouveaux gisements très importants. J'en ai également découvert à la Terre de Baffin, dans l'Arctique canadien, et cette prospection systématique, lente et fastidieuse, mais qui demande aussi une certaine dose d'ingéniosité, je l'ai poursuivie pendant des années. Mais les satisfactions sont grandes lorsqu'on découvre quelque chose et en plus quelque chose d'utile à la société.

C'est un sentiment d'accomplissement, de réalisation et d'actualisation de ce qu'on a pu faire. Et la distinction qu'on fait entre ça et un prospecteur habituel, c'est qu'on met à profit, on harnache les connaissances scientifiques et technologiques qu'on a pu acquérir durant sa carrière, on intègre également les notions qui existent au niveau international, et on les fait siennes afin de pouvoir en profiter au maximum, pas nous personnellement, mais que notre milieu, le Canada en général, puisse en profiter. Et ce cheminement, qui est un cheminement à la fois d'exploration, de synthèse, de boucle de rétroaction constante, je considère qu'il était étrangement semblable à celui que je poursuis maintenant quelques années plus tard. C'est-à-dire au niveau de l'innovation technologique, de l'innovation industrielle telle quelle.

**G.P.**     *C'est presque le travail de l'économiste professionnel que de faire cette prospection; prospection de techniques plus efficaces, de technologie plus avancée, pourquoi quelqu'un de Polytechnique s'intéressant à ces problèmes-là, créant même un Centre d'innovations, pourquoi ça, plutôt que des économistes? Est-ce que les économistes n'étaient pas capables de s'occuper de ces choses-là?*

**R.B.**     D'abord, j'avoue humblement que je ne sais pas exactement ce que c'est un économiste. Je sais que les économistes sont très versés dans l'analyse de phénomènes complexes. Et malheureusement, les économistes doivent toujours travailler en fonction d'une unité de base, une unité de mesure que moi j'appelle le dollar. Lorsqu'on traite d'innovations, il y a également une autre forme de capital qui est extrêmement importante, ce que j'appellerais le *venture capital* intellectuel. Il est difficile pour des économistes de type traditionnel de comprendre le phénomène profond qui sous-tend les changements techniques, et un des phénomènes les plus importants dans la société, c'est le changement technique. Or, on s'aperçoit lorsqu'on étudie l'histoire économique, surtout l'histoire technologique, qu'il y a eu des grandes vagues de prospérité économique et que si on superpose sur les creux de ces vagues économiques les périodes d'épanouissement absolument extraordinaire en termes d'innovation technologique, on s'aperçoit que les périodes de grande efflorescence technologique, en termes d'innovation, et de la première introduction de nouveaux produits, de nouveaux procédés, ça correspond à des périodes de récession. Ça correspond à des périodes dépressives de l'économie, et on peut se demander dans quelle mesure, et moi j'en suis personnellement convaincu, dans quelle mesure ces innovations vont contribuer à alimenter, à fournir le combustible nécessaire à la nouvelle prospérité économique, la nouvelle vague de prospérité. Or, je viens de faire une petite étude là-dessus qui montre assez clairement que si on superpose aux périodes d'efflorescence économique, ou d'épanouissement économique, ou de prospérité économique les périodes également d'efflorescence technologique ou d'invention et d'innovation, on s'aperçoit que, vraisemblablement au début des années quatre-vingt-dix, on devrait normalement, si l'histoire se répète et il n'y a pas de raison pour qu'elle ne se répète pas, on devrait normalement s'attendre à une grande période de prospérité économique. Pas seulement en Amérique du Nord, mais au niveau mondial. Et bien, si ceci se réalise, ça va avoir un impact profond d'abord sur nos sociétés, et ceci nous donne un espoir, va également nous entraîner, va nous forcer à prendre des décisions en fonction des événements qui s'en viennent, et qui s'en viennent très bientôt. C'est moins de dix ans pour se préparer à profiter de toutes sortes de nouvelles opportunités qui se présentent. Je dis que les économistes vont étudier le phénomène, par exemple des périodes de prospérité économique, les facteurs qui sous-tendent l'économie, et ça c'est très bien, je suis le premier à l'accepter, mais par contre, on sait très bien également que, sous-tendant cet effort-là, il y a d'autres phénomènes également profonds et qui sont les nouvelles découvertes scientifiques.

**G.P.**       *Pourquoi est-ce que le Québec et le Canada ont tellement de difficulté à donner à la technologie et à l'innovation ce rôle central que vous réclamez pour elles, et que la Suisse, l'Autriche, deux petits pays, ont supposément trouvé la recette? Quelle est leur recette?*

**R.B.**       Il faut dire d'abord que ces pays sont bien différents du Canada et du Québec. Il y a eu là-bas une longue tradition industrielle, alors que chez nous, j'ai l'impression qu'on a court-circuité complètement le phénomène de l'industrie manufacturière : c'est-à-dire qu'on a sauté du secteur des ressources naturelles pour aller directement dans le secteur des services. Si vous regardez les courbes économiques et l'importance relative des divers secteurs au Canada, on s'aperçoit que le secteur manufacturier est demeuré stagnant, toutes proportions gardées par rapport aux autres secteurs, depuis vingt-cinq ans. Or, dans d'autres pays, il y a eu une tendance très forte à exporter des produits, mais pour exporter il fallait avoir des meilleurs produits, et c'est ce qu'on commence à apprendre maintenant. Il y a eu des efforts assez remarquables au Québec pour augmenter l'effort de recherches scientifiques et donc, de formation de base des individus. Ensuite, et de plus en plus maintenant, on tend à encourager l'exportation. Mais tout ça, ça va peut-être demeurer lettre morte, du moins ces efforts-là ne porteront pas leur plein fruit, si on n'apprend pas également à faire le management. On a beaucoup au Québec par exemple, de patenteux, mais on s'aperçoit que 95 % des brevets qui sont délivrés au Canada sont délivrés à des étrangers. On a le taux le plus faible dans le monde industriel, et surtout le monde occidental, au niveau des inputs d'invention. Il y a là une sorte de dilemme parce que d'une part, on a vraiment beaucoup d'inventeurs, et d'autre part, notre inventivité, proportionnellement par rapport aux autres pays, est beaucoup plus faible que d'autres. Il ne s'agit pas de préconiser un déterminisme en technologie, de dire que la technologie va être le remède à tout, au contraire. Mais il s'agit simplement, si on se compare à d'autres pays, de voir qu'essentiellement on en arrive à des préceptes de base, des leçons de base. C'est-à-dire qu'il faut d'abord avoir des bonnes idées, ensuite il faut avoir les entrepreneurs pour les mener à bon port, troisièmement, avoir la gestion pour pouvoir mener ces entreprises de façon efficace et quatrièmement, il faut également être en mesure d'avoir les investissements, c'est-à-dire avoir foi en nous-mêmes puis foncer dedans. Et ça, ça se fait avec des risques.

**G.P.**    *Est-ce que l'idée de créer un Centre d'innovation industrielle à Montréal, début des années quatre-vingt, ça correspond pour vous à la mise en place d'une institution qui pourrait accélérer le processus de changement technique dans notre milieu?*

**R.B.**    Oui, dans une certaine mesure. Il faut bien comprendre cependant que la fondation d'un centre d'innovation n'est qu'un de plusieurs éléments nécessaires à l'évolution d'une société. Ce qui est particulier avec un centre d'innovation, c'est que ce n'est pas un centre de recherches comme tel, mais plutôt un mécanisme de facilitation, qui sert à mettre de l'huile dans les engrenages afin que le processus très difficile que traversent les entrepreneurs puisse mener à bon port. La fonction d'un centre d'innovation est donc de faciliter ce cheminement à partir d'une idée jusqu'à sa commercialisation réussie. Je suis personnellement convaincu qu'il faut aider d'abord les inventeurs. Il faut les aider à évaluer la qualité, l'importance potentielle, les mérites et aussi les lacunes de leurs inventions, et aussi, les aider à cheminer avec les entrepreneurs afin de leur éviter des faux pas. Et ceci, pas seulement au niveau technique mais aussi avec une meilleure perception des besoins du marché et une gestion appropriée de ce processus.

**G.P.**    *L'innovation, on considère ça parmi les économistes, tout au moins, comme une sorte de grâce sanctifiante qui arrive sans qu'on sache très bien d'où elle vient et qu'on ne peut pas enseigner. Pour vous qui êtes dans l'âme un ingénieur, un promoteur, un prospecteur, la technologie nouvelle, l'innovation, ce sont des choses qu'on peut vivre mais qu'on peut aussi enseigner. Il y aurait une sorte de pédagogie de l'innovation?*

**R.B.**    Je crois que oui. D'ailleurs, c'est bien connu qu'on peut stimuler la créativité des individus, quel que soit le domaine. Est-ce que, par exemple, parce que quelqu'un a des dons, des talents naturels en musique, ça veut dire qu'il n'aurait pas avantage à s'inscrire à une école de musique à l'université?

Si quelqu'un a des talents, disons en peinture, est-ce à dire qu'il ne trouverait pas avantage à parfaire ses connaissances et à acquérir certaines techniques pour justement être un grand peintre d'avenir?

**G.P.** *Pourrait-on dire que l'une des raisons fondamentales pour lesquelles les économistes n'ont pas donné à l'innovation toute l'attention qu'elle mérite, c'est que pour comprendre la nature d'une innovation technique, il faut bien comprendre le processus de production utilisés pour engendrer le nouveau produit? Il est impensable de savoir comment on va transformer la production d'un bidule si on ne s'est pas attaché à comprendre toutes les complexités de ce processus de production technique. Or, il semble bien qu'il est possible de devenir un économiste sans jamais avoir vu le plancher d'une usine ou une technique en acte...*

**R.B.** C'est malheureusement vrai. On a eu tendance dans le passé, surtout en macroéconomie où on regarde les choses de très haut ou de façon très globale, à négliger peut-être l'importance des facteurs qui contribuent à faire en sorte qu'il y a des changements. Moi ce qui me fait marcher dans la vie, ce n'est pas tellement de faire des études macroéconomiques au niveau des résultats de l'économie. Ce qui m'intéresse, c'est de savoir si Pierre-Jean-Jacques a les moyens de travailler pour réaliser son objectif, et surtout, de savoir si son objectif est bon. Et si son objectif est bon, qu'est-ce qu'on peut faire pour l'aider. Les individus que j'admire le plus, ce ne sont pas des professeurs d'université, c'est l'artisan qui est dans l'atelier. C'est l'ouvrier, le machiniste qui est un expert dans son domaine. C'est ça qui fait marcher l'industrie et j'ai la conviction profonde qu'il est absolument important de valoriser ce que j'appellerais la culture technique. C'est bien beau la culture en général. On en parle, on se gargarise avec ça, et c'est très bien, puis moi aussi je suis un partisan de ça. Et j'aime beaucoup nos chansonniers et tout et tout. Mais il faut également valoriser le travail du technicien et admirer la qualité de son travail. On en a beaucoup au Québec, et il faut trouver le moyen d'exposer ça, de se donner cette culture technique dont on a besoin et qui va se répercuter dans les nouveaux produits et nous enrichir collectivement.

**G.P.** *Je pense qu'il n'est pas malhonnête de dire que cette culture technique dont vous parlez, si on la prend comme norme, les économistes sont sur ce plan-là des incultes. Est-ce qu'on peut croire que si la science économique est demeurée trop loin de cette culture technique, si ingénieurs et économistes continuent à se regarder un peu comme des chiens de faïence sans vraiment collaborer, est-ce qu'on peut penser véritablement que ça marque une limite, une faiblesse importante de tous les travaux de science économique?*

**R.B.**          Oui, et j'ai l'impression que les économistes, ils sont un peu à l'extérieur, à regarder la forêt. Mon espoir, c'est qu'à un moment donné un économiste se dise bien moi, pour faire carrière, je vais m'arrimer avec ceux qui s'intéressent à l'innovation, donc avec des ingénieurs et avec des gens qui sont en gestion. Je n'en ai pas vu encore, depuis cinq ans que j'enseigne l'innovation à l'École polytechnique. Je n'ai pas une dent contre les économistes, loin de là, mais je prétend que tant qu'on ne  fera pas de la microéconomie, on aura toujours beaucoup de difficulté. Il nous faut avoir des spécialistes qui sont rompus aux méthodologies, par exemple de mesure, d'évolution d'un secteur par rapport à un autre. Que ce soit dans le domaine de la chaussure, des textiles ou que ce soit dans les fibres optiques, la microélectronique ou l'industrie minière. Actuellement, je fais une étude en profondeur dans le domaine de l'amiante. Et bien, je m'aperçois que j'ai absolument besoin des économistes pour travailler, même si on m'a donné comme mandat de base de pouvoir tracer les voies de redressement d'une situation qui est devenue désastreuse pour l'industrie de l'amiante au Canada, à cause de la perte des marchés et de la baisse des ventes. Je m'aperçois très clairement que j'ai absolument besoin des économistes pour m'éclairer sur certains points de vue.

*G.P.*          *Vous me semblez être un peu comme Diogène. Dans votre étude sur l'amiante, vous cherchez un économiste qui puisse vous aider, dont vous avez besoin, vous le dites, mais où est-ce qu'on trouve un économiste qui se sera donné la peine de comprendre dans le détail la technologie de production de l'amiante, et qui donc sera en mesure de vous donner un regard économique sur une dimension technologique que vous, vous connaissez bien?*

**R.B.**          Alors là, Monsieur Paquet, je vais vous faire plaisir, parce qu'il en existe. Il en existe au niveau de certains ministères gouvernementaux et notamment à Ottawa. J'ai été impressionné par mes contacts en économie des minéraux puisque c'était ma première spécialité, et sur les connaissances étendues que ces gens-là avaient. J'ai trouvé ces inputs-là extrêmement utiles. Mais évidemment, je ne m'attends pas non plus de ces personnes qu'elles m'indiquent les voies de recherche et développement, et d'ailleurs, elles sont les premières à me dire, là-dessus, on se lave les mains, parce qu'on ne s'y connaît pas.

*G.P.*          *Est-ce que vous allez pouvoir faire que ces phénomènes nouveaux soient mis à l'ordre du jour de l'enseignement des sciences économiques chez nous? On a l'impression que l'écart entre l'économiste et l'ingénieur est un peu comme l'écart entre Galilée regardant la nature, et les érudits regardant dans le grand livre...*

**R.B.**          Je pense que la distinction fondamentale entre les économistes — que je respecte même si je ne les comprends pas — et puis les ingénieurs, c'est que les ingénieurs de type entrepreneur, et je pense être de cette catégorie, ont la hantise de l'action d'une part, et deuxièmement, des réalisations concrètes, de façon à ce qu'on puisse arriver à créer de nouveaux emplois. Et c'est l'espoir qu'on caresse tous, excepté que nous, encore une fois, nous prenons des moyens différents : nous, nous travaillons dans les tranchées.

# YVON GASSE
## Le 20 juillet 1985

Yvon Gasse est né en Gaspésie en 1943. Il fait des études en administration à Laval avant d'aller faire des études doctorales en psychologie sociale et en comportement organisationnel à l'Université Northwestern, à Chicago. Il va enseigner d'abord à l'Université de Sherbrooke, puis à Laval, où il est directeur d'un laboratoire de recherches.

Yvon Gasse va se spécialiser dès le début de sa carrière dans l'étude de l'entrepreneurship, des attitudes des entrepreneurs, surtout au niveau de la PME. Il va analyser en détail les défis administratifs posés aux PME, et puis ausculter l'évolution des entrepreneurs à travers un certain nombre d'études de cas. L'entrepreneurship, c'est un peu un mystère pour la science économique : même si c'est un mot qui signifie le dynamisme même de nos économies et que l'entrepreneur est probablement l'acteur économique le plus important qui soit, la science économique a bien peu à dire sur ce mystérieux personnage. C'est en étudiant les problèmes des entrepreneurs et de l'entrepreneurship qu'Yvon Gasse a fait l'expérience des limites de la science économique. — *G.P.*

**Gilles Paquet**      *Monsieur Gasse, qu'est-ce qui vous entraîne à vous intéresser à la PME, à l'entrepreneurship?*

**Yvon Gasse**      Je travaillais dans un complexe hôtelier qui était à toutes fins pratiques une PME intéressante, très dynamique, et où il y avait entre autres un terrain de golf. Donc, il était intéressant pour nous autres, étudiants, de pouvoir se faire un peu de sous en étant porteurs de bâtons; mais pour l'entrepreneur, c'est-à-dire le propriétaire de ce complexe hôtelier, aussi propriétaire du terrain de golf, le terrain de golf n'était pas partie intégrante de ses opérations dans le même sens que l'hôtel. Il le gardait parce que ça permettait d'avoir plus de clients et qu'il pouvait garder ses clients plus longtemps. Il s'en occupait donc très peu et à chaque été il donnait la possibilité à un des étudiants qui travaillaient sur le terrain de prendre un peu la responsabilité des opérations du terrain. Et moi, à l'âge de douze ans, on m'a demandé d'être responsable des opérations et c'est là que j'ai fait mes premières armes comme dirigeant de PME ou entrepreneur, parce qu'il fallait diriger ses collègues, ses camarades, qu'il fallait embaucher des gens pour faire l'entretien. Je gérais aussi un restaurant et une boutique d'équipement de golf. Tout ça m'a amené à considérer le fait que finalement, la gestion, telle que je la percevais même à ce moment-là, c'est une affaire d'individus, une affaire d'humains, à toutes fins pratiques. Il y avait très peu de problèmes de type financier ou opérationnel qu'on ne pouvait pas régler si on pouvait fonctionner d'une façon assez bien coordonnée avec une équipe. Donc, je pense que c'est de là qu'est venu mon intérêt pour ce que je pourrais qualifier aujourd'hui de l'aspect humain des organisations et mon intérêt pour l'entrepreneurship.

**G.P.**      *Vous allez poursuivre vos études à Laval : les problèmes humains de l'entreprise, les aspects humains de l'organisation, c'est déjà un champ d'étude bien installé, bien organisé...*

**Y.G.**      On commençait. C'était très peu développé; je pense que les professeurs qui enseignaient le comportement organisationnel, l'aspect humain, ou ce qu'on appellait la psychologie, dans le temps, je parle des années soixante, c'était surtout des gens qui étaient embauchés très souvent comme chargés de cours, soit des psychologues ou des sociologues, beaucoup de sociologues d'ailleurs. Je me rappelle par exemple que nos cours au niveau de la maîtrise en comportement organisationnel étaient principalement donnés par un professeur qui était un cadre chargé, chez ALCAN, du développement organisationnel. Il venait donner des cours ici, une ou deux journées par semaine. C'était toléré dans ce domaine en évolution.

On disait dans ce temps-là, et c'est encore vrai aujourd'hui, qu'il y avait trois grands piliers aux sciences de la gestion. Premièrement l'économique qui était le pilier majeur, ensuite les méthodes quantitatives, et troisièmement, les sciences du comportement. Ce qui me rappelle que quand je suis arrivé à Northwestern, il fallait démontrer qu'on était capable de fonctionner allégrement dans ces trois disciplines. Au niveau des sciences du comportement, on m'a évalué très rapidement : on a dit bon, comme vous avez suivi quelques cours là-dedans, il n'y a pas de problème, on vous donne votre équivalence. Mais lorsque c'est arrivé à l'économique, particulièrement, il a fallu non seulement que je monte un dossier extrêmement bien étoffé, mais aussi que je prenne des cours supplémentaires parce que on nous a dit que l'économique était une des bases fondamentales. Moi, je haïssais les disciplines comme le marketing, la comptabilité, etc., mais il fallait bien s'assurer que dans ce domaine-là, nous étions bien équipés. Évidemment, l'économique, surtout dans ce temps-là, était enseignée d'une façon assez conventionnelle, assez traditionnelle. C'était donc l'approche modélisante, avec les hypothèses traditionnelles, le marché parfait, l'équilibre des marchés, et le reste.

La relation de l'économique avec les autres disciplines, les sciences du comportement par exemple, était très peu évidente. De toutes façons, on voyait bien, dans l'école de gestion, qu'il n'y avait à peu près pas de ces relations-là, et puis ces gens-là, non seulement ne se parlaient pas, mais ne connaissaient pas ce que les uns et les autres faisaient. Donc, si on considère maintenant l'entrepreneurship, par exemple, comme un genre de mélange agréable de considérations de nature économique, psychologique et comportementale, ce n'était nettement pas évident à l'époque, puis il n'y avait à peu près personne sur le campus qui se préoccupait de ça.

**G.P.**      *Comment est-ce que vous faites dans ce cadre-là pour convaincre les gens à Northwestern, une très bonne université américaine, très quantitative, avec un fort contingent d'économistes, pour les persuader de vous laisser travailler sur quelque chose d'aussi intangible, diffus, que l'entrepreneurship?*

**Y.G.**      En suivant des cours de méthodologie, j'ai eu la chance de travailler beaucoup avec un psychologue très connu aux États-Unis, du nom de Campbell, qui était spécialiste de la mesure des attitudes. J'avais donc développé un certain nombre d'échelles d'attitudes et je pense que j'avais relativement bien réussi. Je les avais vérifiées auprès de certaines populations d'entreprises dans la région de Chicago, ça avait bien marché. Et je m'étais dit, peut-être que la façon de faire ce que je veux faire, ça serait par le biais d'un développement méthodologique. Parce que les thèses constituaient à Northwestern, comme dans beaucoup d'écoles de gestion américaines, des exercices méthodologiques. Il fallait démontrer qu'on maîtrisait bien toute la démarche scientifique. Et, en présentant le projet sous la forme du développement d'échelles d'attitudes, ils considéraient que ça pouvait faire l'objet d'une thèse intéressante. Il fallait évidemment travailler sur un contenu. On ne fait pas une échelle d'attitudes seulement comme un exercice : il faut travailler sur un contenu extrêmement important; c'est le centre même de l'échelle.

C'est là que j'ai introduit l'idée selon laquelle il serait peut-être intéressant d'étudier les attitudes des entrepreneurs, c'est-à-dire des gens qui démarrent des entreprises, et de les comparer avec les attitudes, par exemple, des administrateurs dans les grandes organisations, en posant l'hypothèse que ces gens-là pouvaient avoir des attitudes différentes.

Il y a dans une PME une façon de fonctionner différente de celle qu'on retrouve dans une grande organisation, que ce soit chez les Canadiens français ou les Canadiens anglais ou même dans d'autres pays, on s'aperçoit qu'il y a une sorte d'homogénéité, une sorte de philosophie de gestion qui est commune au niveau du fonctionnement des PME. Donc, je ne pense pas que ce soit une explication culturelle, mais plutôt une explication du type d'entreprise; ils fonctionnent différemment parce qu'ils sont dans un certain genre d'entreprise, ce qui démontre encore une fois qu'il faut considérer la gestion dans une PME différemment de la gestion dans une grande organisation. Donc, gérer une PME, ça n'équivaut pas à gérer une organisation miniature.

**G.P.**      *On pourrait donc avoir mal expliqué ou mal compris les entrepreneurs canadiens-français simplement parce qu'on ne comprenait pas que c'étaient des entrepreneurs et des gestionnaires de PME et non pas de grandes entreprises...*

**Y.G.**      Oui, je pense que vous avez parfaitement raison, parce que quand on regarde les études qui ont été faites dans les PME jusqu'à tout récemment, elles sont très pauvres d'une part en terme de nombre, et d'autre part en terme de qualité. On a toujours pensé que si on voulait aider la gestion des PME, il fallait essayer de leur imposer un modèle de grande entreprise, et je pense que c'est une erreur fondamentale. On voit maintenant des économistes qui proviennent d'institutions aussi réputées que le MIT, comme David Birch, par exemple, avec sa fameuse étude qui démontre que de 80 à 85 % des nouveaux emplois créés aux États-Unis et même au Canada - parce qu'il a fait exactement la même étude au Canada, le rapport vient tout juste de sortir - surtout dans le secteur manufacturier, ont été créés principalement par les PME. On commence maintenant à se poser des questions sur la contribution des PME à l'économie, au niveau de l'emploi, du produit intérieur brut et de la technologie. Il y a une sensibilisation nettement plus grande maintenant des économistes à ce type d'études. Il faut voir aussi un autre phénomène. Depuis le fameux miracle japonais, il y a eu des réactions très vives, on le sait, du côté des Américains, et on a vu, par exemple, dans des ouvrages comme *Le prix de l'excellence*, une attaque féroce des auteurs vis-à-vis l'approche dite structuro-fonctionnaliste, rationaliste, logique, vis-à-vis l'accent qui est mis d'une façon exagérée, je pense, sur les modèles dits quantitatifs, parce qu'il est plus difficile d'étudier ou d'analyser des variables qui sont plus difficilement quantifiables, ce qui porte à les évacuer. Toute cette critique qui se fait actuellement de ces modèles-là nous amène à remettre en question l'approche traditionnelle de l'économie et la façon d'aborder l'entreprise et le monde des affaires. On voit nettement maintenant une prise en considération de ces facteurs dits intangibles qui comprennent évidemment des aspects d'intuition, de jugement, d'une certaine forme de non calcul des phénomènes d'affaires. Tout ça est récupéré actuellement par des auteurs aussi connus que Peter Drucker, par exemple, dans un livre très récent qui s'intitule *L'innovation et l'entrepreneurship*. On commence maintenant à parler d'entrepreneurship interne ou d'intrapreneurship et je pense que par ces différents biais-là qui sont actuellement suffisamment forts, il va certainement y avoir des remises en question d'un certain nombre de façons dont on a tendance à enseigner et à aborder le monde des affaires.

**G.P.**     *Est-ce que les économistes qui vivent côte à côte avec les spécialistes de gestion dans les universités ont tellement changé de point de vue vis-à-vis leurs collègues de gestion qu'ils sont maintenant prêts à lire Drucker, à accepter ces explications douces, plutôt qu'à continuer de se cantonner dans leurs modèles traditionnels; la capacité de la corporation des économistes à se couper du monde est bien connue...*

**Y.G.**     Je pense qu'il va toujours rester un certain contingent de personnes qui vont continuer à faire ce genre d'études compartimentées, mais de plus en plus, on va exiger dans les programmes de gestion, surtout les programmes de maîtrise, que les étudiants aient certaines expériences de travail et ces étudiants-là vont difficilement accepter de gober n'importe quoi, ils vont eux-mêmes avoir lu des ouvrages qui sont maintenant à la porté du plus grand nombre. Je mentionnais *Le prix de l'excellence* tout à l'heure et *L'innovation et l'entrepreneurship*, de Drucker : on voit l'émergence d'économistes extrêmement forts comme Gilder, par exemple, sur l'esprit d'entreprise aux États-Unis, qui fait des démonstrations extrêmement bien développées sur justement le phénomène de l'entrepreneurship et son importance dans l'économie. Donc, je pense que l'ensemble de ces phénomènes, l'ensemble de ces nouveaux courants, va amener les nouveaux économistes et même ceux en place à être au moins sensibilisés à ces questions, puis à être obligés d'en tenir compte.

**G.P.** *Et vous croyez donc que ces quinze ans de travail pour mettre à l'ordre du jour des travaux des économistes ces dimensions nouvelles, ça ne va pas créer une réaction de repli? On a l'impression que plus les problèmes économiques sont profonds, plus les économistes se retirent dans des études ésotériques coupées du réel.*

**Y.G.** Dans certains cas, encore une fois, je pense qu'on va vivre ça. Mais, je prends pour exemple un certain nombre d'économistes qui sont nos collègues, dans nos écoles de gestion en particulier. Je pense que ces gens-là sont beaucoup plus sensibilisés aux réalités de l'entreprise. Ils essaient véritablement de développer une recherche qui va coller avec ces réalités-là. Comme exemple de ça, nous avons eu une étude très intéressante faite par trois de nos collègues ici en économique, sur les problèmes de contribution; ils se sont demandés comment on peut calculer la contribution des différents secteurs industriels, des différentes tailles d'entreprise, à l'économie. Ce qui les a amenés à se questionner même sur la définition d'une PME, par exemple; ils se sont évidemment aperçus que c'est une définition qui pouvait fluctuer, mais qui fondamentalement les amenait à réaliser l'importance de ce type d'entreprise qu'on avait toujours un peu négligé, à réaliser aussi que dans certains types de situations, on ne peut pas faire autrement que de fonctionner avec des PME. C'est-à-dire qu'il y a un rôle particulier pour les PME. On a toujours pensé par exemple qu'un des grands impératifs économiques, c'était la croissance de l'entreprise à tout prix : il fallait que les entreprises grossissent si elles voulaient réussir. C'est vrai en partie, mais il reste qu'il y a des PME d'une certaine taille qui ont un rôle spécifique à jouer dans certains secteurs; c'est, je pense, le type d'entreprises idéal, nettement bien adapté pour ces opérations particulières et il ne faut pas se scandaliser d'entendre des dirigeants de ces entreprises-là, comme les entrepreneurs eux-mêmes, dire qu'ils ont des objectifs de croissance très limités. Je pense qu'il faut prendre ça pour acquis. De plus en plus d'économistes ont conscience de ce phénomène. Donc, une PME a un rôle particulier à jouer dans une société et il n'est pas nécessairement vrai que si cette PME demeure stable en terme de taille, par exemple, ce soit nécessairement mauvais.

**G.P.**    *Il se pourrait donc que ce soient les économistes oeuvrant dans des facultés de gestion, d'administration, qui soient les ambassadeurs qui vont permettre de changer l'ordre du jour des travaux de la tribu plus large des économistes.*

**Y.G.**    On pourrait peut-être l'espérer, mais ce n'est pas chose faite parce que c'est évident que la science économique a développé ses galons, à travers ce qu'on appelle les critères de scientificité des différentes disciplines, et ce ne sera pas du jour au lendemain qu'elle va laisser tomber les modèles sur lesquels elle a basé sa crédibilité. Mais je pense, moi, que les explications des phénomènes d'affaires, des phénomènes économiques, devront se faire à partir d'une approche multidimensionnelle. Peut-être que les économistes qui travaillent dans des facultés de gestion sont peut-être les plus près d'être capables d'intégrer l'ensemble de ces explications.

# DANIEL LATOUCHE
## Le 27 juillet 1985

Daniel Latouche est né dans la région de Montréal en 1945. Après des études en sciences politiques à l'Université de Montréal, puis en Colombie-Britannique et aux États-Unis, il va revenir à Montréal pour enseigner à l'Université McGill. Politicologue, journaliste aussi, Daniel Latouche butine un peu partout dans le grand chantier des études québécoises. Il s'engage aussi : il va être conseiller auprès du Premier ministre du Québec pour les affaires canadiennes et constitutionnelles de 1978 à 1980. Daniel Latouche est prolifique : il a écrit de nombreux livres sur divers aspects du régime politique du Québec, des travaux de prospective aussi, et un très grand nombre d'articles dans tout un éventail de revues.

Politicologue, Daniel Latouche a au début potassé assez près du terroir des économistes, assez pour avoir été tenté par leurs méthodes, mais pour en être revenu. C'est en essayant d'utiliser l'outillage mental des économistes qu'il a fait l'expérience des limites de la science économique. — *G.P.*

**Gilles Paquet**     *Monsieur Latouche, qu'est-ce qui vous amène à vous faire politicologue, à vous diriger vers la science politique?*

**Daniel Latouche**     C'est vraiment une question d'horaires d'autobus. Vous savez, dans le temps, dans les années soixante, lorsqu'on s'inscrivait à l'Université, on s'inscrivait le jour même où on arrivait à l'Université. On ne se préparait pas, il n'y avait pas de tests. J'étais parti de chez moi par l'autobus 26 à Rosemont, décidé à m'inscrire en droit; or, l'autobus a été très en retard, le trajet a été très long, et rendu là-bas, je me suis inscrit en sciences politiques, au grand désarroi de mes parents. Qu'est-ce que ça fait un politicologue? On n'en avait pas vraiment de connaissances à ce moment-là. Je me suis inscrit en sciences politiques aussi parce que c'était plus à la mode que le droit. Ça avait une utilisation pratique, tout le monde faisait de la politique, et il faut bien le dire, ça avait l'air un peu plus sérieux que la sociologie pour un étudiant qui pensait ne pas avoir les compétences pour aller en économique. Pour les étudiants de ma génération, ça se répartissait à peu près comme ça, et les vraiment farfelus allaient en anthropologie ou quelque chose de semblable.

**G.P.**     *Vous allez malgré tout être tenté par le sort de vos collègues économistes, puisque vous allez donner un petit tour mathématique et quantitatif à vos études, à Montréal peut-être un peu, mais surtout au moment où vous allez faire des études supérieures en Colombie-Britannique et puis à Chicago.*

**D.L.**        Oui. Là, évidemment, on était entouré de collègues québécois qui faisaient des statistiques et des modèles en économique à longueur de journée. Donc moi, je me suis vraiment cherché, je peux le dire franchement, un sujet dans lequel je pourrais utiliser les méthodes économiques qui étaient populaires à ce moment-là, c'est-à-dire les équations de régression, etc., un sujet qui est vraiment à l'opposé de ce que je fais maintenant et de ce que j'ai fait par la suite, c'est-à-dire les coups militaires en Afrique : il y en avait tellement que ça avait l'air d'une matière un peu économique.

Plusieurs d'entre nous en sciences politiques avons donc voulu importer directement, sans leur demander la permission, des méthodes utilisées par les économistes. Ça nous donnait une sorte de crédibilité qu'on n'avait pas auparavant.

**G.P.**        *Quel succès a eu cette technique économique, économétrique pour prédire les coups d'État?*

**D.L.**        Je fais des modèles mathématiques pour prédire les coups d'État et je prédis qu'il n'y aura jamais de coup d'État en Éthiopie, j'en étais absolument certain : quatre jours plus tard, il y en a un. Il m'a fallu décider tout de suite si j'allais ou bien passer toute ma vie à expliquer pourquoi mon modèle n'avait pas marché, ou bien abandonner le modèle et ce genre d'approche pour passer à autre chose. Pour moi, le choix s'est fait très rapidement. Ma thèse n'était pas encore sèche de l'imprimerie que je revenais à Montréal non plus pour faire des choses quantitatives, mais me lancer dans l'étude de la société québécoise. Et ça, c'est notre avantage, ou notre défaut, par rapport aux économistes. On les voyait, eux, quand ça ne marchait pas, dire que ce n'était pas grave, qu'ils allaient raffiner le modèle l'année suivante. On agrandissait le terme d'erreur, et finalement tout était à l'extérieur de l'équation ou dans le dernier terme de l'équation. Nous, les politicologues, nous nous sentions quand même un peu mal avec ça, puisque nous avions quand même un événement majeur à expliquer, les fameuses élections, qui devraient avoir l'air de quelque chose de mathématique : on compte le nombre de votes d'un côté et le nombre de votes de l'autre. Mais ça ne marchait jamais. Surtout qu'on avait de très bons instruments, des sondages même plus précis ceux qu'avaient les économistes. Donc, si ça ne marchait pas pour les élections, peut-être que c'était toute l'approche qui était un peu à remettre en question. Il y a donc eu cet effritement des approches mathématiques en sciences politiques.

**G.P.**        *Comment un politicologue reprenant contact après un grand voyage, regarde-t-il la société qui l'a conçu?*

**D.L.**        Il la regarde comme une bête un peu curieuse... Arrivés à McGill, on nous a dit : l'Afrique, les relations internationales, les modèles mathématiques, ce n'est pas vraiment pour ça qu'on vous engage, on veut que vous enseigniez la société québécoise. Je commence à enseigner en septembre 1970 et j'inscris deux cours, un cours sur la violence et la révolution au Québec, et l'autre sur les militaires et la vie politique. Deux semaines plus tard, on a la crise d'octobre. Donc, j'ai eu tout de suite dans mes cours un assez gros auditoire de gens avec les cheveux coupés très courts, policiers et autres, et là, très rapidement, un emploi ou un sujet qui était plutôt imposé s'est avéré fascinant. Il se passait tellement de choses au Québec que ça faisait un magnifique laboratoire pour quelqu'un qui est habitué en sciences politiques à discourir sur des pays étrangers ou des choses qui se passent sur une période de trente ans, alors qu'au Québec en 1970, ça se passait à tous les jours. Il y avait un nouveau parti politique, il y avait des relations avec les systèmes politiques extérieurs, dont celui du Canada. Sur le plan professionnel, c'était un peu l'équivalent de ces économistes qui font de la consultation dans l'entreprise privée. Nous, on pouvait faire de la consultation dans l'Entreprise publique québécoise, avec un E majuscule, et c'était absolument merveilleux. La politique québécoise, c'est l'équivalent de nos PME pour les économistes.

**G.P.**    *Il semble que les politicologues, par rapport aux économistes patentés, ont gardé ce même esprit que vous aviez comme étudiant, d'envie d'une part et de mépris de l'autre, puisqu'on n'est pas sûr que leur outillage est vraiment très puissant, aussi puissant qu'ils le disent.*

**D.L.**    Il y a une sorte de moyenne entre ce mépris et cette admiration. C'est passé plutôt au stade de l'indifférence. Nous sommes maintenant convaincus que les économistes, dans le fond, ne sont pas mieux que nous. Moi, je les ai vus à l'oeuvre dans deux situations où les économistes auraient pu véritablement être rois. Je les ai vus à l'oeuvre au gouvernement, au sein par exemple, du conseil des ministres, de la prise de décisions à un très haut niveau; et je les ai vus et je les vois à l'oeuvre dans des entreprises. Dans les entreprises, ils se sont faits littéralement gruger et envahir par nos MBA, par ce genre de spécialistes qui font une lutte acharnée aux économistes, que ce soit dans la PME ou la grande entreprise. Donc, on les a laissés se battre de ce côté-là, et au gouvernement, il faut bien se rendre compte que sauf dans le secteur très technique de la finance et de la macroéconomie, ils ont aussi perdu aux mains de tous ces autres spécialistes, tous les autres « logues » qu'on a formés au Québec depuis 20 ans. Les économistes, c'est un peu le « mon oncle » qui partait aux États-Unis faire de l'argent et qu'on admirait beaucoup, mais qui finalement est rentré à la maison et maintenant se promène en Chevrolet comme tout le monde, et arrive en retard pour expliquer les événements...
         Je pense que les économistes sont victimes de leur succès. Ce sont les premiers qui dans leur domaine, ont touché à la complexité énorme de nos sociétés. Lorsque les économistes ont inventé le concept de stagflation, ça a été reçu en sciences politiques comme un immense éclat de

rire. On s'est dit : tiens, les économistes sont pris avec deux choses, inflation et chômage, ils font un peu comme les politicologues, ils mettent les deux ensemble pour en faire un nouveau mot. Ça a été un peu la fin du mythe de l'économique. Ce n'est pas de la faute des économistes, c'est dû au fait que nos sociétés sont beaucoup plus compliquées à comprendre et encore plus à changer qu'elles ne l'étaient auparavant.

**G.P.**    *Est-ce que les explications économiques qu'on a colportées depuis les années soixante, de grande croissance, puis ensuite de décroissance, de stagflation, vous convainquent? Vous qui avez eu les pieds à la fois dans l'entreprise au niveau de la consultation et dans le secteur public au niveau des grandes politiques, est-ce que vous voyez l'outillage mental de l'économiste comme étant éclairant sur ces problèmes-là qu'on est en train de vivre, dont on n'est pas encore sortis?*

**D.L.**    Pas vraiment, mais je soupçonne que ça va venir, assez curieusement. J'ai bien l'impression que d'ici cinq ans, il va y avoir quelques économistes futés qui vont nous sortir une production sur le modèle économique québécois... qui, il faut bien l'avouer, est passablement original, et que les économistes sont peut-être mieux placés que les politicologues ou que les sociologues pour décortiquer. Prenez une des grandes énigmes, du moins d'après moi, de la société québécoise depuis 20 ans, énigme que personne n'a réussi à résoudre : pourquoi les jeunes québécois francophones ne vont pas à l'université? Ils y vont, mais la théorie nous indique qu'en tant que groupe minoritaire, ils devraient envahir l'université au prorata de leurs groupes d'âge : les infrastructure sont là, il n'y a aucune barrière économique à l'entrée. Ce n'est pas les 600 dollars de frais de scolarité qui vont les arrêter et pourtant les chiffres sont là : ils vont moins à l'université que les Québécois anglophones ou que les nouveaux Québécois. C'est quand même relativement mystérieux. Personne n'a trouvé d'explication. Les économistes commencent maintenant à nous donner un certain nombre d'éléments ce ce côté-là, sur les composantes de la décision. C'est plus facile dans le cas du Québec parce que c'est évident, les chiffres sont là. N'oubliez pas qu'on est une société surchiffrée, on est probablement une des mini-sociétés avec les plus longues séries statistiques, avec les meilleurs indicateurs, qui nous ont été légués par le fameux débat sur la faisabilité de l'indépendance économique du Québec. On a encore tous ces chiffres-là, donc, on se rend compte immédiatement si une théorie marche ou si elle ne marche pas. Pour les États-Unis, ce n'est pas la même chose.

**G.P.**    *Mais, et là je me fais un peu l'avocat du diable, certains travaux de Reuven Brenner, de l'Université de Montréal, ont montré que la raison pour laquelle les gens se font plus entreprenants et décident d'aller à l'université ou de s'engager dans le crime, c'est que, relativement parlant, ils ont perdu de la richesse. Est-ce qu'il se pourrait que ce soit l'abondance, la*

*richesse extraordinaire de la société québécoise qui fait que les petits*
*Québécois ne sentent pas le besoin de se faire entrepreneurs à l'université*
*ou dans le crime, mais qu'ils font un peu comme on leur a dit qu'il fallait*
*faire depuis la révolution tranquille, la révolution tranquillisante. Ils n'ont*
*pas à s'ajuster, ils n'ont pas à travailler très dur. Est-ce que c'est le coût*
*d'une société trop riche qu'on est en train de payer dans ce manque à*
*s'ajuster, à s'adapter très vite des plus jeunes Québécois?*

**D.L.**        Il y a sûrement de ça, mais le problème avec cette théorie-là,
c'est que son contraire a l'air tout aussi évident, a l'air tout aussi plein de
bons sens. Il y a d'ailleurs toute une autre école d'économistes qui nous
disent que, dans le fond, on est une société tellement pauvre au niveau des
débouchés que les jeunes font un calcul tout à fait rationnel en se disant
que c'est encore un marché segmenté ethniquement malgré ce qu'on en dit,
ou s'il n'est plus segmenté ethniquement, il y a une nouvelle classe qui a
remplacé les Anglais au Québec et qui s'y est installée exactement de la
même façon que les Anglais étaient installés et qui contrôlent l'entrée; donc
c'est une société tellement pauvre en termes de débouchés que ce n'est pas
un vrai marché, il n'y a pas de vraie compétition, donc ça ne sert à rien
vraiment d'aller à l'université. Certains politicologues, certains sociologues,
commencent à dire, et c'est là qu'on voit les limites et les avantages du
discours économique, que ces deux théories-là ne peuvent pas être vraies et
fausses en même temps. Donc, c'est quelque part entre les deux avec des
éléments de l'une ou de l'autre qu'il va falloir expliquer le phénomène.
C'est donc peut-être d'un côté, que la société québécoise est riche en termes
d'avenues pour aller à l'université, donc les gens rentrent à l'université,
comme on le voit en France, tout le monde va à l'université; par contre, il
n'y a pas de marché, il n'y a pas de compétition et ça ne motive pas. C'est
ça le grand reproche je fais aux économistes, c'est de ne pas nous avoir dit,
et là je le regrette même presque personnellement en termes de carrière, de
ne pas nous avoir dit qu'il n'y avait pas de marché au Québec et qu'il n'y
avait pas vraiment de compétition au niveau d'un certain type d'emplois.
Vous savez très bien comme moi que lorsqu'on commence une carrière
universitaire au Québec, hormis de s'exiler dans un autre pays, on finit la
plupart du temps, on est en train de le démontrer de façon fantastique, on
finit sa carrière à la même place : il n'y a pas de promotions, il n'y a pas
de concours, il n'y a pas de guerre. On n'essaie pas de se voler des
professeurs dans les universités.
          C'est qu'il n'y a pas de marchés. Et ça, les économistes nous
avaient cassé les oreilles avec la loi du marché, la compétition, en nous
disant : soyez les meilleurs, etc. Ils ne nous l'ont pas encore dit d'ailleurs,
qu'il n'y a pas de marchés. Ils importent les méthodes, même les idéologies
du marché à tout rompre, mais ils ne nous ont pas encore dit qu'il n'y a
pas de marché au Québec. Il nous répètent seulement qu'il y a le grand
marché canadien ou le grand marché nord-américain, mais c'est très difficile
de prendre les économistes au sérieux lorsqu'ils nous disent ça. Si un

économiste me dit que travailler à Toronto ou travailler à Montréal, c'est une offre et une demande d'emploi, qu'il n'y a pas de différence, je suis obligé de lui rire en pleine face. Et à ce moment-là, c'est toujours le bon vieux réflexe; je me dis, s'il se trompe là-dedans, qu'est-ce qu'il doit nous raconter lorsqu'il nous parle des meilleurs moyens d'éliminer le chômage...

On sent que les économistes ne se sont jamais remis du choc de ne pas avoir prévu les années soixante-dix. Ils étaient vraiment lancés sur une trajectoire absolument fantastique. Ils étaient même en train d'inventer une nouvelle science : la prospective. Et je me souviens qu'au début des années soixante-dix, j'ai travaillé avec deux économistes de l'INRS, et on avait fondé un centre de prospective. Ce sont les économistes qui contrôlaient tout. Moi, on me donnait le chapitre huit à faire sur les valeurs et les idéologies, mais dans le fond, ce qui était important, c'était les prévisions de main-d'oeuvre, les prévisions de chômage...

**G.P.**    *...les tendances lourdes...*

**D.L.**    Les tendances lourdes. Il fallait patiner très vite pour se maintenir au même niveau que mes collègues économistes. C'était notre bouquin *Québec 2001* avec Pierre Lamonde et Pierre-André Julien. Et tout à coup, on a vraiment senti que le choc pétrolier et tout ce qui s'en est suivi leur a coupé les jambes complètement. Ils espèrent encore que leurs séries statistiques, leurs tendances lourdes, vont repartir. Ils ont la nostalgie de ces séries qui ont été rompues et là, ils aimeraient bien voir ces séries repartir, dans n'importe quelle direction, mais repartir. Un économiste sans série, ça fait vraiment pitié à voir et c'est là que ça va jouer. Les premiers qui vont se rendre compte que les ruptures sont maintenant permanentes et que ces séries-là disparaissent, les premiers économistes qui vont faire une économie de la rupture, vont je pense réussir à réimposer une certaine hégémonie.

**G.P.**    *Mais déjà les politicologues sont en train de vouloir s'arroger le droit d'être ceux qui vont sculpter l'économie de demain. Ceux qui parlent de politique industrielle de ce temps-ci, ce ne sont pas les économistes, ce sont les politicologues. Est-ce qu'en fait, on est en train de voir les politicologues, après une longue période d'attente, prendre d'assaut les problèmes, les grands créneaux qu'ont occupés les économistes qui les désertent?*

**D.L.**    Oui, là vous avez raison. L'attrait de l'engineering politique ou d'une sorte de génétique politique, est simplement trop fort pour beaucoup de politicologues. N'oubliez pas qu'ils bénéficient d'un avantage que les économistes n'ont jamais eu : on n'a pas des conseils économiques à la tête du pays; ce n'est pas le Conseil économique qui dirige le Canada, c'est le conseil des ministres. Donc, nécessairement, les politicologues ont un terrain privilégié de ce côté-là. Mais, si on prend le livre d'un député de l'Assemblée nationale du Québec libéral, Rich French, sur comment Ottawa décide, *How Ottawa Decides*, on voit les jeux qui se font et défont, que la combinaison d'hommes politiques et de politicologues pour prendre des décisions sur les stratégies industrielles pour le Canada, c'est un micro-fouillis. Demander à un économiste de démêler ça, c'est à peu près comme demander à un économiste de gérer le dépanneur du coin. C'est absolument catastrophique. Donc, c'est vrai que les politicologues sont envahissants actuellement : s'ils ne font pas attention, ils vont se casser la figure, exactement de la même façon que les économistes... C'est pour ça que tout à l'heure je disais qu'il doit y avoir en embuscade toute une nouvelle génération de jeunes économistes, et lorsque les politicologues vont se rendre trop loin avec leurs grands modèles de reconversion politique, ils vont leur taper sur les doigts de la même façon qu'on a tapé sur les doigts des économistes.

C'est un peu inquiétant de savoir que ça s'en vient, que c'est là sûrement dans les facultés d'économie, et que pendant ce temps-là, les politicologues se lancent à droite et à gauche de la même façon qu'il y a vingt ans les économistes le faisaient.

**G.P.**         *Vous êtes un peu nerveux, Monsieur Latouche?*

**D.L.**         Oui, parce qu'on ne sait pas d'où ça va venir. Je soupçonne qu'il va y avoir des petits malins économiques qui vont nous parler de la société québécoise économique comme d'un ensemble et de sa spécificité économique, et là vraiment, on va se faire manger. Les économistes n'ont jamais parlé de ça, n'ont jamais parlé de la différence québécoise ou de la différence canadienne sur le plan économique. Ils nous ont toujours dit, depuis vingt ans, le Québec, c'est exactement comme l'Alabama, c'est exactement, en moins bien, l'Ontario. Les premiers qui vont nous dire : il y a eu une recombinaison différente, tous les politicologues vont être sur le plancher à ce moment-là.

# MARCEL CÔTÉ
## Le 3 août 1985

Marcel Côté a 43 ans; c'est le PDG de Secor. Après des études en physique à l'Université d'Ottawa, il fait des études en économie à l'Université Carnegie Mellon à Pittsburg, des études d'économie dans une école d'administration industrielle. Il va revenir enseigner à la Faculté d'administration de l'Université de Sherbrooke en 1969, puis passer à l'UQUAM en 1971. Il va quitter l'Université pour fonder avec Roger Miller et Yvan Allaire, la maison Secor. Une boîte de conseillers en gestion, créée au Québec sur un modèle populaire aux États-Unis, Secor est une firme associée au milieu universitaire.

Marcel Côté va travailler surtout dans le domaine du développement économique. L'expérience de la Beauce, la relance économique de Montréal, la haute technologie, secteur de pointe, tout récemment. Dans ses dossiers, il va travailler avec les Chambres de commerce, les commissaires industriels, au ras du sol, ce qui ne va pas l'empêcher de développer certaines généralisations à partir de ses travaux ponctuels, comme par exemple dans son article conjoint avec Roger Miller dans la prestigieuse *Harvard Business Review*. C'est à partir de son travail de praticien de l'économie que Marcel Côté va être amené à faire l'expérience des limites de la science économique. — *G.P.*

*Gilles Paquet*    *Monsieur Côté, après vos premières études en physique à Ottawa, qu'est-ce qui vous amène à poursuivre des études en économie à Carnegie Mellon?*

**Marcel Côté**    Je voulais me diriger là où l'action était, où les choses arrivaient, où vraiment le futur se matérialisait, et c'est pour ça que j'ai décidé d'acquérir une formation d'économiste.

*G.P.*    *Mais pourquoi, alors, aller à Carnegie Mellon?*

**M.C.**    Vers la fin des années soixante, Carnegie Mellon était vraiment le ferment de l'économie. C'était une de ces écoles qui servaient de modèle. On y trouvait des gens comme Herbert Simon, qui a gagné le prix Nobel, et c'était reconnu comme université où on mariait l'administration et l'économie, et aussi beaucoup de mathématiques. C'était assez rigoureux comme formation : une université où il y avait 25 étudiants au doctorat pour 50 professeurs. Comme *mix*, c'était un peu spécial. C'est une école quand même pratique, puisque l'université est construite autour d'une école d'ingénieurs. Et le côté pratique, c'est-à-dire l'application de la science, a toujours été très important dans ce qu'on pourrait appeler l'idéologie Carnegie Mellon.

**G.P.**        *Ça vous amène d'ailleurs, Monsieur Côté, à ne pas faire carrière dans un département de science économique au retour au Québec, mais plutôt, à choisir de travailler dans des facultés d'administration. Pourquoi?*

**M.C.**        Parce que c'est dans l'administration, c'est par l'administration que se fait l'économie, que se vit l'économie quotidiennement. Comme économiste, je voulais être dans le concret, et c'est évident que c'est davantage dans les facultés d'administration que dans les départements d'économique que se vit l'économie. C'était donc un choix quasi naturel pour moi, en fait. Carnegie Mellon d'ailleurs est un bel exemple : c'est une école d'administration et le département d'économique est à l'intérieur de l'école d'administration, et il reste que c'est un des meilleurs départements d'économique aux États-Unis...

En 1970, au Québec, lorsqu'on fait de l'économie, on se préoccupe de croissance économique, de développement économique. Et c'était normal que je m'occupe de développement économique. Il faut se rappeler que c'était en ce temps-là, la priorité de l'heure; d'ailleurs Monsieur Bourassa s'était fait élire avec la promesse de 100 000 emplois; tout le monde parlait de développement économique. Et ce qu'on demandait aux économistes dans ce temps-là, on ne leur parlait pas d'inflation, on ne leur parlait pas de taux d'intérêt, on leur parlait d'expansion de l'économie. Donc, je me suis intéressé dès 1970 au développement économique et c'est ce qui m'a amené par après à m'y intéresser beaucoup.

**G.P.**        *Est-ce que vous êtes d'accord avec les grandes stratégies interventionnistes, étatistes, qui ont cours à l'époque, qui sont vraiment les dogmes au Québec?*

**M.C.**        Non. Je n'ai jamais été d'accord. J'ai toujours été sur le plan économique, conservateur. J'ai toujours cru que les gouvernements, finalement, lorsqu'ils intervenaient, ils intervenaient dans l'économie d'une façon très gauche et de la mauvaise façon. Le meilleur exemple, c'est les efforts des deux niveaux de gouvernement pour faire la relance économique du Bas du fleuve et de la Gaspésie : ils ont probablement dépensé per capita plus que partout ailleurs, puis ça n'a pas changé du tout, ça reste une région aujourd'hui avec de sérieux problèmes économiques, et il s'est sûrement investi probablement près du milliard en Gaspésie dans les divers programmes depuis quinze ans, et ça n'a rien donné. Et généralement, l'intervention gouvernementale qui avait cours vers les années soixante-dix déguisait finalement du nationalisme. Lorsqu'on parlait du gouvernement, on parlait de « nous autres », on parlait donc, dans ce temps-là, des Canadiens français. Aujourd'hui, c'est des Québécois. Mais on se servait de l'instrument du gouvernement, c'était des gens qui voulaient du pouvoir, du pouvoir francophone, qui se servaient du gouvernement pour l'avoir, alors ça a été ça chez Marine, ça a été ça chez Hydro-Québec...

**G.P.**      *Vous aller travailler au développement économique de la*
**Beauce.**

**M.C.**      Ma présence dans la Beauce est reliée à un séminaire que je
donnais à Sherbrooke sur le développement économique où il y avait entre
autres, un étudiant qui venait de la Beauce et qui s'est retrouvé quelques
années plus tard commissaire industriel en Beauce. Alors qu'on ne parlait
pas de la Beauce en ce temps-là, sauf comme étant le coin d'où venait le
Père Gédéon, mais on ne parlait pas de la Beauce comme un modèle de
développement économique. Et c'est de 1974 à 1976 que je suis intervenu
en Beauce avec les gens de là et on a élaboré une stratégie de
développement qui visait entre autres à construire des modèles
d'entrepreneurs et à populariser ces modèles-là. Pour y arriver, il fallait
vraiment qu'on trouve des gens et qu'on les assiste, qu'on les soutienne.
C'est ce qu'on a fait et on a eu un résultat spectaculaire. Il reste que ce
n'est pas dû à la stratégie, c'est dû au fait que la Beauce a été un terrain
très fertile. Mais ce n'est pas toute la Beauce, c'est le sud de la Beauce,
c'est la région de St-Georges qui a donné naissance, dans les années
soixante-dix, à un grand nombre d'entrepreneurs qui ont fondé et construit
des entreprises, et qui aujourd'hui emploient des centaines, et même pour
certaines, des milliers de personnes.

**G.P.**      *Mais il semble qu'il y a une sorte d'écart extraordinaire entre*
*ce type de recherche-intervention en Beauce et le genre de glorieuses*
*théories économiques du développement qui ont cours dans les années*
*soixante. On parle de modèles de croissance, de modèles de développement.*
*Est-ce que cet outillage mental-là, c'est utile pour quelqu'un qui veut, en*
*Beauce, intervenir dans le développement, créer un modèle de*
*développement?*

**M.C.**      C'est peut-être dur pour la profession, mais si on revient à tout
ce qui s'est écrit sur le développement économique aux États-Unis, de 1960
à 1975, dans les grandes revues, que ce soit l'*American Economic Review*,
ou le *Journal of Political Economy*, dans toutes ces revues où on est
supposé trouver les derniers raffinements de la science économique : on
regarde ça dix ans plus tard, et on ne retrouve absolument rien là-dedans.
Rien pour nous aider : à la fois dans les modèles qui sont discrédités
aujourd'hui, et à la fois dans une vision des choses. En fait, ce dont on se
sert aujourd'hui en 1985, ce sont des choses qui ont été développées en
dehors des circuits officiels des économistes. Le meilleur exemple, c'est tout
le rôle important de la PME que David Birch a découvert à la fin des
années soixante-dix. David Birch, c'était un économiste qui n'avait pas trop
une formation d'économiste, c'était d'ailleurs un physicien comme moi, qui
travaillait à MIT, une autre école d'ingénierie; il a découvert que les PME,
aux États-Unis avaient créé la très grande majorité des emplois, de 1969 à
1976, et il n'a pas découvert ça en se servant des statistiques officielles

avec lesquelles aiment bien jouer les économistes, mais en regardant les statistiques fournies par la maison Dunn & Bradstreet qui examine le crédit des entreprises. Et la contribution de David Birch est fondamentale : il a mis le doigt sur tout le processus d'augmentation d'activité économique dans l'économie, il s'est rendu compte que ça se fait généralement par des petites organisations, et des organisations dirigées par des entrepreneurs. Et c'est là que résident les bases de la croissance économique dans une économie industrialisée. Et donc, tout ce qui s'est dit avant les années soixante et soixante-dix, où les modèles par des économistes aussi prestigieux que Samuelson et Solow, c'étaient des modèles basés sur l'accumulation du capital, et finalement, il y avait des cheminements optimaux, des raccourcis qu'on pouvait emprunter... en fait c'est ridicule quand on regarde ça vingt ans plus tard : on était perdu dans la brume; on avait confondu les modèles et la réalité. On prenait nos modèles pour la réalité, mais nos modèles ne correspondaient pas, malheureusement à la réalité.

**G.P.**    *Il a fallu chercher ailleurs un outillage mental pour vous aider puisque vos travaux de praticien, ça réclame malgré tout un cadre conceptuel : où est-ce que vous allez trouver cet outillage mental qui va vous guider plus utilement, en Beauce et à Montréal...*

**M.C.**    Pas chez les économistes, parce que les économistes, faut que ça se mette dans les formules mathématiques, et malheureusement, même encore aujourd'hui, selon certains d'entre eux, il faudrait même remonter à Walras ou à Jean-Baptiste Say. Or, les entrepreneurs, on ne peut pas les mettre dans une formule mathématique. Alors, qu'est-ce que font les économistes? Bien, ils n'en parlent pas. Ils évitent d'en parler... c'est en dehors du modèle ça, les entrepreneurs, et donc on n'en parle pas. Alors, nous, il fallait découvrir des entrepreneurs, et je dois avouer que la personne qui m'a peut-être la plus influencé, ça a été Jane Jacobs, qui n'était pas non plus une économiste, mais qui a écrit des livres très importants finalement, non seulement sur l'urbanisme, sur la croissance des villes, mais sur l'économique; Jane Jacobs que j'ai découverte moi, à Pittsburg, dans les années soixante, a fourni des modèles de développement des villes et c'est un peu en appliquant les théories de Jane Jacobs, et en observant les entrepreneurs, à la fois en Beauce et à Montréal qu'on a pu élaborer un genre de cadre conceptuel qui fait qu'on est capable de généraliser et d'établir des stratégies de développement économique.

**G.P.**    *Comment, en utilisant Jane Jacobs, vous attaquez-vous aux grands problèmes de Montréal, ville qui est en crise dans les années soixante-dix, ville qu'on veut relancer. Qu'est-ce qu'on fait quand on s'inspire de Jane Jacobs pour attaquer ce problème?*

**M.C.** D'abord, Jane Jacobs dit que les développements économiques, ça ne se fait pas du jour au lendemain. Donc, il n'y a pas de solution miracle, pas de pilule magique qui fait que Montréal va reprendre de la vigueur soudainement. Du développement économique, ça se fait lentement, et ça se fait par l'addition de nouvelles activités économiques dans une ville. Pour ça, il faut stimuler l'entrepreneurship, et il faut stimuler la création et l'expansion des entreprises. Il faut créer des climats qui affectent des entrepreneurs. Et les entrepreneurs, c'est une petite partie de la population, c'est peut-être deux ou trois pour cent de la population; ce sont des gens qui ont des motivations très particulières. Il faut mettre en place des stratégies qui vont influencer leurs comportements. On les influence comment? On les influence en essayant de leur donner des modèles; et ce qu'on a essayé de créer à Montréal, ça a été des modèles de développement économique.

Et si vous regardez par exemple le bel exemple des Mercure, ou encore tout le cheminement qu'on a fait avec l'homme du mois à la revue *Commerce*, ou encore tout l'intérêt qu'ont mis nos journaux d'affaires, comme *Les Affaires*, ou même *Finances*, sur les entrepreneurs québécois, ça fait partie d'une démarche finalement, qu'on discutait entre nous, dans les années 1975-1978, en disant, il faudrait bien parler de nos entrepreneurs, il faudrait bien se bâtir des héros économiques, et effectivement, on s'est bâti des héros économiques. Et on a valorisé en quelque sorte, le succès d'entreprise. Ç'est un des grands axes qu'on a mis en place et c'est aussi un modèle qu'on a expérimenté en Beauce vers 1976-1978. Parce que ça a commencé en Beauce, avant de venir à Montréal, avant disons d'avoir des héros comme Pierre Lortie, il y avait Marcel Dutil en Beauce qui était un héros. C'est là qu'on a vu que ça avait de l'effet. Et ça a aussi eu beaucoup d'effet à Montréal.

Ce qui arrive à Montréal, finalement, c'est qu'on est en train de reconstruire une nouvelle économie en parallèle à l'économie traditionnelle de Montréal, qui est en train de s'estomper. Et qu'on regarde les grands secteurs de haute technologie ou même notre industrie des sièges sociaux : l'industrie traditionnelle des sièges sociaux est partie de Montréal. Elle est partie et il faut l'oublier, elle ne reviendra pas. Mais on est en train d'en construire une nouvelle; il y a des personnes qui viennent ici qui profitent de la rencontre des deux grandes cultures et de la rencontre des influences pour trouver des nouvelles idées, pour bâtir de nouvelles grandes entreprises, et graduellement, on rebâtit un nouvel ordre, on rebâtit une nouvelle économie sur la vieille économie de Montréal.

**G.P.** *Qu'est-ce que c'est cette nouvelle économie de Montréal, en train de se faire?*

**M.C.** Bien, lorsqu'on est dans la forêt, c'est toujours difficile de la décrire et je dois avouer, que personnellement, je suis en plein coeur de cette forêt-là.

Ce qu'on retrouve à Montréal, c'est un certain nombre d'entreprises dirigées par des cadres relativement jeunes. Ce qui est arrivé dans les années soixante-dix, c'est que « les Anglais sont partis », les dirigeants traditionnels sont partis, et ça a fait beaucoup de place pour des cadres francophones, pour des jeunes francophones qui sont arrivés aux commandes de l'économie à l'âge de 30, 35, 40 ou 45 ans. Et si vous regardez aujourd'hui les dirigeants de nos entreprises au Québec et les dirigeants des entreprises, similaires en Ontario, à Toronto, vous allez trouver qu'il y a une différence d'âge : ici, on est 20 ans plus jeunes. Mais c'est des gens qui sont encore à des périodes de leur vie où ils veulent construire, où ils veulent grandir, où ils sont encore très ambitieux. Ce sont ces personnes-là qui sont aux commandes de nos entreprises. Ils sont en train de les faire grandir. Et vous pouvez prendre l'ensemble de nos entreprises à Montréal : ils sont au point où ils commencent à rayonner en dehors du Québec, à rayonner internationalement. Et on bâtit toute une nouvelle génération d'entreprises qui deviennent la base économique de Montréal, ou s'y intègrent, et dont le rayonnement dépasse largement Montréal. L'exemple, c'est peut-être Provigo. Pourquoi à Montréal aurait-on Provigo, ce qui est maintenant la plus grande entreprise de distribution au Canada? Et Provigo est dirigé par quelqu'un qui n'a pas encore quarante ans. C'est évident que Pierre Lortie, d'aujourd'hui à 1995, alors qu'il aura 50 ans, va prendre Provigo, puis va l'agrandir de façon remarquable. On peut prendre d'autres exemples. Dans l'imprimerie, on a un exemple avec Pierre Péladeau qui a commencé au début des années soixante-dix, et qui a bâti une entreprise de plusieurs centaines de millions, avec des gens d'ici, des jeunes cadres du Québec, et qui est encore très ambitieux, et qui voit encore très grand et qui veut continuer à bâtir son entreprise. Une entreprise qui rayonne bien au-delà du Québec. Et on peut prendre de nombreux autres exemples d'entreprises qui se construisent et qui s'ajoutent à la vieille base économique de Montréal, qui était constituée des Northern Electric, des Bell Canada, des Pratt & Whitney, alors cette nouvelle couche de nouvelles, de jeunes entreprises va connaître pendant les dix, les vingt prochaines années une expansion assez remarquable...

Et c'est ce nouvel ordre, ce sont ces nouvelles entreprises qui redonnent à Montréal son second souffle. C'est intéressant de regarder Montréal aujourd'hui et de le comparer, disons, à Cleveland. Cleveland, deux millions et demi d'habitants, Montréal, trois millions. Deux villes du nord-est, deux villes qui ont été frappées par ce qu'on peut appeler le déplacement vers l'ouest... aussi par l'arrivée des pays comme le Japon, avec leurs produits industriels, qui ont sapé leurs bases industrielles. Cleveland ne s'en est peut-être pas remis; Montréal s'en est bien remis. Promenez-vous dans le centre-ville de Montréal, vous allez voir, c'est plein d'édifices neufs, c'est des gens qui n'étaient pas là il y a dix ans, qui aujourd'hui travaillent dans ces bureaux-là. Les organisations ont grandi. Pourquoi alors c'est arrivé, alors que Montréal a connu aussi tout le problème linguistique canadien? C'est-à-dire qu'on a eu cent mille dirigeants ou cadres d'entreprise anglophones qui ont choisi d'aller vivre dans un milieu où ils se sentaient mieux qui était Toronto, à cause des politiques nationalistes québécoises. On a non seulement réussi à surmonter l'exode de ces gens, mais on a réussi à continuer le développement de Montréal, l'épanouissement de l'économie de Montréal. Et ça, c'est quand même quelque chose de remarquable. Avec tous les problèmes qu'a connu l'économie de Montréal, on a réussi à se maintenir dans la course, ce que des villes comme Buffalo n'ont pas réussi, ce que des villes comme Cleveland n'ont pas réussi, ce que des villes comme Détroit n'ont pas réussi.

**G.P.**       *Cette renaissance de Montréal, est-ce que ça doit beaucoup à la haute technologie? Est-ce que les économistes ont aidé dans cette renaissance?*

**M.C.**       Ce ne sont pas les économistes qui regardent la haute technologie. Les économistes sont souvent perdus dans leurs modèles et la haute technologie pour eux, ce n'est que de la technologie. Ce sont surtout les hommes politiques qui ont regardé de ce côté-là, qui ont créé par exemple le mythe de la *Silicon Valley* et tout le monde veut avoir sa petite *Silicon Valley*. Et on est devenus, à Montréal, d'excellents observateurs. Pourquoi? Parce qu'au Québec plus que partout ailleurs, et ça, à cause de l'intervention de nos gouvernements, on a essayé toutes sortes de choses. Depuis quinze ans, on a essayé de développer de la haute technologie au Québec et on n'y réussit pas trop.

Mais ça nous a permis d'expérimenter, d'observer toute une série d'expériences qui n'ont pas bien marché, et quelques expériences qui ont bien marché. Avec un de mes collègues chez Secor, Roger Miller, nous avons analysé à fond ce qui s'est fait à Montréal, et après, ce qui s'est fait à Boston dans le développement de l'industrie de haute technologie. On se rend compte que les gouvernements n'ont pas grand chose à faire dans l'industrie de haute technologie, ni à Boston, ni ici; il y avait des conditions favorables à Boston; à Montréal, beaucoup moins, mais les économistes là-dessus ne nous enseignent pas grand chose. Je dois vous avouer que si ce sont des économistes qui conseillent les gouvernements, étant donné que ce que les gouvernements ont fait, ça n'a pas donné grand chose.

**G.P.**       *Mais alors, cette mythologie qu'on a bâtie autour d'un virage technologique que les gouvernements pourraient aider l'entreprise à prendre, un peu comme un virage contrôlé sur une autoroute, ça vous semble un peu farfelu...*

**M.C.**       Oui, le virage technologique, c'est un slogan électoral. C'est un slogan de politiciens, et, écoutez, tout le Québec est en train de s'informatiser actuellement, et le gouvernement est un grand spectateur là-dedans. On s'informatise partout; partout les PC sont arrivés dans les entreprises et ce sont des vendeurs qui font ça, des vendeurs qui ont un cours de CEGEP, qui sont en train de faire prendre au Québec le virage technologique en informatique. Alors, il y a des gros mythes là-dessus. Les dépenses gouvernementales pour stimuler la haute technologie sont à 90 % improductives...

Il y a beaucoup d'économistes qui se prennent pour des cuisiniers et ils pensent que leurs livres économiques, ou leurs études, leurs recherches vont leur donner des recettes. Or, c'est là qu'ils se trompent. Pour vraiment devenir un bon cuisinier, c'est-à-dire un bon praticien de l'économie, il faut aller bien au-delà de la réflexion et des expériences qu'ont les économistes universitaires, les économistes qui font de la recherche dans les universités et dans les instituts de recherche.

Je dois vous avouer qu'il y a toute cette dimension pratique qu'on ne retrouve malheureusement pas au sein de la profession, au sein de nos institutions de recherche, nos institutions d'enseignement.

**G.P.**    *Est-ce qu'on peut penser que sort de vos travaux et des travaux de vos collègues praticiens, une sorte de pensée économique dans le maquis, une pensée économique parallèle, une pensée économique qui fait contraste avec ce que colportent les professeurs universitaires économistes?*

**M.C.**    Dans certains domaines, oui. Et c'est définitif qu'en développement économique, on n'a pas eu grand chose des universités : tout ce qui s'est fait à Montréal, finalement, même s'il y a eu des grands efforts à la fois de l'Université de Montréal, à l'UQUAM, à l'INRS, ainsi de suite, ce qui s'est fait à Montréal, ça s'est fait dans le milieu des affaires et ça s'est fait par des gens en dehors des universités. Je pense aussi à d'autres domaines, disons les institutions financières actuellement, toute la réforme ou l'évolution du système financier nord-américain, les économistes universitaires regardent la parade passer. Il y a par contre beaucoup d'économistes qui sont en train de refaire le système et de le restructurer. Mais on cherche vainement chez les universitaires qui ont tout le loisir de réfléchir à la question, des enseignements utiles, ou des directions, on ne les trouve pas.

**G.P.**    *Est-ce que vous croyez que malgré tout, cette pensée économique parallèle qui vient du secteur privé, des praticiens, il y a des chances que les universitaires, les économistes universitaires s'y alimentent un jour, qu'ils apprennent quelque chose de ça?*

**M.C.**    Oui, et ça, c'est toute l'histoire de la profession depuis deux cents ans; il y a toujours eu un pendule et actuellement, la pensée économique est en crise. La pensée économique est en crise parce que ses fondements sont remis en cause.

Et c'est dans la pratique sur le terrain aujourd'hui que les fondements de la nouvelle économie, peut-être des grands courants de la pensée économique des années quatre-vingt-dix et des années 2000 sont en train de fermenter.

**G.P.**        *Il y a toujours eu de la part des économistes universitaires un petit peu de mépris pour leurs collègues praticiens qui travaillaient dans les tranchées. Est-ce qu'ils vont pouvoir, ces collègues universitaires économistes, véritablement se mettre à l'école des praticiens?*

**M.C.**        Oui, très clairement, parce que les grandes réputations de demain chez les économistes vont se faire sur le terrain qui est actuellement là, exploité par les praticiens. En termes de développement économique, il faut reprendre la théorie en entier, et elle va se reprendre à partir des leçons des cinq ou des dix dernières années, ce que nous avons découvert en Beauce, ce que nous avons découvert à Montréal, ce que des gens comme Birch et le Brookings Institution ont découvert aux États-Unis sur la contribution des PME à l'économie. Il va falloir que les économistes trouvent un moyen d'intégrer l'entrepreneur dans leurs modèles. Et ça, qu'ils le veuillent ou qu'ils ne le veuillent pas, un économiste qui n'a pas d'entrepreneurs dans son modèle, n'a pas un véritable modèle de l'économie...

**G.P.**        *Et vous êtes optimiste que cette transition-là, elle est déjà commencée, elle est en train de se faire, que la profession est en train de se transformer...*

**M.C.**        La profession, voyez-vous, c'est les gens qui passent, alors il y a des économistes qui vont sombrer dans l'oubli alors que de nouveaux économistes vont émerger, vont devenir célèbres et vont écrire des choses pertinentes. Il y a beaucoup d'économistes qui ont écrit sur bien des choses dans les années soixante et soixante-dix et qui vont tout à l'heure sombrer dans l'oubli et l'indifférence.

**G.P.**        *Des musées...*

**M.C.**        Des musées.

# LOUISE VANDELAC
## Le 10 août 1985

Louise Vandelac est née dans la région de Montréal. Elle a étudié la science politique et l'économie politique au Québec, puis en France, à l'Université Paris VIII. Elle enseigne maintenant au département de sociologie à l'UQUAM.

Louise Vandelac a été la coordinatrice d'un vaste projet de recherches du Conseil du statut de la femme du Québec : un projet sur la production domestique, c'est-à-dire la production non marchande et non payée à l'intérieur du foyer, une production faite largement par les femmes, une production qui, si on la comptabilisait, constituerait peut-être la moitié, voire les trois-quarts de la production nationale brute, le PNB. Cette étude a été marquante pour Louise Vandelac. Elle devait d'ailleurs produire avec les membres de son équipe un livre important qui en résume les conclusions : *Du travail et de l'amour*, publié aux éditions St-Martin cette année.

C'est en analysant toute une série de dimensions de la socio-économie occultées par la science économique conventionnelle, mais centrales à la vision du monde de toutes les femmes, que Louise Vandelac a fait l'expérience des limites de la science économique. — *G.P.*

*Gilles Paquet*    *Louise Vandelac, qu'est-ce qui vous amène à remettre en question le discours économique conventionnel, à réclamer que le féminisme construise un discours économique de rechange?*

**L.V.**    C'est à cause des insuffisances très nettes, très marquées du discours économique, et de ses prétentions à parler de l'ensemble de l'humanité alors que c'est un discours qui m'apparaît profondément androcentriste, c'est-à-dire centré sur les hommes, et qui néglige, non pas qui oublie, parce que je pense que c'est bien volontaire dans l'élaboration même du discours économique, l'activité extrêmement importante autour de la reproduction de l'espèce entre autres, c'est-à-dire l'ensemble du travail domestique. Or, on sait que ce travail, s'il était payé, vaudrait deux fois et demi le budget militaire américain. Ça donne un peu une idée de l'ordre de grandeur de cette activité négligée. Le discours économique néglige aussi une partie de ce qu'on appelle l'économie informelle, bien que certains économistes commencent à y travailler depuis quelques années. C'est une discipline non seulement où il y a peu de femmes — aux États-Unis par exemple, on estime qu'il y a environ 3 % des professeurs d'université en économie qui sont des femmes et à peine 8 % des femmes qui ont un doctorat en économie. C'est une discipline où les hommes dominent complètement en termes très concrets les institutions, les revues économiques, les grandes associations, etc.. Mais c'est un discours surtout qui prétend être neutre alors qu'en fait, il occulte toute une partie des activités humaines et centre toute son analyse sur la production, alors que la reproduction des individus est aussi très importante. Et si bien, que comme angle d'approche, on finit par avoir une vision des choses qui est contraire au fond au but même du discours économique : Aristote disait que l'économie, c'était l'économie de la famille, de la maison, de la maisonnée, par rapport aux politiques qui étaient l'aspect public — le mot économie a d'ailleurs pour origine un mot grec qui signifie art de bien administrer une maison. Or, actuellement, les seuls cas où on s'intéresse à cette économie de la maisonnée, c'est lorsqu'on considère la famille et l'ensemble de la reproduction humaine sur un modèle marchand.

Et ça, c'est extrêmement inquiétant comme évolution de société. Actuellement, je travaille davantage sur ces questions-là, à savoir entre autres la transformation de l'enfantement, de l'engendrement, de la maternité en procès de travail et en économie de la reproduction humaine à travers les nouvelles technologies de la reproduction humaine.

**G.P.**      *C'est-à-dire qu'après avoir réussi à amener la terre, le travail, sur le marché avec le salariât, maintenant, c'est la reproduction qui entre sur le marché. Les mères porteuses, c'est dans le fond une façon d'avoir un ventre à louer...*

**L.V.**      Quand on dit un ventre à louer, c'est déjà une formule qui est très marquée biologiquement. Comme si on pouvait louer des parties du corps. Ça correspond tout à fait à l'image masculine de la maternité qu'on avait déjà au quinzième, seizième siècle, où on disait que tout le processus d'engendrement était lié aux homoncules, c'est-à-dire aux spermatozoïdes qui, croyait-on, contenaient un petit être humain au complet, les femmes n'étant qu'un incubateur. À l'heure atuelle, on retrouve au fond ce même genre d'idéologie à travers des termes comme mère porteuse, alors qu'il s'agit véritablement de la vente de la force de procréation, comme on a commencé à amorcer la vente de la force de travail au seizième, dix-septième siècle. Donc, c'est un tournant historique extrêmement profond. Ceci dit, quand je parle de l'émergence d'une économie de la reproduction humaine, le cas des mères porteuses est tout à fait, tout à fait mineur là-dedans. Je pense que ce qui est beaucoup plus important, c'est la mise en place, d'une véritable économie de la reproduction humaine avec ses institutions pour gérer, par exemple, au niveau de la fécondation in vitro, les transferts d'embryons et même les banques de sperme. C'est un secteur qui se développe depuis déjà une dizaine d'années. On sait qu'en France, il y a déjà plus de 10 000 enfants qui sont nés par insémination artificielle.

Ce que je remets en question, ce n'est pas chacune des techniques en soi, mais bien le fait qu'elles correspondent très souvent à un glissement des recherches qui se sont faites dans le secteur animal, par exemple au niveau des vaches, pour des raisons économiques très précises, c'est-à-dire pour des raisons de marchés. On a développé une série de techniques dans ces secteurs-là qui maintenant glissent au niveau de l'application dans le secteur humain et commencent à transformer très profondément l'ensemble des rapports relatifs à la reproduction humaine. Et, à mon avis, c'est un effet ultime de la pénétration du discours économique dans le champ de la production domestique et son ultime limite qui est la transformation biologique des femmes elles-mêmes.

Le discours économique est un discours profondément politique. Je veux dire c'est un discours de rapports de forces, et où les termes sont conçus de telle façon qu'ils excluent à priori soit certains groupes sociaux, soit certains types d'activités. Ce qu'on analyse maintenant, c'est essentiellement des activités qui peuvent être comparables à celles du marché, alors qu'en fait, on sait très bien que l'organisation domestique s'est développée de façon tout à fait parallèle au marché. La façon dont les économistes ont analysé le travail domestique jusqu'à présent, c'est à partir non seulement de cette espèce de vision comptable, réductrice, de l'économie domestique, mais en ne tenant pas compte des rapports sociaux particuliers de cette économie-là, des rapports hommes–femmes qui s'y jouent, des rapports de reproduction humaine qui s'y jouent, et en partant d'à prioris qui sont absolument contestables, à savoir que c'est comparable au marché, que l'ensemble des valeurs en cause sont comparables au marché, et que c'est une question de coûts et bénéfices uniquement...

**G.P.**        *Est-ce qu'on peut dire que dans le fond le clivage est un peu : ordre marchand, ordre non marchand, hommes–femmes?*

**L.V.**        Je pense que les choses ne sont pas divisées de façon aussi claire, en tous cas, pas actuellement, mais elles l'ont été à l'origine, parce qu'il est vrai que cette discipline a été développée par des hommes dans la moitié masculine d'une société qui a été divisée par les hommes, où les femmes ont été exclues d'une bonne partie des activités salariées. Ensuite, certains des concepts clés ne considèrent pas des activités centrales dans la vie des femmes, comme la reproduction humaine. Par exemple le concept d'homo economicus, c'est un individu solitaire, calculateur, à la recherche de ses propres profits, qui va évaluer les biens et les personnes en fonction de ce que ça va pouvoir lui rapporter. Et on considère d'ailleurs que ça, c'est le summum de la rationalité. Or, on a défini les femmes comme des individus non rationnels, plutôt volages, qui voulaient séduire, etc., c'est-à-dire le contraire de tout ça, ne les mettant que dans des positions sociales qui les obligeaient effectivement à jouer parfois davantage sur ce qu'on pourrait appeler le marché de l'amour que sur le marché du travail salarié, puisqu'elles étaient marginalisées d'office dès l'enfance, puisqu'on leur a interdit l'accès aux études. Il faut bien voir que c'est quand même relativement récent la scolarisation aussi poussée des filles et leur accès à l'université. Et par conséquent, on en a fait des arguments presque de nature, on a dit que les femmes étaient par nature volages, frivoles, etc., alors qu'en fait on les a mis dans ces positions-là. Et le concept d'homo economicus par conséquent est effectivement un concept masculin, et le summum pour les femmes de la rationalité maintenant, ce serait de fonctionner selon ces critères-là. Je pense que c'est discutable, et je pense que ce genre de critères doit être remis en question. Si le salaire n'était pas valorisé par la masse incroyable de travail domestique faite par les épouses, la plupart des salaires des travailleurs ne permettraient pas à ceux-ci non seulement de se faire vivre, mais de faire vivre leur famille décemment. Donc, il y a aussi tout cet élément du salaire, cette définition du salaire, qui occulte la masse de travail, féminin très largement, qui est investie derrière. Et au fond, c'est chacun des concepts qu'il faut examiner à la loupe. Et quand on dit que les femmes ont des problèmes spécifiques de travail, c'est faux.

C'est le travail et la conception moderne du travail qui est spécifiquement problématique. Et parce qu'elle est définie de façon sexuée, elle est définie en fonction des hommes.

*G.P.    Que diriez-vous à ceux qui vous diraient, et on l'a dit beaucoup, qu'il existe une sorte de fatalité génétique qui fait que les femmes sont différentes, non pas pires ou meilleures, mais différentes des hommes, et qu'une division sexuelle des tâches, du travail, suit naturellement de cette sorte de biologie qui, peut-être du point de vue des femmes est fautive, mais qui est fondamentale?*

**L.V.**    Je ne pense pas qu'on discrimine contre les Noirs d'abord et avant tout à cause de la couleur de leur peau. Je pense que c'est des rapports sociaux qui ont fait en sorte qu'on a volé leur travail et que pour voler leur travail, on les a volés tout court. C'est-à-dire qu'on les a volés comme individus, on les a raptés, on les a enlevés littéralement des sociétés dans lesquelles ils vivaient en Afrique et on les a transportés par bateaux entiers en Amérique. De la même façon, ce n'est pas parce qu'on est des femmes et qu'on n'a pas les mêmes corps que les hommes, qu'on peut produire des enfants, encore maintenant en tout cas, que ça justifierait d'une façon ou d'une autre les rapports sociaux tels qu'ils existent, que ça justifierait qu'il puisse y avoir discrimination au niveau de l'emploi, qu'on ait à manger deux fois moins, alors qu'en fait, biologiquement, on devrait manger deux fois plus puisqu'on a souvent à supporter des enfants, etc. Je veux dire, il n'y a rien qui se justifie par la différence. Et ces différences, il faut bien voir qu'elles sont relativement minimes entre les hommes et les femmes, et qu'elles sont en partie, augmentées, créées, de façon tout à fait artificielle : c'est-à-dire tout ce qu'on appelle la sexuation, les rôles sociaux des hommes et des femmes, toutes les caractéristiques qu'on attribue aux hommes et aux femmes, comme le fait que les femmes soient supposément plus accessibles, plus gentilles, plus séductrices, et le reste. Ce sont des éléments qui sont définis par une société masculine qui contrôle une grande partie de l'activité humaine, qui contrôle entre autres le secteur de la mode, par exemple. Ce sont des caractères sociaux qui ont souvent été créés de toutes pièces, ou qui sont exacerbés. Et je pense que ça n'explique absolument pas la discrimination d'aucune espèce de façon. Ce n'est pas en transformant les Noirs en Blancs, c'est-à-dire à la limite en les peinturant, ou en transformant les femmes en hommes, en faisant en sorte qu'elles soient privées d'un certain nombre d'activités liées à la reproduction humaine, c'est-à-dire que par exemple, on fasse les enfants en machine, qu'on va faire en sorte que les rapports sociaux vont devenir absolument égalitaires. C'est la conception de cette société qu'il faut changer. Mais ce n'est pas la biologie des femmes : si on disait le dixième de ça par rapport aux hommes, ils grimperaient dans les rideaux...

La question, c'est non pas que les femmes puissent avoir accès à un salaire, c'est d'une part que ce salaire souvent ne leur permet pas de vivre décemment et de faire vivre leurs enfants, et ensuite que ces femmes soient obligées de fournir un double travail pour ce qui représente en fait un quart de salaire, c'est-à-dire un travail à demi payé, l'autre pas payé du tout. C'est davantage ça qu'on remet en question. Ce n'est pas que les femmes puissent avoir accès au marché du travail, c'est qu'on ne reconnaisse pas de façon significative l'importance de leur contribution sociale et qu'on confonde le travail avec l'emploi. L'activité humaine de production et de reproduction est beaucoup plus large que ce qui est considéré actuellement comme l'emploi. Et d'autre part, ce sont les normes et les valeurs qui font en sorte qu'on valorise certains secteurs de l'activité, habituellement détenus davantage par des hommes. On a vu par exemple en Union Soviétique comment, quand les femmes sont devenues massivement médecins, c'est un secteur qui a été progressivement dévalué... Donc, c'est davantage tout ça qui est à remettre en question, mais pas le fait que les femmes soient en emploi.

**G.P.**     *Mais pourquoi dites-vous qu'il ne faut pas parler de ces choses-là avec les mots des hommes, qu'il faut trouver une science économique différente, qui soit une science économique des femmes puisque, autrement, tous ces problèmes-là ne peuvent pas être discutés, analysés sérieusement?*

**L.V.**     Les rapports sociaux de sexe, c'est-à-dire entre les hommes et les femmes, sont des rapports sociaux qui ont un rôle déterminant au niveau de l'analyse économique. Et il est vrai qu'on est privé de mots comme femmes, actuellement, pour parler d'un certain nombre d'activités, comme par exemple, l'activité domestique. Les femmes jusqu'à présent, ont été relativement privées de mots pour dire leur réalité et c'est très important maintenant qu'elles réussissent, non seulement à pouvoir faire un travail de critique épistémologique du discours économique, c'est-à-dire de reprendre chacun des termes de ce discours, de les restituer au moment même de leur élaboration pour voir comment ils se sont constitués, dans quel contexte social, selon quel rapport de forces, occultant quelles dimensions de la réalité sociale, et pour quelles fonctions, et de pouvoir à partir de là tenter de faire un travail non seulement de remise en question de certains de ces concepts, mais d'élaboration de nouvelles valeurs, de nouveaux concepts économiques, ce qui, pour l'instant, est extrêmement limité, pour des raisons toutes simples. Entre autres, parce qu'il faut vraiment se dépêcher d'aller au plus pressé et au plus pressé, c'est entre autres commencer à lutter contre la paupérisation croissante des femmes et ce qu'on appelle en Amérique la féminisation de la pauvreté, à lutter contre l'accroissement des écarts de temps de travail, d'argent et de responsabilités familiales entre les hommes et les femmes. Et commencer à considérer, quand on parle du travail des femmes, les deux faces de la société salariale, c'est-à-dire à la fois l'ensemble des activités domestiques et le travail salarié.

**G.P.**     *Est-ce que les économistes conventionnels, les économistes de départements de sciences économiques, sont moins ignorants de ces choses-là dans les années quatre-vingt qu'ils l'étaient dans les années soixante-dix?*

**L.V.**     Je pense qu'ils sont forcés de prendre en note les analyses qui commencent à être faites. Je pense d'autre part que comme femme intéressée à l'économie, on est dans une situation qui nous oblige à développer une argumentation relativement serrée, et c'est la position d'ailleurs, au fond, de tous les groupes dominés dans l'histoire. C'est-à-dire qu'on a besoin de tout un arsenal pour prouver notre sérieux et faire en sorte que les gens qui se retrouvent dans les positions dominantes cessent de sourire à nos propos, et se disent que oui, peut-être qu'il faudrait voir que ça se tient, qu'on ne peut pas le remettre en question du revers de la main. Donc, je pense qu'on est vraiment obligées de démontrer le sérieux de l'argumentation, et qu'un certain nombre d'économistes commencent à tenir compte de ça. Ceci dit, habituellement, c'est pour le faire dans leurs propres termes. Et il est vrai que ce discours économique est tellement clos qu'à la limite, quand on fait un travail de critique du discours économique, on nous dit que ça ne tient pas de l'économie. On nous dit, ah oui, mais ça, c'est des sociologues, ou des gens qui sont tout à fait marginaux par rapport à l'économie. C'est un discours qui tourne sur lui-même constamment et par conséquent, ils sont un peu bardés par rapport à tout travail de critique. Il y a certains économistes qui sont curieux, qui sont intéressés par des phénomènes comme l'économie informelle, mais parmi ceux-là, bon nombre vont préférer des théories comme celle de la nouvelle droite de l'École de Chicago avec Garry Becker et tout le reste. Parce qu'il y a des modèles économétriques relativement sophistiqués et que ça les séduit complètement, même si les présupposés sont complètement aberrants.

**G.P.**     *Donc, l'idée de forcer les hommes économistes pratiquant une discipline qui est la science économique, à s'ouvrir un peu sur des réalités comme celles dont vous nous avez parlé, ce n'est pas pour demain...*

**L.V.**     Ce n'est pas pour demain, mais c'est comme pour tout le reste, on n'a pas le choix. Et par conséquent, on sera de plus en plus présentes dans ces débats-là et on fera valoir notre point de vue.

Ce qui est compliqué actuellement, c'est de travailler dans ces secteurs-là en faisant en sorte que ce soit d'abord et avant tout l'ensemble des femmes qui puissent avoir accès à ce discours, des femmes qui souvent ne sont pas formées à la discipline économique, donc, de trouver un langage qui soit relativement accessible, et par ailleurs, qui soit suffisamment rigoureux pour convaincre des économistes. Donc, de jouer sur cette corde raide, ce n'est pas simple.

**G.P.**       *Et cette économie parallèle, plus complète que l'économie masculine, elle est en train de se construire, ces temps-ci?*

**L.V.**       J'ai travaillé toute une partie de l'année à Paris avec deux groupes de recherche du CNRS, un groupe d'une trentaine de femmes qui travaillent sur l'articulation production-reproduction, un autre groupe d'une vingtaine de femmes qui travaillent sur la division sociale et sexuelle du travail. Il y a aussi énormément de publications, entre autres aux États-Unis, en Angleterre, en France, depuis les cinq dernières année, sur le travail et sur l'économie et la critique féministe de l'économique. Oui, c'est un travail qui est en train de se faire.

# MARCEL RIOUX
## Le 17 août 1985

Marcel Rioux est né à Amqui en 1919. Il étudie au Séminaire de Rimouski, puis à Montréal et à Ottawa. Il étudie bien des choses, y compris les sciences administratives, avant de se diriger vers l'anthropologie comme son premier métier. Il va étudier à Paris avec Paul Rivest au Musée de l'Homme, avec le sociologue Georges Gurvitch, l'anthropologue Marcel Mauss, et bien d'autres. Tout ça avant de revenir comme chercheur pendant une bonne décennie au Musée de l'homme à Ottawa. C'est de là qu'il passera presque directement à l'Université de Montréal.

Marcel Rioux va produire d'abord des monographies classiques sur la culture particulière de l'Ile-Verte, de Belle-Anse, dans les années cinquante. Tout ça avant d'appliquer son outillage mental d'anthropologue et de sociologue à la réalité québécoise plus moderne dans les années soixante et soixante-dix. Il va développer une perspective critique aussi dans les années soixante-dix, et distiller dans des ouvrages du début des années quatre-vingt une critique assez dure de l'économisme et de l'économicité. Contre la perversion économiste qui, selon lui, veut réduire l'homme suréveillé et calculateur des quelques heures de la journée, il oppose l'homme concret des vingt-quatre heures de la journée. Il oppose aussi une raison culturelle qui englobe et explique les dimensions dites économiques. C'est à partir de sa vision culturelle que Marcel Rioux dénonce la perversion économiste. — *G.P.*

**Gilles Paquet**      *Monsieur Rioux, qu'est-ce qui oriente votre choix de carrière au moment de quitter le Séminaire de Rimouski à la fin de vos études classiques, au moment de choisir votre ruban, comme on disait à l'époque?*

**Marcel Rioux**      À la fin de mon cours, j'ai pris le journalisme, ce qui ne s'était jamais pris comme ruban, vous savez. Parce qu'il m'apparaissait à ce moment-là que la meilleure façon de connaître le monde, de connaître les gens, c'était d'être journaliste. Parce que vous interviewez des gens, vous allez de pays en pays, et ça m'est toujours resté. Il faut dire aussi que dans mon pays du bas du fleuve, Olivar Asselin, le grand journaliste, venait de Ste-Flavie, Arthur Buies aussi. Alors moi, j'avais tous ces exemples-là, et j'admirais beaucoup ces gens.

**G.P.**      *Comment êtes-vous devenu l'anthropologue que vous êtes?*

**M.R.**      J'avais épousé une des filles du plus grand anthropologue québécois et peut-être canadien, Marius Barbeau. Et c'est lui, bien sûr, qui m'a initié à l'anthropologie. Je dois dire en passant que Madame Barbeau avait un respect tout à fait particulier pour Marcel Mauss, parce qu'il faisait bien la cuisine. Madame Barbeau et Monsieur Barbeau m'ont donc amené vers l'anthropologie. Et qui plus est, pendant les années de guerre, je suivais des cours de Monsieur Barbeau à l'Université d'Ottawa. Mais je dois dire aussi qu'étant natif d'Amqui où mon père avait un magasin général, où je voyais les habitants, que les humains m'ont toujours intéressé au plus haut point. Et que faire de mieux sinon de faire de l'anthropologie, pour mieux connaître les humains?

**G.P.**     *En voulant connaître ces lieux, ces cultures, vous vous êtes intéressé évidemment, à l'économie...*

**M.R.**     On n'a pas le choix. C'est que tous les peuples, quels qu'ils soient, comme tous les végétaux, comme tout ce qui vit, doivent penser à capter de l'énergie, à la redistribuer.

Et quand on s'intéresse à des petits villages, il faut demander aux gens comment vivez-vous? Quels sont vos productions, comment dépensez-vous votre argent, etc.? Et à ce moment-là, il faut passer par l'économie.

**G.P.**     *Dans ce premier contact avec des économies, somme toute assez primitives, de pêche et d'échanges au niveau local, est-ce que vous sentez le besoin de les comprendre avec la grille qu'utilisent les économistes pour comprendre les phénomènes plus modernes?*

**M.R.**     Non, pas du tout, parce que derrière tout ça, il y avait pour moi la raison culturelle. Et la raison utilitaire qui est la raison économique, s'oppose d'une certaine façon, jusqu'à un certain point, à la raison culturelle. Et comme Marshall Sahlins, l'anthropologue américain, disait : laquelle raison englobe l'autre? Et bien sûr, même sous des thèses déguisées, l'économique dit qu'en dernière instance, la culture est le reflet de l'économie. Mais en dernière instance, moi, j'y vois des choix de société, des choix de valeurs, la société bourgeoise ou capitaliste. J'essaie de faire comme Marx, je relativise l'économie. Voilà des gens qui ont fait le choix de l'économie, c'est-à-dire produire le plus possible à moindre coût...

À l'intérieur de l'université, l'économie était la discipline dure, en quelque sorte. Or, il n'y a rien de moins dur qu'un économiste, parce qu'il prend toujours parti, comme disait Marx, pour les bourgeois. C'est le chien de garde de la bourgeoisie. Il se prétend dur parce qu'il fait des petits tableaux et des statistiques, mais il n'y a personne de moins dur que l'économiste.

Tandis que l'anthropologue et le sociologue se remettent toujours en cause.

**G.P.**          *Vous parlez de perversion économiste. Non seulement d'après vous, les économistes ont une vue un peu réductionniste, simplifiante de la réalité, ils ne sont pas capables de comprendre cette raison culturelle que vous mettez au centre de vos travaux comme anthropologue, mais vous dites que, ils ont réussi, les économistes à pervertir notre vision du monde?*

**M.R.**          Mais c'est bien sûr. Dans le livre *Le besoin et le désir*, je donne l'exemple d'Henri Lepage, économiste, capitaliste, libéraliste. Lepage a publié un gros livre chez Mouton à Paris, donc très sérieux, qui dit aux gens, bien sûr, vous voulez plus de convivialité, mais c'est nous, les économistes qui allons vous la donner, cette convivialité. On vous dira le prix après. C'est ce que j'appelle la perversion économiste, dans le sens que vous prenez les âmes des gens qui veulent réformer la société, qui veulent plus d'humanité, et vous leur dites, c'est nous qui allons vous la donner. Maintenant, ça se résume à ceci : tout le monde a le droit de mourir pauvre, et ce n'est la faute de personne. C'est sa faute à lui. J'ai beaucoup de plaisir à citer des économistes comme Jacques Attali, dans *La parole et l'outil*, qui dit : l'information économique est de l'ordre du signal, c'est de l'information signalétique. Vous envoyez quelque chose sur le marché, ça vous revient avec un prix. Mais c'est tout ce que vous savez de l'homme alors que, selon Attali, il y a l'information sémantique, l'information symbolique, l'information relationnelle...

Je me souviens avoir travaillé pour le gouvernement du Québec qui, pour une fois, m'a dit, vous aller juger un travail d'économiste. C'était à l'occasion des fêtes de la Saint-Jean-Baptiste sur le Mont-Royal. Tout ce que l'économiste pouvait faire, c'était de dire il s'est consommé tant de caisses de bière, le maire Drapeau a fait abattre tant d'arbres, on a trouvé tant de condoms sur les pelouses... Mais qui dira, comme Attali le souligne, toute l'information dans un repas entre amis, par exemple? C'est extraordinaire. Tout ce que l'économiste va faire c'est dire le bifteck a coûté tant, il s'est bu tant de canettes de bière, et le reste. Mais vous constatez comme moi que dans des agapes fraternelles où vous vous retrouvez entre vieux copains, c'est infiniment supérieur à l'information signalétique qu'est l'économie...

C'est vraiment extraordinaire, vous savez, ce qu'il faut se bagarrer pour faire admettre à des économistes qu'il y a des groupes, puis ces groupes-là, ça a autant de réalité que l'individu qui cherche à maximiser ses gains. Et c'est bien sûr que si vous êtes anthropologue, il y a une tradition d'anthropologie que vous avez étudiée. Et dans les petites communautés, vous avez vu que l'acte économique est assez vain. Prenez par exemple les villages que j'ai étudiés : c'est le gars qui vient au magasin, et avant tout, il vient prendre des nouvelles, parler avec les autres, puis à la fin, il dit, « j'aurais voulu cinq livres de sucre ». Mais c'est tout à fait superfétatoire. La visite au magasin, c'est pour causer. C'est pour savoir comment le grand Jos s'en est tiré avec sa fille Alberte qui a été engrossée par machin, etc. C'est ça, la vie. C'est pas d'acheter cinq livres de sucre, ça, c'est une affaire que sa femme a demandé, mais c'est juste à la fin, en mettant le doigt sur la clenche de porte qu'il dit « j'aurais voulu cinq livres de sucre ». Il a passé une heure là. Qu'est-ce qu'il a fait? Il y a un renouveau du quartier, et c'est Lodge, un Américain pur sang, qui a écrit *The New American Ideology*, qui dit : l'individualisme, ça vient de se terminer. Le collectif revient. Parce qu'on a tellement déchiqueté la culture de la société et sa personnalité à soi, que maintenant, il semble qu'il faille reglobaliser tout ça. Parce qu'on ne peut pas être humain sans ça.

**G.P.**     *On serait donc en train de voir mourir cette ancienne société économistique et de voir naître une société conviviale à la Lodge. Est-ce qu'on ne peut pas vous accuser, Monsieur Rioux, d'être un peu romantique?*

**M.R.**     Bien sûr, je n'en disconviens pas du tout. Vous pouvez me traiter d'utopiste, et comme mon collègue Fernand Dumont me disait il y a quelques années, la société aura bien changé quand sur des affiches gouvernementales, on demandera un utopiste numéro 3. Cela dit, c'est bien sûr, ce n'est pas moi qui le dit, c'est un sociologue important de l'Université Columbia, Daniel Bell, qui a écrit un gros volume : *Les contradictions culturelles du capitalisme* : quand vous avez toute une propagande à la télévision où toute la publicité vous dit, jouissez aujourd'hui, payez demain, ça contredit tout à fait le postulat sur lequel étaient fondées nos sociétés bourgeoises et libérales qui disaient épargnez aujourd'hui pour jouir demain. Quand Keynes a renfloué les économies capitalistes, il a dit : il faut que les gens consomment davantage pour faire repartir la production. À ce moment-là, le crédit s'est développé, et vous avez ce que nous connaissons aujourd'hui : cette contradiction extraordinaire — soyez un bon travailleur pendant le jour, mais le soir, soyez un swingant. C'est la société capitaliste elle-même qui a miné les postulats qui en ont fait une si grande forme de société. Vous connaissez comme moi des animaux qui sont morts parce qu'ils avaient développé des dents qui les rongeaient eux-mêmes, ou des panaches où ils s'enchevêtraient, c'est l'hypertélie, et pour moi, l'hypertélie de la société capitaliste, c'est toujours de gagner plus, se renfermer dans son cocon, d'ignorer l'autre.

　　　　Ce qui dans le fond, caractérise l'homme, c'est l'imagination. Parce qu'il est le seul animal à pouvoir se représenter ce qui s'est passé, ce qui ne tombe pas sous le sens et qui sera demain. C'est très arbitraire. Ça dépend des sociétés, ça dépend des époques, ça dépend d'un tas de choses. Les économistes pensent si peu à l'avenir, à moins que ce soit le taux d'inflation dans deux semaines, puis le taux de chômage dans un mois. C'est peut-être le plus loin où ils peuvent aller.

**G.P.**     *Certains ont pu dire que les économistes avaient trop restreint leur vision du monde aux opérations de l'hémisphère gauche du cerveau, à l'hémisphère calculateur, l'hémisphère qui a la capacité de supputer les* *coûts et bénéfices. Est-ce qu'on trahirait votre pensée en disant que vous, comme anthropologue, vous voulez un peu réintégrer dans notre vision du monde, l'hémisphère droit, et sa capacité à imaginer et à créer, parce que sans l'un et l'autre hémisphères ensemble, et bien on n'a pas véritablement une science de l'homme?*

**M.R.**       L'anti-économiste complet, c'est l'artiste. Ce sont les poètes, les sculpteurs, les peintres, qui imaginent des mondes qui n'existent pas encore. Qui imaginent des sons, des formes, qu'ils créent. Je parlais l'autre jour avec un ami poète qui a pris le parti d'Einstein. Je dis Einstein, c'est un grand génie, je serais le dernier à en disconvenir. Mais il n'a fait que concevoir les lois de l'existant. Il a été génial, il a mis ça sous forme élégante. Mais, comparez, si vous voulez, à Gérard de Nerval, à Beaudelaire, à Rossini, à Rodin. Pour moi, l'acte de création m'apparaît beaucoup plus important. Mais il y a certains économistes aux États-Unis, Fred Hirsch, Jacques Attali en France, par exemple, qui sont aussi critiques de la science économique que le sont les sociologues ou les anthropologues. Mais, pour moi, il y a deux visions du monde. Il y a la vision culturelle, les valeurs. Et Bell le dit : quand il y a crise des valeurs, attention, il y a une révolution qui s'en vient. Si vous parlez à un ancien étudiant ou étudiante et que vous demandez, « tu ne travailles pas? » « C'est pas mon tour à travailler aujourd'hui, c'est mon chum ou ma chum qui travaille. » Est-ce qu'il y a rien qui va plus contre la raison utilitaire? Mais ça revient dans nos moeurs. Et le grand physiologiste français qui a fait sa carrière aux États-Unis, Dubos, disait : l'homme n'est pas fait pour travailler, il est fait pour s'amuser. Les économistes disent : vous voulez vous amuser? Mais ça va vous coûter cher. Vous vendrez moins de pinottes, vous serez dépourvus, puis on vous pendra après votre mort à un grand arbre du chemin, pour montrer que vous avez pris des décisions qui n'étaient pas rationnelles.

Mais est-ce que le croyant, que je ne suis pas, n'est pas aussi rationnel, croyant en Dieu, d'accumuler des indulgences? Ça me paraît rationnel, ça, aussi rationnel que le gars qui maximise ses profits...

*G.P.       Si vous aviez à définir en une phrase lapidaire ce que c'est pour vous la définition des limites de la science économique, vous me diriez quoi?*

**M.R.**       Je vous dirais que la science économique sous ses formes les plus traditionnelles ne voit dans l'homme que, comme disait Adam Smith, quelqu'un qui est né pour « trade and barter ». C'est sûr que le commerce, ça fait partie depuis des millénaires, et ça continue de faire partie, des activités du genre humain. Mais le jour où vous décidez que c'est ça, l'homme, quelqu'un qui a une propension naturelle à commercer, là, comme disait Napoléon, vous avez affaire à un peuple de boutiquiers, qui ne voit la réalité que sous cet angle-là.

# PARTIE III

# PERSPECTIVES

Les trois textes qui suivent constituent un premier effort de synthèse de l'évolution de la pensée économique au Québec français.

Il s'agit de textes préparés pour des auditoires fort divers et dont l'ambition varie en conséquence. Ce sont des textes nécessairement aventureux qui proposent bien davantage des conjectures que des certitudes. Ils balaient aussi des réalités assez différentes. Le texte de Bernard Bonin analyse les résultats d'une enquête auprès d'une centaine de chercheurs et examine en détail le profil des articles publiés dans *L'Actualité économique* entre 1960 et 1980. Celui de Pierre Fortin analyse le changement dans la nature du personnel enseignant de cinq départements de science économique pour en montrer la mutation; il tire de cet exercice, et de son expérience des débats dans le milieu, un certain nombre de défis qu'il lui semble important de relever. Le texte de Gilles Paquet est un effort de prospection un peu plus ambitieux qui part d'une recension extensive des travaux d'économistes au Québec français entre 1960 et 1980 et qui tente de tirer certaines conclusions d'une analyse préliminaire des trente-quatre témoignages présentés en Partie II.

Ces perspectives demeurent incomplètes et appellent des compléments mais prises comme un tout, elles donnent une bonne idée de la trame de la pensée économique au Québec français. — *G.P.*

# 1

# UNE MESURE DE NOTRE TAILLE*

*Bernard Bonin*

« *Il faut vivre ce que l'on aime*
*En payant le prix qui convient.* »

Jean Ferrat

La taille dont il s'agit ici, c'est celle de notre Société canadienne de Science économique. Je suis juste assez âgé pour avoir pratiquement vu naître notre association et pas encore tout à fait assez âgé pour avoir la « nostalgie du bon vieux temps »; juste assez âgé pour avoir connu l'époque pas si lointaine où le directeur de *L'Actualité économique* devait user de pseudonymes pour cacher au lecteur le fait qu'il avait dû écrire lui-même la moitié d'une livraison mais pas encore assez avancé en âge pour croire qu'il s'agit là d'un idéal auquel nous devrions retourner.

Il y a à peine trois ans, un de mes prédécesseurs à cette tribune avait, face à notre apathie apparente à l'égard de nos assises annuelles, jugé bon de s'interroger sur l'intérêt de garder notre association en vie. Il m'a donc semblé opportun d'examiner le chemin parcouru depuis vingt ans. Grâce à la collaboration de certains d'entre vous, j'ai obtenu les curriculum vitae de 97 professeurs enseignant actuellement dans les universités francophones du Québec et à partir de ces documents, j'ai fait quelques compilations visant à mesurer le volume des publications à travers les années et à dégager les principaux centres d'intérêt sur lesquels ces publications ont porté. Je tiens à préciser, dès le début, que je n'ai pas tenté de poser le moindre jugement de qualité sur ces publications, d'abord parce que les renseignements dont je disposais ne me permettaient pas de le faire, mais aussi parce que, de toute façon, il eut été pour moi très prétentieux d'essayer d'y arriver.

---

\*    Allocution du président de la Société canadienne de Science économique, prononcée lors du congrès annuel de mai 1981 et publiée dans l'*Actualité économique*, Vol. 57, No. 3, juillet-septembre 1981, p. 278-286.

TABLEAU 1

NOMBRE DE PROFESSEURS EN FONCTION, PARMI CEUX
QUI SONT COMPRIS DANS L'ÉCHANTILLON

| | | | |
|---|---|---|---|
| 1960 – 8 | 1966 – 21 | 1970 – 45 | 1976 – 76 |
| 1961 – 11 | 1967 – 25 | 1971 – 50 | 1977 – 83 |
| 1962 – 15 | 1968 – 27 | 1972 – 56 | 1978 – 88 |
| 1963 – 16 | 1969 – 35 | 1973 – 63 | 1979 – 93 |
| 1964 – 18 | | 1974 – 67 | 1980 – 97 |
| 1965 – 18 | | 1975 – 69 | |

On fait souvent allusion à la jeunesse, à l'inexpérience des professeurs enseignant l'économique dans nos universités. Cette jeunesse apparaît clairement si l'on considère que dans l'échantillon des 97 professeurs, 8 seulement étaient en fonction en 1960, 18 en 1965 et 27 en 1968. La création de l'Université du Québec aura sans doute contribué à l'accroissement du nombre de professeurs de sorte que la moitié de ceux qui composent l'échantillon sont en fonction à partir de 1971. Plus du tiers d'entre eux enseignent dans les universités francophones du Québec depuis huit ans ou moins.

\* \* \*

J'ai donc tenté de mesurer le volume des publications de ces 97 professeurs en établissant des moyennes annuelles pondérées sur la base de 5 points pour un volume, 2 points pour un article et un point pour une autre forme de publication qu'il s'agisse d'un rapport gouvernemental à diffusion restreinte, des rapports de recherche qui circulent maintenant si abondamment dans les universités, ou de quelque autre forme de publication ne tombant pas de toute évidence ni dans la catégorie des ouvrages, ni dans la catégorie des articles. Il faut dire que si l'année 1980 a été incluse dans les compilations, ce n'est qu'à titre de renseignement pouvant avoir un intérêt pour certains; elles n'est cependant pas comparable aux autres années, étant donné que les renseignements obtenus étaient incomplets pour cette année-là. Ce que j'ai mesuré en fait, c'est donc l'évolution qui s'est faite au cours des deux décennies qui vont de 1960 à 1979.

Que remarque-t-on alors? D'abord que c'est l'année 1979 qui laisse voir la moyenne pondérée nettement la plus élevée, ce qui confirmera l'impression de ceux qui croient que les choses s'améliorent. Mais pour tempérer tout de suite un peu cette impression, ajoutons que c'est l'année 1960 qui vient en deuxième lieu et assez loin devant toutes les autres.

TABLEAU 2

NOMBRE DE PUBLICATIONS, SELON LES ANNÉES, ET MOYENNE PONDÉRÉE

| 1960 | | | 1961 | | | 1962 | | |
|---|---|---|---|---|---|---|---|---|
| L | A | Aut | L | A | Aut | L | A | Aut |
| 1 | 13 | 0 | 2 | 6 | 0 | 1 | 8 | 1 |
| Moy: 3,88 | | | Moy: 2,00 | | | Moy: 1,47 | | |

| 1963 | | | 1964 | | | 1965 | | |
|---|---|---|---|---|---|---|---|---|
| L | A | Aut | L | A | Aut | L | A | Aut |
| 2 | 9 | 1 | 3 | 12 | 2 | 1 | 8 | 2 |
| Moy: 1,81 | | | Moy: 2,28 | | | Moy: 1,28 | | |

| 1966 | | | 1967 | | | 1968 | | |
|---|---|---|---|---|---|---|---|---|
| L | A | Aut | L | A | Aut | L | A | Aut |
| 3 | 15 | 0 | 6 | 20 | 10 | 9 | 21 | 5 |
| Moy: 2,14 | | | Moy: 3,20 | | | Moy: 3,41 | | |

| 1969 | | | 1970 | | | 1971 | | |
|---|---|---|---|---|---|---|---|---|
| L | A | Aut | L | A | Aut | L | A | Aut |
| 9 | 28 | 7 | 6 | 22 | 13 | 7 | 49 | 25 |
| Moy: 3,09 | | | Moy: 1,94 | | | Moy: 3,16 | | |

| 1972 | | | 1973 | | | 1974 | | |
|---|---|---|---|---|---|---|---|---|
| L | A | Aut | L | A | Aut | L | A | Aut |
| 10 | 43 | 36 | 2 | 43 | 34 | 9 | 49 | 7 |
| Moy: 3,09 | | | Moy: 2,07 | | | Moy: 2,84 | | |

| 1975 | | | 1976 | | | 1977 | | |
|---|---|---|---|---|---|---|---|---|
| L | A | Aut | L | A | Aut | L | A | Aut |
| 9 | 54 | 41 | 9 | 61 | 63 | 8 | 69 | 60 |
| Moy: 2,81 | | | Moy: 3,03 | | | Moy: 2,87 | | |

| 1978 | | | 1979 | | | 1980 | | |
|---|---|---|---|---|---|---|---|---|
| L | A | Aut | L | A | Aut | L | A | Aut* |
| 13 | 71 | 86 | 19 | 108 | 88 | 13 | 66 | 68 |
| Moy: 3,33 | | | Moy: 4,30 | | | | | |

Moyennes pondérées calculées sur la base de :   livre   - 5 points
article - 2 points
autre   - 1 point

* L'année 1980 n'est pas comparable aux autres; les renseignements étaient incomplets au moment des compilations.

Certes, on peut dire que le faible nombre de professeurs concernés rend cette année peu significative; on peut, aussi soutenir que ces quelques personnes ont fait montre d'une vigueur remarquable cette année-là. Entre les deux meilleures années 1979 et 1960, qui sont en même temps, les deux années limites de la période retenue, il y a eu, sans que je sois en mesure de les expliquer, des « périodes creuses » : 1961 à 1966 inclusivement; 1970 et 1973, et des années fastes : 1967, 1968, 1969, 1971, 1972 et de 1974 à 1978. Dans l'ensemble, on peut donc affirmer que l'impression qu'on avait pu avoir d'une amélioration récente en ce qui a trait à l'activité de publication se confirme, même si l'on ne tient compte ici que du volume de ces publications.

On remarque aussi que la prédilection en faveur des articles, trait dominant de l'ensemble de la période, se précise au cours des années les plus récentes (à partir de 1971 surtout). On est frappé également par l'augmentation du nombre des publications qui n'entrent ni dans la catégorie des ouvrages ni dans celle des articles. En revanche, les volumes restent relativement peu nombreux : ce sont les années 1978 et 1979 qui offrent les résultats les meilleurs à cet égard alors que respectivement 13 et 19 auteurs auront collaboré à la publication de volumes, et je me flatte à la pensée d'en avoir provoqué quelques-uns au cours de ces deux années-là.

Enfin, je voudrais vous faire part d'une autre constatation avant de passer à un autre sujet; celle-ci serait plutôt de nature à infirmer une opinion qui reste encore trop répandue. Le corps professoral des universités francophones du Québec en général publie peu, entend-on dire souvent, et les économistes ne font pas exception à la règle. Or, au total, ces 97 professeurs, dont plus de la moitié n'étaient pas dans nos universités il y a dix ans, ont produit plus de 1500 publications au cours des vingt dernières années. Sans qu'il y ait lieu d'en tirer une fierté démesurée, on peut tout de même s'étonner qu'une telle production ait pu pratiquement passer inaperçue aux yeux de certains.

\*
\*    \*

Peut-on dégager des branches de l'analyse économique qui apparaîtraient comme des lignes de force de la profession économique au Québec et d'autres qui constitueraient des domaines nettement négligés? Pour chercher réponses à ces questions, j'ai réparti, dans la mesure du possible, les 1500 publications des 97 professeurs compris dans l'échantillon entre 21 branches de l'analyse économique. Toute classification de ce genre comporte nécessairement une part d'arbitraire. Celle que je propose ici n'a d'autre vertu que de correspondre assez étroitement à la classification que l'on utilise tout au moins dans certaines revues spécialisées, dans le but de déterminer les principaux champs d'intérêt des économistes auxquels on peut recourir comme évaluateurs des manuscrits soumis. Afin de s'assurer de la signification des résultats obtenus, une compilation semblable a été faite pour les articles publiés dans *L'Actualité économique* entre 1960 et 1980 par des économistes (professeurs ou non) non compris dans notre échantillon de 97; cela nous aura permis de ventiler plus de 540 articles en plus des 1500 publications des membres de l'échantillon.

Quelles constatations peut-on faire? En s'appuyant aussi bien sur les publications des membres de l'échantillon que sur celles qui ont été faites dans *L'Actualité économique* par des économistes non inclus dans l'échantillon, on peut dire sans crainte de se tromper que trois branches de l'analyse économique constituent les lignes de force du groupe des économistes francophones du Québec : l'économie urbaine et régionale; l'économétrie et économie mathématique; l'économie internationale. Environ 10 % des publications des membres de l'échantillon et un pourcentage comparable des articles publiés dans *L'Actualité économique* ont porté sur chacune de ces trois branches et celles-ci dépassent très nettement les dix-huit autres branches de la classification. Je n'ai pas vraiment été étonné de voir apparaître l'économie urbaine et régionale et l'économétrie parmi les principales forces des économistes québécois, mais je ne vous cacherai pas que j'ai été, pour ma part, surpris d'y trouver l'économie internationale. On peut croire qu'il y a eu de ma part, un bel exemple de cette myopie dont j'ai parlé plus haut.

De même, en s'appuyant sur les deux groupes de publications, il est clair qu'un certain nombre de branches de l'analyse n'ont pas fait l'objet de beaucoup de préoccupations de notre part : la théorie macro-économique; la théorie de la croissance; l'économie agricole; l'histoire de la pensée économique et dans une mesure moindre, l'histoire économique et l'économie de l'entreprise. Sans doute, ces résultats appellent-ils quelques réserves. Par exemple, la théorie macro-économique n'a pas beaucoup retenu notre attention mais la branche appliquée qui lui correspond, c'est-à-dire les fluctuations économiques et la politique de stabilisation a fait l'objet de bien davantage de publications. De plus, l'économie de l'entreprise a occupé un peu plus de place dans *L'Actualité économique* que dans les publications des membres de l'échantillon, ce qui ne paraîtra pas anormal pour une revue dont la direction, scientifique aussi bien qu'administrative, a été longtemps la responsabilité de l'École des hautes études commerciales. Enfin, les spécialistes de l'économie agricole et de l'histoire économique ne sont pas tous logés, tant s'en faut, dans les départements d'Économique et ils disposent en plus de leurs revues spécialisées. Mais même en tenant compte de ces réserves, si ces résultats peuvent être vus comme un reflet de la composition et de l'activité des départements d'économique de nos universités francophones, il serait difficile d'y voir autre chose que des domaines qui n'ont pas reçu l'attention qu'ils auraient méritée. À cet égard, vous me permettrez je suppose, de vous faire part d'une inquiétude personnelle quant à l'insuffisance, voire l'absence de la relève en histoire économique et en histoire de la pensée économique.

Entre ces quelques lignes de force, d'une part, et les branches que l'on peut certes qualifier de négligées, d'autre part, on retrouve aussi quelques constances dans l'évolution. C'est ainsi que les fluctuations économiques et les politiques de stabilisation de même que l'économie du travail représentent entre 5 et 10% des publications aussi bien chez les membres de l'échantillon que dans *L'Actualité économique*. D'autres branches ont fait l'objet de 1 à 5 % des publications dans les deux cas : économie des transports et de la localisation; économie de la santé; éducation et migrations; systèmes économiques comparés (et encore, dans ce dernier cas, on ne parvient à ce résultat qu'en y incluant l'économie du fédéralisme et la planification); et la théorie monétaire, monnaie et banque. Pour la plupart de ces branches, le résultat obtenu n'est pas vraiment surprenant : il s'agit, en effet, de domaines très spécialisés dans lesquels les économistes sont peu nombreux bien qu'ils soient fort actifs. Mais j'ai été personnellement frappé de retrouver la théorie monétaire, la monnaie et la banque dans cette catégorie, car il m'avait semblé que nous avions là au Québec un début de tradition et une sorte de domaine de prédilection. Peut-être mon erreur de perspective est-elle encore le reflet de ma myopie?

Enfin, d'autres branches (théorie micro-économique et bien-être; économie des ressources naturelles) ont été l'objet d'une attention plus grande chez les universitaires de l'échantillon que ces préoccupations ne se sont reflétées à travers les articles publiés dans *L'Actualité économique*, alors que d'autres (finances publiques; développement économique; organisation industrielle et politique de la concurrence) ont pris plus de place dans *L'Actualité économique* que dans les écrits des universitaires qui composent notre échantillon.

Résumons les principales constatations résultant de ces quelques comparaisons. Trois lignes de force se dégagent nettement des préoccupations des économistes francophones du Québec alors que dans une demi-douzaine d'autres branches, il serait difficile de soutenir, sans préjuger de leur qualité, que nos contributions ont été marquantes quantitativement parlant. Deuxièmement, à travers les années et mises à part quelques disparités, *L'Actualité économique* aura reflété assez bien les préoccupations des universitaires formant les départements d'économique. Je n'irai pas jusqu'à dire que cette correspondance est le résultat d'une stratégie bien planifiée, mais elle représente une constatation *a posteriori* qui ne manque pas d'intérêt. Enfin, sauf peut-être pour la remontée des finances publiques et de l'économie du travail de 1978 à 1980, on ne décèle pas véritablement de modes ou de vagues en faveur de l'une ou l'autre des branches de l'analyse économique. La popularité de l'économie urbaine et régionale se précise à partir de 1971 et celle de l'économétrie à partir de 1972, le nombre de publications portant sur la théorie micro-économique et le bien-être augmente nettement à partir de 1973 et celles qui traitent des fluctuations économiques et de la politique de stabilisation, à partir de 1975 surtout, mais dans tous ces cas, il serait difficile de parler d'une mode passagère puisque l'intérêt pour ces axes en particulier ne s'est pas démenti par la suite.

TABLEAU 3

CLASSIFICATION DES ARTICLES PUBLIÉS DANS *L'ACTUALITÉ ÉCONOMIQUE*
DE 1960 À 1980 PAR DES AUTEURS NON COMPRIS DANS L'ÉCHANTILLON
DE 97 PROFESSEURS

| | |
|---|---:|
| Théorie micro-économique et économie du bien-être | 19 |
| Théorie macro-économique | 5 |
| Théorie monétaire, monnaie et banque | 16 |
| Théorie de la croissance | 1 |
| Organisation industrielle et pol. de la concurrence | 27 |
| Économie internationale | 57 |
| Économétrie et économie mathématique | 55 |
| Développement économique | 31 |
| Fluctuations économiques et pol. de stabilisation | 28 |
| Systèmes économiques comparés (incl. fédéralisme et planif.) | 23 |
| Histoire de la pensée économique | 3 |
| Économie agricole | 3 |
| Économie urbaine et régionale | 59 |
| Économie des ressources | 22 |
| Économie de la santé | 13 |
| Économie des transports et de la localisation | 10 |
| Éducation et migration | 14 |
| Économie de l'entreprise | 21 |
| Finances publiques | 32 |
| Économie du travail | 39 |
| Histoire économique | 18 |
| Autres | 46 |
| TOTAL | 542 |

Que conclure? Je ne commettrai pas l'erreur de croire que si les économistes francophones du Québec ont montré une vigueur intellectuelle certaine, c'est à la Société canadienne de Science économique qu'ils le doivent; compte tenu de ses objectifs, il est évident au contraire que notre association retire davantage de la vigueur de ses membres qu'elle n'est en mesure de leur apporter. Mais en considérant le chemin parcouru, de même que l'ampleur et la variété des travaux d'une année à l'autre, il me semble que la SCSE n'a rien perdu de sa raison d'être. En ce sens, l'interrogation soulevée par l'un de mes prédécesseurs à cette tribune aura eu l'effet salutaire d'une prise de conscience.

Certes, s'il fallait ne juger les travaux et publications des économistes que par la contribution qu'ils apportent à la solution des problèmes de la société en général, nous aurions fort probablement dépassé l'optimum depuis longtemps. On s'illusionnerait sans doute en s'imaginant que la très grande majorité des articles publiés, et pas seulement au Québec il va sans dire, n'auront d'autre intérêt immédiat que celui de la curiosité intellectuelle pour ceux qui croient de leur devoir d'identifier des problèmes de la société et de tenter de les régler. Sans entrer dans un exposé détaillé des raisons de cet état de choses — les circonstances ne s'y prêteraient pas — il me semble que si la contribution des économistes à la prise de décision ne paraît pas avoir une portée aussi grande que ce que certains souhaiteraient, il faut en chercher les raisons non seulement dans les difficultés qui confrontent les sciences sociales en général et l'économique en particulier, mais aussi dans la complexité du processus politique et de l'univers dans lequel ce processus se déroule. On peut chercher un réconfort chez Keynes qui disait que tout décideur est le disciple inconscient d'un obscur scribrouilleur des générations antérieures, mais il reste que le chemin par lequel les idées finissent par influer sur les actions est très sinueux et qu'on risque de s'y perdre. Il y a souvent un écart considérable entre la « rationalité pensante » et la « rationalité agissante » (P. Dieterlen), et on peut s'attendre à ce que la reconnaissance de paternité ne se fasse pas facilement.

C'est pourquoi je voudrais terminer par une apologie de l'égoïsme ce qui ne devrait pas choquer terriblement des économistes : comme individus, il importe que nous continuions de travailler sur ce qui nous intéresse fondamentalement. Ne recherchons pas la pertinence à tout prix; les pressions à cet égard viendront de toute façon et de plus nous risquerions d'être déçus puisqu'une partie de ce qui confère la pertinence à des travaux échappe à notre contrôle. Il va de soi que cela ne signifie pas qu'il faille être obscur pour être savant. Mais ce primat de l'intérêt personnel en matière de recherche est, je crois, la meilleure recette pour conserver la sérénité, devenue si rare dans le monde d'aujourd'hui, et par ailleurs si essentielle à la réflexion. Respectons la pluralité des intérêts des chercheurs; tentons même d'encourager les différences d'approche. C'est la meilleure garantie contre la sclérose qui guette toujours des métiers comme le nôtre. Gardons-nous de croire cependant que nous ferons nécessairement du meilleur travail si nous laissons la recherche de la pertinence devenir l'élément prédominant de nos préoccupations intellectuelles. À l'aboutissement d'une telle démarche, pour reprendre un mot de Galbraith, nous ne serions pas nécessairement plus sages mais nous serions certainement beaucoup plus vieux!

2

# LA RECHERCHE ÉCONOMIQUE DANS LES UNIVERSITÉS DU QUÉBEC FRANÇAIS : LES SOURCES DE RUPTURE AVEC LE PASSÉ ET LES DÉFIS DE L'AVENIR*

*Pierre Fortin*

Accepter l'invitation de la Société royale « d'évaluer l'héritage transmis par les aînés » à ma génération d'économistes chercheurs et « de proposer des voies pour l'avenir » de la recherche économique au Québec exigeait un culot singulier. Car, d'une part, je suis un mathématicien qui suis arrivé tardivement à l'économie et accidentellement par le biais d'une école étrangère. Ma connaissance des aînés est donc amputée par le fait même qu'ils ne m'ont jamais enseigné. Et, d'autre part, je suis loin d'avoir la prétention de dominer mes pairs en sagesse au point de m'ériger en juge de leur rendement passé et en guide définitif de leurs orientations futures. Alors, va pour le culot, mais en toute simplicité.

Dans la première partie de mon exposé, je chercherai donc à expliquer, sur la base de données factuelles, pourquoi, parmi les membres de la jeune génération, les éléments de rupture avec les aînés ont nettement dominé les éléments de continuité. Cette explication tient surtout au déplacement de la formation de base des jeunes chercheurs de l'Europe vers l'Amérique, déplacement d'ailleurs provoqué en partie par les aînés eux-mêmes. Mais elle comporte aussi d'autres éléments comme la décanadianisation des sujets de recherche, le retrait prématuré de plusieurs aînés vers l'administration publique et le désintéressement général pour l'histoire économique, qui ont dans l'ensemble fait des chercheurs de la jeune génération des orphelins intellectuels objectifs.

Dans la seconde partie, sans m'attarder à dresser un bilan, que je crois prématuré, de la génération apparue dans nos départements de science économique au tournant de la décennie soixante-dix et après, je proposerai un certain nombre de défis fondamentaux qu'il m'apparaît essentiel de relever si nous voulons, dans vingt ou trente ans, porter un jugement favorable sur le rendement social de notre génération. Ces défis sont ceux de la persévérance à l'université, de l'excellence académique, du juste

---

\*      Paru dans *Continuité et rupture*, vol. 1, *Les sciences sociales au Québec*, G.H. Lévesque *et al.*, éd., Montréal, Presses de l'Université de Montréal, 1984, p. 161-171.

équilibre entre économie pure et économie appliquée, d'une saine diversification dans les sujets de recherche, d'une participation active à la vie économique du milieu, et de la promotion de la vie intellectuelle à l'université.

## 1.    LES SOURCES DE RUPTURE AVEC LES AîNÉS

### 1.1    La formation de base

La première dimension du phénomène de rupture que je veux aborder est celle de la formation de base. Cette dimension est vitale, parce que les influences intellectuelles subies lors des études avancées marquent d'habitude très profondément la vision du métier et la vision du monde. Or, ici, les éléments de discontinuité entre les générations au Québec français dominent très nettement les éléments de continuité.

TABLEAU 1

RÉPARTITION DES PROFESSEURS DE SCIENCE ÉCONOMIQUE DES CINQ DÉPARTEMENTS FRANCO-QUÉBÉCOIS IMPLANTÉS EN 1970 OU AUPARAVANT*, SELON L'ÂGE ET LE PAYS DES ÉTUDES AVANCÉES, 1981, (NOMBRE).

| Pays des études | Âge | | | Total |
|---|---|---|---|---|
| | 40- | 40-50 | 50+ | |
| France | 1 | 5 | 6 | 12 |
| Royaume-Uni | 3 | 3 | 4 | 10 |
| Belgique | 5 | 3 | 1 | 9 |
| États-Unis | 23 | 14 | 1 | 38 |
| Canada anglais | 12 | 1 | 1 | 14 |
| Québec français | 8 | 0 | 0 | 8 |
| Autres | 1 | 0 | 1 | 2 |
| TOTAL | 53 | 26 | 14 | 93 |

*    Laval, Montréal, UQAM, HEC, Sherbrooke.

Source : évaluation de l'auteur.

Les tableaux 1 et 2 répartissent les 93 professeurs des cinq principaux départements de science économique franco-québécois selon l'âge et le lieu des études avancées. On y observe que plus de 72 % des aînés (50 ans et plus) ont fait leurs études avancées en France et en Angleterre, alors que seulement 31 % des professeurs d'âge moyen (40 à 50 ans) et moins de 8 % des jeunes (40 ans et moins) s'y sont rendus. La dégringolade est particulièrement marquée pour les études en France. Au contraire, alors que seulement 14 % des 50 ans et plus ont étudié en Amérique anglophone, plus de 57 % des 40 à 50 ans et 66 % des 40 ans et moins l'on fait. C'est surtout vers les États-Unis que le mouvement s'est produit, mais les études au Canada anglais ont beaucoup gagné en popularité chez les 40 ans et moins.

Tableau 2

Répartition des professeurs selon l'âge et le pays
des études avancées (pourcentage)

| Pays des études | Âge | | | Total |
|---|---|---|---|---|
| | 40- | 40-50 | 50+ | |
| France | 2 | 19 | 43 | 13 |
| Royaume-Uni | 6 | 12 | 29 | 11 |
| Belgique | 9 | 12 | 7 | 10 |
| États-Unis | 43 | 53 | 7 | 41 |
| Canadaanglais | 23 | 4 | 7 | 15 |
| Québec français | 15 | 0 | 0 | 8 |
| Autres | 2 | 0 | 7 | 2 |
| Total | 100 | 100 | 100 | 100 |

Il s'agit d'une discontinuité majeure lorsqu'on sait que les programmes d'études accessibles aux étrangers en France et en Angleterre visent d'abord à former des *intellectuels* et à inculquer une vision du monde à l'étudiant, alors que les programmes en Amérique anglophone, malgré la diversité de leurs orientations, visent généralement à former des *ingénieurs* qui peuvent pratiquer un métier de façon opérationnelle. Cela ne veut pas dire que les écoles anglaises et françaises négligent complètement la formation pratique ou que les universités nord-américaines ne transmettent pas une certaine vision du monde, mais simplement que l'accent dans la formation n'est pas mis à la même place d'un continent à l'autre. On trouve heureusement chez les aînés des philosophes formés en France et en Angleterre qui sont aussi des ingénieurs, tels Raynauld ou Parizeau, et chez les jeunes des ingénieurs formés aux États-Unis qui sont aussi des philosophes, tels Marc Gaudry et Léon Courville.

Il convient aussi de noter l'émergence très récente des diplômés des départements franco-québécois parmi les professeurs de science économique. Les huit professeurs visés ont tous moins de 40 ans. L'influence des aînés sur ces jeunes diplômés n'est cependant pas évidente, car leurs directeurs de thèse sont tous, sauf un, de formation nord-américaine et aujourd'hui âgés de 45 ans ou moins. Les éléments de continuité intellectuelle commencent donc à se pointer, mais il s'agit d'un phénomène très récent et qui se situe dans la tradition nord-américaine plutôt qu'européenne.

### 1.2    Le respect sans la continuité

La formation de base n'a cependant pas le monople de la formation intellectuelle. Nous avons tous, nous les moins de 40 ans, subi à une époque ou à l'autre l'influence de l'enseignement ou des écrits d'Angers, de Bouvier, de Parenteau, de Parizeau, de Raynauld et de Migué sur les institutions, de Faucher, de Lamontagne et de Paquet en histoire, de Bouchard, de Dehem, de Marion et de Lemelin en économie pure, ou de Dagenais et de Matuzewski en économétrie. Ces intellectuels de première valeur sont les pionniers de la science économique québécoise. Ils jouissent du respect universel des économistes d'ici. Ils ont contribué à l'éclosion, voire à l'explosion, de l'intérêt pour la science économique chez nous de 1950 à 1970. Ils ont développé chacun certaines idées maîtresses qu'a retenues la jeune génération. Ces idées concernent surtout la vision du développement économique du Québec et le rôle de l'État québécois, la pertinence et la critique du paradigme libéral pour l'analyse des phénomènes économiques, le rôle des méthodes quantitatives en économie appliquée.

Cependant, les défricheurs n'ont pas structuré de façon très sensible les sujets et les pratiques de recherche de la jeune génération. L'intérêt d'Angers et de Bouvier pour la spécificité économique du mouvement coopératif n'a eu que peu de résonnance chez leurs successeurs. Avons-nous été à ce point aliénés de notre propre société par nos études à l'étranger que nous considérons comme un phénomène local sans importance l'une des innovations majeures du Québec en matière d'institutions économiques? Cet exemple peut d'ailleurs être généralisé: selon mon évaluation la plus généreuse, la moitié seulement des travaux de recherche des jeunes portent sur les problèmes de l'économie canadienne ou québécoise. C'était, au contraire, la préoccupation majeure de recherche de la plupart des aînés. Je m'empresse ici de souligner que la diminution de l'intérêt pour les études canadiennes ou québécoises n'est d'ailleurs pas due à une augmentation relative des professeurs d'origine extérieure, puisque la proportion de ceux-ci dans l'ensemble est demeurée à peu près stable depuis 25 ans, soit de 20 à 30 %.

Une raison importante pour laquelle les aînés n'ont guère influencé les orientations de recherche des jeunes est que plusieurs d'entre eux se sont trouvés mêlés trop tôt dans leur carrière à l'administration publique. Ils n'ont pu nous léguer l'héritage de recherche que leur acuité intellectuelle les appelait pourtant à construire. Je pense à Lamontagne, à Parenteau, à Parizeau, à Forget, à Matuzewski, à Raynauld.

Nos deux autres historiens, Faucher et Paquet, ont été malheureusement victimes de notre désintéressement collectif pour l'histoire d'un pays où nous n'avons pas poursuivi nos études avancées. Avons-nous perdu le goût de retrouver nos racines, ou ce désintéressement est-il le reflet négatif de l'attraction des tâches urgentes auxquelles nous convie le temps présent? En somme, que nous est-il resté comme phares intellectuels? Le pragmatisme institutionnel de Raynauld, le néo-conservatisme précurseur de Dehem, de Lemelin et de Migué, l'aventure isolée de Bouchard et la compétence discrète de Marion. Aussi bien dire que la grande majorité des économistes franco-québécois de moins de 45 ans ont tiré d'ailleurs, principalement des États-Unis, leur vision du monde (fût-elle inconsciente), leurs sujets d'étude (parfois peut-être jusqu'à l'aliénation) et leurs méthodes de recherche. Comme se plaît à le dire Guy Rocher, alors que nos parents ont cherché désespérément à renouer des liens intellectuels avec la France et l'Europe, nous nous sommes enfoncés profondément dans la culture — et la contre-culture — nord-américaine.

### 1.3    La formation nord-américaine: la rupture provoquée?

La formation universitaire en science économique en Amérique du Nord est loin d'être monolithique et dépourvue des éléments essentiels d'une nécessaire critique sociale. C'est ce qu'en disent parfois des intellectuels québécois qui font régulièrement la navette entre Montréal et Paris, mais ont soin d'éviter Boston, New Haven ou San Francisco. C'est au contraire l'hétérogénéité et la liberté intellectuelle qui font la force de la formation économique nord-américaine. On y trouve une tradition philosophique et critique très vigoureuse, à gauche comme à droite. Les progrès récents de la pensée marxiste comme de la pensée néo-conservatrice (ou libertaire) en science économique ont une origine nord-américaine, et non européenne. L'économie mathématique y est des plus florissantes. Et entre la critique philosophique et la mathématique s'est développée une tradition de formation en génie des systèmes économiques qui permet d'insérer l'analyse économique dans tous les coins de l'administration publique et privée. On ne connaît pas de tradition semblable en Europe, sauf dans les pays scandinaves.

En somme, c'est la diversité des choix offerts (formation critique, mathématique, ou appliquée), l'encadrement pédagogique rigoureux qu'on y trouve, le caractère opérationnel de la formation, une certaine parenté avec les mentalités et les institutions d'ici qui ont permis à l'Amérique de déclasser rapidement l'Europe comme milieu de formation économique préféré par la jeune génération québécoise à partir du début des années 60. Ce sont d'ailleurs souvent les aînés, formés en Europe, qui ont orienté leurs meilleurs étudiants vers l'Amérique, provoquant eux-mêmes, en un certain sens, la rupture avec leurs propres origines intellectuelles.

2.    LES DÉFIS DE L'AVENIR

Il serait prématuré de présenter un bilan définitif du rendement scientifique de ma génération, puisqu'elle ne s'est retrouvée dans les universités québécoises qu'au tournant de la décennie soixante-dix et n'a atteint son rythme de croisière dans la production intellectuelle qu'au cours des cinq dernières années. Il est tout de même possible de parler d'un certain nombre de défis qu'il sera important de relever au cours des deux prochaines décennies.

### 2.1    La persévérance
En premier lieu, il faut que la génération présente sache persévérer dans la carrière universitaire, et tout spécialement dans la recherche. L'appel de la gestion des affaires publiques a décimé de façon récurrente les rangs de nos aînés, ce qui explique en bonne partie pourquoi nous sommes des orphelins intellectuels. Ceci n'exclut en aucune façon un va-et-vient stimulateur entre l'université et l'administration publique ou privée. Il faut, au contraire, encourager de tels allers-retours, car tous ces milieux ont besoin de s'oxygéner mutuellement pour progresser. La vitalité du milieu intellectuel universitaire requiert toutefois que la pyramide des âges dans l'activité de recherche ne subisse pas à l'avenir, surtout parmi les 40 à 50 ans, les bombardements des décennies précédentes. Je souhaite donc ardemment que nous nous fassions, ainsi qu'à nos successeurs, le cadeau de la persévérance.

### 2.2    L'excellence
Le deuxième défi à relever est celui de l'excellence. La production scientifique des économistes universitaires québécois s'est sensiblement améliorée en quantité et en qualité depuis une douzaine d'années. Les travaux de quelques-uns parmi les jeunes font l'objet d'une reconnaissance très nette au Canada et parfois à l'étranger. La productivité des départements de Montréal et de Laval sur le plan de la recherche les place sans doute entre le quatrième et le sixième rang parmi les départements de science économique au Canada. Après un démarrage plutôt lent en raison, notamment, du blocage d'une clique marxiste plus intéressée aux coups d'État qu'à la production intellectuelle, le département de l'UQAM a acquis récemment plusieurs jeunes chercheurs qui vont bientôt le mettre en valeur. Cela m'apparaît toutefois encore insuffisant par rapport au potentiel que nos

départements contiennent. Les difficultés tiennent surtout au manque
d'audace pour certains, au manque de compétition interne ou externe pour
d'autres, à la lourdeur des tâches de développement institutionnel imposées
aux jeunes et à l'automaticité compréhensible avec laquelle les universités
québécoises ont accordé la permanence à leurs jeunes professeurs dans un
contexte de croissance rapide de la démographie estudiantine. L'isolement
relatif de la communauté québécoise et la protection facile qu'elle offre à
ceux qui voudraient se contenter du minimum se sont avérés dans le passé,
et s'avéreront dans l'avenir, les principaux obstacles à la poursuite active de
l'excellence dans la recherche économique au Québec.

### 2.3     Économie pure et économie appliquée

Le troisième défi est celui du juste équilibre entre l'économie pure
et l'économie appliquée. Si on veut persister à considérer l'économie
comme une science par sa méthode et une science humaine par son objet,
l'effort collectif en vue du progrès des connaissances doit accorder une
égale importance à l'économie théorique, à la recherche empirique et à
l'analyse des politiques. Dans la mesure du possible, il doit aussi se
prolonger jusqu'à la participation des chercheurs à la mise au point des
législations. L'aller-retour entre la recherche fondamentale et la recherche
appliquée est indispensable à l'excellence de l'une et de l'autre. Il peut
paraître superflu d'insister sur ce principe, mais on le voit encore trop
souvent battu en brèche pour qu'il ne vaille pas la peine de le réaffirmer
avec la plus grande fermeté. Ce sont le vécu de l'économie et les
interpellations incessantes du milieu qui doivent nourrir l'économie pure de
sujets de recherche pertinents et d'hypothèses de travail plausibles, d'une
part, et qui doivent rendre le verdict final sur l'adéquation entre la théorie
et la réalité, d'autre part. Autrement, l'économie pure perd tout son sens,
parce qu'elle est vidée de sa portée sociale et relève plutôt de la
mathématique ou de la pensée dogmatique que de la pensée scientifique et
critique. Nous n'avons pas besoin de ces théoriciens recroquevillés sur eux-
mêmes qui pratiquent des jeux philosophiques ou mathématiques stériles.

À l'inverse, nos universités regorgent de chercheurs en sciences
sociales munis d'une connaissance descriptive très détaillée de la réalité et
attentifs aux problèmes importants du milieu socio-économique, mais
incapables de pensée analytique et organisatrice. Ils manifestent peu d'intérêt
pour la théorie ou même la méprisent. La superficialité de ces gens qui
tirent tous azimuts les empêchera toujours de fournir des explications
simples, cohérentes et valides des phénomènes réels dont ils se disent
souvent si friands. Nous n'avons pas besoin non plus de ces incompétents
théoriques. Sur le plan de la politique économique, ils sont d'ailleurs plus
dangereux que les théoriciens désincarnés parce que l'opinion publique, le
politicien ou le gestionnaire s'en méfient beaucoup moins.

À mon avis, la polarisation au sein de nos universités entre les
théoriciens dépourvus de racines dans la réalité économique et les praticiens
peu intéressés au raisonnement théorique organisateur de la pensée explique

facilement pourquoi on oppose si souvent, dans le langage populaire, théorie et réalité, assimilant ainsi la théorie à l'irréel et abandonnant l'idée d'expliquer le réel par une théorie valide, ou moins invalide que les théories antérieures. Nous avons une très longue marche à entreprendre avant de convaincre notre clientèle que le conflit entre théorie et réalité est stupide et qu'il n'y a de conflit qu'entre bonnes et mauvaises théories. Mais encore faut-il que l'économie pure propose en plus grand nombre des théories qui cherchent à expliquer les phénomènes réels d'importance, et que l'économie appliquée cherche avec plus de diligence à les confronter avec l'observation et à distinguer les bonnes des mauvaises théories.

### 2.4    Le Québec et le Canada comme objets d'étude

Un quatrième défi que doivent relever les jeunes chercheurs est le maintien d'une saine diversification dans les sujets de recherche entre les études québécoises (ou canadiennes) et les sujets plus universels. Comme je l'ai indiqué plus haut, nous sommes passés, en 25 ans, d'une situation où presque tous les aînés s'adonnaient aux études québécoises ou canadiennes, à une autre où tout au plus la moitié des travaux de recherche des jeunes portent sur les problèmes de l'économie québécoise ou canadienne. Cette évolution était souhaitable, car s'il avait fallu que la science économique au Québec sombre dans l'ethnocentrisme, elle n'aurait pu devenir que d'une médiocrité consommée. La circulation internationale des idées, à laquelle nous nous devons de contribuer nous-mêmes, est un oxygène intellectuel dont aucun chercheur ne peut se passer, en économie appliquée comme en économie pure.

La pratique de la recherche économique appliquée au Québec ou au Canada me laisse toutefois insatisfait à deux égards. Premièrement, j'ai l'impression que bien des jeunes chercheurs n'apprennent que lentement à passer du général au particulier, c'est-à-dire à adapter à l'économie locale les schémas conceptuels appris à l'étranger, souvent en raison d'une méconnaissance parfois gênante de l'histoire, de la structure et des institutions économiques d'ici. Heureusement, cependant, le travers extrême qui consiste à croire notre économie tellement singulière que les schémas conceptuels classiques sont inapplicables n'est pas très répandu. Ma seconde source d'insatisfaction vient du fait que peu de jeunes chercheurs québécois ont tenté jusqu'ici d'effectuer le cheminement inverse qui consiste à passer du particulier à l'universel, c'est-à-dire à abstraire de notre économie les expériences particulières qui la rendent, en raison de leur singularité même, digne de considération au niveau international. Par exemple, l'intérêt des chercheurs québécois pour l'économie de la coopération s'est presque éteint depuis Angers. La recherche en économie forestière, en économie minière, en économie financière, en économie des ressources naturelles et en économie sociale n'en est qu'à ses premiers balbutiements. Pourtant, ne sont-ce pas là les domaines où l'expérience québécoise fournit un excellent laboratoire et est particulièrement susceptible d'intéresser non seulement les Québécois, mais aussi les étrangers? Désirons-nous tellement l'assimilation culturelle et scientifique avec nos collègues américains que nous voulions nier, comme une première génération d'immigrants dans notre propre pays, ce qui nous différencie d'eux?

### 2.5 La participation à la vie économique

Ce cinquième défi que nous, de la jeune génération, avons à relever, est celui d'une participation plus active à la diffusion de l'information économique, à l'analyse de la politique économique et à la mise au point de législations. La demande sociale pour une telle participation a crû très rapidement au cours des 15 dernières années en raison du développement extraordinaire de l'engouement du Québec français pour la chose économique. Malgré quelques efforts isolés, nous n'avons pas répondu adéquatement à cette demande de la part de ceux qui ont collectivement défrayé le coût de nos études et qui nous versent aujourd'hui des salaires plus que convenables. Plutôt que de nous mettre à l'écoute des interrogations du milieu avec simplicité et de respecter le faible niveau de connaissance des affaires économiques dont il a hérité de l'histoire, nous prenons parfois nos compatriotes de haut, comme on dit, nous nous rions de leur ignorance, nous ne faisons pas beaucoup d'efforts pour adopter une langue claire et accessible, et nous exigeons parfois des cachets invraisemblables pour des analyses qui n'en valent pas le quart. La performance de nos aînés dans l'oeuvre d'éducation économique des Québécois apparaît, à la lumière du comportement de certains parmi les plus jeunes, plus sincère, plus respectueuse et... moins coûteuse.

Notre participation à la vie publique requiert aussi de notre part un engagement moins timide et plus résolu dans les grands débats d'opinion. Il est vrai que toute analyse économique doit faire ressortir les avantages et les inconvénients des politiques envisagées ou adoptées par l'État, que les mesures de ces avantages et de ces inconvénients sont fréquemment entachées d'incertitude et que toute opinion tranchée présuppose un jugement de valeur sur la manière dont les politiques considérées influent sur le bien-être ou le mal-être collectif. Mais je ne comprends pas toujours pourquoi on hésite tellement à manifester son opinion, même assortie des nuances d'usage sur l'incertitude des mesures et accompagnée de l'explicitation des jugements de valeur qui supportent cette opinion. L'expérience enseigne, au contraire, que le respect dont nous honorent politiciens, gestionnaires et simples citoyens, même parmi ceux qui ne sont pas toujours de notre avis, varie en raison directe de notre aptitude à faire valoir logiquement, honnêtement et franchement notre point de vue et à le rectifier si nous pensons nous être trompés plus tôt. Il ne s'agit pas ici d'être partisan, mais de prendre position sur des dossiers précis. Se peut-il que la mémoire du duplessisme fasse craindre encore les représailles de l'État, notamment sous forme de perte des contrats de service que plusieurs recherchent pour boucler leurs fins d'année? Mais alors, qui pourra animer les débats économiques de manière indépendante, si les universitaires refusent d'en prendre la responsabilité?

### 2.6     La promotion de la vie intellectuelle

Le dernier défi à relever pour l'avenir est celui de la promotion de la vie intellectuelle dans nos départements de science économique. Il faut malheureusement affirmer qu'un élément de rupture déplorable entre les aînés et la jeune génération est une certaine détérioration de la vie de l'esprit à l'université. Montpetit, Angers, Minville, Bouvier, Faucher, Dehem, Bouchard, Paquet, Migué et les autres n'avaient peut-être pas le fini mathématique et technique des plus jeunes, mais tous étaient et, le cas échéant, sont encore des intellectuels de première valeur. La jeune génération est, au contraire, plutôt composée de compétents plombiers. Les intellectuels parmi eux ne sont pas très nombreux. Nous avons quelques moralistes néo-conservateurs, une poignée de prosélytes marxistes, et quelques aventures intellectuelles isolées. C'est dommage, et peut-être inévitable dans ce monde de spécialistes où la tuyauterie a son importance. Mais il ne faut jamais abandonner l'objectif de faire de l'université le lieu qui remet vigoureusement en question l'histoire, l'organisation et les institutions de la société où elle s'insère, un lieu de bouillonnement qui participe à la restructuration permanente de la culture, des lois et des institutions. Il faut, en somme, que ces plombiers, tout en restant des plombiers, se muent en intellectuels en prenant de l'âge. Ce serait assurément nous offrir le cadeau par excellence de la continuité avec les aînés.


## NOTES

1.     Une proportion assez stable de 7 à 12 % des professeurs des universités franco-québécoises ont été formés en Belgique, principalement à Louvain, qui a toujours allié une saine formation intellectuelle et une solide formation technique.

2.     Il faut noter ici que l'orientation américaine a commencé à imprégner la formation en France et en Angleterre au cours de la dernière décennie, notamment sous l'impulsion de jeunes Français et Anglais de formation américaine. Ceci a donné lieu depuis quelques temps à une recrudescence des échanges franco-québécois en matière d'enseignement et de recherche économique.

L'auteur est reconnaissant aux professeurs Marcel Boyer et Gérald LeBlanc pour leurs utiles commentaires.

# 3

# « LE FRUIT DONT L'OMBRE EST LA SAVEUR » : RÉFLEXIONS AVENTUREUSES SUR LA PENSÉE ÉCONOMIQUE AU QUÉBEC*

*Gilles Paquet*

> « [...] Ce dont nous avons le plus
> besoin au stade actuel, c'est de
> diversité, c'est d'imagination, c'est de
> perspectives et d'ouverture d'esprit
> dans toutes les directions
> imaginables. »
>
> ANDRÉ RAYNAULD (1962)

C'est la troisième fois en trente ans et quelques poussières que les sociologues de Laval organisent un forum pour faire le point sur la recherche en sciences humaines au Québec. Il fallait évidemment commencer par relire les propos d'étape préparés en 1953 et 1962[1].

À vrai dire, en 1953, il ne s'agissait pas, comme en 1962 et 1984, d'un bilan de nos connaissances sur la socio-économie québécoise. *Essais sur le Québec contemporain* a plutôt l'allure d'un manifeste en faveur d'une *vision de rechange*. Au plan de l'économie tout au moins, on a l'impression qu'on veut faire table rase : pas nécessaire même de présenter convenablement la tradition de science économique « milieusiste » puisqu'on veut la remplacer. C'est dommage, car le lecteur pressé aura pu être amené à croire que le compteur est à zéro, alors que *L'Actualité économique* existe depuis 1925 et que l'enseignement de l'économie politique à l'École des hautes études commerciales de Montréal a pignon sur rue depuis quelques générations.

On va occulter la tradition de l'École des hautes études commerciales, qui va d'Édouard Montpetit à François Vézina, à Esdras Minville, à François-Albert Angers, sans avoir souvent pris la peine de bien

* Texte publié dans *Recherches sociographiques*, XXVI, 3, 1985. Le titre de cet essai est emprunté à Joe Bousquet. L'assistance de Mario Émond, d'Andrée Giguère, d'Henriette Nicoll, de Marie Saumure et de Suzanne Tessier a été importante; je les en remercie.

lire leurs travaux. On ne parlera pas non plus des documents monographiques importants préparés par cette école dans les années quarante, les « Études sur notre milieu ». On vise un seul objectif : mettre en place une vision de rechange par rapport à celle adoptée par la science économique « milieusiste ». Cette vision de rechange met l'accent à peu près exclusivement sur les forces continentales et emprunte tout fait un outillage mental « universel », braquant l'analyse sur une réalité économique qui supposément n'existerait que sur cette longueur d'ondes. Continentalisme versus milieusisme — l'alternative n'est pas sans rappeler l'opposition des stratégies économiques de développement au milieu du 19ᵉ siècle : la stratégie du capitalisme commercial continental orchestrée par les grands intérêts anglo-saxons et la stratégie d'un capitalisme à leur mesure, orchestrée par des segments de bourgeoisie canadienne-française[2].

En 1962, quand André Raynauld examine ce qui s'est fait dans le passé récent, il prend pour balise le rapport de 1953. Sa grille d'analyse semble de prime abord plus nuancée : les deux tiers des articles auxquels il se réfère proviennent de *L'Actualité économique* — la revue économique de l'École des HEC Mais si Raynauld réfère à cette tradition, c'est moins pour la glorifier que pour l'oblitérer. Il n'hésite pas à écrire, avec une pointe d'arrogance toute « montréalaise » qui n'est pas sans rappeler celle toute « québéquoise » de 1953 : « Quiconque dresse le bilan de la recherche économique sur la province de Québec constate, *après une heure de travail* [c'est nous qui soulignons], que rien n'a encore été fait. »    Puis, partant d'un idéal (« l'idéal est d'étudier les problèmes de la province de Québec, mais avec des méthodes et des outils d'analyse universels ») André Raynauld trace la voie pour l'avenir. *Au niveau de l'analyse*, il propose un certain anarchisme (le mot est de nous) dont la saveur transparaît dans la phrase que nous soulignions en épigraphe, mais en allant plus loin : « aucun sujet particulier de travail n'est de soi plus urgent qu'un autre » — pourquoi pas, puisque l'on commence à zéro! *Au plan de la politique économique*, cependant, c'est exactement l'inverse : « la poursuite d'un seul objectif » — cet objectif devant être la préparation d'un plan quinquennal de développement économique[3]. Comment cette recherche « dans toutes les directions imaginables » sans sujets prioritaires et dans les perspectives les plus diverses va aider « la poursuite d'un seul objectif »? André Raynauld n'examine pas la question.

La conjecture/espoir d'André Raynauld prend, avec le recul du temps, une valeur étrangement prophétique : elle va se réaliser mais dans un certain désordre. Dans un premier temps, presque tous les économistes du Québec vont travailler sur le grand chantier du plan, mais la pensée économique qui inspire ces travaux divers est à peu près univoque; ensuite, la situation se renverse complètement et, avec les années 1970, on voit l'émergence d'une science économique éclatée, presque cacophonique et très critique, et qui prend de plus en plus de distance par rapport à l'idée même d'un plan.

En 1984, on a redécouvert les analyses inductives de la tradition des HEC et, à côté de l'épistémologie particulière que privilégie la science économique conventionnelle, une bonne demi-douzaine d'épistémologies économiques parallèles, plus ou moins subversives, ont pignon sur rue — chacune privilégiant certaines dimensions ou certains aspects de l'expérience de la socio-économie québécoise. Sans vouloir dire que nous nous sommes donné accès à l'anarchie au plan des méthodes, il est clair que l'unanimité est morte. Ce qui plus est, les frontières de ce terroir économique sont disputées. Marxistes, *political economists*, post-keynésiens, prospectivistes, écologistes, féministes et plusieurs autres groupes sont venus de la sociologie, de la politologie ou d'ailleurs pour arpenter certains segments du terroir économique traditionnel. En plus des guerres intestines, on a donc droit aux querelles de frontières.

À proportion que la science économique est devenue plus éclatée et qu'elle vit, faut-il le rappeler, les humiliations des années 1970 — moment où ses limites sont exposées de toutes parts — l'idée même d'un plan ou même de planification est devenue presque hérétique chez les économistes. Le discours politique peut donc commettre tous les excès dans ce domaine puisque les économistes l'ont déserté. Le côté sombre de cette évolution, c'est que beaucoup des travaux économiques dans toutes les épistémologies ont développé un tour scolastique et théorique et que les travaux empiriques sur le milieu ont perdu du terrain.

Il n'est pas question ici de construire un arpentage définitif de ce terroir balkanisé aux frontières disputées. Tout au plus voudrons-nous, à partir de quelques balises, proposer un certain découpage préliminaire des phénomènes et certaines hypothèses, dont nous soulignerons le bien-fondé par une double démarche historique et topographique visant à illustrer bien plus qu'à démontrer. Nous mentionnerons des travaux d'économistes québécois, mais il ne faudrait pas attendre de ce texte une compilation exhaustive des travaux des économistes sur le Québec pour la période 1962-1984. Notre propos est moins encyclopédique qu'idiosyncrasique.

1.     QUELQUES BALISES

En 1981, deux économistes québécois ont présenté des bilans provisoires du chemin parcouru au cours des deux dernières décennies. Pierre Fortin, au colloque du Mont-Gabriel de la Société royale du Canada,[4] a noté la discontinuité importante qui avait marqué les années 1960-1980 pour la tribu des économistes québécois. Alors qu'en 1960 on comptait moins de deux douzaines d'économistes universitaires au Québec, ils sont plus de cent dans les seuls départements de science économique du Québec, en 1980. De plus, alors qu'en 1960 ces professeurs économistes avaient pour la plupart étudié en Europe, en 1980, les deux tiers avaient étudié en Amérique du Nord. Fortin notait que ce grossissement des effectifs et leur formation nord-américaine avaient eu des effets pervers sur les travaux économiques au Québec : une diminution importante de l'intérêt pour les études canadiennes et québécoises, l'apparition d'un clivage théorie/pratique, et une « certaine détérioration de la vie de l'esprit à l'université » avec l'arrivée de ce qu'il nomme les « plombiers ».

Bernard Bonin, dans son allocution présidentielle à la Société canadienne de science économique en mai 1981, complète utilement le survol macroscopique de Fortin par une étude des travaux d'une centaine d'économistes universitaires québécois[15]. Il conclut que l'on publie davantage dans les années soixante-dix que dans les années soixante : la production annuelle moyenne par économiste universitaire a augmenté d'au moins 50% au cours de la période.

On peut identifier dans ces travaux (de même que dans ceux publiés dans *L'Actualité économique*) trois axes qui définissent les grands intérêts des économistes francophones du Québec : économie urbaine et régionale (surtout après 1970), économétrie et économie mathématique (surtout vers le milieu des années soixante-dix) et économie internationale. Bonin note aussi une certaine remontée, au début des années quatre-vingt, de l'intérêt pour la stabilisation économique, l'organisation industrielle, l'économie du travail et les finances publiques, à proportion que les crises économiques des années soixante-dix ont forcé les économistes à mieux veiller au grain.

### 1.1 Indices

Aux bilans, somme toute assez généraux, de Fortin et de Bonin, nous avons ajouté un certain nombre de coups de sonde bibliographiques : décompte des livres sur la socio-économie québécoise publiés entre 1960 et 1983 disponibles à la bibliothèque générale de l'Université d'Ottawa, analyse de contenu des revues *Relations industrielles* (1960-1983) et *Gestion* (1977-1983), ainsi qu'un examen de *RADAR* (index des périodiques québécois) à la rubrique « sciences économiques », pour la période 1973-1983. Ces indicateurs sont partiels et imparfaits : même s'ils peuvent se prêter à des manipulations statistiques, nous en avons dégagé simplement une image qualitative.

Sur les quelque cent vingt livres compilés, une trentaine font de l'*histoire conjoncturelle* : chronique conventionnelle, en début et en fin de période; dans les années 1970, planification et prospective. La grande constante dans la moitié de ces ouvrages est un intérêt pour l'événementiel. Deux autres thèmes sont à l'honneur : les *activités gouvernementales* (27) et les *ressources humaines* (26). En gros, ces sujets se divisent la période : on traite d'emploi et de ressources humaines en début et en fin de période, alors que les activités gouvernementales et la réglementation occupent les esprits dans les années soixante-dix. Si on ajoute une vingtaine d'ouvrages sur *les problèmes urbains et régionaux*, dans les années soixante et fin soixante-dix, on voit que ces thèmes accaparent le gros de la production au cours de la période qui nous intéresse.

La faible présence des économistes dans la revue *Relations industrielles* surprend : les questions économiques n'y occupent qu'une mince part, encore qu'il y ait reprise en fin de période. Législation du travail, jurisprudence du travail, questions de syndicalisme institutionnel et analyses de conflits de travail accaparent les deux tiers des trois cent quarante articles inventoriés sur le Québec. Pour ce qui est de *Gestion*, dans les quelque soixante-dix articles sur l'économie québécoise, deux thèmes ressortent clairement : les ressources humaines et la technologie, en particulier pour ce qui a trait aux PME.

Quant à l'index *RADAR*, il prend une vue globale d'un matériau plus diffus et divers mais qui a l'avantage d'être une compilation du nombre d'articles sur des sujets économiques *dans les périodiques québécois de toutes sortes*. Il s'agit d'une mesure différente du bouillonnement d'activités et d'idées économiques : bien davantage proche des consommateurs que des producteurs. Comme l'index couvre de cent à deux cents périodiques québécois (selon le moment) et recense en général entre cinq cents et mille articles à saveur économique par année, on peut y détecter une sorte de baromètre des sujets dans l'air. On voit changer le *pattern* autour de 1980 : administration de l'entreprise, consommation, croissance économique, main-d'oeuvre, organisation industrielle sont des thèmes qui prennent de l'importance. La constante semble être, au plan économique, un *certain nombrilisme provincial*, qui fait contraste avec le discours économique officiel qui s'éthérise. Le peu de cas qu'on fait, dans les périodiques, de l'économie nationale ou internationale et des statistiques et politiques économiques ont de quoi surprendre.

À partir des bilans et de nos indices (complétés par une expérience ethnographique du terrain qu'il serait impossible et peut-être même nuisible de censurer), il est possible de tirer quelques hypothèses préliminaires quant à l'évolution de l'activité en science économique au Québec au cours des derniers vingt-cinq ans. Rappelons que, durant cette période de formation, des effets structurants importants se produisent : l'économie québécoise est en mutation, les effectifs d'économistes décuplent, des perspectives nouvelles se cristallisent. Cette période de transition est plus déterminante que tout ce qu'on a vécu avant ou qu'on va vivre après. Dans ce monde-en-train-de-prendre, même de courtes périodes de cinq ans vont enregistrer des changements : ce monde en formation, au sens « géologique » du terme, ajoute beaucoup de strates ou de couches sédimentées en vingt-cinq ans. Ce qui en sort est une réalité bariolée qui a maintenant une certaine permanence et qui ne devrait changer que bien lentement au cours des prochains vingt ans.

### 1.2 Profil temporel
*La période 1960-1966*, c'est celle de la montée des droits collectifs au Québec. Depuis la fin de la guerre mondiale, l'économie va bien; on présume que ça va continuer. Ce qui est au premier plan, ce n'est pas l'économie mais les besoins sociaux créés par la grande vague

démographique 1950-1965 et par la nécessité pour l'État de répondre à la montée de besoins collectifs nouveaux (santé, éducation, etc.) de ces millions de nouveaux Québécois. L'État sent aussi le besoin de prendre la relève d'un *entrepreneurship* québécois jugé déficient[6].

Dans ce contexte, la pensée économique prend un petit tour utopiste. Il s'agit moins de supputer les coûts et bénéfices de politiques ou d'institutions nouvelles : on se fait spontanément architecte social. C'est l'époque des grands chantiers du BAEQ, des premières armes du Conseil d'orientation économique, de la nationalisation de l'électricité, de la création de nombreuses sociétés d'État, de l'idéologie planificatrice et aménagiste. Grands ouvrages en béton, métro, Expo sont des thèmes favoris : l'euphorie règne et les économistes sont heureux de travailler en tant que diacres à cette fuite en avant que le gouvernement québécois et ses grands prêtres orchestrent. C'est l'ère glorieuse de la révolution tranquillisante[7].

*La période 1966-1969* est celle du réveil. Avec l'arrivée de l'Union nationale au pouvoir, l'État relâche son rythme d'investissement, l'économie québécoise se met à décliner relativement aux autres régions de l'Amérique du Nord. C'est le retour en force des économistes, qui avaient été mis sur une voie de garage par la sociologues en début de décennie. Le ralentissement économique est visible partout : à Montréal, l'emploi ne croît plus, les pressions inflationnistes éclatent. La production des économistes enregistre une croissance importante dans l'indice de Bonin; il y a aussi croissance phénoménale des effectifs d'économistes, à proportion que les problèmes économiques reprennent de l'importance et que la grande vague démographique arrive à l'université[8].

*La période 1970-1974* est celle de la crise des structures : tous les grands postulats sur lesquels était construite notre vision de l'économie s'effondrent les uns après les autres. La crise économique, qui avait montré son nez dans le ralentissement de la fin des années 1960, devient grave malgré la reprise des investissements publics. C'est l'entrée massive sur le marché du travail de la *Big Generation*. Au moment même où les problèmes économiques s'aggravent, les fondements keynésiens de la science économique sont remis en question. Des épistémologies de rechange germent un peu partout en même temps qu'une certaine problématique économique conventionnelle se durcit avec l'arrivée des « plombiers ». Ceux-ci raffermissent leur dominium sur les grands départements de science économique, mais les questionnements amènent bien des « minorités » à créer, en marge de ces départements (mais parfois à l'intérieur), toute une gamme de centres de recherche et de laboratoires, où se rencontrent des grappes d'économistes cherchant ailleurs que dans les cadres conventionnels des explications à ce que l'on voit comme une mutation de la vie économique au Québec, comme dans l'ensemble des pays industrialisés[9].

*La période 1975-1979* va être le pivot d'une révolution importante dans la science économique telle qu'on la vit ici. D'une part, on voit renaître la macroéconomique qui ambitionne d'expliquer les phénomènes de crise que nous vivons. En parallèle, on trouve dans des travaux sur la PME la source et la base à la fois d'une nouvelle économie, qui sera au cœur des débats de la décennie suivante et des stratégies nouvelles de sortie de crise. Finalement, les difficultés politico-économiques du Québec vont entraîner un blitz de travaux à saveur plus sociographique, de nature plus appliquée, pour répondre aux questions aiguës du moment[10].

Cette fin des années soixante-dix marque une période de confusion dans notre vision du rôle de l'État : au plan « nationaliste », le discours volontariste continue mais, si l'on dit vouloir « bâtir le Québec », on remet tout de même en question l'intervention de l'État comme ayant des effets pervers et on commence donc à parler de le dégraisser. Les épistémologies diverses qui ont fleuri en marge depuis le début des années soixante-dix commencent à donner des fruits : on doit compter avec une sociologie économique, des centres de recherche sur les politiques de rechange, un courant marxisant qui produit des travaux critiques, etc. Cependant, la critique de l'État se fait plus pressante et un certain virage idéologique vers la droite s'amorce : l'économie sociale est remise en question par les économistes et l'économie individualiste reprend son dominium[11].

Cette période en reste toutefois une de flottements. Les élans corporatistes, la ferveur nationaliste, les querelles fédérales-provinciales sur les comptes économiques et les débats sur l'espace économique optimal gardent une saveur keynésienne. C'est ainsi que l'appareil de politiques fédérales en arrive à servir de bouc émissaire qui permet de rêver à d'autres politiques économiques mieux faites (*i.e.*, faites au Québec), qui pourraient sortir le Québec de sa crise : on refuse d'abandonner l'ambition d'orienter, de gérer la socio-économie[12].

*La période 1980-1984* marque dans les faits le virage qui avait été esquissé au niveau des idées dans les années 1975-1979. Les économistes et les bureaucrates voient presque en spectateurs la révolution technologique qui vient corriger en partie les crises des années soixante-dix. On reconnaît les bizarreries de la révolution tranquillisante, qui prônait la non-nécessité de s'adapter au contexte mondial nouveau, et l'on commence à s'ajuster avec la ferveur du désespoir. Les pertes d'emplois ici sont compensées en partie par des gains d'emplois ailleurs : l'incertitude redevient maîtresse de jeu. On commence aussi à voir fleurir à Montréal les effets de cette révolution entrepreneuriale qui a pris racine au cours des années 1970 dans les régions périphériques[13].

Une pensée économique parallèle, ignorant les départements de science économique des universités, s'impose aussi : une pensée économique au ras du sol, lavée des prétentions d'hier, fort critique et très proche des grands problèmes du moment. Cette pensée économique qui bat dans les cabinets de consultation et autres institutions privées ou publiques est en demande; elle produit bien plus que des documents éphémères et elle sort gaillarde de ce moment difficile[14].

### 1.3  Constat 1984

Tant par la taille que par la production, la tribu des économistes québécois a beaucoup grandi depuis 1960. Cependant, il n'y a pas eu au Québec l'homogénéisation du savoir qu'on a observée en général dans le reste du Canada : le Québec est devenu le lieu d'un éventail d'approches économiques (au sens large) dont le registre est plus vaste qu'ailleurs, et les départements de science économique des diverses universités et autres institutions quasi universitaires ont souvent développé un éthos particulier et une certaine orientation épistémologique repérable[15]. Les résultat a été *une science économique éclatée* : le discours dominant de la science nord-américaine a évidemment une très grande importance mais, en marge du courant dominant qui s'est imposé depuis la seconde guerre mondiale, vivotent bien des « îlots de verdure » qui maintiennent au Québec une pensée économique plurielle. Ce serait pourtant faire beaucoup d'honneur au Québec, en tant qu'enclave culturelle grosse comme la Pennsylvanie, que de parler d'une science économique québécoise. En fait, on voit ici plutôt un reflet particulièrement diffracté des débats qui ont cours au plan mondial.

Malgré une hétérogénéité relative, la professionnalisation des diverses académies, ainsi que la présence malgré tout assez lourde des impératifs de la « science normale » dans la définition des sujets et méthodes de recherche acceptables pour les différentes chapelles, ont fait que *la science économique en général a perdu le sens de ses origines.* Ces origines, il faut les chercher dans les questions pratiques du citoyen ou du gestionnaire qui veulent mieux mener leurs affaires, dans les questions que pose « l'homme des vingt-quatre heures » de Gaston Bachelard. En conséquence, même si la science économique québécoise est plurielle, elle a pris bien de la distance par rapport à son objet et a développé un peu partout une fixation sur la méthodologie et la théorie, et bien des chercheurs sont devenus prisonniers de scolastiques débilitantes[16]. Le résultat de cette dérive a été que l'on peut dire, sans trop risquer de se tromper, que, *dans les départements de science économique du Québec, la connaissance du milieu est, toute proportion gardée, moindre dans les années quatre-vingt qu'elle ne l'était dans les années soixante*[17].

Les distances diverses prises par rapport au milieu ont créé un vide; cela a permis que se développe ailleurs que dans les départements de science économique des universités un savoir économique différent et plus proche de la réalité. Alors qu'en 1960, seule l'École des hautes études commerciales pouvait se vanter d'avoir un Institut d'économie appliquée, en 1984, toutes les écoles ou facultés d'administration ont développé une capacité à produire *une recherche économique différente, plus proche du client et des problèmes.* De la même manière, on a vue grandir la compétence et le rayonnement des travaux faits par les bureaucraties publiques et dans les grandes entreprises. En 1960, c'était une force mineure dans les débats publics; en 1984, ces travaux sont souvent plus sophistiqués que ce que colportent les manuels et les cours universitaires[18]. Cette *recherche économique extra-universitaire dans le secteur privé* débouche maintenant sur des résultats qui sont canalisés vers les meilleures revues spécialisées. Mais ce n'est que la pointe de l'iceberg. En fait, l'amoncellement de travaux d'appoint ou de travaux internes dans les grandes entreprises a aussi souvent laissé les universitaires loin derrière. Il suffit de converser pendant quelques heures avec des spécialistes des agences de marketing pour voir jusqu'à quel point la théorie du comportement du consommateur, telle qu'enseignée à l'université, est franchement dépassée par les travaux théoriques et empiriques des grandes entreprises. Le malheur c'est que *cette science économique plurielle mène des vies parallèles*; il y a peu d'interaction entre ces sous-groupes, d'où un système de connaissance et de recherche économique balkanisé : une grappe de systèmes ou réseaux morcelés, à la fois retardée dans son développement par le manque de communication et stabilisée dans ses intolérances et ses ignorances par le peu de contacts entre les réseaux[19].

Dans tout cet appareil de recherches économiques, le centre de gravité dérive vers le libéralisme. Certains groupes assurent la continuité avec l'ère keynésienne mais on retrouve, même dans les agences gouvernementales, le goût de la déréglementation, l'écho d'une critique plus ou moins bien articulée de la philosophie aménagiste et une volonté plus ou moins grande de propager des messages de dégraissage de l'État. Le fait même qu'une revue comme *L'Analyste* puisse, à partir de 1983, colporter ce message avec tellement de succès est un indicateur important de ce glissement idéologique[20].

Malgré la multiplication des pôles de recherche, *l'architecture des institutions québécoises de recherche économique reste en chantier*. On peut croire cependant que ce travail de construction va bon train, que cette architecture a bien des chances de se développer dans les directions nécessaires si, comme on le propose, le programme d'actions structurantes du gouvernement du Québec est étendu sérieusement aux sciences humaines[21].

Finalement, dans cet univers en ébullition, une force corporatiste qu'il ne faut pas oublier, parce qu'elle pourrait renforcer considérablement les bastions idéologiques et l'intolérance, c'est *la professionalisation de l'enseignement de la science économique*. Le processus est déjà cristallisé dans les universités et il est en train de prendre au niveau des cégeps. Il s'agit d'une force homogénéisante qui devrait donner beaucoup de force à la « science normale ». En ce sens-là, une étude des transformations de l'enseignement de l'histoire au Québec et de l'impact de sa normalisation aurait valeur exemplaire. Cette professionalisation, qui n'avait pas été notée dans les documents de 1953 et 1962, est une force déterminante dans la dérive des études économiques au Québec entre 1960 et 1984[22].

## 2.    AXES ET PARALLAXES

Pour comprendre comment la pensée économique québécoise a abouti à l'état que nous avons décrit ci-dessus, sous un mode quelque peu aventureux, il faut mieux connaître les forces qui ont conformé l'édifice actuel. Pour ce faire, il faut retourner aux sources, aux artisans eux-mêmes. Entre 1982 et 1985, on a interviewé deux douzaines d'économistes et une dizaine d'experts travaillant à la marge de la science économique. Tous ou à peu près oeuvrent dans des universités québécoises ou y ont séjourné pendant longtemps[23]. L'objectif de cette enquête, dont les résultats ont été diffusés sur les ondes de Radio-Canada entre juillet 1982 et août 1985, était de définir les grands axes de développement de la pensée économique au Québec à travers le prisme de cet échantillon de praticiens d'âges et d'intérêts divers, couvrant une bonne portion de l'éventail de ce que l'on nomme économie politique au sens large[24]. Il en est ressorti un pattern, dont il serait imprudent de dire qu'il ferait l'unanimité, mais qui a l'avantage de préciser, dans les mots des artisans eux-mêmes, une certaines dérive des travaux de science économique de la période qui nous intéresse. Rien ne peut vraiment remplacer une lecture complète de ces témoignages, qui couvrent quelque quatre cents pages de transcription[25]. Mais il est possible de tirer certaines conclusions à partir de notre point d'observation. Certains verront dans ces axes que nous avons cru repérer de simples parallaxes. Nous croyons pour notre part pouvoir utiliser ces témoignages pour comprendre la dérive observée à partir des indices objectifs.

### 2.1 Trois grands courants

En 1962, on peut clairement identifier trois grands courants distincts dans la pensée économique au Québec et dans les travaux sur l'économie québécoise. Un premier émane de l'École des hautes études commerciales à Montréal : c'est une tradition économique plutôt inductive, empiriste, clairement interventionniste et nationaliste; un courant parallèle s'est développé, juste à côté, au Département de science économique de l'Université de Montréal : une tradition plus déductive, moins près du milieu, moins interventionniste et plus théorisante, qui explicitement dit chercher à faire le lien avec une pensée économique universelle; enfin, à Québec, un troisième courant, plus institutionnaliste : une tradition réformatrice et radicale[26]. Ces trois courants n'ont pas le même âge : la tradition des HEC a des racines profondes et anciennes des travaux impressionnants à sont actif, le poids d'une tradition à respecter[27]. Montréal est, par comparaison, une tradition nouvelle-née, qui a à peine une décennie[28]. Ainsi, alors que les diplômés de l'École des HEC sont légions et sa tradition partout présente, ceux de Montréal sont rares et ne joueront pas un rôle important dans la Révolution tranquille, tant à cause d'une certaine distanciation par rapport au milieu et une loyauté première envers la « discipline » qu'à cause d'un manque de poids démographique significatif.

La tradition de la Faculté des sciences sociales de Laval est plus jeune que la première et plus vieille que la seconde; ses diplômés sont déjà nombreux, la relève est déjà assurée au début des années soixante et il existe un « esprit » développé au cours de la période de guérilla contre Maurice Duplessis dans les années cinquante. Ses diplômés vont jouer un rôle important dans la Révolution tranquille.

Si les économistes des HEC et de Laval vont participer à la Révolution tranquille, il vont cependant entrer par des guichets différents et partir d'un soubassement idéologique particulier dans chaque cas. Aux HEC, la science économique est « expérimentale », elle « s'apprend dans la rue », dans la tradition d'Édouard Montpetit[29]. C'est une pensée économique qui est pragmatique et se méfie d'automatismes supposément capables de résoudre tous les problèmes. La tradition des HEC a été une sorte d'armistice entre un libéralisme fondamental et la nécessité d'une stratégie étatique pour corriger, au nom du mieux-être de la communauté, les distorsions engendrées par la puissance du capital étranger et les faillites du marché[30]. En conséquence, on va voir les économistes des HEC s'engager fermement dans la construction d'une politique économique québécoise et répondre vite à l'appel des premiers efforts de planification dans les années soixante : Roland Parenteau ne fait que travailler dans la continuité de Minville[31]. Ce sera vrai aussi pour la plus jeune génération (Jacques Parizeau, Pierre Harvey, Bernard Bonin, etc.).

À Laval, il n'y a pas au début ce souci d'une critique *personnaliste* du capitalisme, comme celle qui ressort des travaux d'Esdras Minville[32]. C'est une pensée économique plus radicale mais aussi plus mécaniste qui y a pris forme, des travaux qui s'alimentent aux analyses de Innis et de Keynes — tous deux construisant une science économique de rechange, rendue nécessaire selon eux par la faillite de l'économie libérale ou tout au moins par son caractère inadéquat pour les nouvelles contrées comme le Canada[33].

La vision continentale du développement économique du Canada qu'on prend à Laval, sous l'influence d'Innis et de Faucher, et la grande foi dans l'outillage keynésien, dont les leviers sont à Ottawa dans la fédération candienne, vont faire qu'on va choisir d'oeuvrer plutôt au niveau fédéral dans les premiers temps. Encore que, dans le début des années soixante, Laval et ses sociologues pénètrent dans l'arène provinciale par le biais d'une série de travaux à saveur socio-économique, dans les grands chantiers du BAEQ[34].

La combinaison de l'explosion démographique estudiantine dans les universités, des difficultés économiques du Québec dans l'après 1965, de l'essoufflement de la croissance au Canada et de la bouffée inflationniste à la fin des années soixante, plus les réflexions suggérées par une décennie ou presque d'expérimentation socio-économique aventureuse tout cela va faire qu'avec les années soixante-dix, le paysage va changer. Rien ne marque mieux la discontinuité fondamentale qui frappe la gent économiste québécoise qu'un bilan, publié en 1969 par Roger J. Bédard et qui a mal vieilli : avec le recul du temps, ce bilan prend l'allure d'un document de fin de règne[35].

## 2.2 Travaux en contrepoint

L'euphorie des années soixante avait sonné la charge aménagiste. La crise économique, dans les années soixante-dix, va faire qu'on va chercher partout des sorties de crise. L'étanchéité des courants et groupes ne résiste pas. Des nouveaux foyers d'activité économique sérieuse poussent à Sherbrooke, à l'UQAM, et des espoirs dans les zones périphériques. Autour des grands centres universitaires et dans leur sein, groupes de recherche et instituts fleurissent. On commence à observer des migrations possible ou réelles entre tribus[36].

Les débuts de la décennie marquent un tournant et un choc dans les travaux économiques sur le Québec : le bouquet de publications de 1970-1971 est éloquent. Tant des universitaires que des centrales syndicales, que du Conseil du patronat du Québec, que du Parti québécois, que des ministères du gouvernement québécois, montent un ensemble de travaux qui montrent bien l'explosion des angles de vision et des intérêts soulevés par la crise économique qui s'approfondit[37]. Au début, les universitaires sont hésitants face aux problèmes économiques vécus. Dans les années soixante-dix, on sent même un clivage se creuser entre les *économistes universitaires* du Québec et les *autres économistes* québécois — « professionnels séparés » — qui ne vont pas tarder à se regrouper. C'est la naissance de l'Association des économistes québécois (ASDEQ) en 1976[38].

Sans qu'on s'en soit bien rendu compte à ce moment-là, la scène économique québécoise éclate dans une multitude de directions, tant sous la pousée de l'environnement changeant que des impératifs de la division du travail. On s'évade des trois grands courants et la division du travail prend un tour *méso-économique*[39]. Les chantiers vont se développer à des rythmes inégaux, mais on peut reconnaître six axes méso-analytiques : démographie, production et échange, finance, écologie des groupes et de leurs motivations, État, répartition du revenu et de la richesse[40].

### a) Démographie

À la fin des années soixante, la croissance démographique québécoise chute brusquement et des débats importants commencent à s'amorcer sur les mouvements migratoires par langue entre le Québec et les autres provinces du Canada, ainsi que sur les projets de loi qui veulent faire du français la langue de travail au Québec[41].

On voit aussi à l'INRS-Urbanisation se développer des travaux importants sur Montréal et son tissu urbain, sur les mouvements migratoires, le logement et le développement régional. À l'UQAM, le même genre de travail se fait mais à moindre échelle. C'est l'occasion enfin d'une étude importante sur *L'Urbanisation au Québec* (Québec, 1976) par le Groupe de travail Castonguay, étude qui sera à la source d'une réflexion sérieuse sur la nécessité d'une politique urbaine au Québec. Malheureusement, pour toutes sortes de raisons, le rapport arrive au mauvais moment et il n'aura que peu de suivi[42].

Enfin, on voit se développer une tradition de travaux empiriques sur le marché du travail au Québec. Déjà, Pierre Harvey avait commencé ce genre d'analyse mais, avec les années soixante-dix, le nombre des intéressés se multiplie[43]. Plus tard dans la décennie, à mesure que se développent des travaux sur la balkanisation du « marché du travail », on commence à analyser les disparités de revenus, non seulement entre francophones et anglophones (comme on avait pris l'habitude de le faire dans l'après de la Commission Laurendeau-Dunton), mais aussi entre secteur privé et secteur public et entre hommes et femmes. L'extraordinaire richesse de ce matériel peut ne pas avoir encore résulté en des politiques qui corrigent des écarts souvent difficiles à expliquer, mais il est clair que c'est un domaine où il existe désormais une équipe importante qui a produit des travaux remarqués[44].

Mais il y a plus que la répartition de la population dans l'espace ou que sa composition occupationnelle. Les bouleversements migratoires engendrés par les législations linguistiques des années soixante-dix ont ralenti l'entrée au Québec de gestionnaires anglophones du reste du Canada et accéléré l'exode d'une portion de la gent managériale anglophone de Montréal. Même s'il y a dérive de l'activité économique vers l'Ouest au cours des années soixante-dix, et donc perte de vitesse relative de Montréal par rapport à Toronto, on voit monter à Montréal une génération de managers francophones bien plus jeunes que leurs congénères ontariens. Les implications de ce développement, pour la fin des années soixante-dix et pour le reste du siècle, sont difficiles à mesurer mais très certainement assez fondamentales pour qu'on parle d'un nouveau dynamisme important de l'entrepreneurship québécois[45].

L'analyse démographique va engendrer à la fois un sens de la dynamique des institutions et une appréhension véritable de l'espace vital. Les dimensions démographiques s'insèrent de plus en plus dans les analyses sectorielles; on voit aussi une réalité aussi centrale que le transport — largement occultée dans un espace économique qui en fait pourtant une variable majeure — devenir un centre d'intérêt. Marc Gaudry (entrevue à l'été 1983) montre qu'au Centre de recherches sur les transports mis sur pied à Montréal, on peut créer des instruments d'analyse et de management et des logiciels qui vont avoir preneurs dans le reste du monde.

### b) Production et échange

Le gros de ce que l'on considère comme *science économique conventionnelle* est contenu sour la rubrique « production et échange ». On peut dire aussi que c'est à ce chapitre que la science économique est le plus nettement en crise. On a assisté en début de période à des travaux importants de méso-économie par le laboratoire d'économétrie de Laval. Tadeusz Matuszewski et Marcel Dagenais ont probablement fait plus que quiconque pour opérationnaliser cet appareil d'analyse et le mettre à la portée de l'entreprise[46].

Dans les années soixante-dix, cependant, il ne suffisait pas de calibrer les rapports entre secteurs manufacturiers stables : nous sommes en période de crise. Les ressources naturelles, socle sur lequel repose l'économie québécoise, ne sont que peu étudiées depuis les « Études sur le milieu » des années quarante. Il fadra qu'Antoine Ayoub fonde le GREEN (Groupe de recherche en économie de l'énergie et des ressources naturelles) avant le choc pétrolier de 1973 pour qu'à Laval se développe une équipe d'élite qui analysera les impacts des chocs pétroliers et ensuite les stratégies optimales d'exploitation des ressources naturelles[47].

Les années soixante-dix vont sonner l'informatisation de la société. Mario Polèse et Kimon Valaskakis seront parmi les premiers à voir les conséquences de cette mutation du procès économique québécois[48]. À proportion que la vie économique se dématérialise, la croissance économique cesse d'être synomyme de la grande entreprise. On redécouvre la PME contre les théologies des années cinquante[49]. C'est un peu cette mutation profonde de l'économie, conjuguée à une fiscalité punitive, qui va engendrer une économie souterraine qu'on ignore, qu'on veut ignorer[50].

Dans les années soixante-dix, le gouvernement du Québec va développer toute une série de sommets sectoriels et régionaux qui vont relancer le genre d'études empiriques et descriptives des processus de production et d'échange qu'avaient produites les « Études sur le milieu » des années quarante. L'idée d'un plan va aussi regermer[51]. C'est un amalgame malaisé de ces deux dérives qui se cristallise dans *Bâtir le Québec* en 1979. Ce constat, suivi de l'aubade sur « le virage technologique » en 1982, représentent une sorte de discours volontariste mi-descriptif mi-onirique. On se rend compte que les fondements de l'ordre économique ancien sont meubles mais on n'a pas encore de quoi les remplacer. Le fait qu'on sente le besoin de revenir à un inventaire des ressources matérielles, financières et humaines prend la mesure de notre ingorance du milieu; le fait qu'on puisse croire à la magie des exhortations prend la mesure de notre désarroi. Marcel Côté pourra dire que ce sont les cégépiens vendeurs ambulants de micro-ordinateurs qui vont faire prendre au Québec le virage technologique pendant que les chercheurs et les gouvernements regardaient passer la parade[52].

Par le biais de l'écologie et de certaines études féministes, il y a cependant déblocage des analyses du processus de production : les écologistes forcent les économistes à insérer leurs processus de production et d'échange dans un écosystème plus vaste et les féministes, à prendre en compte, non seulement le processus de production commerciale, mais aussi le processus de production domestique et le processus éminemment central de reproduction[53].

### c) Finance

La variable financière n'avait pas été analysée en profondeur par les économistes avant la fin des années soixante. Le premier document important est probablement le Rapport Parizeau qui paraît en 1969, suivi en 1972 du Rapport Bouchard[54]. Parmi les premières études d'économistes québécois dans la littérature conventionnelle, il faut noter les travaux de Gagnon, Khoury et Ryba[55].

Le secteur financier est construit sur quatre piliers : les banques, les compagnies d'assurance, les sociétés de fiducie et les maisons de courtage. Il s'étend à une grande variété de *produits financiers*, dont l'éventail a évolué considérablement, à proportion que la situation économique inflationnaire, à partir de la fin des années soixante, a commandé des instruments financiers différents[56]. Les analyses de Ryba, en début des années soixante-dix, semblent indiquer que le secteur financier québécois est en perte de vitesse par rapport à son parallèle en Ontario; il en ressort des propositions pour « développer la finance au Québec »[57].

Le sous-procès financier a été scruté de près, surtout après que le diagnostic des causes du ralentissement de la croissance économique dans la seconde moitié des années soixante eut attribué le gros du problème à des investissements privés insuffisants. Quand on a cherché à connaître la cause de ce phénomène, bien des hypothèses ont été mises de l'avant : taille des entreprises québécoises, difficultés d'accès aux ressources financières par les P.M.E., etc.[58]. Malgré le scepticisme des experts, cette idée d'insuffisance des institutions financières reste dans le vent. C'est en partie, peut-être, ce qui devait amener le Québec, non seulement à chercher de nouvelles sources de capitaux dans les régimes de rentes[59], mais encore à encourager le développement de moyens coopératifs de financement dans les années soixante-dix[60]. Tout cela se développe parallèlement à des travaux approfondis sur l'intermédiation financière, qui vont aboutir au rapport du Groupe de travail sur l'épargne au Québec[61].

On va aussi voir, durant cette période, l'introduction par le gouvernement du Québec d'incitations pour la population à s'impliquer dans les marchés financiers par le régime d'épargne-action, par exemple. Voilà qui devait donner la possibilité d'un essor vigoureux et nouveau pour la Bourse de Montréal[62].

### d) Écologie des groupes et de leurs motivations

L'une des nouveautés de l'analyse économique dans l'après 1960, non seulement au Québec mais aussi dans tout l'hémisphère occidental, a été l'extension délibérée de l'analyse économique à toute une famille de réalités socio-politiques ignorées jusque-là par les économistes conventionnels. Les travaux de Mancur Olson, aux États-Unis, allaient proposer une logique de l'action collective en 1965. D'autres travaux, par J. Buchanan et G. Tullock en Virginie, devaient donner naissance à un courant de pensée baptisé *public choice*[63]. Au Québec, ce courant de pensée a eu ses adeptes : Jean-Luc Migué, Gérard Bélanger, Léon Courville, mais bien d'autres aussi, comme Michel Boucher, Richard Carter, Claude Montmarquette, etc.

Le courant de pensée du *public choice* amène les économistes à envahir le champ des sociologues en leur procurant une théorie des agrégats sociaux fondée sur l'individu rationnel. Il en est sorti un grand nombre de travaux expliquant l'émergence et l'activité des groupes stratégiques capables de faire dévier l'allocation des ressources dans leur direction[64]. En parallèle à ces travaux fondamentalement économistiques, s'est développée, depuis les années soixante, une sociologie économique qui a proposé des découpages sociaux bien différents. On connaît les travaux de Jorge Niosi, d'Arnaud Sales, etc.[65]. Mais même les économistes ont été tentés par des découpages sociaux plus macroscopiques[66]. On a aussi voulu utiliser davantage, en économie, certaines variables psychologiques qu'on avait ignorées jusque-là. En particulier, c'est une veine qu'on a voulu exploiter dans les difficiles travaux de prospection à propos de l'entrepreneurship[67]. À ces travaux, il faut évidemment ajouter les découpages nettement macroscopiques inspirés par la tradition marxiste. Ici, le découpage social émane du mode de production et la praxis des groupes découle de la structure de classes[68]. Les liens de ces travaux avec la science économique normale sont ténus.

Si les économistes ont voulu envahir le monde des sociologues, le mouvement inverse s'est aussi produit : certains travaux, comme ceux de Marcel Rioux, sont venus contester les fondements de l'approche économistique[69]. On a aussi commencé à analyser les cultures économiques différenciées, les mouvements populaires dans les diverses régions du Québec, et le tour institutionnel qu'est en train de prendre la négociation sociale au Québec[70].

### e)  L'État

Les travaux économiques ou socio-politiques sur l'écologie des groupes sociaux et leurs motivations débouchent inévitablement sur la scène étatique. C'est que, quelle que soit la stratégie des groupes, l'État, monopoleur de la contrainte publique, est le canal par le truchement duquel on se donne accès à la protection ou à la cartellisation que les groupes recherchent[71].

Les économistes se sont donné une certaine théorie de l'État qui a servi largement dans les travaux de finances publiques et a vite montré ses limites. Si l'on peut dire que bien des travaux sur le processus politique, sur la bureaucratie, sur l'appareil réglementaire et sur les arrangements intergouvernementaux ont été commis par les économistes, il n'est pas certain que les modèles un peu simples qu'on a utilisés jusqu'à maintenant rendent justice à la complexité des phénomènes étudiés[72].

Dans les premiers moments, *i.e.*, à la fin des années soixante, les économistes se sont surtout faits critiques. Les excès de l'interventionnisme ont été censurés[73]. On a montré aussi comment on prenait souvent fort mal la mesure des impacts des politiques publiques : tout en effort de développement de nouvelles mesures et d'études d'impacts s'en est suivi, auquel s'aboutaient des recommandations visant à transformer l'architecture socio-économique des institutions existantes[74].

Dans les années soixante-dix, on s'est montré doublement imaginatif au Québec dans le bon usage de l'État : d'abord pour contrer les effets des crises énergétiques et économiques, mais aussi pour construire le devis de ce que pourrait être une architecture différente d'institutions économiques, dans l'hypothèse d'une séparation du Québec d'avec le reste du Canada[75]. Ces exercices ont fait de l'État non plus une réalité prise comme donnée mais une variable dans le projet de société.

Quant à savoir comment ce nouvel État — qu'on veut dégraisser tout autant que transformer — va prendre forme : quel rôle il réserve aux pouvoirs régionaux et municipaux dans le processus de décentralisation? quels arbitrages nouveaux vont être définis entre les politiques et les bureaucrates? Les travaux des économistes ont déclaré bien des choses, mais sans toujours être convaincants[76]. En particulier, au niveau macrosopique, sur la question de ce que pourrait commander une souveraineté-association, les messages des travaux d'économistes sont demeurés largement énigmatiques quand ils n'étaient pas franchement idéologiques[77].

### f) Répartition des revenus et de la richesse
Une autre nouveauté des analyses économiques dans l'après 1960 a été le développement d'une meilleure compréhension des mécanismes de répartition de revenus et de richesse. Auparavant, on se contentait souvent de considérer la répartition comme le simple verso de la structure de production. Ce n'est plus le cas[78]. L'idée qu'au centre du procès de répartition se trouve un noeud de droits sociaux et l'activité de groupes stratégiques tentant de redistribuer les ressources dans leur direction a commencé, au cours des derniers vingt ans, à préoccuper directement les économistes québécois. C'est surtout à partir de travaux sur le marché du travail qu'on a produit ces conceptualisations nouvelles du processus de répartition : un effort pour mieux comprendre les effets positifs mais aussi les effets pervers de l'aide sociale a eu aussi des conséquences éclairantes pour la politique sociale[79].

L'identification d'un régime de répartition des revenus, qui prend de plus en plus de distance par rapport à l'appareil de production et aux impératifs de productivité, ainsi que la reconnaissance des effets pervers que peuvent avoir les mécanismes de redistribution du revenu et de la richesse n'ont pas pour autant réussi encore à convaincre les gouvernements en place d'effectuer des réformes en profondeur dans ces institutions[80]. Il s'agit d'ailleurs non seulement, faut-il le rappeler, de redistribution entre divers groupes à un moment donné, mais tout autant de redistribution entre générations[81].

C'est ni plus ni moins à un constat d'échec de l'État-providence qu'on est renvoyé par les études qui paraissent surtout après le milieu des années soixante-dix. Cependant, ce n'est pas pour autant le rejet de certaines nécessités de redistribution. La question centrale est de savoir comment on peut effectuer des redistributions jugées essentielles sans pour autant avoir à souffrir des effets pervers engendrés par des interventions de l'État[82].

### 2.3 Le pari sur la méso-analyse

Une nouvelle division du travail économique a été commandée au Québec par les défis majeurs des années soixante et soixante-dix et elle a été rendue possible par l'augmentation des effectifs d'économistes, tant dans les universités que dans les bureaucraties publiques et privées. Il s'en est suivi un approfondissement de la compétence technique que notait Pierre Fortin en 1981; il y a eu aussi redéploiement des ressources humaines dans des directions qui auraient été impensables en 1960. Les économistes, une engeance encore mal connue en 1960, sont devenus omniprésents en 1984.

À l'orée des années quatre-vingt, on aurait pu croire que la profession allait continuer à dériver vers une dominance théorique et méthodologique de plus en plus grande. Il semble cependant que la crise des fondements en science économique, dans les années soixante-dix, conjuguée aux débats « nationaux » de 1980 et à la crise économique éprouvante vécue ici parallèlement ont contribué à infléchir les travaux des économistes québécois au cours des dernières années. Chaque groupe, à sa façon, a voulu lancer de meilleures passerelles entre le savoir académique et les problèmes économiques vécus[83]. Ce grand malaxage a fait que les traditions économiques des trois grands courants, encore si vivaces dans les années soixante au Québec, ont commencé à être érodées. L'École des hautes études commerciales a délaissé de plus en plus sa tradition économiste pour se consacrer à la gestion. À Laval et à Montréal, le tonus et les ambitions restent différents — c'est notable — mais la déviance s'est installée au coeur de l'un et l'autre camp. Convergence il y a.

Les trois départements universitaires qui détenaient le monopole, ou presque, des travaux de science économique au début des années soixante ont maintenant perdu ce monopole. D'autres foyers, à l'ÉNAP, à l'UQAM, etc., tout autant que de multiples centres et groupes de recherche (intra, trans et extra-universitaires), ont maintenant développé compétence et présence sur le chantier. Chacune de ces unités (auxquelles il faudrait ajouter les multiples cellules publiques ou privées qui ont pris le maquis et qui harcèlent la science économique conventionnelle à partir de contrées voisines) a déjà son réseau et ses instruments de diffusion. Cette superposition de réseaux de chercheurs et les produits analytiques et politiques différents qu'ils engendrent ont contribué à perpétuer une certaine image de la tribu des économistes comme, par définition, divisée et fratricide. En fait, il s'agit plutôt d'une multiplicité d'approches complémentaires assises sur des postulats divers et produisant des renseignements additifs sur l'économie québécoise. Après l'éclatement dans toutes les directions, il se pourrait que cette multiplicité d'approches soit en train de se fondre plus ou moins vite en deux grandes familles : d'une part les travaux de *science économique moléculaire*, misant sur l'individualisme méthodologique, et d'autre part les travaux de *science économique molaire*, misant sur un découpage socio-économique plus gros[84].

La première famille est assez homogène et à saveur néo-libérale. Ce qui fait son unité, c'est l'appareil méthodologique puissant qu'elle utilise; mais le type de rationalité sur lequel cet appareil est érigé est assez étriqué. On ambitionne ni plus ni moins que de reconstruire la trame des économies humaines à partir de monades rationnelles. C'est un gambit qui part de la rationalité instrumentale (la *Zweckrationalität* de Max Weber) et qui montre vite ses limites dans l'analyse de macro-mécanismes de coordination[85].

La seconde famille est encore très hétérogène et elle prend l'économie dans son entier comme un système de communication; elle s'enracine dans une autre sorte de rationalité plus substantive (la *Wertrationalität*). L'avantage de cette approche est qu'elle est plus englobante et prend en compte l'énorme importance des conséquences non voulues et non prévues. Sa faiblesse est qu'elle n'a pas été développée de façon aussi systématique que l'autre. Cette seconde problématique, plus ample et plus accueillante, regroupe un ensemble de sous-groupes qui n'ont pas encore réglé leur différends mais qui s'entendent pour travailler au macroscope[86].

Le pari sur la méso-analyse constitue une stratégie de réconciliation efficace des analyses microscopiques de *l'adoption* consciente des individus et des analyses macroscopiques de *l'adaptation* par la trame causale de l'environnement. Après un certain nombre d'interactions adaptation-adoption, l'économie s'institue d'une manière qui devient justiciable d'une analyse qui compose les deux niveaux de réalité. Il semble donc que c'est au niveau des sous-procès esquissés plus haut que cette réconciliation a le plus de chance de s'accomplir, qu'elle est en train de s'accomplir[87].

\*
\* \*

Ce voyage à travers la pensée économique au Québec au cours du dernier quart de siècle, on ne pouvait l'entreprendre qu'avec un grand malaise. Les simplifications commises par les rapporteurs en 1953 et 1962 avaient de quoi décourager même les plus téméraires. Il n'est pas certain que nous ayions fait mieux, mais nos réflexions nous ont amené à redonner tout au moins son importance à la tradition de l'École des hautes études commerciales, qu'on avait déraisonnablement occultée ou mésinterprétée.

Nous avons aussi reconnu, avec Pierre Fortin et Bernard Bonin, les transformations gigantesques qui ont affecté la tribu des économistes québécois : nous avons tenté d'analyser cette évolution. On pourra nous chicaner sur ces quinquennia ou moins que nous avons caractérisés de certains traits un peu vifs. On sera tenté de trouver tout aussi excessive, peut-être, notre image de la scène économiste québécoise de 1984. Rappelons qu'il s'agit de fixer les idées, non pas d'écrire l'histoire définitive d'une période turbulente qui n'a pas fini de s'accomplir.

Si l'on peut dire que *la science économique normale* au Québec est devenue plus sophistiquée et techniquement impressionnante au cours du dernier quart de siècle, nous avons suggéré qu'elle a perdu le sens de ses origines et s'est trop autonomisée par rapport aux cadres sociaux qu'elle se devait de prospecter. En conséquence, *l'économie québécoise en tant que processus institué* est devenue un terroir *relativement* moins bien connu en faits, un chantier déserté par moments, où se sont introduits petit à petit d'autres travailleurs venant d'autres galeries pour répondre aux questions économiques centrales posées par les crises ou les projets de société. En fin de période, la science économique québécoise était éclatée et plurielle.

Dans notre effort pour comprendre comment on en était arrivé là, nous sommes revenus aux trois grands courants qui, en 1960, avaient un certain monopole sur la production de travaux économiques sur le Québec, et nous avons montré comment ces courants en étaient venus à être remplacés par des axes de travaux sur divers sous-procès de la socio-économie québécoise. L'examen de ces sous-procès devait révéler en même temps la richesse des travaux accomplis, la multiplicité des perspectives et les éléments d'une convergence possible et probable des esprits autour de ces axes méso-économiques devenus des points de ralliement susceptibles de réconcilier les points de vue.

La grande crise de la science économique dans les années soixante-dix a été *une crise d'abstraction*[88]. Mais il semble bien qu'il y ait eu au Québec des forces socio-politiques qui, peut-être, ont protégé sans qu'on s'en rende bien compte les économistes québécois contre cette fièvre dangereuse. La crise de 1982 a fait le reste. Il ne nous reste maintenant qu'à trouver le terrain susceptible de faire que les spécialistes de sciences humaines, y compris les économistes, puissent recommencer à travailler aux problèmes de leur société plutôt que de poursuivre les indulgences de leur discipline[89]. Ce terrain, nous croyons que ce peut être celui de la méso-analyse : un terrain qui n'a pas encore été normalisé. Il en est qui crieront à l'imprudence : pourquoi abandonner des chantiers micro et macro-économiques bien ordonnés et normalisés pour les eaux troubles d'une méso-économie qui reste à construire? À ceux-là, il faut rappeler les enseignements de Gaston Bachelard : « Dans le règne de la pensée, l'imprudence est une méthode. Il n'y a que l'imprudence qui peut avoir un succès. Il faut aller le plus vite possible dans les régions de l'imprudence intellectuelle. »[90] Il reste seulement à convaincre les économistes de jeter leur béquilles : comme l'a écrit Joe Bousquet, « il n'est pas trop tôt pour cueillir le fruit dont l'ignorance est la saveur »[91].

## NOTES ET RÉFÉRENCES

1. J.-C. Falardeau (éd.), *Essais sur le Québec contemporain*, Québec, PUL, 1953; F. Dumont et Y. Martin (éds), *Situation de la recherche sur le Canada français, Recherches sociographiques*, III. 1-2, 1962.

2. G. Paquet, *Histoire économique du Canada*, Société Radio-Canada, 1980-1981, cahier 10.

3. A. Raynauld, « Recherches économiques récentes sur la province de Québec », dans : F. Dumont et Y. Martin (éds), *op. cit.*, pp. 61-63.

4. P. Fortin, « La recherche économique dans les universités du Québec français : les sources de rupture avec le passé et les défis de l'avenir », dans : G.-H. Lévesque *et al.*, *Continuité et rupture : Les sciences sociales au Québec*, Montréal, PUM, 1984, I : 161-171.

5. B. Bonin, « Une mesure de notre taille », *L'Actualité économique*, LVII, 3, 1981 : 278-286.

6. Ce sont les grands moments du premier Comité Castonguay sur l'assurance-santé, les travaux d'économie sociale de la Commission Laurendeau-Dunton, etc. Le fameux *Plan de développement* du Bureau d'aménagement de l'Est du Québec (BAEQ) (Québec, 1966) est un classique du genre et de la période. Tous ne sont pas emportés par l'euphorie mais même les travaux critiques sont dans la foulée d'un ordre du jour à saveur sociale. (A. Breton, « The economics of nationalism », *Journal of Political Economy*, LXII, 4, 1964 : 376-386. A. Raynauld, *La propriété des entreprises du Québec*, Ottawa, 1967; document de la Commission Laurendeau-Dunton. A. Faucher et G. Paquet, « L'expérience économique du Québec et la Confédération », *Journal of Canadian Studies*, I, 3, 1966 : 16-30.)

7. Pour une radiographie de cette période, voir : G. Paquet, « Bilan économique d'une dépendance », *Autrement*, 60, 1984 : 29-36. Pour un compendium de données sur cette période, voir : M. Daneau, « Évolution économique du Québec, 1950-1965 », *L'Actualité économique*, XLII, 1, 1966 : 659-692.

8. Rappelons qu'entre 1951 et 1966, deux millions de Québécois vont naître et qu'en 1966, un Québécois sur trois a moins de quinze ans. P. Fréchette, R. Jouandet-Bernadat et J.-P. Vézina (*L'économie du Québec*, Montréal, HRW, 1979) analysent la discontinuité importante du milieu des années 1960.

9. C'est la période où l'on voit se créer le GREEN (énergie), GAMMA (prospective), l'INRS-Urbanisation, le LABREV (emploi et revenu) à l'UQAM, etc. : autant d'expériences plus ou moins en marge de la science économique à l'anglo-saxonne qui est la « science normale ». Un bon constat de la crise des structures est fait dans : C. Ryan (éd.), *Le Québec qui se fait*, Montréal, HMH, 1971. Les besoins de stratégie industrielle commencent à être discutés (A. D'Amours, « Pour une stratégie du développement industriel au Québec », *L'Actualité économique*, XLIX, 4, 1973 : 585-592). La crise de l'énergie et ses impacts sont à l'ordre du jour (F. Martin, « Effets de la crise de l'énergie sur la croissance économique de Montréal et du Québec », *L'Actualité économique*, L, 3, 1974 : 351-361). Sur la mutation dans l'économie mondiale, voir : G. Paquet, « Les mutations de notre économie-monde : des révolutions sans miracles », *Études internationales*, XIV, 3, 1983 : 413-431.

10. On pourra se référer aux travaux du groupe *Accent Québec* de l'Institut C.D. Howe qui refait pendant un court moment seulement — et il faut le regretter — le lien avec les travaux d'enquête sur le milieu des années 1940. On peut se référer aussi aux travaux du groupe de recherche animé par Bernard Bonin pour le gouvernement du Québec. En macroéconomie, on se référera aux travaux de Pierre Fortin, d'Henri-Paul Rousseau, d'Yves Rabeau, etc., tant dans

les revues spécialisées que dans les divers rapports gouvernementaux auxquels ils ont participé. Pour la PME, voir : « Les petites et moyennes entreprises au Québec », numéro spécial de *Développement-Québec*, VI, 4, 1979, et Y. Gasse (éd.), *L'entrepreneurship et la PME au Québec*, Montréal, Cahiers de l'ACFAS, 1981.

11.    J.-L. Migué, *L'économiste et la chose publique*, Québec, PUQ, 1979. L'itinéraire de Migué est en un sens exemplaire : la dérive depuis ses travaux à saveur nationaliste (dans *Le Québec d'aujourd'hui : regards d'universitaires*, Montréal, HMH, 1971) et de la fin des années 1960, passant par une critique de certains fondements de la social-démocratie (J.-L. Migué et G. Bélanger, *Le prix de la santé*, Montréal, HMH, 1972), en arrive à une position libérale, critique d'à peu près toutes les interventions de l'État. On pourrait de la même manière étudier la « conversion » d'André Raynauld. Pour un autre exemple de cette nouvelle réalité, voir : L. Courville *et al.*, *L'économie démystifiée*, Montréal, Chenelière-Stanké/HEC, 1981.

12.    Les travaux de Pierre Fortin et d'Yves Rabeau (entre autres) sont dans ce registre.

13.    Le départ d'une couche d'entrepreneurs anglophones et l'exode des sièges sociaux de Montréal, dans la dernière portion des années soixante-dix, devaient créer un vide que les jeunes entrepreneurs francophones ont vite comblé. Ce qui fait que la bouffée d'entrepreneurship privé observée en régions périphériques au niveau des PME, dans les années soixante et soixante-dix, est vécue au niveau de la plus grande entreprise à Montréal au cours de la dernière décennie. Bien des cadres formés dans les grandes sociétés d'État des années soixante devaient d'ailleurs se retrouver à la direction de ces grandes entreprises. L'encouragement du gouvernement québécois a évidemment porté à conséquence dans ce processus.

14.    L'idée que l'université a perdu le monopole de la connaissance sérieuse en sciences économiques est assez révolutionnaire pour qu'on tente encore de l'occulter. Cependant, l'expertise développée dans les grandes bureaucraties publiques et privées (les ministères ou les boîtes de génie-conseil) ainsi que dans les boîtes de consultation en général a remis en question l'hégémonie du savoir universitaire. La crise de la pensée économique dans les années soixante-dix a donc suscité, non seulement un bouillonnement d'épistémologies nouvelles à l'intérieur des universités, mais aussi l'émergence d'une pensée économique professionnelle originale et éclairante *hors les murs* de l'université. Un exemple récent : R. Miller et M. Côté, « Growing the next Silicon Valley », *Harvard Business Review*, LXIII, 4, 1985 : 114-123; pour un examen des modifications institutionnelles que ces développements devraient commander, voir : G. Paquet, « The optimal amount of coercion is not zero », dans : J.-P. Souque et J. Trent (éds), *Social Science Research in Canada. Stagnation or Regeneration?*, Ottawa, The Science Council of Canada, 1985 : 98-115.

15.    On pourrait penser qu'il est normal que les divers départements ou groupes de recherche en économie profitent d'avantages comparés et qu'il y ait donc spécialisation dans des sujets d'études par le regroupement des experts dans certaines questions. De fait, tel est le cas avec le GREEN à Québec, avec l'INRS-Urbanisation, avec le Groupe de recherches sur les transports à Montréal, etc. Mais il est moins facile d'expliquer, sans un recours à une certaine sociologie de la science, les épistémologies différentes parallèles qui persistent assez longtemps à l'Université de Montréal, à l'UQAM, à Laval, etc. Là, ce sont souvent les effets cumulatifs d'un processus de recrutement et d'engagements qui ont fait que des perspectives radicalement différentes en sont venues à caractériser ces départements.

16.    Il s'agit d'un phénomène qui a frappé non seulement la science économique mais toutes les sciences humaines. Voir : G. Paquet, « Two tramps in mud time: Social sciences and humanities in modern society », dans : B. Abu-Laban et B.G. Rule (éds), *The Human Sciences*, Edmonton, University of Alberta Press, 1988.

17.    On chercherait avec malaise des contingents importants d'experts, même sur des sujets qui sont au centre des préoccupations de l'économie québécoise, comme les pêches ou les

forêts. Dans ces deux cas, comme me le faisait remarquer Gérard Bélanger, une comparaison avec la Colombie-Britannique est déprimante. Un autre indice peut être la sous-représentation des Québécois dans le personnel de recherche économique de la Commission MacDonald. Finalement, il faut noter que la Commission MacDonald, même hors-Québec, n'a pas été sans avoir des difficultés à trouver au Canada des chercheurs économistes dans certains secteurs clés; elle s'en est plainte ouvertement d'ailleurs. (*Rapport final*, II, ch. 18, p. 755.)

18.   On a peut-être trop critiqué certains des premiers travaux maladroits ou idéologiqués de l'OPDQ (Office de planification et de développement du Québec). Il faudrait, en contraste, noter les travaux sophistiqués du Bureau de la statistique du Québec, ceux faits en collaboration avec les universités dans les ministères (Affaires sociales, Énergie, Travail et main-d'oeuvre, pour n'en citer que quelques-uns). Ces travaux ont permis de développer une expertise *interne* qui souvent ferait rougir les universitaires, si jamais on permettait à ces compétences plus pointues de venir corriger certains raccourcis des enseignements universitaires dans leurs domaines.

19.   Ceux qui lisent *PMO* ou *Gestion* ne se retrouvent pas dans la clientèle d'*Interventions économiques* et ni les uns ni les autres ne lisent la *Revue canadienne d'économique.*

20.   On a pu suggérer que *L'Analyste* joue, dans les années quatre-vingt, un rôle semblable à celui de *Cité libre* au début des années cinquante. Alors que celle-ci réclamait une présence plus grande de l'État dans un monde qui la refusait pour des raisons idéologiques, *L'Analyste* veut corriger l'excès d'État entraîné par trente ans d'interventionnnisme. La publication d'un manifeste anarcho-capitaliste (P. Lemieux, *Du libéralisme à l'anarcho-capitalisme*, Paris, PUF, 1983) et la création en 1985 d'une filiale de l'Institut économique de Paris à Montréal semblent confirmer cette tendance en l'instituant.

21.   Pour un éventail possible d'institutions de recherche nécessaires, voir : G. Paquet, « The optimal amount... », *op. cit.*, pp. 108-111. Le programme d'actions structurantes du Ministère de l'enseignement supérieur et de la recherche tente de financer l'implantation de centres d'excellence mettant l'accent sur les besoins du milieu et sur l'interdisciplinarité.

22.   Encore une fois, il s'agit d'un phénomène qui déborde les frontières du Québec mais dont les effets sont merveilleusement illustrés, comme en laboratoire, dans l'enclave culturelle québécoise. Pour une version moins locale des mêmes effets désastreux, voir : H. Katouzian, *Ideology and Method in Economics*, New York, New York University Press, 1980.

23.   La Liste des interviewés donne une bonne idée de la couverture :
       1982 : François-Albert Angers (HEC), Roland Parenteau (HEC/ÉNAP), Bernard Bonin (HEC/ÉNAP), André Raynauld (Montréal), Maurice Bouchard (Montréal), Marcel Dagenais (Montréal/HEC), Léon Courville (HEC), Albert Faucher (Laval), Maurice Lamontagne (Laval), Jean-Luc Migué (Laval/ÉNAP).
       1983 : Gérard Bélanger (Laval), Pierre-Paul Proulx (Montréal), Rodrique Tremblay (Montréal), Robert Lévesque (Montréal/HEC), Robert Lacroix (Montréal), Pierre Fréchette (Laval), Pierre Fortin (Laval), Henri-Paul Rousseau (UQAM/Laval), Marc Gaudry (Montréal).
       1984 : Roger Dehem (Laval/Montréal), Tadeusz Matuszewski (Laval/Montréal), Antoine Ayoub (Laval), Kimon Valaskakis (Montréal).
       1985 : Jorge Niosi (UQAM), Jacques Henripin (Montréal), Gérard Dion (Laval), Jacques Dufresne (Cégep d'Ahuntsic), Mario Polèse (INRS-Urbanisation), Roger Blais (Polytechnique), Yvon Gasse (Sciences administratives, Laval), Daniel Latouche (McGill), Marcel Côté (Secor), Louise Vandelac (UQAM), Marcel Rioux (Montréal).

24.   Ces entrevues ont été diffusées dans le cadre de l'émission *Le magazine économique*, le samedi après-midi, sur la chaîne nationale AM de Radio-Canada, entre le 3 juillet 1982 et le 17 août 1985.

25.   Le texte de ces entrevues est reproduit en troisième partie du présent ouvrage.

26.   Cette caractérisation simple en trois courants ne veut que fixer les idées : un tel découpage ne saurait enregistrer la variété des équipes ou les recoupements évidents dans certains secteurs. Plutôt que de territoires exclusifs et étanches, il s'agit de centres de gravité repérables, de directions générales plus ou moins bien affirmées ou ressenties.

27.   F.-A. Angers, « Naissance de la pensée économique au Canada français », *Revue d'histoire de l'Amérique française*, XV, 2, 1961 : 204-229.

28.   Entrevues avec André Raynauld (été 1982) et Roger Dehem (été 1984).

29.   F.-A. Angers, *op. cit.*, pp 225-226. Dans les mots d'Angers, Montpetit « a installé au coeur même du Canada français, une conception de la science économique dont l'École des hautes études commerciales garde [en 1961, quand Angers écrit] la marque apparemment indélébile. Une science économique orientée vers la compréhension des situations concrètes plutôt que vers les jongleries d'abstraction pure ou les uchronies; science ensuite appliquée à promouvoir le mieux-être de la collectivité dans ses dimensions aussi bien nationales que sociales. »

30.   Entrevue avec François-Albert Angers (été 1982).

31.   On se reportera aux travaux de Minville des années 1930. E. Minville, *Plan et aménagement : les données fondamentales*, Montréal, Fides/HEC, 1981. R. Parenteau, « L'expérience de la planification au Québec (1960-1969) », *L'Actualité économique*, XLV, 4, 1970 : 679-696.

32.   On peut mesurer l'écart entre la perspective de Georges-Henri Lévesque et celle d'Esdras Minville dans la brochure : *Pour la restauration sociale au Canada*, Montréal, École sociale populaire, 232-233, 1933. Disons qu'on peut faire de ces travaux une lecture moins étroite et idéologisée que celle que commettait P.E. Trudeau dans *La grève de l'amiante*, Montréal, Cité libre, 1956, pp. 41ss. À des vues nationalistes étroitement bornées correspondent souvent des vues anti-nationalistes qui ne le sont pas moins. En particulier, Trudeau évacue bien vite l'analyse de Minville. Voir : F.-A. Angers, « La pensée économique d'Esdras Minville », dans : R. Comeau (éd.), *Économie québécoise*, Montréal, PUQ, 1969 : 465-483. Pour un examen des points de vue de Lévesque et Minville, voir : G. Baum, *Catholics and Canadian Socialism*, Toronto, Lorimer, 1980, chap. 6.

33.   Ceux qui vont asseoir le travail économique à la Faculté des sciences sociales vont être surtout Albert Faucher (entrevue, été 1982), un disciple de Innis, et Maurice Lamontagne (entrevue, été 1982), un disciple de Keynes à travers Hansen à Harvard. Innis et Keynes ont des vues sceptiques sur les mécanismes autorégulateurs du marché. L'un et l'autre sont amenés à rejeter, d'une manière claire, la notion d'un marché parfait auquel on pourrait s'en remettre pour allouer les ressources. L'un et l'autre devaient d'ailleurs développer des versions de rechange du mécanisme des prix. (R. Neill, *A New Theory of Value. The Canadian Economics of H.A. Innis*, Toronto, University of Toronto Press, 1972; M. Morishima, *The Economics of Industrial Society*, New York, Cambridge University Press, 1984.) Il y aura donc, à Québec, une dynamique économique de rechange qu'on va tenter de développer selon ces axes; on sera amené à une autre sorte d'interventionnisme que celui qui émane de HEC, parce que la loyauté fondamentale au libéralisme, qui est grande aux HEC, n'a pas la même force ici.

34.   BAEQ, *Plan de développement*, Québec, 1966, cahiers II à VIII.

35.   R.-J. Bédard, *L'essor économique du Québec*, Montréal, Beauchemin, 1969. Il s'agit d'un recueil d'articles fortement inspirés par la tradition HEC, enrichi de quelques articles qui ne la contredisent pas.

36.   On retrouve à Montréal Pierre-Paul Proulx (entrevue, été 1983), Robert Lévesque (entrevue, été 1983), Yves Rabeau, Robert Lacroix (entrevue, été 1983), dont les travaux plus empiriques et enracinés dans les problèmes locaux pourraient fort bien s'inscrire dans les autres

courants; par ailleurs, Léon Courville (entrevue, été 1983) pourrait lui aussi être aussi bien à Montréal, à Laval, qu'aux HEC; en un mot, les frontières s'estompent. En fait, Rabeau passe des HEC à Montréal; Marcel Dagenais (entrevue, été 1982) va commencer à Montréal, faire un séjour aux HEC puis revenir à Montréal avant de retourner à Québec, etc.

37.   Il est évidemment un peu odieux de choisir, mais les publications suivantes donnent bien le sens du changement noté : A. Faucher, *Histoire économique et unité canadienne*, Montréal, Fides, 1970. R. Durocher et P.-A. Linteau, *Le « retard » du Québec et l'infériorité économique des Canadiens-français*, Montréal, Boréal Express, 1971. J.-L. Migué (éd.), *Le Québec d'aujourd'hui...*, *op. cit.* CSN, *Il n'y a plus d'avenir pour le Québec dans le système économique actuel*, Québec, 1971. FTQ, *L'État, rouage de notre exploitation*, Montréal, 1971. Conseil du patronat du Québec, *Détruire le système actuel?*, Montréal, Les Affaires, 1972. Parti québécois, *La souveraineté et l'économie*, Montréal, Jour, 1970. G. Lebel, *Horizon 1980*, Québec, Ministère de l'industrie et du commerce, 1970. B. Higgins, F. Martin et A. Raynauld, *Les orientations du développement économique régional dans la province de Québec*, Ottawa, Ministère de l'expansion économique régionale, 1970; on devait d'ailleurs tenir un débat sur cet ouvrage : le compte rendu a été publié dans *L'Actualité économique*, XLVII, 1, 1971, R. Tremblay, *Indépendance et marché commun Québec/États-Unis*, Montréal, Jour, 1970. R. Dauphin, *Les options économiques du Québec*, Montréal, Jour, 1970.

38.   Le congrès de fondation de l'ASDEQ se tient à Québec en avril 1976. Même s'il est un peu snobé par les universitaires, ce congrès établit une base nouvelle pour un réseau d'économistes qui va, plus tard dans les années soixante-dix, refaire un lien synergétique important avec les économistes universitaires. En fait, les colloques de l'ASDEQ vont devenir des événements importants permettant de jeter une passerelle entre les uns et les autres. Ces congrès et les actes de colloque qui en découlent vont forcer l'attention des universitaires sur les priorités du débat socio-politique. Voir les comptes rendus des premiers colloques : Économie et indépendance (1977), *Qui décide au Québec? Les centres de décision de l'économie québécoise* (1978) et *Problèmes actuels de l'économie québécoise* (1978).

39.   Pour des éclaircissements sur la méso-analyse et les perspectives méso-analytiques, voir : G. Paquet et J.-P. Wallot, « Pour une méso-histoire du XIX^e siècle canadien », *Revue d'histoire de l'Amérique française*, XXXIII, 3, 1979, pp. 419ss; aussi : G. Paquet, « A political economy perspective of the early 1980s », dans : C.A. Barret (éd.), *Key Economic and Social Issues of the Early 1980s*, Ottawa, Conference Board of Canada, 1980 : 71-81. Il s'agit d'une approche qui cherche à découper la socio-économie en tant que « processus institué » (Polanyi) en sous-procès analysables de manière plus ou moins autonome. Avec les années soixante-dix, au Québec, c'est l'arrivée d'effectifs plus nombreux, c'est une division plus fine du travail qui permet de dépasser les grandes fresques ou les fixations sur le détail analytique (sur « le squelette mathématique », comme dirait Morishima). Entre la grande perspective (qui n'est pas sans rappeler celle de Minville) que propose par exemple Maurice Saint-Germain (*Une économie à libérer : le Québec analysé dans ses structures économiques*, Montréal, PUM, 1973) et les travaux pointus sur le tourisme à Montréal, sur les fonctions de production agricole au Québec ou sur certains secteurs particuliers à la Direction des études industrielles du MIC, on voit se profiler l'émergence de chantiers de moyenne dimension au niveau méso.

40.   La socio-économie québécoise peut être décomposée en sous-systèmes à la condition qu'on se rappelle bien que le cadre international les commande tous un peu, comme c'est toujours le cas dans une petite économie ouverte. Les six sous-procès sont autant de *sous-jeux* fondamentalement séparables, chacun avec ses règles propres mais changeantes, se superposant, s'intégrant et se combinant pour composer un grand jeu décalquant des secteurs caractérisés par un même tonus dans une économie donnée ou des périodes déterminées pour un même régime de fonctionnement. Ce découpage est une version modifiée de celui suggéré par J. Akerman, Ekonomisk Teori, II. On a montré comment cet instrument de prospection pouvait être utilisé dans : G. Paquet et J.-P. Wallot, « Sur quelques discontinuités dans l'expérience socio-économique québécoise : une hypothèse », *Revue d'histoire de l'Amérique française*, XXXV, 4, 1982 : 483-521.

41.  Il s'agit de travaux développés en bonne partie par l'équipe qui a mûri autour de Jacques Henripin mais les économistes vont participer activement au débat. On les retrouve autour de la Commission Gendron au début des années 1970. François Vaillancourt a colligé un recueil de textes (*Économie et langue*, Québec, Éditeur officiel du Québec, 1985) qui regroupe des écrits produits entre la fin des années soixante et le début des années qustre-vingt. On y retrouve des textes de M. Boucher, C.F. Sabourin, A. Breton, F. Vaillancourt, R. Lacroix, G. Grenier, etc., en plus d'une bibliographie assez complète.

42.  Les travaux de Jean-Claude Thibodeau, Marc Termote, Mario Polèse (entrevue, été 1985) et de bien d'autres de l'INRS mériteraient qu'on s'y attarde ici. La structuration de l'espace urbain, le déploiement spatial du développement, les mouvements migratoires et un peu de prospective vont être les thèmes dominants de l'INRS entre 1970 et 1983. À l'UQAM, c'est surtout autour de Joseph Chung que ce travail progresse. Pour ce qui est du rapport sur l'urbanisation au Québec, il porte la marque de Gérard Bélanger (entrevue, été 1983) et de Fernand Martin.

43.  Pierre Harvey avait été l'un des premiers à examiner de façon comparative les taux de chômage entre le Québec et le reste du Canada dans les années cinquante. Mais c'est seulement dans les années soixante-dix qu'il y a regain d'intérêt très important dans ce secteur. Il faut souligner le rôle de catalyseur dans ce chantier, comme dans bien d'autres, d'André Raynauld, qui, durant son séjour comme président du Conseil économique du Canada dans les années soixante-dix, va promouvoir beaucoup de travaux par des économistes québécois. D'autres documents importants ont été le projet de Livre blanc sur une politique québécoise de main-d'oeuvre et le Livre brun sur les ressources humaines du Ministère de l'immigration du Québec (1975), qui porte la marque de Bernard Bonin.

44.  Les travaux de Robert Lacroix et Jean-Michel Cousineau, ceux de Jac-André Boulet du Conseil économique du Canada et de François Vaillancourt, ainsi que le travail de C. Verret de la Durantaye et de Louise Vandelac (entrevue, été 1985), montrent clairement que la notion d'*un* marché du travail est morte. On est maintenant passé à l'étape des politiques pour assouplir les relations entre ces marchés du travail balkanisés. En fin de période, on voit se créer l'Institut de recherche appliquée sur le travail qui va produire beaucoup d'études empiriques. On voit aussi l'OPDQ commencer à s'intéresser au chômage des jeunes.

45.  L'entrevue de Marcel Côté (été 1985) est éclairante à ce propos. Pour ce qui est de l'évolution de l'entrepreneurship québécois. J.-M. Toulouse, *L'entrepreneurship au Québec* (Montréal, Fides/HEC, 1979) contient une bonne bibliographie. Les travaux plus récents à la Faculté des sciences de l'administration de Laval (la Fondation Jacques-Gagnon et son animateur, Yvon Gasse) sont aussi à souligner. Un vaste projet sur la PME est également en pleine expansion à l'UQAM.

46.  Tadek Matuszewski (entrevue, été 1984), à Montréal d'abord, puis dans son Laboratoire d'économétrie de Laval, a non seulement formé toute une génération d'économètres québécois, mais a aussi ajusté l'appareil d'analyse des tableaux inter-industriels à des usages managériaux. Marcel Dagenais (entrevue, été 1982) a été probablement le premier économètre de crû local.

47.  Le forum du GREEN va vite devenir international à proportion que les problèmes d'énergie vont s'aggraver. Puis, avec Jean-Thomas Bernard et Gérard Gaudet (en collaboration avec P. Lasserre de Montréal), va se créer autour d'Ayoub une équipe, non seulement spécialisée dans l'économie de l'énergie, mais dans tout le secteur des ressources naturelles. (Entrevue avec Antoine Ayoub, été 1984.)

48.  Les travaux de Polèse (entrevue, été 1985) sur ces questions remontent au début des années soixante-dix. Voir : M. Polèse et P. Toupin, « L'évolution de la hiérarchie tertiaire des villes », *L'Actualité économique*, XLVIII, 3, 1972 : 398-413. Cette dématérialisation de la vie économique est déjà au centre de : S. Langdon et G. Paquet, *The Multinational Enterprise and the Labour Process: A Provisional Analytical Framework*, Paris, OCDE, 1976. Elle est aussi une variable centrale dans : P.-A. Julien, P. Lamonde et D. Latouche, *Québec 2001 : une*

*société refroidie*, Québec. Boréal Express, 1976. Aussi : K. Valaskakis, *The Information Society*, Montréal, GAMMA, 1979. Plus récemment : A. Cossette, *La tertiarisation de l'économie québécoise*, Chicoutimi, Gaëtan Morin, 1982.

49. On se reportera ici aux quelques références mentionnées en note 10. Les travaux d'Yvon Gasse (entrevue, été 1985) mais aussi du Groupe québécois de prospective — une quarantaine de chercheurs travaillant en 1977 à l'étude commanditée par l'OPDQ sur *La prospective socio-économique du Québec* (Québec, Éditeur officiel du Québec, 1977, 27 tomes) — ont montré la transformation de la notion d'entreprise et le dynamisme de la PME au Québec. Voir : le Groupe québécois de prospective (R. Jouandet-Bernadat, R.-A. Blais, P. Dansereau, P. Fréchette, P.-A. Julien, K. Valaskakis), *Le futur du Québec au conditionnel*, Chicoutimi, Gaëtan Morin, 1982, pp. 103ss. Il est instructif de contraster les propos de ces chercheurs québécois modernes avec ceux de P.E. Trudeau dans : *La grève de l'amiante, op. cit.*, pp. 29ss. Plus récemment, l'émergence de groupes de recherche sur les petites et moyennes organisations, à Trois-Rivières et à Chicoutimi, a montré l'ampleur du phénomène.

50. Les travaux d'*Accent Québec* (et en particulier ceux de Gérard Bélanger) ont exposé la fiscalité punitive du Québec. Il a fallu plus de temps cependant pour qu'on se mette à en mesurer les conséquences, non seulement sur l'offre de travail, mais sur le « noircissement » du travail. Les travaux d'André Joyal et de son groupe à Trois-Rivières, de Pierre Fréchette à Laval, de Pierre Lamonde à l'INRS et de Mireille Éthier pour la Commission MacDonald ont cependant montré, à l'évidence, la croissance de l'économie informelle, d'une économie souterraine ignorée par les statistiques officielles mais dynamique et entrepreneuriale.

51. En 1974, le Ministère de l'industrie et du commerce produit son document *Une politique économique québécoise*. On y traite de réorganisation et de modernisation de l'industrie. Ce document marque une césure : après les années 1960 axées sur les investissements sociaux, le rapport du MIC insiste maintenant sur « le développement économique par et pour les Québécois » : la priorité nouvelle est l'économie, et l'entreprise privée est considérée explicitement comme son moteur. C'est le coup d'envoi pour la PME : on peut y voir le début de l'ère nouvelle qui en fait le fer de lance de l'économie au Québec. Tous ne sont pas d'accord, ainsi qu'en fait foi le symposium de *L'Actualité économique* (L, 4, 1974 : 549-571) organisé pour débattre de ce document.

52. Entrevue avec Marcel Côté (été 1985). On trouve peu de traces de la technologie économique québécoise avant les années quatre-vingt. Ce n'est qu'avec la publication du document du gouvernement québécois sur le virage technologique, en 1982, avec son programme d'action pour la période 1982-1986, que le thème se popularise. La revue *Gestion* va livrer presque une douzaine d'articles sur le sujet en 1983, alors qu'on en repérait à peine cinq entre 1977 et 1982. Auparavant, c'est surtout chez les scientifiques que se faisait la prospective technologique. On pourra lire avec profit le résultat des travaux du comité-conseil sur le sous-système de la science et de la technologie, à l'intérieur du grand projet de l'OPDQ sur la prospective du système socio-économique québécois. En particulier, le compte rendu de la réunion du 22 juin 1976 à Polytechnique est éclairant. C'est dans cet esprit qu'il faut aussi noter la création, à la fin des années soixante-dix, de l'Institut national de productivité. Un des artisans de la première heure sur ce vaste chantier a été Roger Blais (entrevue, été 1985).

53. On ne saurait trop insister sur l'importance du projet de prospective socio-économique du Québec lancé en 1976. On peut en discerner les contours dans la synthèse d'ensemble de la première étape publiée par l'OPDQ à l'automne 1977 ou dans la synthèse publiée en fin de projet, en 1982 (*Le futur du Québec au conditionnel, op. cit.*). Cela révèle l'impact de la problématique écologiste. Voir aussi l'entrevue avec Jacques Dufresne à l'été 1985. Pour ce qui est des travaux des féministes, voir : L. Vandelac *et. al.*, *Du travail et de l'amour*, Montréal, Saint-Martin, 1985. Ce travail sur la production domestique amorcé par le Conseil du statut de la femme a non seulement débouché sur le document Vandelac mais aussi entraîné le dépassement de celui-ci en des travaux, qui prennent forme ces temps-ci, sur le processus de reproduction humaine en tant que phénomène socio-économique (Louise Vandelac, entrevue à l'été 1985).

54. *Rapport du Comité d'étude sur les institutions financières* (Rapport Parizeau), Québec, 1969. *Étude sur l'industrie des valeurs mobilières au Québec* (Rapport Bouchard), Québec, 1972.

55. Le gros des travaux sur la finance au Québec a été fait pendant longtemps par des comptables et des maisons spécialisées. Les économistes financiers - comme groupe distinct - ne paraissent sur la scène qu'assez tard, encore qu'on puisse voir de façon continue une sorte de chronique de la chose financière dans les colonnes de *L'Actualité économique* depuis les années vingt. Les analyses techniques ne viendront que dans les années soixante et soixante-dix. Par exemple : J.-M. Gagnon, N. Khoury et L.-M. Asselin, « Quelques observations sur le choix d'une institution de dépôts par les ménages du Québec métropolitain ». *L'Actualité économique*, XLVIII, 3, 1972 : 503-518. A. Ryba, « Le secteur financier et le développement économique du Québec », *L'Actualité économique*, L, 3, 1974 : 379-401. P. Briant et G. Whitaker, « Le système financier montréalais : quelques lacunes », L'Actualité économique, L, 3, 1974 : 401-415.

56. Avec l'inflation, on a vu sourdre des « marchés à terme » dans le secteur financier, des hypothèques à taux flottant, des comptes de banque portant intérêt quotidien, etc. Cette ribambelle de produits financiers nouveaux devait d'ailleurs introduire beaucoup de flottement dans le partage du terroir financier : alors que les quatre piliers étaient réglementés différemment et séparément en début de période, on parle de plus en plus d'un cadre réglementaire unifié en fin de période. J.-M. Gagnon et N. Khoury, *La réglementation du marché des capitaux*, Chicoutimi, Gaëtan Morin, 1979. Voir aussi le Livre vert de Madame Barbara McDougall, en 1985.

57. A. Ryba, *op. cit.*, pp. 391ss.

58. Ces constats émergent de l'analyse de P. Fréchette, R. Jouandet-Bernadat et J.-P. Vézina, *op. cit.* mais aussi de *Bâtir le Québec*, Québec, Éditeur officiel du Québec, 1979. Même si on a remis en question l'efficience des marché financiers et si on a voulu créer des institutions financières nouvelles pour répondre à des besoins régionaux et sectoriels supposément mal servis par les grandes institutions nationales, il faut dire que, pour des analystes comme Gagnon et Khoury, ce diagnostic n'est pas recevable en général. Il se peut que certains coûts de transaction en arrivent à créer des problèmes aux PME québécoises, mais cela n'expliquerait pas le problème fondamental des investissements privés insuffisants.

59. En 1965, le Québec crée la Caisse de dépôt et placement du Québec pour administrer les fonds des régimes de retraite et d'assurance publics. L'objectif est double : assurer la rentabilité des placements certainement, mais aussi *contribuer à l'essor économique du Québec.*

60. On ne dira jamais assez comment les gouvernements du Québec ont encouragé, surtout après 1976, le mouvement coopératif dans le domaine financier. (C. Archibald, *Un Québec corporatiste?*, Hull, Asticou, 1983, pp. 256ss.)

61. *L'Épargne, Rapport du Groupe de travail sur l'épargne au Québec*, Québec, Éditeur officiel du Québec, 1980; Henri-Paul Rousseau (entrevue, été 1983) en est l'architecte.

62. On pourra se référer aux nombreux discours de Pierre Lortie qui ont ponctué ses efforts pour tranformer le rôle de la Bourse de Montréal. Aussi : J. Guertin, « La bourse, rouage essentiel des économies occidentales », *Forces*, 72, 1985 (numéro spécial sur les institutions financières canadiennes et québécoises à l'heure du changement).

63. M. Olson, *The Logic of Collective Action*, Cambridge, Harvard University Press, 1965. Olson y développe une théorie des groupes stratégiques. Son dernier livre (*The Rise and Decline of Nations*, New Haven, Yale University Press, 1982) montre comment l'activité de tels groupes stratégiques en vient à engendrer des rigidités sociales et une sclérose institutionnelle qui sont porteuses d'inefficacité. J.M. Buchanan et G. Tullock, *The Calculus of Consent*, Ann Arbor, University of Michigan Press, 1962, est un peu le classique qui devait

donner le coup de départ à ce type d'analyses. Pour un examen de l'évolution de ce courant du « public choice », voir : D. Mueller, *Public Choice*, New York, Cambridge University Press, 1979. Il existe, dans le travail d'Olson, une ambition plus vaste que celle qui habite les travaux des praticiens du public choice : le premier veut développer une théorie des groupes et de l'action collective, alors que les seconds réduisent souvent leurs analyses au processus politique.

64. Jean-Luc Migué propose ni plus ni moins une application généralisée de cet appareil d'analyse à toute une série d'institutions et de faits québécois dans son livre *L'économiste et la chose publique, op. cit.*; on retrouvera en filigrane le même type d'analyse dans plusieurs des textes de L. Courville et. al., *L'économie démystifiée, op. cit.* Pour ces analystes, les personnes découvrent leurs intérêts communs et forment de petits clubs ou groupes stratégiques à seule fin de se donner accès à une portion plus grande du gâteau collectif. Ces groupes stratégiques réussissent à arriver à leurs fins en obtenant des pouvoirs publics les règlements ou la protection nécessaire à une cartellisation des activités économiques. On lira aussi avec profit : J.-L. Migué, *Nationalismes au Canada : perspective économique*, Montréal, Institut C.D. Howe, 1979.

65. J. Niosi, *Le contrôle financier du capitalisme canadien*, Montréal, PUQ, 1978 et aussi son livre *La bourgeoisie canadienne*, Montréal, Boréal Express, 1980. A. Sales, *La bourgeoisie industrielle au Québec*, Montréal, PUM, 1979, ainsi que son livre (avec N. Bélanger) *Décideurs et gestionnaires*, Québec, Éditeur officiel du Québec, 1985.

66. A. Raynauld, *La propriété des entreprises au Québec, op. cit.* Raynauld utilise implicitement la notion de groupe stratégique pour expliquer les succès des entrepreneurs en régions périphériques. Il s'agit d'une idée développée par W.T. Easterbrook, par laquelle on expliquerait l'effort des entrepreneurs pour se créer des « zones de sécurité », (W.T. Easterbrook, « The climate of enterprise », *American Economic Review*, XXXIX, 3, 1949 : 322-335. Voir aussi : G. Paquet, « French Canadian entrepreneurship: Quebec must design its own brand », *The Business Quarterly*, XXXVII, 2, 1972 : 36-41.

67. Il s'agit de travaux qui se font davantage dans les facultés de sciences de l'administration. Voir : Y. Gasse, *Entrepreneurial Characteristics and Practices: A Study of the Dynamics of Small Business Organizations and Their Effectiveness in Different Environments*, Université de Sherbrooke. Faculté d'administration, 1977. Aussi : J.-M. Toulouse, *L'entrepreneurship au Québec, op. cit.*, Y. Gasse et A. Théoret, « L'innovation dans les PME au Québec et en Belgique : une étude empirique », *Enseignement et gestion*, nouvelle série, 15, 1980 : 54-59. On voit l'éventail des difficultés et des possibles dans : J. Dufresne et J. Jacques (éds), *Crise et leadership. Les organisations en mutation*, Montréal, Boréal Express, 1983.

68. À titre purement illustratif : P. Fournier (dir.), *Le capitalisme au Québec*, Montréal, Saint-Martin, 1978; ou G. Bourque et A. Légaré, *Le Québec : la question nationale*, Paris. Maspero, 1979.

69. Cette attaque virulente de l'économisme existe déjà dans les écrits de Marcel Rioux dans les années soixante-dix, mais elle est cristallisée dans son livre *Le besoin et le désir*, Montréal, Hexagone, 1984.

70. On peut se reporter aux divers travaux entrepris sous le patronage de l'Institut québécois de recherche sur la culture. Voir aussi, aux seules fins d'illustration : A. Lapointe, P. Prévost et J.-P. Simard, *Économie régionale du Saguenay/Lac Saint-Jean*, Chicoutimi, Gaëtan Morin, 1981, ou A.-G. Gagnon, *Développement régional, État et groupes populaires*, Hull, Asticou, 1985. Quant à la saveur des débats sur la négociation sociale au Québec, on consultera avec profit l'entrevue avec Gérard Dion (été 1985) et le livre de C. Archibald, *Un Québec corporatiste?, op. cit.*, qui établit une continuité à la fois éclairante et inquiétante dans le soubassement socio-culturel de la socio-économie québécoise des années trente aux années quatre-vingt.

71.    J.-L. Migué, *L'économiste...*, *op. cit.*, et Nationalismes..., *op. cit.*

72.    Les divers travaux du groupe autour de Migué, à l'École nationale d'administration publique (Michel Boucher, Richard Carter), ainsi que de Gérard Bélanger à Laval et de Léon Courville et son groupe aux HEC, sont particulièrement persuasifs quand il s'agit de micro-institutions dont les effets pervers peuvent être détectés et mesurés simplement. Dès que l'on entre dans le monde des macro-institutions ou des accords intergouverne- mentaux, les effets contre-intuitifs et la complexité des interactions rendent les modèles trop simples un peu naïfs. (Entrevue de Daniel Latouche, été 1985.)

73.    Les travaux de Migué et de Bélanger sur le prix de la santé et ceux, un peu plus tard, de Pierre Fortin sur le salaire minimum sont dans cette veine.

74.    Un bon exemple peut être celui des politiques de stabilisation du gouvernement fédéral. On peut suivre avec intérêt le développement de l'idée d'une politique de stabilisation régionale depuis l'article de Raynauld en 1971 jusqu'au livre de Lacroix et Rabeau en 1981. (A. Raynauld, « Pour une politique de stabilisation régionale », *Administration publique du Canada*, XIV, 3, 1971 : 344-353. R. Lacroix et Y. Rabeau, avec la collaboration de A. Assayag, *Politiques nationales, conjonctures régionales : la stabilisation économique*, Montréal, PUM, 1981.)

75.    On connaît les procédés astucieux qui ont rendu célèbre le ministre des finances, Jacques Parizeau, pour son bon usage de marges de manoeuvre fort minces. On consultera avec profit l'ensemble des études orchestrées par Bernard Bonin pour le gouvernement du Québec à la fin des années soixante-dix. Bonin (entrevue, été 1982) avait déjà examiné en détail les rapports de la firme plurinationale et de l'État (« La firme plurinationale et les pouvoirs publics au Québec », dans : J.-L. Migué (éd.), *Le Québec d'aujourd'hui...*, *op. cit.*); il devait d'ailleurs présenter une synthèse de ces questions récemment (*L'entreprise multinationale et l'État*, Montréal, Études vivantes, 1984). Pour un coup d'oeil général sur les rapports Québec/Canada, voir : P. Fortin, G. Paquet et Y. Rabeau, « Quebec in the Canadian Federation : A provisional evaluative framework », *Canadian Public Administration*, XXI, 4, 1978 : 558-578.

76.    Contrastons la simplicité des analyses générales (G. Bélanger, « Le secteur public : un budget croissant pour des services constants », dans : J.-L. Migué, *Le Québec...*, *op. cit.* ou L. Courville, « L'initiative privée et l'hypertrophie de l'appareil gouvernemental », *Gestion*, septembre 1978) avec le caractère un peu sibyllin des politiques recommandées dans des domaines précis comme le secteur urbain (L'urbanisation au Québec..., *op. cit.*). On cherche un dégraissage de l'État-stratège, mais le devis n'est pas clair.

77.    Les débats autour du référendum de 1980 ont révélé qu'il n'était pas impossible d'utiliser un langage à saveur économique pour défendre des positions éminemment politiques. (P. Fortin, *La souveraineté-association : est-ce économiquement viable?*, Chicoutimi, Gaëtan Morin, 1980, ainsi que l'entrevue à l'été 1983.) De multiples documents de combat ont été produits à l'occasion du référendum, sur les coûts et avantages de l'intégration et de la désintégration économique. Il n'est pas certain que la question soit résolue. Les économistes semblent s'entendre sur la proposition paradoxale que l'intégration économique est avantageuse mais que la désintégration économique n'est pas nécessairement désavantageuse.

78.    M. Olson, *The Logic...*, *op. cit.* On a vu aussi se développer aux États-Unis l'idée de grants economy, suggérée par Kenneth Boulding pour analyser la matrice complexe des transferts en nature ou en argent entre les agents économiques, directement ou par le truchement de l'État. Au Québec, les travaux de Gilles Beausoleil et de l'équipe qu'il forme autour du LABREV (Laboratoire de recherches sur l'emploi, la répartition et la sécurité du revenu) à l'UQAM vont donner pignon sur rue à des études délibérément orientées vers la répartition des revenus. À Laval, on peut noter certains travaux au Laboratoire d'économétrie (Jean-François Gautrin) puis des travaux plus récents de Bernard Fortin et de son groupe, qui ont été à la base de la reconceptualisation de l'aide sociale à l'intérieur du Livre blanc sur la fiscalité. En un sens, ces travaux sont les plus complets aux Canada. Un coup d'oeil aux

propositions de la Commission Macdonald (vol. II) qui vont dans la même direction montre bien que le travail empirique et conceptuel sur lequel la stratégie MacDonald a été échafaudée n'est pas aussi intégré que celui sur lequel le Livre blanc sur la fiscalité du Québec l'a été.

79.   Le cas le plus flagrant est probablement celui du salaire minimum. (P. Fortin, *Une évaluation de l'effet de la politique québécoise du salaire minimum sur la production, l'emploi, les prix et la répartition des revenus : études et recherches*, Québec. Ministère du travail et de la main-d'oeuvre, 1978; ou J.-L. Migué, « Le salaire minimum ou quand le diable se fait moine », Relations industrielles, XXXII, 3, 1977 : 310-319; ou J.-M. Cousineau, « Impact du salaire minimum sur le chômage des jeunes et des femmes au Québec », *Relations industrielles*, XXXIV, 3, 1979.)

80.   Encore une fois, le salaire minimum est un exemple clair : malgré les analyses techniques qui donnent des réponses claires, les hommes politiques ont continué d'en promettre l'augmentation. Le lien entre le salaire minimum, l'aide sociale et l'incidence marginale de la fiscalité sur le revenu est trop souvent mal compris. À partir du moment où la fiscalité incite les personnes à ne pas travailler et donc à se laisser vivre des prestations de l'aide sociale, le salaire minimum, en tentant de bonifier le salaire de base pour inciter les assistés sociaux à travailler, est condamné à tourner à vide. Non seulement l'offre de travail ne se matérialise pas, mais à ces salaires élevés la demande n'est pas au rendez-vous non plus (H.-P. Rousseau, « Un modèle de l'offre de travail des bénéficiaires de l'aide sociale au Québec », *Relations industrielles*, XXXII, 1, 1977 : 50-63.) On comprend aussi l'importance que les économistes ont attachée au Livre blanc du Québec sur la fiscalité, qui tentait de mettre de l'ordre dans tout ce secteur.

81.   Il faudrait faire état ici des travaux importants réalisés au Québec, durant la période qui nous intéresse, sur les régimes de rentes et sur la redistribution des revenus entre générations. (Entrevue avec Robert Lévesque et Henri-Paul Rousseau, toutes deux à l'été 1983.) J. Faille, R. Lévesque et H.-P. Rousseau, « Le financement du régime de rentes du Québec », *L'Actualité économique*, LIV, 2, 1978 : 249-262. Là encore, les économistes québécois ont mis au point des institutions assez différentes de celles qu'on a proposées ailleurs; le rapport COFIRENTES en est un bon exemple.

82.   L'OPDQ a montré qu'entre 1967 et 1975, l'impact des transferts sur la répartition des revenus au Québec avait été pervers *i.e.* qu'il s'était traduit par un accroissement de l'inégalité parce que les plus démunis avaient reçu relativement moins de ces paiements de transfert. Les travaux de Diane Bellemarre et Lise Poulin-Simon vont en arriver à déduire que, dans un monde perclus de groupes stratégiques et d'imperfections, il faut avoir recours à la négociation sociale pour réaliser une répartition acceptable des revenus. (D. Bellemarre et L. Poulin-Simon, « Le plein emploi : objectif et stratégie économique », Communication présentée dans le cadre du colloque sur les politiques de plein-emploi du Conseil de planification sociale d'Ottawa-Carleton, 1985, miméo.)

83.   On pourrait dire que les économistes québécois, stimulés par ces multiples défis, ont peut-être été amenés plus vite que leurs confrères du Canada anglais à lancer ces passerelles et à s'échapper de leur cocon formalisto-méthodologique.

84.   Cette dichotomie a été développée en des termes un peu différents dans : G. Paquet, « L'économie non-marchande dans l'économie de marchés : à la recherche d'un cadre de référence », *Revue d'économie politique*, XXXVII, 4, 1977 : 607-625.

85.   Pour une analyse des deux types de rationalité qui sous-tendent ces deux familles de travaux économiques, voir : A.G. Ramos, *The New Science of Organizations, a Reconceptualization of the Wealth of Nations*, Toronto, University of Toronto Press, 1981. Aussi : G. Paquet, « Econocrats versus situationologists : A question of rationalities », mémoire présenté au *15ᵉ Colloque national de l'Institut d'administration publique du Canada*, Lac-Sainte-Marie, mai 1982.

86.  Le rassemblement de tous les travaux à saveur molaire en un seul groupe peut paraître naïf. Il nous semble cependant que tout le bouillon de travaux de la dernière décennie peut se comprendre comme un effort pour découvrir des règles de découpage des phénomènes qui permettent de s'évader d'un individualisme méthodologique trop étroit sans tomber dans une forme d'organicisme également simpliste.

87.  Il s'agit peut-être d'un jugement imprudent, mais il est certain qu'au niveau des phénomènes méso-économiques, il est impossible de ne pas être confronté explicitement à l'interface des forces de l'environnement et des processus de décision. Nous voulons voir dans les travaux de la nouvelle économie industrielle les signes d'un renouvellement prometteur. Voir : L. Gillard, « Premier bilan d'une recherche économique sur la méso-analyse », *Revue économique*, XXVI, 3, 1975 : 478-515. Aussi : A. Jacquemin, *Sélection et pouvoir dans la nouvelle économie industrielle*, Paris, Economica, 1985.

88.  T.W. Hutchison, *Knowledge and Ignorance in Economics*, Oxford, Blackwell, 1977, ch. 4.

89.  Pour une critique de la discipline, voir : G. Paquet, « Un appel à l'indiscipline théorique », *Présentation à la Société royale du Canada*, 1978 : 109-118; aussi, « Vers un nouveau paradigme dans les sciences humaines », *Transactions of the Royal Society of Canada*, XX, 1982 : 226-231.

90.  G. Bachelard, *L'engagement rationaliste*, Paris, PUF, 1972, p. 11.

91.  J. Bousquet, *Le fruit dont l'ombre est la saveur*, Paris, Minuit, 1947, p. 15.

# CONCLUSION

*Gilles Paquet*

> « *...entre une syntaxe toujours plus puissante et une sémantique restée rudimentaire...* »
>
> CHRISTIAN SCHMIDT

De ce voyage dans le monde de la pensée économique au Québec français, on doit retenir quelques éléments.

1.　　D'abord, il est clair que la pensée économique au Québec français est un phénomène qui a des racines lointaines. On en a repéré les commencements au 19e siècle; un développement majeur se produit autour de l'École des hautes études commerciales de Montréal dans le premier tiers du 20e siècle; il y a floraison de trois écoles de pensée caractérisées dans l'après Seconde guerre mondiale, puis explosion des effectifs et éclatement de la production économiste dans la période des années 1960–1980. À la fin de cette période, il existe dans une multitude de lieux en marge des départements de science économique traditionnels toute une gamme d'explorations et de questionnements qui donnent lieu à autant de productions différenciées. Dans à peu près tous les champs conventionnels ou non de l'économie politique, il y a en 1980 une branche qui fleurit au Québec français, et qui contribue au patrimoine mondial. Malgré cette effervescence, ici comme ailleurs, la pensée économique fait face à des défis importants que les maquisards ont mis en lumière : sur toute une série de questions, la pensée économique conventionnelle reste muette ou inadéquate. Ce terrain constitue la nouvelle frontière.

2.　　Si on serre d'un peu plus près ce qui s'est passé dans les années 1970, on se rend compte qu'on a fait l'expérience d'un double mouvement. D'abord, il y a eu déplacement du centre de gravité : d'un intérêt premier pour les « *issues* » pragmatiquement définies, vers une loyauté de plus en plus grande aux impératifs disciplinaires. Une sorte de clôture du champ économique s'est effectuée. Un nombre encore restreint mais grandissant d'économistes universitaires du Québec français va ambitionner de développer un programme de recherche exclusivement *scientiste*. C'est cette orthodoxie nouvelle qui a suscité des chantiers divers hors les murs des départements de science économique à proportion que ces derniers ont rabougri le terrain des opérations légitimes. La tentation scientiste n'a pas saisi également tous les lieux, mais tous ont été frappés. Il semble même que l'écart va grandir dans les années 1980 entre ce groupe et le reste de la tribu économiste — et leurs alliés — intéressés primordialement aux « issues ». Ces derniers, sans avoir un commun dénominateur, prennent leurs distances par rapport à cette vision rabougrie de l'économie politique, gardent un point de vue critique, et sont davantage intéressés par les problèmes frontaliers identifiés par les maquisards.

Ces deux courants — l'un compact, l'autre éclaté — vivent presque en coexistence hostile la plupart du temps. Alors que les seconds acceptent, en général, que, dans une division du travail raisonnable, des chercheurs puissent se spécialiser dans certains sous-champs techniques et s'attacher à développer l'outillage mental et la méthodologie dans un cadre universel sans aucun ancrage dans les débats hic et nunc, a contrario, les premiers se considèrent comme le corps d'élite et n'ont que peu de considération pour ceux qui n'ont pas choisi la voie royale qui est la leur ou pour leurs travaux. À proportion que les membres du premier groupe se donnent accès aux leviers du pouvoir universitaire, les travaux appliqués ou à caractère plus local en arrivent à être déconsidérés au point où certain doyen n'hésite pas à suggérer que la voie des grandes promotions passe désormais presqu'exclusivement par les publications dans les revues étrangères, lesquelles ont peu de chances évidemment de s'intéresser aux problèmes locaux.

Le foisonnement de travaux dans le maquis, l'existence d'un grand nombre de centres de recherches, à l'université et hors les murs, qui échappent au carcan disciplinaire, et l'existence d'un nombre suffisant d'économistes universitaires qui ont gardé une perspective plus vaste et réussi à mêler rigueur et pertinence — et donc à satisfaire aux deux standards — font qu'on peut croire que la pensée économique plurielle qui caractérise le Québec va continuer de fleurir. On assiste d'ailleurs, à la fin des années 1980, à des opérations de rassemblement pour fédérer certains de ces efforts dispersés. Il ne faut pas sous-estimer cependant les pouvoirs régulateurs de la discipline et ceux de ses diacres — l'université et les conseils et fonds subventionnaires. À proportion que le régime de sanctions et de récompenses ou les normes pour obtenir des subventions de recherche sont pervertis par les impératifs disciplinaires en faveur à l'université, les dés sont pipés. Dans ce contexte en train d'être normalisé, certains croient qu'un contre-mouvement est nécessaire [Paquet 1987a; Paquet 1987b] et qu'il ne serait pas inutile de renouveler le voeu que faisait André Raynauld en 1962 — un voeu mis en exergue du chapitre précédent — « ce dont nous avons le plus besoin au stade actuel, c'est de diversité, c'est d'imagination, c'est de perspectives et d'ouverture d'esprit dans toutes les directions imaginables ». La variété est le refuge de la liberté.

3.       Si les questions soulevées par les maquisards méritent réponse, si les défis énumérés par Pierre Fortin méritent d'être relevés, et si on pense

que les économistes universitaires du Québec français doivent y travailler, il faudra que le système de sanctions et de récompenses les incite à s'intéresser à l'économie appliquée, à l'étude du Québec et du Canada et à la participation active à la vie publique, à l'économie politique au sens le plus large. Or, le régime de sanctions et récompenses à l'université ne semble pas dériver dans cette direction : on a même réussi dans certaines universités à créer un certain caporalisme qui a redonné pleinement à la « discipline » le sens qu'elle prend dans la belle expression « se donner la discipline ». On peut donc penser qu'à moins de changements, c'est dans les marges — hors des départements de science économique et hors de l'université — que ces travaux vont de plus en plus se faire.

*

\* \*

Le bouillonnement des années 1980 a été tel que ceux que nous considérons ici comme les plus jeunes sont déjà, dans certains cas, des vice-présidents de grandes banques. La génération d'après — celle qui est arrivée dans les derniers 10 ans — est en train de faire son nid. On n'y a fait écho que par la bande dans cet ouvrage. Les règles du jeu disciplinaire s'internationalisent pour cette génération, l'anglais devient la *lingua franca*, la dérive vers les travaux théoriques et méthodologiques s'accentue. En contrepartie, les unités de recherche concurrentes hors les départements de science économique se multiplient. Il faudra un autre ouvrage pour ausculter ces changements des années 1980 et 1990, car on sent ces temps-ci, comme nous l'avons mentionné plus haut, un certain mouvement de rassemblement des forces dispersées de l'économie politique. Telle école d'administration est en train de reconstruire une économie plus fiévreuse autour des travaux de conjoncture, de changement technique; telle autre est au centre de nouvelles études sur l'entreprenariat. Il faudra prendre la mesure de ces tendances diverses dans quelques années — voir si l'économie frileuse (scientiste, à froid, braquée sur la méthodologie) et l'économie fiévreuse (critique, à chaud, braquée sur les « *issues* ») ont réussi, comme il faut l'espérer, à négocier une coexistence pacifique.

Notre optimisme quant à la survie d'un pluralisme riche dans la gent économique du Québec français ne fait pas l'unanimité. Déjà certains montrent du doigt l'expérience dans le reste du Canada pour suggérer que le Québec n'échappera pas à la vague homogénéisante. On peut croire cependant que dans ce domaine aussi, comme dans beaucoup d'autres d'ailleurs, le Québec français va continuer d'être une « société distincte ». De toute manière, après ce pèlerinage aux sources, mes espoirs sont aussi grands que les craintes de certains collègues.

# BIBLIOGRAPHIE

PAQUET, G. [1987a] « Le goût de l'improbable » in G. Paquet et M. von Zur Muehlen [éd.] *Education Canada? Le postsecondaire en crise*, Ottawa: Canadian Higher Education Research Network.

PAQUET, G. [1987b] « Two Tramps in Mud Time: The Social Sciences and Humanities in Modern Society » in B. Abu-Laban et B.G. Rule [éd] *The Human Sciences*, Edmonton: The University of Alberta Press.

Achevé d'imprimer
en juin 1989 sur les presses
des Ateliers Graphiques Marc Veilleux Inc.
Cap-Saint-Ignace, Qué.